浙江省高职院校"十四五"重点立项建设教材
高等职业教育水利类新形态一体化教材

工程地质与土工技术

主　编　刘述丽　吴玲洪　虞佳颖
副主编　王　雪　程　静　徐伊丽
参　编　单海涛
主　审　姚　平

中国水利水电出版社
www.waterpub.com.cn
·北京·

内 容 提 要

本教材是浙江省高职院校"十四五"重点立项建设教材，是浙江省精品在线开放课程、浙江省高等学校课程思政示范课程以及浙江省省级"双高"专业群（水利工程专业群）建设项目重要改革成果之一。教材以"应用、实用、够用"为原则，紧密结合高职教育特色，与行业企业深度合作，校企共同开发编写。

教材共分为 8 个项目，涵盖工程地质评价、水利工程常见地质问题及处理、土的基本指标检测及应用、土体渗透变形与防治、地基沉降稳定性分析、地基强度稳定性分析、挡土墙设计、工程地质勘察与地基处理等核心内容。教材全面落实立德树人根本任务，内容紧密对接行业规范与岗位需求，注重实践应用，创新"岗课赛证"四融合教学模式，将课程思政、企业案例、微课视频、质量检测、技能竞赛等多元化教学资源融入每个项目，打造与课程内容全匹配的融媒体新形态一体化教材。既为学生自主学习提供了优质资源，也为教师开展信息化教学改革提供有力支持。教材适用于高职高专及成人教育水利水电类、土木工程类专业教学，同时可作为行业培训、技能鉴定及相关专业技术人员的参考用书。

图书在版编目（CIP）数据

工程地质与土工技术 / 刘述丽，吴玲洪，虞佳颖主编. -- 北京：中国水利水电出版社，2025.1. --（浙江省高职院校"十四五"重点立项建设教材）（高等职业教育水利类新形态一体化教材）. -- ISBN 978-7-5226-3301-5

Ⅰ. P642；TU4

中国国家版本馆CIP数据核字第2025758TB0号

书　名	浙江省高职院校"十四五"重点立项建设教材 高等职业教育水利类新形态一体化教材 **工程地质与土工技术** GONGCHENG DIZHI YU TUGONG JISHU
作　者	主　编　刘述丽　吴玲洪　虞佳颖 副主编　王　雪　程　静　徐伊丽 参　编　单海涛 主　审　姚　平
出版发行	中国水利水电出版社 （北京市海淀区玉渊潭南路1号D座　100038） 网址：www.waterpub.com.cn E-mail：sales@mwr.gov.cn 电话：（010）68545888（营销中心）
经　售	北京科水图书销售有限公司 电话：（010）68545874、63202643 全国各地新华书店和相关出版物销售网点
排　版	中国水利水电出版社微机排版中心
印　刷	天津嘉恒印务有限公司
规　格	184mm×260mm　16开本　16.75印张　408千字
版　次	2025年1月第1版　2025年1月第1次印刷
印　数	0001—2000 册
定　价	**56.00 元**

凡购买我社图书，如有缺页、倒页、脱页的，本社营销中心负责调换
版权所有·侵权必究

前言

本教材是浙江省高职院校"十四五"重点立项建设教材，是浙江省精品在线开放课程、浙江省高等学校课程思政示范课程以及浙江省省级"双高"专业群（水利工程专业群）建设项目重要改革成果之一。教材从高等职业技术教育总体要求出发，紧密对接水利工程施工管理岗位需求，深化校企合作，与浙江省水利水电工程质量检验站、宁波市河道管理中心、浙江省水利水电勘测设计院有限责任公司等企业共建共享教材资源，并邀请水利部技能大师"双师共育"，确保教学内容与行业实际需求高度契合。

教材对标水利工程施工管理岗位能力要求，结合二级建造师及河道修防工职业资格标准，融入河道修防工技能大赛内容，以"应用、实用、够用"为原则，采用最新行业规范、技术标准和规程，打造"岗课赛证"四融合综合育人教材。并充分对接行业发展需求，引入数字碾压、智能检测等前沿技术，确保内容与时俱进，助力学生职业能力与综合素质的全面提升。

教材全面落实立德树人根本任务，深度融合思政元素，将知识传授和价值引领相统一。校企共同开发了集思政微课、企业案例、思政案例、教学课件、自测习题等为一体的全方位课程思政资源库。根据课程内容和学科特点，找准党的二十大精神融入的"着力点"，将习近平新时代生态文明思想、科学发展观下人与自然关系、工匠精神、劳动精神、质量意识等核心思政主题，有机融入课程思政资源，打造全方位思政育人环境，实现课程思政融渗贯穿教学全过程。

教材以职业标准和施工管理岗位能力需求为导向，依据水利工程施工管理的最新技术规范与规程，打破传统学科逻辑体系，按照岗位工作流程设计模块化教学内容，共分八个项目，满足结构化、模块化教学需求。每个项目从实际技能需求出发，将工程案例、基本知识和技能应用融为一体，突出实践能力培养。

教材将传统教材与数字化资源集成一体，校企共同开发了集微课视频、企业案例、思政资源、质量检测、技能竞赛、工程案例、习题库、教学课件等一体的融媒体教学资源库，打造与课程内容相匹配、全覆盖的新形态一体化教材，应用性、实用性强，既为学生自主学习提供了优质资源，也为教师开展信息化教学改革提供有力支持。本教材适用于高职高专及成人教育水利水电类、土木工程类专业教学，同时可作为行业培训、技能鉴定、竞赛指导及相关专业技术人员的参考用书。

  本教材由浙江同济科技职业学院刘述丽、吴玲洪、虞佳颖担任主编，王雪、程静、徐伊丽担任副主编，宁波市河道管理中心、水利部技能大师单海涛参编，浙江省水利水电勘测设计院有限责任公司姚平担任主审。刘述丽编写项目一，徐伊丽编写项目二、王雪编写项目三、虞佳颖编写项目四和项目五，程静编写项目六，单海涛编写项目七，吴玲洪编写项目八。教材编写过程中，浙江省水利水电工程质量检验站、宁波市河道管理中心深度参与了水利工程质量检测、企业案例、工程案例等的收集、编制与录制工作，浙江省水利水电勘测设计院有限责任公司承担了工程案例的编制、动画资源的制作指导以及教材主审工作。

  本教材的编写凝聚了校企双方共同的智慧与努力，是校企合作、协同育人的重要成果，旨在为培养高素质技术技能人才提供有力支撑，助力水利工程行业高质量发展。在此，向所有为教材编写工作提供支持与帮助的同志表示衷心的感谢！

  由于编者水平有限，时间仓促，教材中的疏忽和不妥之处，敬请读者批评指正。

编者
2024 年 11 月

"行水云课"数字教材使用说明

"行水云课"水利职业教育服务平台是中国水利水电出版社立足水电、整合行业优质资源全力打造的"内容"+"平台"的一体化数字教学产品。平台包含高等教育、职业教育、职工教育、专题培训、行水讲堂五大版块，旨在提供一套与传统教学紧密衔接、可扩展、智能化的学习教育解决方案。

本套教材是整合传统纸质教材内容和富媒体数字资源的新型教材，它将大量图片、音频、视频、3D 动画等教学素材与纸质教材内容相结合，用以辅助教学。读者可通过扫描纸质教材二维码查看与纸质内容相对应的知识点多媒体资源，完整数字教材及其配套数字资源可通过移动终端 APP、"行水云课"微信公众号或中国水利水电出版社"行水云课"平台查看。

内页二维码具体标识如下：
- ▶ 为微课视频、动画
- PDF 为导学、思政资料

线上教学与配套数字资源获取途径：

手机端：关注"行水云课"公众号→搜索"图书名"→封底激活码激活→学习或下载
PC 端：登录"xingshuiyun.com"→搜索"图书名"→封底激活码激活→学习或下载

数字资源索引

序号	资 源 名 称	资源类型	页码
1	课程概述	微课	1
2	企业案例1——水利工程项目稽查	微课	3
3	企业案例2——水利工程质量检测	微课	3
4	企业案例3——钻芯法检测混凝土强度	微课	3
5	榜样的力量——黄文熙	微课	3
6	榜样的力量——李四光	微课	3
7	榜样的力量——茅以升	微课	3
8	好书推荐——温家宝地质笔记	微课	3
9	1-0-1 导学:项目一	pdf	4
10	1-1-1 课程思政	pdf	4
11	1-1-2 造岩矿物的识别	微课	6
12	1-1-3 常见岩浆岩及其工程性质评价——大国工匠	微课	10
13	1-1-4 常见沉积岩及其工程性质评价——新时代水利精神	微课	16
14	1-1-5 常见变质岩及其工程地质评价	微课	20
15	1-2-1 课程思政	pdf	25
16	1-2-2 地质作用——辩证唯物主义	微课	26
17	1-2-3 地质年代	微课	27
18	1-2-4 岩层产状三要素	微课	30
19	1-2-5 岩层产状三要素的测量	微课	30
20	1-2-6 褶皱构造的识别与评价——科学发展观	微课	31
21	1-2-7 断裂构造的识别与评价	微课	34
22	1-2-8 地质构造对工程建筑物的影响	微课	40
23	1-3-1 课程思政	pdf	48
24	1-3-2 地表流水的地质作用——习近平生态文明思想	微课	48
25	1-3-3 承压水——可持续发展	微课	56
26	1-3-4 地下水的类型	微课	57
27	1-3-5 潜水等水位线图	微课	58
28	1-3-6 岩溶及其工程地质问题——新时代水利精神	微课	63

续表

序号	资源名称	资源类型	页码
29	1-4-1 课程思政	pdf	66
30	2-0-1 导学：项目二	pdf	83
31	2-1-1 课程思政	pdf	84
32	2-1-2 坝的工程地质问题——规范与标准意识	微课	84
33	2-2-1 课程思政	pdf	90
34	2-2-2 水库的工程地质问题——国家江河战略	微课	90
35	2-3-1 课程思政	pdf	92
36	2-4-1 课程思政	pdf	97
37	3-0-1 导学：项目三	pdf	103
38	3-1-1 课程思政	pdf	103
39	3-1-2 土的形成与三相组成	微课	105
40	3-1-3 土的颗粒级配	微课	106
41	3-1-4 土的颗粒分析试验（密度计法）	微课	107
42	3-1-5 土的物理性质指标	微课	109
43	3-1-6 三相基本指标测定——规范意识	微课	109
44	3-2-1 无黏性土的密实状态	微课	113
45	3-2-2 标准贯入试验	微课	114
46	3-2-3 黏性土物理状态判断——规范意识	微课	114
47	3-2-4 土的界限含水率指标检验	微课	115
48	3-3-1 课程思政	pdf	115
49	3-3-2 土方压实质量检测——劳动精神、榜样力量	微课	115
50	3-3-3 坝体心墙填筑与压实——职业操守	微课	116
51	3-3-4 土的击实性	微课	116
52	3-3-5 土的击实试验	微课	117
53	3-4-1 土的工程分类	微课	118
54	3-4-2 土的工程分类例题讲解	微课	121
55	4-0-1 导学：项目四	pdf	126
56	4-1-1 课程思政	pdf	126
57	4-1-2 土的渗透性及渗透定律——伟人精神	微课	127
58	4-1-3 变水头渗透试验	微课	129
59	4-2-1 课程思政	pdf	131
60	4-2-2 渗透力与渗透变形——质量与安全	微课	131

续表

序号	资源名称	资源类型	页码
61	4-2-3 渗透稳定性分析与渗透变形防治	微课	135
62	5-0-1 导学：项目五	pdf	138
63	5-1-1 课程思政	pdf	138
64	5-1-2 土的自重应力计算——创新精神	微课	138
65	5-1-3 基底压力计算	微课	141
66	5-1-4 附加应力概述	微课	144
67	5-1-5 矩形基础地基土附加应力计算	微课	146
68	5-1-6 条形基础地基土附加应力计算	微课	150
69	5-2-1 土的固结试验	微课	154
70	5-2-2 土的压缩性——新时代水利精神	微课	154
71	5-2-3 分层总和法计算沉降量——工匠精神	微课	157
72	6-0-1 导学：项目六	pdf	165
73	6-1-1 课程思政	pdf	165
74	6-1-2 土中任一点的应力状态	微课	165
75	6-1-3 土的抗剪强度理论——科学精神	微课	167
76	6-1-4 土的极限平衡条件	微课	168
77	6-2-1 课程思政	pdf	170
78	6-2-2 土的直剪试验	微课	170
79	6-2-3 地基破坏形式及承载力概述	微课	175
80	6-2-4 地基土的强度稳定验算	微课	177
81	7-0-1 导学：项目七	pdf	183
82	7-1-1 课程思政	pdf	183
83	7-1-2 土压力概述	微课	183
84	7-1-3 朗肯土压力计算	微课	186
85	7-1-4 库仑土压力计算——标准意识	微课	190
86	7-2-1 课程思政	pdf	194
87	7-2-2 挡土墙的类型	微课	195
88	7-2-3 挡土墙的稳定性验算	微课	196
89	8-0-1 导学：项目八	pdf	202
90	8-1-1 课程思政	pdf	202
91	8-1-2 工程地质勘察概述——法制意识	微课	205
92	8-1-3 工程地质勘察方法	微课	206

续表

序号	资源名称	资源类型	页码
93	8-1-4 工程地质勘察报告的阅读	微课	216
94	8-1-5 工程地质勘察报告的编写——"三匠"精神	微课	217
95	8-2-1 了解土工材料	微课	226
96	8-2-2 土工合成材料的功能与应用	微课	226
97	8-2-3 制备试样方法	微课	228
98	8-2-4 土工膜厚度试验	微课	229
99	8-2-5 等效孔径试验	微课	230
100	8-2-6 垂直渗透试验	微课	230
101	8-2-7 圆柱（CBR）顶破试验	微课	231
102	8-2-8 土工膜拉伸试验	微课	232
103	8-3-1 强夯法	动画	233
104	8-3-2 堤防数字碾压技术实操	微课	234
105	8-3-3 换土垫层法	动画	236
106	8-3-4 挤密砂桩法	动画	240
107	8-3-5 振冲砂（碎石）桩法	动画	243
108	8-3-6 堆载预压法	动画	244
109	8-3-7 真空预压法	动画	244
110	8-3-8 塑料排水板拉伸试验	动画	245
111	8-3-9 水泥搅拌桩	动画	246
112	8-3-10 帷幕灌浆法	动画	248
113	8-3-11 固结灌浆法	动画	249

目 录

前言
"行水云课"数字教材使用说明
数字资源索引

绪论 ······ 1

项目一 工程地质评价 ······ 4
    任务一 岩石及其工程地质评价 ······ 4
    任务二 地质构造现象识别与地质图识读 ······ 25
    任务三 水流地质作用 ······ 48
    任务四 不良地质现象评价 ······ 66

项目二 水利工程常见地质问题及处理 ······ 83
    任务一 坝区工程地质问题及处理 ······ 83
    任务二 库区工程地质问题及处理 ······ 90
    任务三 输水建筑物工程地质问题及处理 ······ 92
    任务四 病险水库的除险加固 ······ 97

项目三 土的基本指标检测及应用 ······ 103
    任务一 土的物理性质指标检测 ······ 103
    任务二 土的物理状态判定 ······ 112
    任务三 土方工程压实质量检测 ······ 115
    任务四 土的工程分类及命名 ······ 118

项目四 土体渗透变形与防治 ······ 126
    任务一 土的渗透量计算 ······ 126
    任务二 土的渗透变形与防治 ······ 131

项目五 地基沉降稳定性分析 ······ 138
    任务一 土的应力计算 ······ 138
    任务二 地基沉降稳定分析 ······ 153

项目六 地基强度稳定性分析 ······ 165
    任务一 土中某点强度稳定性判别 ······ 165

  任务二 地基土强度稳定性分析…………………………………………………… 170
项目七 挡土墙设计……………………………………………………………………… 183
  任务一 挡土墙土压力计算…………………………………………………………… 183
  任务二 重力式挡土墙设计…………………………………………………………… 194
项目八 工程地质勘察与地基处理…………………………………………………… 202
  任务一 工程地质勘察………………………………………………………………… 202
  任务二 土工合成材料………………………………………………………………… 226
  任务三 地基处理……………………………………………………………………… 232
参考文献……………………………………………………………………………………… 255

绪 论

一、工程地质与土工技术的概念

随着生产实践的需要和科技的发展，地质学已形成许多独立的分支，工程地质学作为地质学的一个分支，是调查、研究、解决与各种建筑工程活动有关的地质问题的科学。工程地质学的研究目的是查明各类工程建筑场区的地质条件；分析、预测在工程建筑物作用下，地质条件可能出现的变化；对工程建筑地区的各种地质问题进行综合评价，并提出解决不良地质问题的措施，为保证工程建设的规划、设计、施工和正常运行提供可靠的地质依据。

课程概述

土工技术是运用力学的知识和土工试验技术研究土的强度、变形及其规律，从而解决与土有关的工程实际问题。其研究对象土与工程建筑有着密切的联系，土的性质对建筑物有着直接的联系，建筑物在外荷载的作用下，要求地基必须有足够的强度和稳定性，并且不能产生过大的变形。在工程建设中，若对地基土缺乏了解，会给工程建设带来严重后果。

工程地质学与土工技术虽然研究的方向不同，但研究目的是相同的，即都是为保证建筑物地基的岩土体稳定和建筑物的正常使用提供可靠的科学依据。所以这两门学科在工程实践中是互相依存、互相渗透、互相结合的。

二、工程地质在工程建设中的重要性

一切水工建筑物，如水库、闸坝、隧洞、水电站厂房等，都是建筑在地壳的表层，在兴建和使用过程中，必然会遇到各种各样的地质问题。实践证明，如果对地质条件事先没有仔细查明或对工程地质问题重视不够，将会给工程建设带来严重后果。如法国的玛尔帕塞双曲拱坝，于1954年年末建成并蓄水，水库蓄水后，基岩沿上游坝踵开裂，在裂隙内发育扬压力，并不断发展，将局部岩块推向下游，导致大坝突然溃决，洪水造成死亡421人，财产损失达300亿法郎。再如美国的圣·弗朗西斯混凝土重力坝，坝高62.6m，建于1927年，由于坝基中含石膏黏土质砾层，被水浸后软化溶解，引起坝基漏水，于1928年3月12日失稳破坏。类似的例子还可以举出很多。新中国成立以来，我国修建了许多水库、水电站和灌溉工程，由于重视工程地质工作，从而解决了许多复杂的工程地质问题，但是，也有极少数工程，由于对工程地质条件研究不够，或对工程地质问题处理不当，造成水库或坝基（肩）漏水、水库淤积、边岸塌滑及隧洞塌方等工程事故，如北京十三陵水库，坝基和库区存在着深厚的渗透性较强的古河道冲积层，建坝时未作好垂直防渗处理，致使水库不能正常蓄水。后来虽然补作了坝基防渗墙，但对库区古河道尚未作处理，水库至今不能满库运行。

由上可见，在水利水电工程建设中，工程地质工作是相当重要的。为解决上述问题，工程地质工作的主要任务是：查明建筑地区的工程地质条件，指出可能出现的工程地质问题，并提出解决这些问题的建议，为工程设计、施工和正常运用提供可靠的地质资料，以保证建筑物修建得经济合理和安全可靠。

三、土工技术在工程建设中的重要性

工程建设中，土被广泛用作各种建筑物的地基、建筑材料和周围介质。承受建筑物荷载而引起应力变化的那部分地层，称为地基；与地基接触的建筑物下部结构称为基础。如图 0-1 所示，基础地面下的土层称为持力层，持力层以下的地基范围内的土层称为下卧层。

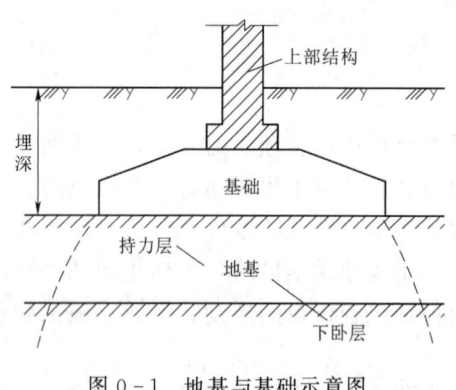

图 0-1 地基与基础示意图

在工程建设中，如果不注意研究土的物理、力学性质和工程性状，有时将会产生严重的后果。如加拿大特朗斯康大谷仓高 31m，平面尺寸为 60m×23m，由于设计时不了解地基下部有软弱土层，致使该谷仓建成后首次装料时，就因地基失去稳定而发生严重倾斜，谷仓一侧陷入土中 8.8m，仓身倾斜达 27°之多，以致完全不能使用。再如巴西某座 11 层大厦，平面尺寸为 29m×12m，支承在 99 根 21m 长的钢筋混凝土桩上，1955 年开始施工，1958 年建成，尚未使用即倒塌。在施工中曾发现地基土有明显变形，但误认为是正常情况未加注意。事后查明，那里的地基是沼泽土，邻近建筑物用的是 26m 长的桩，该大厦的桩长只有 21m，桩未能打入较好土层，仍然是浮于软土层中，因承载力不足而产生如此严重的后果。还有山西省文水县文峪河水库，土坝高 60m，长 100 多 m，1958 年开始修建，在 1959 年秋后坝下游发生滑坡，土方量达几十万立方米，正在坝下游施工的民工全被埋在土内，伤亡达几十人，1961 年坝上游又从高 40m 处开始下滑，给国家造成重大损失，严重影响了水库效益的发挥。

由此可见，在工程建设中，对土的物理、力学性质研究得是否深入，直接关系到建筑物的质量和安全问题。

四、课程思政育人的重要性

党的二十大报告指出，高质量发展是全面建设社会主义现代化国家的首要任务。必须完整、正确、全面贯彻新发展理念，加快建造制造强国、质量强国、航天强国、交通强国、网络强国、数字中国。水利工程作为重要的基础设施，质量控制和质量管理是水利建设永恒的主题。同时，随着人民日益增长的美好生活、全面推进乡村振兴的需要，水利行业投资维持每年 20% 以上的高增速。水利工程关系国计民生，对于新时代全面建成社会主义现代化强国、全面提升国家水安全保障能力起着至关重要的作用。《工程地质与土工技术》作为水利专业的一门专业基础课，落实立德树人根本任务，发挥专业课课程思政教育主阵地，将课程思政入教材、入课程、入资源。教材在建设过程中不断更新优化资源建设，根据课程内容和学科自身特点，找准党的二十大精神融入的"着力点"，将新时代全面建成社会主义现代化强国、全面提升国家水

安全保障能力的"与水有关"的重大发展战略和举措融入课程思政建设资源,将习近平生态文明思想、科学发展观下的人与自然关系融入课程思政建设资源。比如通过介绍超级水利工程在强国建设、民族复兴中贡献的水利力量,帮助学生增进专业自信心和专业自尊心,提升家国认同感和专业认同感,提升教育有效性。在水流地质作用、地质灾害章节中,将习近平总书记"节水优先、空间均衡、系统治理、两手发力"治水思路、河流伦理、节水型社会及水土保持碳汇交易、地下水人工回补等新时代治水思路与理念融入其中;在水库地质问题章节中,将长江经济带发展、黄河流域生态保护和高质量发展等国家江河战略、黄河水沙关系调节、《中华人民共和国黄河保护法》等事关水利的国家重大发展战略及治水举措融入其中;等等。通过课程的学习,将思政教育与课程教育有机融合,实现价值引领、知识传授、技能培养的有机统一,使学生成长为心系社会并有时代担当的高素质技术技能人才。

五、本课程的内容与特点

本课程是水利水电建筑工程、水利工程、给排水、城市水利等专业的一门专业基础课,是学习其他后续专业课的基础,主要内容如下。

(1) 与工程建设有关的矿物岩石、地质构造、物质地质作用、地下水等基本知识。

(2) 水利工程常见的工程地质问题的分析与评价。

(3) 土的物理性质和力学性质的基本知识。

(4) 土体的渗透、变形及强度问题的分析。

(5) 工程地质勘察的基本方法及地基处理方法简介。

本课程实践性较强,在学好基础理论的同时,对工程地质部分应加强实践性教学环节,特别是应重视野外地质实习,以巩固和印证所学的理论知识。对于土力学部分要重点掌握理论公式的意义和应用条件,明确理论的假定条件,掌握理论的适用范围。特别是对土工试验技术,尽可能多动手操作,以提高分析解决实际问题的能力。

企业案例1
水利工程项目稽查

企业案例2
水利工程质量检测

企业案例3
钻芯法检测混凝土强度

榜样的力量
黄文熙

榜样的力量
李四光

榜样的力量
茅以升

好书推荐
温家宝地质笔记

项目一 工程地质评价

导学：项目一

【项目知识目标】

1. 掌握常见造岩矿物的物理特征和识别方法。
2. 掌握常见三大类岩石的识别方法及其工程性质。
3. 掌握地质年代、岩层产状等基本概念及岩层产状的测量方法。
4. 掌握褶皱构造、断裂构造的识别方法和对工程建设的影响。
5. 了解活断层的识别方法，理解其对工程建设的影响。
6. 掌握地质图的识读方法。
7. 掌握地表水流的地质作用及其对工程建设的影响。
8. 掌握地下水的类型及侵蚀作用。
9. 理解岩溶形成的基本条件及其对工程建设的影响。
10. 理解各类不良地质现象的成因及对工程建设的影响。

【项目技能目标】

能对水利工程中一般地质条件进行分析与评价，能阅读地质勘察报告。

任务一 岩石及其工程地质评价

❖ 任务导入

课程思政

党的二十大报告指出，高质量发展是全面建设社会主义现代化国家的首要任务。必须完整、正确、全面贯彻新发展理念，加快建造制造强国、质量强国、航天强国、交通强国、网络强国、数字中国。水利工程作为重要的基础设施，质量控制和质量管理是水利建设永恒的主题。作为一线水利工程建设者，要会分析评价影响水利工程质量和安全稳定的工程地质问题。从下面两个工程实例中，能得到什么启示？

我国的天开水库位于北京市房山区天开村，距总干渠 1.5km，流域面积 48.5km²，总库容 1058 万 m³。该地区地质条件复杂，处于石灰岩溶洞发育地区，渗流严重。水库于1960年建成后至 20 世纪 80 年代初，除 2 次短期蓄水外，经常为干库。经地质勘察和地质论证，认为库水渗漏的主要原因是石灰岩溶洞、溶隙发育，副坝位置存在地下暗河，库水沿溶洞、地下暗河向库外大量渗漏。再如，1926 年建成的美国加利福尼亚州的高约70m 的圣·弗朗西斯混凝土重力坝，两年后被冲垮。事后查证的原因是，坝基一部分位于倾向河谷的片岩上，另一部分位于黏土充填的砾岩上，砾岩含有石膏脉，水库蓄水后，石膏遇水溶解，砾岩中的胶结物很快崩解，在渗透水流作用下被淘蚀冲刷，引起大坝失事。

可见，渗漏的原因除了和地形地貌、地质构造、水文地质条件有关外，还和岩石本身的工程性质有关。而岩石作为工程建筑的地基、建筑环境和建筑材料，直接影响工程建筑的安全、稳定。因此，要会分析组成地壳的各种矿物和岩石的工程性质，会评价其对工程建设的影响。

❖ 任务目标

1. 认识常见的造岩矿物，了解几种特殊造岩矿物对水工建筑物的影响。
2. 理解三大类岩石的成因、结构、构造、分类方法，能对常见岩石进行简单的肉眼鉴定，能评述三大类岩石的工程地质特性。

一、地球概述

地球是一个具有圈层结构的旋转椭球体，由表及里可分为外圈和内圈。内圈（固体部分）的平均半径为 6371km，根据地震波传播速度的突变，将其分为地壳、地幔和地核；外圈则有水圈、大气圈和生物圈（图 1-1-1）。

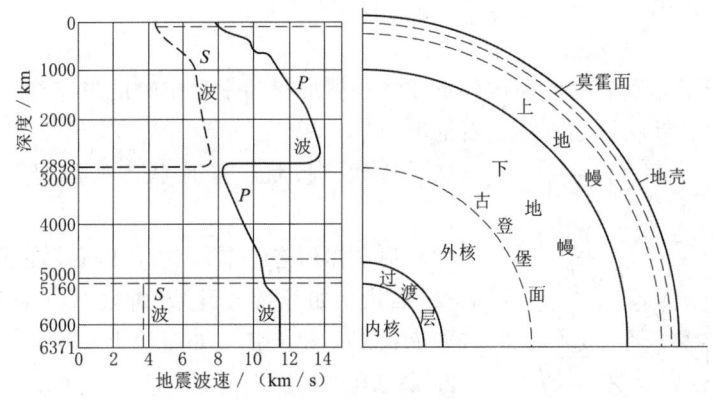

图 1-1-1　地球内部结构图

地核是自古登堡面以下至地心部分，包括内核、过渡层和外核。地幔介于地核和地壳之间，其上部分与地壳的分界面为莫霍面，地幔下部与地核的分界面为古登堡面。

地壳位于莫霍面上部，是地球表层很薄的一层坚硬固体外壳，主要由各种岩石组成。

组成地壳的化学元素有百余种，其中最主要的有 10 种，它们占地壳总质量的 99.96%（表 1-1-1）。地壳中的化学元素在一定的地质条件下聚集形成矿物，矿物的集合体又构成岩石。矿物的种类不同，组成的岩石就不同，它们对工程建设的影响也是不相同的。所以，必须对组成地壳的主要矿物和常见岩石以及它们的工程地质性质进行研究。

表 1-1-1　　　　地壳主要化学元素的平均含量

化学元素	氧(O)	硅(Si)	铝(Al)	铁(Fe)	钙(Ca)	钠(Na)	钾(K)	镁(Mg)	氢(H)	钛(Ti)	其他
克拉克值/%	49.52	25.75	7.51	4.70	3.29	2.64	2.40	1.94	0.88	0.58	0.79

二、造岩矿物

矿物是天然条件下形成的,具有一定化学成分和物理性质的单质和化合物,如金刚石(C)、石英(SiO_2)、方解石($CaCO_3$)等。地壳中的矿物通常以固态形式存在,只有少数是液态(如石油)和气态(如天然气)。固态矿物根据其内部结构的特点可分为结晶质矿物和非结晶质矿物。前者是指组成矿物内部的原子或离子按一定规则排列,形成稳定的结晶格架构造。自然界中的矿物绝大多数是结晶质的。根据结晶矿物的大小,可将其分为显晶质矿物和隐晶质矿物。

少数非晶质矿物又称玻璃质矿物,是指组成矿物的原子或离子不按一定规则排列,也就不具有规则的几何外形。

自然界已发现的矿物有3000多种,但组成岩石的主要矿物仅20~30余种。这些组成岩石的主要矿物称为造岩矿物。

(一)矿物的物理性质

不同矿物其内部构造和化学组成不同,因而具有不同的物理特征,这也是肉眼鉴定矿物的重要依据。

1. 形态

形态是指结晶质矿物的晶体外形或集合体形状,常见矿物的形态如下。

(1)柱状、针状:如石英、石棉等。

(2)片状、板状、鳞片状:如云母、石膏、绿泥石等。

(3)集合体形态:晶簇状[如石英晶簇(图1-1-2)]、纤维状(如纤维石膏)、钟乳状(如方解石)、鲕状(如赤铁矿)和土状(如高岭土)等。

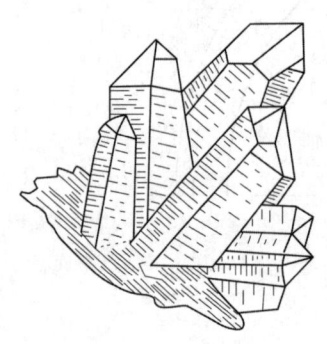

图1-1-2 石英晶簇

2. 颜色

颜色是矿物对不同波长可见光的吸收程度。它是矿物最明显、最直观的物理性质。根据成色原因可将矿物颜色分为自色和它色等。自色是矿物本身固有的成分、结构决定的颜色,具有鉴定意义,如黄铁矿为浅铜黄色;它色则是矿物混入某些杂质所引起的颜色,如纯净的石英是无色透明的,若混入其他元素微粒,则呈现紫色(紫水晶)、褐色(烟水晶)及黑色(黑晶)等。

3. 条痕

条痕是矿物粉末的颜色,一般是指矿物在白色无釉瓷板(条痕板)上划擦时所留下的痕迹。某些矿物的条痕与它的颜色是不同的,如黄铁矿的颜色为浅铜黄色,而条痕为绿黑色。条痕比矿物颜色更为固定,它是鉴定深色矿物的重要依据,但只适用于一些深色矿物。

4. 光泽

光泽是矿物表面的反光能力。光泽的强弱程度常分为4个等级:金属光泽,即反光很强,犹如电镀的金属表面那样光亮耀眼;半金属光泽,比金属的光亮弱,似未磨光的铁器表面;金刚光泽及玻璃光泽。此外,由于其他原因,还可形成某些独特的光泽，如丝绢光泽、油脂光泽、蜡状光泽、珍珠光泽、土状光泽等。

5．透明度

透明度是指矿物透过可见光的能力，即光线透过矿物的程度。根据透明度，可将矿物分为透明矿物、半透明矿物和不透明矿物。肉眼鉴定矿物时，应用矿物的边缘较薄处加以比较确定。

6．硬度

硬度是指矿物抵抗外力作用的能力。一般用10种矿物分为10个相对等级作为标准，称为莫氏硬度计（表1-1-2）。肉眼鉴定矿物时，常用一些矿物互相刻划比较来测定其相对硬度。

表1-1-2　　　　　　　　　矿物硬度表

硬度	1	2	3	4	5	6	7	8	9	10
矿物	滑石	石膏	方解石	萤石	磷灰石	长石	石英	黄玉	刚玉	金刚石

7．解理与断口

矿物受外力作用后，沿一定方向破裂成光滑平面的性质称为解理。破裂面称为解理面，根据解理产生的难易程度，可将其分为极完全解理（如云母）、完全解理（如方解石）、中等解理（如辉石）和不完全解理（如橄榄石）等。根据解理面方向数目，又可分为一组解理（如云母）、二组解理（如长石）和三组解理［如方解石（图1-1-3）］。如果矿物受外力作用后，无固定方向破裂并呈各种凹凸不平的断面，则叫作断口。常见的断口有贝壳状（图1-1-4）、参差状等。

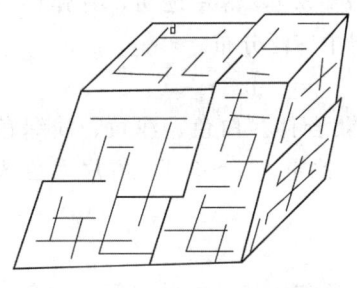
图1-1-3　方解石的三组解理

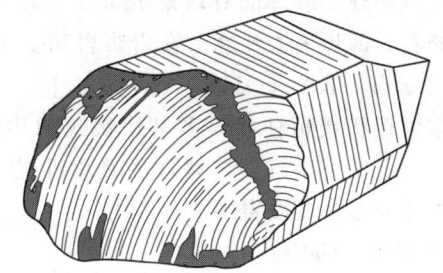
图1-1-4　贝壳状断口

8．其他性质

矿物除上述性质外，还具有一些特殊的性质，这些性质对鉴定矿物是非常重要的。如云母薄片具有弹性，绿泥石薄片具有挠性，磁铁矿具有磁性，滑石具有滑感，岩盐具有咸味以及方解石滴稀盐酸能剧烈起泡等。

（二）常见造岩矿物

常见造岩矿物如下。

1．石英　SiO_2

常见六棱柱晶簇、致密块状或粒状集合体。纯者无色、乳白色，含杂质时可见多种颜色。晶面为玻璃光泽，断口为油脂光泽。无解理、贝壳状断口。比重2.6。质坚性脆，硬度为7，抗风化能力强。无色透明的石英晶体称水晶。在地表岩土中广泛分布。

2. 正长石 $K[AlSi_3O_8]$

晶体常为柱状、厚板状。肉红色、浅玫瑰色等浅色调。玻璃光泽。硬厚为6。有两组近于正交的完全解理。比重2.5~2.6。易风化形成高岭石和绢云母等次生矿物。地表岩土中长石含量小于石英。

3. 斜长石 $Na[AlSi_3O_8]Ca[Al_2Si_2O_8]$

晶体为板状或条板状。常为白色或浅灰色。玻璃光泽。硬度同正长石。比重2.6~2.8。风化特征、地表分布特征同正长石。

4. 角闪石 $(Ca,Na)(Mg,Fe)_4(Al,Fe)[(Si,Al)_4O_{11}](OH)_2$

晶体常呈长柱状或纤维状集合体。暗绿色或绿黑色。玻璃光泽。硬度5~6。两组解理平行柱面。晶体横截面为六角菱形。比重3.1~3.6。易风化后形成黏土矿物。

5. 辉石 $(Na,Ca)(Mg,Fe,Al)[(Si,Al)_2O_6]$

晶体常呈短柱状或粒状集合体。绿黑色或深黑色。玻璃光泽。硬度5~6。两组解理平行柱面。晶体横截面为正八边形。比重3.2~3.5。易风化后形成黏土矿物。

6. 橄榄石 $(Mg,Fe)_2[SiO_4]$

晶体常呈粒状集合体。橄榄绿、淡绿色至黑绿色。玻璃光泽。硬度6.5~7，贝壳状断口。比重3.2~4.4。性脆，在绿色矿物中硬度较大。易风化，风化后呈暗色。

7. 黑云母 $K(Mg,Fe)_3(OH)_2[Al,Si_3O_{10}]$

晶体为板状或短柱状，多呈片状或鳞片状集合体。黑色、深褐色。硬度2.5~3。一组极完全解理，解理面具珍珠光泽。比重2.7~3.1。薄片透明，有弹性。风化后可变为蛭石，薄片失去弹性。在岩浆岩和变质岩中广泛分布。

8. 白云母 $KAl_2(OH)_2[Al,Si_3O_{10}]$

晶体为板状或短柱状，多呈片状或鳞片状集合体。白色、浅黄、浅绿色。硬度2.5~3。一组极完全解理，解理面具珍珠光泽。比重2.7~3.1。薄片无色透明具有弹性。主要分布在变质岩中。

9. 方解石 $CaCO_3$

晶体一般为菱面体，集合体有晶簇、粒状、致密块状、钟乳状等。白色，含杂质时可呈多种颜色，玻璃光泽。硬度3。三组完全解理。比重2.6~2.8。遇冷稀盐酸剧烈起泡。无色透明的方解石晶体称为冰洲石。

10. 白云石 $CaMg(CO_3)_2$

晶体为菱面体，通常为粒状、致密块状集合体。白色，有时为淡红色或淡黄色。玻璃光泽。硬度3.5~4。三组完全解理。比重2.8~3。粉末与冷稀盐酸起泡微弱，以此与方解石区别。

11. 石膏 $CaSO_4 \cdot 2H_2O$

晶体常为板状，集合体为块状、粒状及纤维状。白色或无色。玻璃光泽，纤维状集合体呈丝绢光泽。硬度2。易沿发育完全的解理面劈成薄片，薄片具挠性。比重2.2~2.4。脱水后变为硬石膏（$CaSO_4$），硬石膏吸水又可变为石膏（$CaSO_4 \cdot$

$2H_2O$)。

12. 高岭石 $Al_4[Si_4O_{10}](OH)_8$

致密细粒状、土状集合体。白色，含杂质时可呈黄、浅褐色等。蜡状或土状光泽。硬度2~3.5。常具土状断口。比重2.6~2.7。干时易吸水，湿时具可塑性、压缩性。

13. 蒙脱石 $(Al_2Mg_3)[Si_4O_{10}](OH)_2$

常呈隐晶质土状块体，有时为鳞片状集合体。白色、浅灰色、浅粉红色或微带绿色。硬度2~2.5。土状或蜡状光泽。比重2~2.7。亲水性比高岭石更强，吸水后体积可膨胀几倍。

14. 滑石 $Mg_3[Si_4O_{10}](OH)_2$

呈致密块状、片状或鳞片状集合体。白色、淡红色或浅灰色。油脂光泽或珍珠光泽。硬度1。一组极完全解理，块状集合体可见贝壳状断口。比重2.6~2.8。极软，手摸时有滑腻感，薄片可挠曲而无弹性。

15. 绿泥石 $(Mg,Al,Fe)_6[(Si,Al)_4O_{10}](OH)_8$

常呈片状、鳞片状或粒状集合体。浅绿、深绿或黑绿色。玻璃光泽，解理面珍珠光泽。硬度2~2.5。一组极完全解理。比重2.7~3.4。薄片具挠性，在变质岩中分布最多。

16. 蛇纹石 $Mg_6[Si_4O_{10}](OH)_8$

常呈致密块状，有时为纤维状或片状集合体。浅黄绿或深暗绿等色。块状为油脂光泽、蜡状光泽，纤维状为丝绢光泽。硬度2~3。无解理。比重2.6~2.7。常有似蛇皮状青、绿色花纹，可溶于盐酸。

17. 石榴子石 $Fe_3Al_2(SiO_4)_3$

晶体为菱形十二面体，四角三八面体，集合体为粒状或致密块状。深褐或紫红、褐黑等色。玻璃光泽，断口为油脂光泽。硬度6.5~8.5。无解理，不平坦断口。比重3.5~4.3。

18. 黄铁矿 FeS_2

晶体为立方体，五角十二面体，常为致密块状。浅铜黄色，条痕为绿黑色。金属光泽。硬度6~6.5。不规则断口。比重4.9~5.2。易风化，风化后会生成硫酸及褐铁矿。

19. 赤铁矿 Fe_3O_4

常呈致密块状、土状、鲕状、豆状及肾状集合体。钢灰至铁黑色，条痕为樱桃红色。金属光泽及半金属光泽。硬度5~6。土状断口。比重5~6。为重要的铁矿石，土状者硬度低，可染手。

20. 铝土矿 $Al_2O_3 \cdot nH_2O$

常呈鲕状、土状、致密块状等胶体形态。浅灰、灰褐、砖红等色。土状光泽。硬度3左右。不平坦断口。比重2.5~3.5。粉末略具滑感，常有其他微细矿物颗粒混入，如高岭石、赤铁矿、蛋白石等。

（三）几种矿物的工程地质评价

在实际工作中，对水工建筑物影响较大的几种造岩矿物的特征，在评价岩石性质时，有着特别重要的意义。对水工建筑物影响较大的几种矿物主要有以下几种。

1. 黑云母

黑云母比白云母容易风化，风化后失去弹性并呈松散状态，降低了原岩强度。所以，当岩石中含黑云母较多且呈定向排列时，建筑物易沿此方向产生滑动，直接影响水工建筑物地基的稳定。

2. 绿泥石

绿泥石的特性与黑云母相似，建筑物易产生滑动，绿泥石薄片具有挠性，抗滑性能很低。

3. 石膏与硬石膏

二者皆能溶于水，当石膏呈夹层状存在于岩层之间时，就会形成软弱夹层，在流水的作用下，会被溶解带走，这样就使原岩强度显著降低，透水性大大增强；硬石膏遇水作用后会变为石膏（$CaSO_4+2H_2O \rightarrow CaSO_4 \cdot 2H_2O$），体积将膨胀60%。所以，含有石膏和硬石膏夹层的岩石要避免作为水工建筑物的地基。

4. 黄铁矿

黄铁矿易风化而析出硫酸（$FeS_2+O_2 \rightarrow Fe_2O_3+SO_2$，$SO_2+H_2O \rightarrow H_2SO_4$），而硫酸对钢筋和混凝土具有侵蚀作用，故含黄铁矿较多的岩石不宜作建筑物的地基和建筑材料。

5. 黏土矿物

黏土矿物具崩解性、膨胀性、低强度性、高吸水性等特征。主要包括高岭石、蒙脱石和水云母等，硬度小，吸水性强，吸水后体积膨胀，易软化，具可塑性，尤其是蒙脱石吸水后体积可膨胀数倍。所以，黏土矿物具有高压缩性，易于引起建筑物较大的沉降，而且吸水后其强度大为降低。因此，黏土质岩石对建筑物地基和建筑场地边坡的稳定都极为不利，工程上一般视为极软夹层。

三、岩浆岩

岩石是在地质作用下产生的、由一种或多种矿物组成的自然集合体。它是建造各种工程结构物的地基和天然建筑材料。因此，了解岩石的工程地质性质，对工程设计、施工和地质勘测人员都是十分必要的。

在研究各种岩石时，应注意决定着岩石物理力学性质的以下特征。

（1）产状：即岩石在空间所占有的形状。

（2）成分：包括岩石的矿物成分和化学成分。

常见岩浆岩及其工程性质评价——大国工匠

（3）结构：即构成岩石的（单个）矿物的结晶程度、颗粒的大小和形态及彼此之间的组合方式。

（4）构造：即构成岩石的矿物集合体之间或矿物集合体与岩石的其他组成部分之间的排列及充填方式，反映出岩石的外貌特征。

自然界岩石的种类很多，根据成因可分为三大类，即岩浆岩、沉积岩和变质岩。

（一）岩浆岩的成因

岩浆岩又称火成岩，是由岩浆冷凝而形成的岩石。岩浆岩是构成地壳最基本的岩石，它的分布极为广泛，约占地壳重量的95%。

岩浆是一种以硅酸盐为主和一部分金属硫化物、氧化物、水蒸气及其他挥发性物质（CO_2、SO_2、HCl及H_2S等）组成的高温（940～1200℃）高压（几千10^5Pa）熔融体。岩浆在地下深处与周围环境是处于一种平衡状态，当地壳运动出现深大断裂或软弱带后，平衡被破坏，则岩浆向压力小的方向运动，沿着断裂带或软弱带侵入地壳或喷出地表冷凝而成岩浆岩。由岩浆侵入地壳而形成的岩浆岩叫侵入岩，它又可分为深成岩和浅成岩，而喷出地表形成的岩浆岩称为喷出岩（又称火山岩）。

（二）岩浆岩的产状

岩浆岩的产状，是指岩浆岩体的大小、形态和围岩的相互关系及其分布特点。由于岩浆岩形成时所处的地质环境不同，岩浆活动也有差异，因而岩浆岩的产状是多种多样的（图1-1-5）。

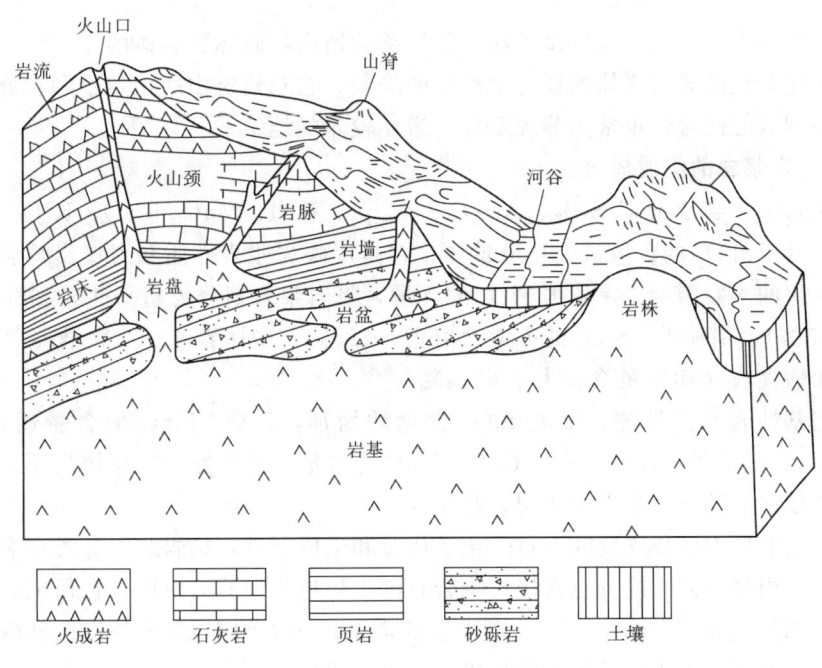

图1-1-5 岩浆岩的产状

1. 侵入岩体产状

（1）岩基。一种规模巨大的深成侵入岩体，出露面积大于$100km^2$，形状不规则，表面起伏不平，多由花岗岩等酸性岩石组成。如天山、秦岭等地的岩基。三峡坝址区就是选定在面积200多km^2的花岗岩-闪长岩岩基的南部。

（2）岩株。一种规模较岩基小的深成侵入岩体，平面上近于圆形，与围岩接触面比较陡，下部与岩基相连，多由中酸性岩组成。如黄山的花岗岩等。

（3）岩盘和岩盆。岩浆顺岩层侵入，使岩层隆起而形成的蘑菇状的岩体，其中上凸下平似面包状的岩体称岩盘，又称岩盖，规模一般不大，直径可达数千米；中央凹下，四周高起的岩体称为岩盆，规模一般较大，直径可达数十至数百千米。

(4) 岩床。岩浆沿岩层层面侵入而形成的板状岩体，其产状与围岩层面一致，厚度小于数十米，但延伸广，主要由基性岩组成。如黄河三门峡坝基就是一处岩床。

(5) 岩脉和岩墙。岩脉是岩浆沿裂隙侵入而形成的狭长形岩体，其产状与围岩层面斜交，宽度为数厘米至数十米之间，长度可达数十千米以上。其中产状近于直立的又叫岩墙。

2. 喷出岩体产状

(1) 熔岩流。指岩浆喷出地表后沿山坡或河谷流动，经冷凝而形成的岩体。

(2) 火山锥。火山喷发物熔岩和火山碎屑物围绕火山通道堆积形成的锥状体，称为火山锥。

岩浆冷凝会使体积收缩，从而在岩体中产生一些裂隙，这些裂隙称为原生节理，它们常有一定的规律性和一定的形态、排列、分布，如玄武岩中常有直立的六边形等柱状节理。

节理的存在，为地下水提供了储存和运移的通道，破坏了岩体的完整性，加速了岩体的风化，从而导致岩体物理力学性质的降低，这对建筑物的稳定不利。此外，岩浆岩体与围岩的接触带也常是节理发育、岩性较差的地带。

(三) 岩浆岩的组成成分

岩浆岩的化学成分以 SiO_2、Al_2O_3、Fe_2O_3、FeO、MgO、CaO、K_2O 和 Na_2O 等为主。其中 SiO_2 的含量最大且最重要，它是反映岩浆岩性质和直接影响岩浆岩矿物成分变化的主要因素。常依据 SiO_2 的含量，将岩浆岩划分为超基性岩（SiO_2 的含量小于45%）、基性岩（SiO_2 的含量为45%～52%）、中性岩（SiO_2 的含量为52%～65%）和酸性岩（SiO_2 的含量大于65%）。

从超基性岩至酸性岩，随着 SiO_2 含量的增加，FeO、MgO 的含量逐渐减少；K_2O、Na_2O 的含量逐渐增加；CaO 和 Al_2O_3 的含量由超基性的纯橄榄岩至基性的辉长岩增加较多，随后向酸性的花岗岩则减少。

岩浆岩的矿物成分既反映岩石的化学成分和生成条件，是岩浆岩分类命名的主要依据之一，同时，矿物成分也直接影响岩石的工程地质性质。所以，在研究岩石时要重视矿物的组成和识别鉴定。组成岩浆岩的常见矿物大约有20多种，按其颜色及化学成分的特点可分为浅色矿物和深色矿物两类。浅色矿物富含硅、铝成分，又称硅铝矿物，如正长石、斜长石、石英、白云母等；深色矿物富含铁、镁物质，又称铁镁矿物，如黑云母、辉石、角闪石、橄榄石等。但对某一具体岩石来讲，并不是这些矿物都同时存在，而是通常仅由两到三种主要矿物组成。例如，辉长岩主要由斜长石和辉石组成；花岗岩则主要由正长石、石英和黑云母组成。

(四) 岩浆岩的结构

岩浆岩的结构是指岩石中矿物的结晶程度、晶粒大小、晶体形状，以及彼此间相互组合关系等。岩浆岩的结构特征，是岩浆成分和岩浆冷凝时物理环境的综合反映，是区分和鉴定岩浆岩的重要标志之一。常见岩浆岩结构如下。

1. 显晶质结构

岩石中的矿物，凭肉眼观察或借助于放大镜能分辨出矿物结晶颗粒的结构。按矿物颗粒大小可分粗粒（粒径＞5mm）、中粒（粒径1～5mm）、细粒（粒径＜1mm）等结构。常为侵入岩所特有的结构［图1-1-6（a）］。

2. 隐晶质结构

矿物颗粒非常细小，肉眼和放大镜均不能分辨，只有在显微镜下才能看出矿物晶粒特征。为浅成岩和喷出岩常有的一种结构［图1-1-6（b）］。

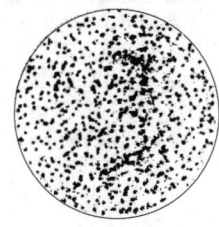
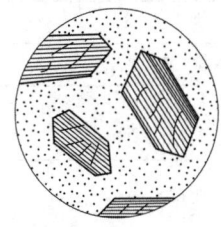
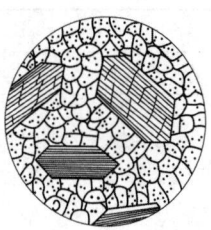

(a) 显晶质结构　　(b) 隐晶质结构　　(c) 斑状结构　　(d) 似斑状结构

图1-1-6　岩浆岩的主要结构类型

3. 玻璃质结构

岩石几乎全部由玻璃质所组成的结构。多见于喷出岩中，它是岩浆迅速上升至地表时温度骤然下降，来不及结晶所致。

4. 斑状结构

岩石由两组直径相差甚大的矿物颗粒组成，其大晶粒散布在细小晶粒中，大的叫斑晶，细小的叫基质，基质为隐晶质及玻璃质的，称为斑状结构［图1-1-6（c）］，基质为显晶质的，则称为似斑状结构［图1-1-6（d）］。斑状结构为浅成岩及部分喷出岩所特有的结构，似斑状结构主要分布于浅成岩和部分深成岩中。

（五）岩浆岩的构造

岩浆岩的构造是指岩石中矿物在空间的排列、配置和充填方式，它反映的是岩石的外貌特征。常见岩浆岩的构造如下。

1. 块状构造

岩石中矿物分布比较均匀，岩石结构也均一，它是岩浆岩中最常见的一种构造。

2. 流纹构造

岩石中由不同颜色的粒状矿物、玻璃质和拉长的气孔等，沿熔岩流动方向作平行排列所形成的一种流动构造。它是酸性岩中最常见的一种构造（图1-1-7）。

3. 气孔构造和杏仁构造

岩石中分布有大小不同的圆形或椭圆形孔洞称气孔构造。气孔是岩浆快速冷却

图1-1-7　流纹构造

时，气体逸出所造成的空洞，如果气孔被后来的物质所充填，则称杏仁构造。喷出岩常具有这种构造。

（六）岩浆岩的分类

岩浆岩的分类方法甚多。通常按岩石中 SiO_2 含量的多少分为酸性岩、中性岩、基性岩和超基性岩。其次，根据岩浆岩的形成条件，将岩浆岩分为喷出岩、浅成岩和深成岩。然后，再进一步考虑岩浆岩的产状、结构、构造等因素，见表1-1-3。

表1-1-3　　　　主要岩浆岩分类表

岩 石 类 型			酸性岩	中性岩		基性岩	超基性岩
SiO_2 含量/%			>65	65~52		52~45	<45
颜色			浅色（浅红、浅灰、浅绿等）			深色（深灰、黑色、暗绿等）	
矿物成分	主要矿物		正长石 石英	正长石	斜长石 角闪石	斜长石 辉石	辉石 橄榄石
	次要矿物		黑云母 角闪石	角闪石 黑云母	辉石 黑云母	角闪石 橄榄石	角闪石
岩浆岩的产状及结构和构造	喷出岩	流纹状、气孔状、杏仁状及块状构造	玻璃质结构	火山岩（浮岩、黑曜岩等）			
			隐晶质、细粒结构或斑状结构	流纹岩	粗面岩	安山岩	玄武岩	少见
	浅成岩	块状构造，少数可见气孔状构造	斑状、显晶质细粒或隐晶质细粒结构	花岗斑岩	正长斑岩	闪长玢岩	辉绿岩	少见
	深成岩	块状构造	显晶质、等粒状构造或似斑状结构	花岗岩	正长岩	闪长岩	辉长岩	辉岩 橄榄岩

（七）主要岩浆岩的特征

1. 深成岩

深成岩常形成岩基等大型侵入体，岩性一般较均一，以中、粗粒结构为主，致密坚硬，孔隙率小，透水性弱，抗水性强，故深成岩体常被选为理想的水工建筑场地。但有些岩体风化层很厚（>100m），须采取处理措施。此外，深成岩经过多期地壳变动影响，其完整性和均一性受到破坏，且有些节理、裂隙被黏土矿物充填，可形成软弱夹层或泥化夹层。

（1）花岗岩。分布最广的一种酸性深成岩。多呈肉红色、浅灰色。其主要矿物为石英、正长石、斜长石，次要矿物为黑云母、角闪石等。显晶质结构，块状构造。花岗岩产状多为岩基、岩株，质地坚硬，性质均一，可作为良好的建筑地基及天然建筑材料。但在进行水工建设时，要注意查明风化层厚度及断裂破碎带发育情况。在我国约占所有侵入岩出露面积的80%。我国的长江三峡、湖南东江、四川龚嘴等水电工程均建在花岗岩地基上。

（2）正长岩。浅肉红、浅灰红等色。主要矿物为正长石，次要矿物有角闪石、黑云母等。显晶质结构，块状构造，其物理力学性质与花岗岩相似，但不如花岗岩坚硬，且易风化。可作为各种建筑物的地基和建筑材料。

(3) 闪长岩。浅灰至深灰色。主要矿物为斜长石、角闪石，其次为黑云母、辉石等。块状构造。分布广泛，多与辉长岩或花岗岩共生，常为小型侵入岩产出。岩石坚硬，不易风化，可作为各种建筑地基和建筑材料。

(4) 辉长岩。基性深成岩。呈黑色或灰黑色。主要矿物为斜长石和辉石，含少量角闪石、橄榄石等。显晶质结构，块状构造。岩石坚硬，抗风化能力强，是很好的建筑地基和建筑材料。

2. 浅成岩

(1) 花岗斑岩。酸性浅成岩。肉红或灰色。矿物成分与花岗岩相同。斑状或似斑状结构，斑晶和基质均主要由正长石和石英组成，块状构造。

(2) 闪长玢岩。中性浅成岩。矿物成分与闪长岩相同。斑状结构，斑晶以斜长石为主，基质为细粒隐晶质。块状构造。

(3) 辉绿岩。基性浅成岩。暗绿或黑色。矿物成分与辉长岩相同。隐晶质致密结构，杏仁或块状构造。常节理发育，较易风化。多呈岩床或岩脉产出。

3. 喷出岩

喷出岩一般原生孔隙和节理发育，产状不规则，厚度变化大，岩性很不均一。因此，强度低，透水性强，抗风化能力差。但对于安山岩和流纹岩等，如果孔隙、节理不发育，颗粒细或呈致密玻璃质，则强度高，抗风化能力强，也属于良好建筑物地基。需注意的是喷出岩覆盖在其他岩层之上的特点。

(1) 流纹岩。流纹岩属于酸性喷出岩，呈岩流状产出，大都为灰、灰白和灰红等较浅颜色。斑状结构，细小的斑晶为正长石和石英等矿物，基质为隐晶或玻璃质，常见流纹构造。因其岩性坚硬、强度较高，可作为良好建筑材料。但要注意，下伏岩层和两次或多次喷出之间是否存在松散软弱的土层或风化层。

(2) 粗面岩。中性喷出岩。呈浅灰、浅褐、肉红等色，矿物成分与正长岩相当。斑状结构，斑晶常为正长石，块状或气孔构造，表面常有粗糙感。

(3) 安山岩。分布较广的一种中性喷出岩。呈深灰、黄绿、紫红等色，矿物成分与闪长岩相当。斑状结构，斑晶以斜长石和角闪石为主，基质为隐晶质或玻璃质。块状或气孔构造。常呈岩流产出。

(4) 玄武岩。分布较广的基性喷出岩。呈黑、灰绿及暗紫等色，主要矿物成分与辉长岩相同。多呈细粒至隐晶质结构，气孔及杏仁构造。岩石致密坚硬、性脆，是良好的地基和建筑材料。但多孔时强度较低，较易风化，玄武岩柱状节理发育。

(5) 火山碎屑岩。火山碎屑岩是火山活动时形成的火山碎屑物质，如火山灰（粒径 0.05~2mm）、火山砾（粒径 2~64mm）、火山渣、火山弹及火山岩块（粒径＞64mm）等，在火山口附近就地堆积，或在空气或水中搬运、降落、沉积、固结形成的岩石，如凝灰岩、火山（砾）角砾岩、集块岩等。其中，凝灰岩最为常见。

凝灰岩一般由小于 2mm 的火山灰和碎屑固结而成。碎屑物质有岩屑、矿物晶屑、玻璃碎屑等，胶结物为火山灰等物质。岩石外貌有粗糙感。具有典型的凝灰结构，呈块状层理、粒序层理等构造。这种岩石孔隙率大，重度小，性质软弱，强度低，易风化。风化后常形成以蒙脱石为主的膨润土，因其具有很高的可塑性和膨胀性，所以常

1-1-4
常见沉积岩及其工程性质评价——新时代水利精神

给工程建设带来困难和危害。因此，在工程中应特别重视其对工程建筑物的影响。

四、沉积岩

沉积岩是地壳表面分布最广的一种岩石，占陆地面积的 75%。所以，对沉积岩特征的研究具有重要意义。

（一）沉积岩的形成

沉积岩的形成可分为 4 个阶段。

1. 风化阶段

地表或接近地表的岩石受温度变化，以及水、氧气和生物等因素作用，使原来坚硬完整的岩石，逐渐破碎成松散的碎屑或形成新的风化产物。

2. 搬运阶段

原岩风化产物除少部分残留在原地外，大部分被流水、风、冰川、海水和重力等搬运带走，其中起主要作用的是流水搬运。搬运方式主要有机械搬运和化学搬运两种。

3. 沉积阶段

当搬运能力减弱或物理化学环境变化，被搬运的物质便逐渐沉积下来。一般可分为机械沉积、化学沉积和生物化学沉积等作用。沉积下来的物质最初是松散状态，故称为松散沉积物。

4. 成岩阶段

早期沉积的松散物质被后来的沉积物不断覆盖，在上覆物质压力和一些胶结物质的作用下，逐渐使原物质压密、孔隙减小、脱水固结或重结晶而形成致密坚硬的岩石。

（二）沉积岩的矿物成分

组成沉积岩的常见矿物仅有 20 多种，按成因可分为以下 4 类。

1. 碎屑矿物

碎屑矿物也称原生矿物，是原岩风化后残留下来的抗风化能力较强，耐磨损的矿物碎屑，如石英、长石、白云母等。

2. 黏土矿物

原岩经风化分解后产生的次生矿物，如高岭石、蒙脱石、水云母等。

3. 化学沉积矿物

经化学作用和生物化学作用，从水溶液中析出或结晶而形成的新矿物，如方解石、白云石、石膏、岩盐、铁和锰的氧化物等。

4. 有机质及生物残骸

由生物作用或生物遗骸，经有机化学变化而形成的物质，如石油、泥炭、贝壳等。

（三）沉积岩的结构

沉积岩的结构是指组成岩石矿物的颗粒大小、形状及结晶程度。常见的有下列几种。

1. 碎屑结构

由直径大于 0.005mm 的碎屑物质被胶结物黏结起来形成的一种结构。主要有以下 4 个特征。

(1) 颗粒大小。按颗粒大小可分为砾状结构（粒径＞2mm）、砂状结构（粒径 0.05～2mm）、粉砂状结构（粒径 0.005～0.05mm）。

(2) 颗粒圆度。按碎屑颗粒的磨圆程度，可分为：棱角状结构、次棱角状结构、圆状结构和次圆状结构。

(3) 胶结物成分。胶结物的性质对碎屑岩类的物理力学性质有显著的影响。常见的胶结物有以下几种。

硅质——玉髓、蛋白石、石英等。颜色浅，岩性坚固，强度高，抗水性及抗风化性强。

铁质——赤铁矿、褐铁矿等。常呈红色或棕色，岩石强度次于硅质胶结。

钙质——方解石、白云石等。呈白灰、青灰等颜色。岩石较坚固，强度较大，但性脆，具可溶性，遇盐酸起泡。

泥质——黏土矿物。多呈黄褐色，性质松软、易破碎，遇水后易泡软、松散。

其他——石膏、海绿石等。

(4) 胶结类型。胶结类型指胶结物与碎屑颗粒之间的相对含量和颗粒之间的相互关系。胶结类型对碎屑岩类的物理力学性质有显著影响。常见的有 3 种胶结类型（图 1-1-8）。

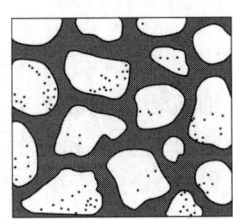 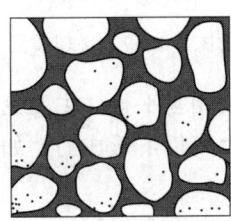 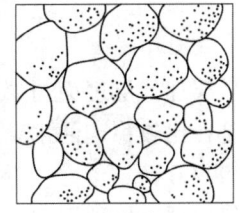

(a) 基底胶结　　　　(b) 孔隙胶结　　　　(c) 接触胶结

图 1-1-8　沉积岩的胶结类型

基底胶结——胶结物含量多，碎屑颗粒孤立地散布于胶结物中，彼此互不接触。这种胶结方式的坚固程度视胶结物性质而定。

孔隙胶结——碎屑颗粒紧密接触，胶结物充填于粒间孔隙中。这种胶结方式通常不是很坚固。

接触胶结——胶结物含量极少，碎屑颗粒互相接触，胶结物仅存在于颗粒的接触处。这种胶结方式最不牢固。

2. 泥质结构

由粒径小于 0.005mm 的黏土矿物和细小矿物碎屑所组成的结构。它是黏土岩的主要特征。

3. 结晶结构

由溶液中的沉淀物，经结晶作用和重结晶作用而形成的一种结构。它是化学岩或生物化学岩所特有的结构。

4. 生物结构

几乎全由生物遗体或碎片所组成的结构。如贝壳状结构、生物碎屑结构等。

（四）沉积岩的构造

沉积岩的构造是指沉积岩各个组成部分的空间分布和排列方式。

1. 层理构造

层理是沉积岩在形成过程中，由于沉积环境的改变，使先后沉积的物质在颗粒大小、形状、颜色和成分在垂直方向上发生变化而显示出来的成层现象。层理构造是沉积岩最重要的一种构造特征，是沉积岩区别于岩浆岩和变质岩的最主要标志。

层或岩层是在较大区域内生成条件基本一致的情况下沉积的一个单元，其成分、结构、内部构造和颜色基本均一。层与层之间的分界面，叫作层面。从顶面到底面的垂直距离为岩层厚度。岩层按其厚薄可分为巨厚层（>1m）、厚层（0.5～1m）、中厚层（0.1～0.5m）、薄层（<0.1m）。

根据层理的形态，可将层理分为下列几种类型（图1-1-9）。

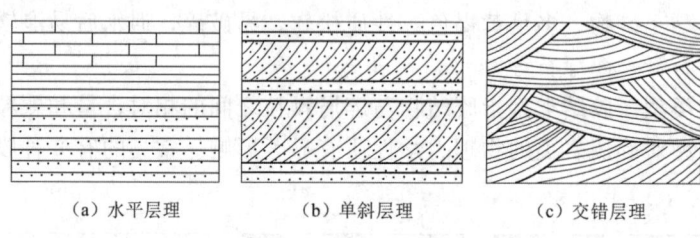

(a) 水平层理　　(b) 单斜层理　　(c) 交错层理

图1-1-9　层理类型

（1）水平层理。层理面与层面相互平行，主要见于细粒岩石（黏土岩、粉细砂岩等）中。它是在比较稳定的水动力条件下形成的。如闭塞海湾、海和湖的深水带沉积物中。

（2）单斜层理。层面向一个方向与层面斜交，这种斜交层理在河流及滨海三角洲沉积物中均可见到，主要是由单向水流所造成的。

（3）交错层理。由多组不同方向的斜层理互相交错重叠而成，它是由于水流的运动方向频繁变化造成的，多见于河流沉积层中。

2. 层面构造

沉积岩层面上由于水流、风、生物活动、阳光曝晒等作用留下的痕迹，如波痕、泥裂、雨痕等。

3. 化石

保存在岩石中被石化了的古代生物遗骸、遗迹统称为化石。化石可以确定岩石形成的环境和地质年代，也是沉积岩独有的构造特征（图1-1-10）。

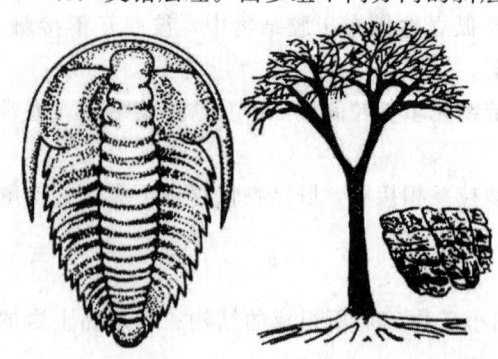

(a) 雷氏三叶虫　　(b) 鳞木

图1-1-10　两种典型化石

4. 结核

指沉积岩中含有与周围沉积物质在成分、颜色、结构、大小等方面不同的物质围块。如石灰岩中常见的燧石结核，黄土中的钙质结核等。

（五）沉积岩的分类

根据沉积岩的组成物质、结构和形成条件，可将沉积岩分为碎屑岩、黏土岩、化学岩及生物化学岩3类（表1-1-4）。

表1-1-4　　　　　　　　主要沉积岩分类表

岩类	结构		主要矿物成分	主要岩石	
				松散的	胶结的
碎屑岩	砾状结构>2mm		岩石碎屑或岩块	角砾、碎石、块石	角砾岩
				卵石、砾石	砾岩
	砂质结构2~0.05mm		石英、长石、云母、角闪石、辉石、磁铁矿等	砂土	石英砂岩 长石砂岩
	粉质结构0.05~0.005mm		石英、长石、黏土矿物、碳酸盐矿物	粉砂土	粉砂岩
黏土岩	泥质结构<0.005mm		黏土矿物为主，含少量石英、云母等	黏土	泥岩 页岩
化学岩及生物化学岩	化学结构及生物结构	致密状、粒状、鲕状	方解石为主，白云石		泥灰岩 石灰岩
			白云石、方解石		白云质灰岩 白云岩
		结核状、鲕状、块状、纤维状、致密状	石英、蛋白石、硅胶	硅藻土	燧石岩 硅藻岩
			钾、钠、镁的硫酸盐及氧化物		石膏 岩盐、钾盐
			碳、碳氢化合物，有机质	泥炭	煤、油页岩

（六）常见的沉积岩的特征

1. 碎屑岩类

（1）砾岩及角砾岩。砾岩及角砾岩是由50%以上大于2mm的碎屑颗粒胶结而成。由磨圆度较好的砾石胶结而成的称为砾岩；由带棱角的角砾胶结而成的称为角砾岩。胶结物的成分与胶结类型，对砾岩的强度有很大影响。如硅质基底胶结的石英砾岩，非常坚硬、难以风化，而泥质胶结的砾岩则相反。

（2）砂岩。由50%以上0.05~2mm的砂粒组成。按颗粒大小可分为粗砂岩、中砂岩和细砂岩；按碎屑成分又可分为石英砂岩（含石英>90%）、长石砂岩（含长石>25%、石英<75%）和岩屑砂岩（含岩屑>25%、石英<75%、长石<10%）。

砂岩随胶结物的成分和胶结类型的不同，其强度也不相同。如硅质基底胶结的砂岩质地坚硬，而泥质接触胶结的砂岩松散易碎。由于多数砂岩岩性坚硬而质脆，在地质构造应力作用下张性裂隙发育，所以，常具有较强的透水性。

（3）粉砂岩。由50%以上粒径为0.005~0.05mm的粉砂组成。成分以石英为主,长石次之。胶结物常为黏土、钙质和铁质。颜色多为棕红色或褐色,常显水平层理。粉砂岩的性质介于砂岩和黏土岩之间。

2. 黏土岩类

黏土岩是主要由粒径小于 0.005mm 的黏土矿物组成的岩石。常见的黏土矿物有高岭石、蒙脱石、水云母等。黏土岩中的其他成分有粉粒级的石英、长石、云母等陆源碎屑,还有褐铁矿等胶体或化学沉积物。黏土岩致密均一,不透水,性质软弱,强度低,易产生压缩变形,抗风化能力较低,尤其是含蒙脱石等矿物的黏土岩,遇水后具有膨胀、崩解等特性,不适合作为大型水工建筑物的地基。主要的黏土岩有以下两大类。

(1) 泥岩。泥岩是由黏土经脱水固结而成,矿物成分主要为高岭石、蒙脱石和水云母等。其特点是固结不紧密、不牢固;层理不发育,常呈厚层状、块状;强度较低,一般干试样的抗压强度约为 5～35MPa,遇水易泥化,其强度显著降低,饱水试样的抗压强度可降低 50% 左右。泥岩多形成于较新的地质时期。

(2) 页岩。成因与泥岩相同,但具明显薄层理(又称页理),能沿层理面分成薄片,岩性致密均一、不透水。根据混入物的成分或岩石的颜色可分为:钙质页岩、硅质页岩、黑色页岩或碳质页岩等。除硅质页岩强度稍高外,其余的易风化,性质软弱,浸水后强度显著降低。

3. 化学岩及生物化学岩类

(1) 石灰岩。又名灰岩。常呈浅灰至深灰等色。矿物成分以方解石为主,其次含少量的白云石和黏土矿物等。结构致密,质地坚硬,强度较高,遇冷稀盐酸剧烈起泡。可溶蚀成各种岩溶形态。按成因和结构不同,还有生物碎屑灰岩、竹叶状灰岩、鲕状灰岩等类型。

(2) 白云岩。多为浅灰、淡黄色。矿物成分主要为白云石,其次含有少量的方解石。白云岩的外观与石灰岩相似,但滴上冷稀盐酸基本不起泡。硬度较灰岩略大。岩石风化面上常有刀砍状溶蚀沟纹(刀砍纹)。

(3) 泥灰岩。石灰岩中黏土矿物含量达 25%～50% 时,称为泥灰岩。颜色有灰色、黄色、褐色等。强度低,易风化。泥灰岩可作为水泥原料。

五、变质岩

地壳中已成岩石,由于构造运动和岩浆活动等所造成的物理化学环境的改变,使原来岩石在成分、结构和构造上发生一系列变化而形成的新岩石叫变质岩。这种改变岩石的作用称为变质作用。

(一) 变质作用的作用及类型

促使岩石变质的因素主要是温度、压力及化学性质活泼的气体和液体,它们主要来源于地壳运动和岩浆活动。根据各种变质因素所起的主导作用不同,可将变质作用分为以下几种类型(图 1-1-11)。

1-1-5
常见变质岩及其工程地质评价

1. 接触变质作用

岩浆上升侵入围岩时,围岩受到岩浆高温或岩浆分异出来的挥发组分及热液的影响,从而使接触带附近的围岩发生变质的作用,称为接触变质作用。其中主要变质因

图 1-1-11 变质作用的类型示意图
1—动力变质岩；2—热接触变质岩；3—接触交代变质岩；4—区域变质岩；Ⅰ—岩浆岩；Ⅱ—沉积岩

素是温度的变质作用，称为热接触变质作用；变质因素除温度以外，主要是从岩浆中分异出来的挥发物质所产生的交代作用，称为接触交代变质作用。接触变质带的岩石一般较破碎、裂隙发育、透水性大、强度较低。

2. 区域变质作用

在广大范围内发生，并由温度、压力等多种因素引起的变质作用，称为区域变质作用。变质作用方式以重结晶、重组合为主，如黏土质岩石可变为片岩和片麻岩。

3. 动力变质作用

地壳运动产生的强烈定向压力，使岩石发生的变质作用，称为动力变质作用，也叫碎裂变质作用。其特征是常与较大的断层伴生，原岩挤压破碎、变形并有重结晶现象。

（二）变质岩的矿物成分

组成变质岩的矿物，一部分是与原岩所共有的，如石英、长石、云母、角闪石、辉石、方解石等；另一部分是变质作用后产生的特有变质矿物，如红柱石、蓝晶石、硅灰石、绿泥石、绿帘石、绢云母、滑石、叶腊石、蛇纹石、石榴子石等。这些矿物具有变质程度的分带指示作用，如绿泥石、绢云母多出现在浅变质带，蓝晶石代表中变质带，而夕线石则存在于深变质带中。这类矿物可作为鉴别变质岩的标志矿物。

（三）变质岩的结构

1. 变余结构

原岩在变质过程中，由于重结晶、变质结晶作用不完全，使原岩的结构特征被部分保留下来的一种结构，称为变余结构。这种结构在低级变质岩中较常见。

2. 变晶结构

原岩在固体状态下发生重结晶、重组合等变质作用过程中所形成的结构，称为变晶结构。这是变质岩中最常见的结构。

3. 碎裂结构

原岩在定向压力作用下,岩石发生破裂、弯曲,形成碎块状甚至粉末状后又被黏结在一起的结构。它是动力变质岩中常见的一种结构。

(四) 变质岩的构造

岩石经变质作用后常形成一些新的构造特征,它是区别于其他两类岩石的特有标志,是变质岩的最重要特征之一。

1. 片理构造

是指岩石中含有大量片状、板状和柱状矿物,在定向压力作用下平行排列而形成的一种构造。岩石极易沿此方向劈开,劈开面为片理面。一般片理面平整光亮,延伸不远。它又可分为以下几种构造。

(1) 片麻状构造。指石英、长石等浅色粒状矿物和云母、角闪石等暗色片状、柱状矿物相间定向排列所形成的断续条带状构造。

(2) 片状构造。指岩石中片状、柱状、纤维状矿物定向排列所形成的薄层状构造。具有沿片理面可劈成不平整薄板的特征。

(3) 千枚状构造。指由细小片状变晶矿物定向排列所形成的一种构造。片理面上具有丝绢光泽。

(4) 板状构造。指岩石结构致密,矿物颗粒细小,沿片理面易裂开成厚度近于一致的薄板状构造。它是岩石受较轻的定向压力作用而形成的。

2. 块状构造

岩石中矿物均匀分布、结构均一,无定向排列。它是大理岩、石英岩等常有的构造。

3. 变余构造

变余构造是因变质作用不彻底而保留下来的原岩构造。如变余层理构造、变余气孔构造等。

(五) 变质岩的分类

变质岩的种类很多,通常是按其构造特征来划分岩石类型的,见表 1-1-5。

表 1-1-5　　　　　主 要 变 质 岩 分 类 表

类别	构造	岩石名称	主要亚类或矿物成分
片理状岩类	片麻状	片麻岩	花岗片麻岩、黑云母片麻岩、斜长石片麻岩、角闪石片麻岩
	片状	片岩	云母片岩、绿泥石片岩、滑石片岩、角闪石片岩
	千枚状	千枚岩	以绢云母为主,其次有石英、绿泥石等
	板状	板岩	黏土矿物、绢云母、石英、绿泥石、黑云母、白云母等
块状岩类	块状	大理岩	以方解石为主,其次有白云石等
		石英岩	以石英为主,有时含有绢云母、白云母等
		碎裂岩	主要由较小的岩石碎屑和矿物碎屑组成
		糜棱岩	主要为石英、长石及少量绢云母、绿泥石等组成

（六）常见变质岩的特征

1. 片麻岩

颜色深浅不一。变晶结构，典型的片麻状构造。主要矿物为长石、石英、黑云母、角闪石等，有时出现红柱石、石榴子石等。根据成分又进一步分为花岗片麻岩、角闪斜长片麻岩、黑云母片麻岩等。

片麻岩一般较坚硬，强度较高，但若云母含量增多且富集在一起时，则强度大为降低，并较易风化。

2. 片岩

颜色深浅不一，视矿物成分而定。变晶结构，片状构造。片状矿物含量大，粒状矿物以石英为主。根据矿物成分不同，又可分为云母片岩、绿泥石片岩、滑石片岩、角闪石片岩等。片岩强度较低，且易风化，由于片理发育，易于沿片理裂开。

3. 千枚岩

多为黄绿、红、灰等色。岩石细密，具千枚状构造。矿物成分主要有绢云母、绿泥石、石英等。片理面具强丝绢光泽。性质较软弱，易风化破碎。

千枚岩与片岩相似，但千枚岩的颗粒很细，即重结晶程度较差。千枚岩与板岩也相似，但千枚岩的丝绢光泽明显，并具千枚构造，而无明显的板状构造。

4. 板岩

常为深灰、灰绿、紫红等色。变余结构，具明显的板状构造，易裂开成薄板。矿物颗粒细小，主要成分为泥质和硅质。岩性均匀致密，敲之发声清脆。板岩与页岩相似，但页岩较软，没有板状构造，没有光泽。板岩常用作建筑材料。板岩透水性弱，可作为隔水层加以利用，但在水的长期作用下可能软化，形成软弱夹层。

5. 大理岩

由石灰岩或白云岩经重结晶作用变质而成。主要矿物成分为方解石、白云石。变晶结构，块状构造。洁白的细粒大理岩（汉白玉）和带有各种花纹的大理岩，常用作建筑材料和装饰材料等。硬度较小，与盐酸作用起泡，具有可溶性。

6. 石英岩

常呈白色，含杂质时，又显黄褐、褐红等色。由石英砂岩和硅质岩经变质而成。矿物成分以石英为主，其次为云母等。变晶结构，块状构造。岩石坚硬，抗风化能力强，可作良好的建筑物地基。另外，石英岩中常夹有薄层板岩，分化后变成泥化夹层。

7. 动力变质岩

由原岩经强烈挤压破碎而形成，具有碎裂结构或糜棱结构，分布常与断裂和褶皱作用有关，主要包括构造角砾岩、碎裂岩、糜棱岩、千糜岩等。

六、岩石的工程地质性质评价

不同岩石具有不同的工程地质性质，同一岩石由于外部条件不一，其工程地质性质也不一样。岩石的工程地质性质主要受其矿物成分、结构、构造、成因、水和风化作用等因素的影响。

(一)岩浆岩的工程地质性质

1. 深成侵入岩

深成岩常形成岩基等大型侵入体,岩性较均一,致密坚硬,孔隙率小,透水性弱,抗水性强,常被选为理想的建筑物地基。但深成岩抗风化能力差,特别是含铁镁矿物较多时,更易风化破碎,风化层厚度较大。此外,深成岩经过多期地壳变动影响,一般裂隙比较发育,强度和抗水性都减弱,但可储存地下水。

2. 浅成侵入岩

浅成岩的岩体规模一般较小,有时相互穿插,岩性较复杂,颗粒大小不均一,较易风化,特别是与围岩接触部位,岩性不均,节理裂隙发育,岩石破碎,风化变质严重,透水性增大。当浅成岩很致密时,岩石透水性小,强度高,是良好的隔水层。岩体体积较大时,也是良好的建筑地基。

3. 喷出岩

喷出岩一般原生孔隙和节理发育,产状不规则,厚度变化大,岩性很不均一,因此强度低,透水性强,抗风化能力差。但对玄武岩和安山岩等岩石,如果孔隙、节理不发育,颗粒细小或是致密的玻璃质时,则强度高、抗风化能力强,也是良好的建筑地基和建筑石材。但需注意喷出岩呈岩流产出时,与下伏岩层或多次喷发之间存在的松散软弱土层或风化层会对建筑地基的稳定产生影响。

(二)沉积岩的工程地质性质

沉积岩的重要特征是具层理构造,因而它具有明显的各向异性。

1. 胶结的碎屑岩

此类岩石主要取决于胶结物的成分、胶结类型。如硅质胶结的岩石强度高、抗水性强;钙质、石膏质和泥质胶结的岩石、强度低,抗水性弱;基底胶结的岩石,则较坚硬、强度高,透水性弱;接触胶结的岩石强度较低,透水性强;孔隙胶结的岩石强度和透水性介于两者之间。此外,碎屑岩的成分等对岩石的工程地质性质也有一定影响,如石英质砂岩和砾岩就较长石质的砂岩和砾岩强度高。

2. 黏土岩

黏土岩主要有泥岩和页岩。质地软弱,强度低,容易风化,受力后压缩变形量大,遇水后易软化和泥化。若含高岭石、蒙脱石成分时,还具有较大的膨胀性和崩解性。因此,不宜作大型水工建筑物的地基。作为岸坡岩石,也易发生滑动破坏。但其透水性小,可作为隔水层和防渗层。

3. 化学岩

化学岩最常见的是石灰岩和白云岩。一般岩性致密,强度高。但抗水性弱,具有可溶性,在水流作用下易形成溶隙、溶洞、地下暗河等岩溶现象。所以,在这类岩石地区进行水工建筑时,渗漏及塌陷是主要的工程地质问题。此外,当石灰岩中夹有薄层泥灰岩时,可能会沿此层产生滑动。

(三)变质岩的工程地质性质

变质岩的工程地质性质与原岩及变质作用特点密切相关。一般情况下,由于原岩矿物成分在高温高压下重结晶作用的结果,岩石的力学性质、抗水性等较变质前相对提高。但如果在变质过程中形成滑石、绿泥石、绢云母等软弱变质矿物时，则其力学强度降低，抗风化能力减弱。动力变质作用和接触变质作用形成的岩石，构造破碎、裂隙发育、透水性强、强度较低。但断层破碎带可储存地下水。

变质岩的片理构造会使岩石具有各向异性特征，沿片理方向抗剪强度低，易产生滑动，一般不利于坝基和边坡稳定。

通常而言，板岩、千枚岩、云母片岩、滑石片岩及绿泥石片岩等岩石的工程地质性质较差；而片麻岩、石英岩及大理岩等岩石致密坚硬、岩性较均一、强度高，是建筑物的良好地基，但裂隙发育时，可使其工程地质性质降低。

❖ **小结**

矿物和岩石是人类从事工程建设的物质基础。通过掌握常见矿物和岩石特征，达到识别它们和评价其工程地质性质的目的。

地壳由岩石组成，岩石由矿物组成，矿物由化学元素组成，而组成地壳的化学元素主要有 10 种。肉眼鉴定矿物的依据是矿物的物理性质。三大类岩石的区别表现在成因、矿物组成、结构、构造等方面。不同岩石的工程地质性质主要表现在：强度、溶水性、透水性、风化性以及对建筑物的影响等方面。

任务二　地质构造现象识别与地质图识读

❖ **任务导入**

玛尔帕塞双曲拱坝位于法国南部 Rayran（莱朗）河上，坝顶高程 102.55m，坝高仅 66m，水库总库容 5100 万 m³，属双曲薄拱坝。左岸有带翼墙的重力推力墩，在坝顶中部设无闸门控制的溢洪道。坝基岩体为带状片麻岩，岩层走向南北（大致与河流平行），片理倾角在 30°～50°之间，倾向下游偏右岸，较大的片理中部充填糜棱岩。坝址范围内有两条主要断层。一条为近东西向的 F1 断层，倾角 45°，倾向上游。断层带内充填含黏土的角砾岩，宽度 80cm。另一条为近南北向的 F2，倾向左岸，倾角 70°～80°。

1-2-1
课程思政

玛尔帕塞双曲拱坝于 1954 年年末建成并蓄水，在 1959 年 12 月 2 日晚一场暴雨过后突然溃坝，巨大的水墙顺河谷奔腾，同一时间电力供应中断。洪水造成下游 12km 处 Frejus 城镇部分被毁，死亡 421 人，财产损失达 300 亿法郎，整个大坝被冲走，仅右岸靠基础部分有残留拱坝，左岸坝基岩体被冲出深槽，损失相当惨重。这可以说是第一座瞬间全部破坏的现代双曲薄拱坝，震动了全世界的坝工界。

事后专家进行了现场勘查，补充勘探，基本认为事故发生的主要原因是坝址地质条件不利，断裂发育，有夹泥，导致左岸坝基岩体质量很差，变形性大，抗剪强度低；其次坝基岩体为带状片麻岩，受片麻岩片理构造影响，左右两坝肩岩体承载后的应力分布有很大差异，由于坝左 F1 断层的影响，在左坝肩从拱座到 F1 断层形成高应力岩体条带。水库蓄水后，基岩沿上游坝踵开裂，在裂隙内发育扬压力，并不断发展，将局部岩块推向下游，导致迅速破坏。

可见，岩体产状、节理裂隙、褶皱断裂等地质构造现象的发育程度直接影响工程建筑物的稳定性，分析工程建筑物的安全稳定性，就要对各类地质构造现象进行识别、分析，进而评价其对工程建筑稳定性的影响。

❖ **任务目标**

1. 熟悉地质年代表及确定地层年代的方法；掌握岩层产状三要素的测定方法，了解主要地质构造的类型、特征，及野外识别的方法；了解节理玫瑰花图和活断层。

2. 分析断裂、褶皱、活断层等地质构造对工程建筑的影响。

3. 通过阅读地质图，能对工程的地质条件进行初步分析。

一、地质作用

1-2-2
地质作用——
辩证唯物主义

在地球漫长的演变历史中，地壳的内部结构、物质成分和表面形态不断地发生着变化。一些变化速度快，易被人们感觉到，如地震和火山爆发等；另一些变化则进行得很慢，不易被人们发现，如地壳的缓慢上升、下降以及地块的水平移动等。这种由于自然动力所引起，促使地壳物质成分、结构及地表形态发生变化的作用叫作地质作用。根据地质作用的动力来源，可将其分为外力地质作用和内力地质作用。

（一）外力地质作用

外力地质作用主要是由地球以外的能源，如太阳辐射能、日月引力能和陨石碰撞等引起。其中太阳辐射起着最主要的作用，它造成地面温度的变化，产生空气对流、大气环流及各种水流和冰川等。外力地质作用的表现形式有风化作用、剥蚀作用、搬运作用和沉积作用等。外力地质作用往往带来地壳物质成分、内部结构、地表形态的缓慢变化，称之为地球的"渐变说"，但经过漫长的地质年代，可导致地球面貌的巨大变化。

（二）内力地质作用

内力地质作用是由地球内部的能源，如旋转能、重力能、放射性元素衰变产生的热能以及化学能、结晶能等引起，根据其动力来源和作用方式可分为构造运动、岩浆活动、变质作用和地震等。内力地质作用往往带来地壳物质成分、内部结构、地表形态的突然变化，如岩浆活动、变质作用、地震等，称之为地球演变的"灾变说"。

构造运动又叫地壳运动，是内力地质作用所引起的地壳岩石发生变形、变位（如弯曲、断裂等）的运动。残留在岩层中的这些变形、变位现象叫作地质构造。构造运动在内力地质作用中常起主导作用，它可分为水平运动和垂直运动。

1. 水平运动

主要表现为地壳岩层的水平位移，结果使岩层相互挤压、弯曲或错开等。它使岩层褶皱、断裂（图 1-2-1），形成裂谷、盆地及褶皱山系，如非洲大陆和美洲大陆的分离以及我国的横断山脉、喜马拉雅山脉、天山等褶皱山系。

2. 垂直运动

主要表现为地壳大面积整体缓慢上升或下降。上升形成山岳、高原，下降则形成

 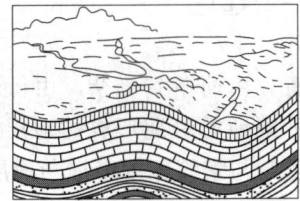 

(a) 岩层的原始状态　　　(b) 岩层弯曲产生褶皱构造　　　(c) 褶皱构造进一步发展成断裂构造

图 1-2-1　褶皱构造与断裂构造形成示意图

湖海、盆地。如喜马拉雅山脉上的大量新生代早期海洋生物化石的存在，说明五六千万年前这里曾是汪洋大海，可见垂直运动幅度之大。目前，我国西部总体相对上升，而东部相对下降。

同一地区构造运动的方向随着时间推移而不断变化。某一时期以水平运动为主，另一时期则以垂直运动为主，且水平运动的方式和垂直运动的方向也会发生更替。不同地区的构造运动常有因果关系，一个地区块体的水平挤压可引起另一地区的上升或下降，反之亦然。

内力地质作用与外力地质作用相互关联，相互矛盾。内力地质作用在地壳演化中起着主导作用，它使地表产生大陆、海洋、山脉、平原等巨型地形起伏。而外力地质作用则进一步加工塑造，起着削高补低的作用，即所谓的"平原化"过程。总之，在内力和外力地质作用下，地壳不断向前发展和变化着。

二、地质年代

地球形成至今已有 46 亿年，对整个地质历史时期而言，地球的发展演化及地质事件的记录和描述需要有一套相应的时间概念，即地质年代。地质学上以绝对地质年代和相对地质年代两种方法来描述时间。表示地质事件发生距今的实际年数称为绝对年代（实际年龄），而表示地质事件发生的先后顺序称为相对年代。

（一）绝对地质年代的确定

主要是根据保存在岩层中的放射性元素蜕变的速度特征产物来确定。

（二）相对地质年代的确定

1. 地层层序法

地层是指在一定地质时期内所形成的层状岩石的总称。未经构造运动改变的岩层大都是水平岩层，且按照下老上新的规律排列［图 1-2-2（a）］；若后期构造运动使某些岩层发生变动（倾斜、直立或倒转），可利用沉积物中的某些构造特征（如斜层理、泥裂、波痕等）来恢复岩层顶、底面后，再进一步判断岩层

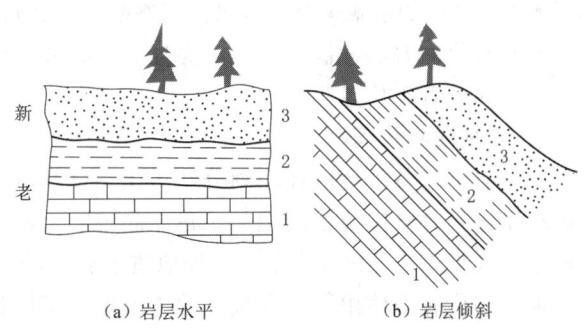

(a) 岩层水平　　　(b) 岩层倾斜

图 1-2-2　地层层序法（岩层层序正常时）

注：1、2、3 依次由老到新

之间的相对新老关系[图1-2-2(b)]。

2. 古生物法

自然界中的生物是从无到有，由简单到复杂，由低级到高级不断发展、变化着，而且这种演化是不可逆转的，不同地质时期形成的地层中会保存不同的古生物化石，这样就可以根据岩层中化石的复杂与繁简程度来推断地层的相对新老关系。

3. 岩层接触关系法

不同时期形成的岩层，其分界面特征即互相接触关系，可以反映各种构造运动和古地理环境等在空间和时间上的演变过程，因此，它是确定和划分地层年代的重要依据。岩层接触关系有以下几种类型（图1-2-3）。

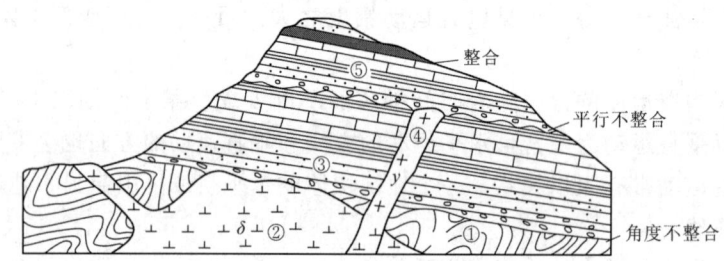

图1-2-3 岩层接触关系示意图
注：①、②、③、④、⑤依次由老到新

（1）整合接触。指上下两套岩层产状一致，互相平行，连续沉积形成。反映岩层形成期间地壳比较稳定，没有强烈的构造运动，地层自下而上依次由老到新。

（2）平行不整合。它又称假整合，是指上、下两套地层的产状彼此平行一致，但其间缺失某些地质年代的岩层。上下两套岩层之间的接触面往往起伏不平，常分布一层砾岩（俗称底砾岩），据此可以判断上下两套岩层的新老关系。

（3）角度不整合。是指上、下两套地层产状不同，彼此呈角度接触，其间缺失某些时代的地层，接触面多起伏不平，也常有底砾岩和风化壳。不整合面的存在标志着地壳曾发生过强烈的地壳运动。与平行不整合相同，据此也可以判断地层之间的新老关系。

上述3种接触类型是沉积岩之间或少量变质岩之间的接触关系。此外，利用岩浆岩和其他围岩之间的接触关系，也可以来判断岩层之间的相对新老关系（图1-2-3）。

不同时代的岩层常被岩浆侵入穿插，侵入者年代新，被侵入者年代老，切割者年代新，被切割者年代老。

（三）地质年代表

通过对全球各个地区地层划分和对比，以及对相关岩石的实际年龄测定，按年代先后顺序进行科学系统性的编年，建立起国际上通用的地层及地质年代表。中国区域地质年代表见表1-2-1[据《工程地质手册》（第四版）]。

地质年代表中使用了不同级别的地质年代单位和地层单位。地质年代单位根据时间的长短依次划分为：宙、代、纪、世，与此相对应的地层单位是：宇、界、系、统。如太古代形成的地层叫太古界，石炭纪形成的地层称为石炭系等。

表 1-2-1　　　　　　　　　中国区域地质年代表

宙（宇）	代（界）	纪（系）	世（统）	国际代号		距今年龄/百万年	植物	动物	主要地壳运动
显生宙	新生代（Kz）	第四纪	全新世	Q	Q_4	0.01~3	被子植物	人类	喜马拉雅运动
			晚更新世		Q_3				
			中更新世		Q_2				
			早更新世		Q_1				
		第三纪	新近纪	上新世	N	N_2	25		哺乳动物	
				中新世		N_1				
			古近纪	渐新世	E	E_3	40			
				始新世		E_2	60			
				古新世		E_1	80			
	中生代（Mz）	白垩纪	晚白垩世	K	K_2	140	裸子植物	爬行动物	燕山运动
			早白垩世		K_1				
		侏罗纪	晚侏罗世	J	J_3	195			
			中侏罗世		J_2				
			早侏罗世		J_1				
		三叠纪	晚三叠世	T	T_3	230			印支运动
			中三叠世		T_2				
			早三叠世		T_1				
	古生代（Pz）	晚古生代	二叠纪	晚二叠世	P	P_2	280	蕨类植物	两栖类动物	海西运动
				早二叠世		P_1				
			石炭纪	晚石炭世	C	C_3	350			
				中石炭世		C_2				
				早石炭世		C_1				
			泥盆纪	晚泥盆世	D	D_3	410		鱼类	
				中泥盆世		D_2				
				早泥盆世		D_1				
		早古生代	志留纪	晚志留世	S	S_3	440	孢子植物高级藻类	海生无脊椎动物	加里东运动
				中志留世		S_2				
				早志留世		S_1				
			奥陶纪	晚奥陶世	O	O_3	500			
				中奥陶世		O_2				
				早奥陶世		O_1				
			寒武纪	晚寒武世	$\in$	$\in_3$	600			
				中寒武世		$\in_2$				
				早寒武世		$\in_1$				
隐生宙	远古代（Pt）	晚	震旦纪		Z		800	真核生物（绿藻）		吕梁运动
		中					1900			
		早					2500			
	太古代（Ar）						4000	原核生物（菌藻类）		五台运动

此外，除了上述地层单位外，还有按照岩性特征来划分的地层单位，称为地方性地层单位，常用群、组、段表示。

三、岩层产状

（一）岩层产状要素

岩层产状是指岩层在空间的位置。用走向、倾向和倾角表示，地质学上称为岩层产状三要素。

1. 走向

岩层面与水平面的交线叫走向线（图1-2-4中的AOB线），走向线两端所指的方向即为岩层的走向。走向有两个方位角数值，且相差180°，如350°（或NW10°）和170°（或SE10°）。岩层的走向表示岩层的延伸方向。

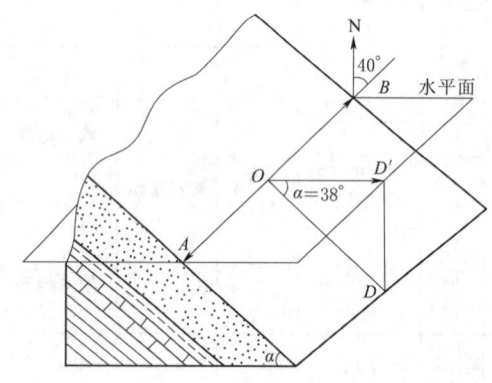

2. 倾向

岩层面上与走向线垂直并沿倾斜面向下所引的直线叫倾斜线（图1-2-4 OD线），倾斜线在水平面上投影（图1-2-4 OD′线）所指的方向就是岩层的倾向。对于同一岩层面，倾向与走向垂直，且只有一个方向。岩层的倾向表示岩层的倾斜方向。

图1-2-4 岩层产状要素图

AOB—走向线；OD—倾斜线；OD′—倾斜线在水平面上的投影，箭头方向为倾向；α—倾角

3. 倾角

倾角是岩层面和水平面所夹的最大锐角（或二面角）（图1-2-4 α角）。

除岩层面外，岩体中其他面（如节理面、断层面等）的空间位置也可以用岩层产状三要素来表示。

1-2-4 岩层产状三要素

（二）岩层产状要素的测量

岩层产状要素需用地质罗盘仪测量（图1-2-5）。测量方法（图1-2-6）如下。

1-2-5 岩层产状三要素的测量

图1-2-5 地质罗盘仪

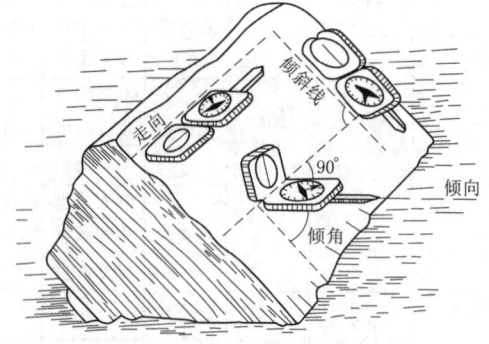

图1-2-6 岩层产状要素测量

1. 测走向

将罗盘的长边与岩层面贴触，如罗盘无长边，则取与南北方向平行的边与层面贴触，并使罗盘放水平（水准气泡居中），此时罗盘长边（或NS边）与岩层的交线即

为走向线,磁针(无论南针或北针)所指的度数即为所求的走向。

2. 测倾向

把罗盘的 N 极指向岩层层面的倾斜方向,同时使罗盘的短边(或与东西方向平行的边)与层面贴触,罗盘放水平,气泡居中,此时北针所指的度数即为所求的倾向。

3. 测倾角

将罗盘侧立,以其长边(即 NS 边)紧贴层面,并与走向线垂直,然后转动罗盘背面的旋钮,使下刻度盘的活动水准泡居中,倾角指针所指的度数即为倾角大小。若是长方形罗盘,此时桃形指针在倾角刻度盘上所指的度数,即为所测的倾角大小。

4. 岩层产状要素的表示方法

在野外记录或报告中,一组走向为北西 320°、倾向南西 230°、倾角 40°的岩层产状,可表示为:N320°W、S230°W、∠40°,也可以记录为 SW230°∠40°。在地质图上,岩层的产状用符号"⊥40°"表示,长线表示走向,短线表示倾向,数字表示倾角。长短线必须按实际方位画在图上。

(三)水平构造、倾斜构造和直立构造

1. 水平构造

岩层产状呈水平(倾角 $\alpha=0°$)或近似水平($\alpha<5°$),如图 1-2-7 所示。岩层呈水平构造,表明该地区地壳相对稳定。

2. 倾斜构造(单斜构造)

岩层产状的倾角 $0°<\alpha<90°$,岩层呈倾斜状(图 1-2-8)。岩层呈倾斜构造,说明该地区地壳不均匀抬升或受到岩浆作用的影响。

3. 直立构造

岩层产状的倾角 $\alpha\approx90°$,岩层呈直立状(图 1-2-9)。岩层呈直立构造,说明岩层受到强有力的挤压。

图 1-2-7 水平岩层

图 1-2-8 倾斜岩层

图 1-2-9 直立岩层

1-2-6
褶皱构造的识别与评价——科学发展观

四、褶皱构造

岩层受构造应力作用后产生的连续弯曲变形称为褶皱构造。绝大多数褶皱构造是岩层在水平挤压力作用下形成的,如图 1-2-10 所示。褶皱构造是岩层在地壳中广泛发育的地质构造之一,它在层状岩石中最为明显,在块状岩体中则很难见到。褶皱

构造的每一单个向上或向下的弯曲称为褶曲。褶皱构造的规模大小不一，大者可达几十至几百千米，小者手标本上可见。

（一）褶皱要素

褶皱构造的各个组成部分称为褶皱要素（图1-2-11）。

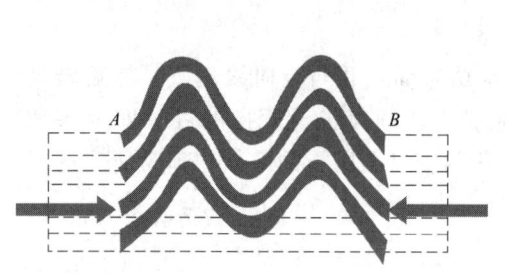

图1-2-10 褶皱构造

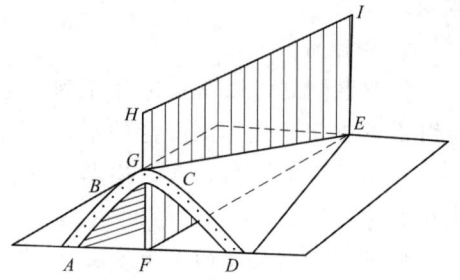

图1-2-11 褶皱要素示意图
AB—翼；被 $ABGCD$ 包围的内部岩层—核；
BGC—转折端；$EFHI$—轴面；
EF—轴线；EG—枢纽

1. 核部

指褶曲中心部位的岩层。当风化剥蚀后，常把出露在地表最中心的岩层叫作核部。

2. 翼部

指核部两侧的岩层。一个褶曲有两个翼。

3. 翼角

指翼部岩层的倾角。

4. 轴面

指对称平分两翼的假象面。轴面可以是平面，也可以是曲面。轴面与水平面的交线称为轴线；轴面与岩层面的交线称为枢纽。

5. 转折端

指从一翼转到另一翼的弯曲部分。在横剖面上，转折端常呈圆弧形。

（二）褶皱的基本形态和特征

褶皱的基本形态是背斜和向斜（图1-2-12）。

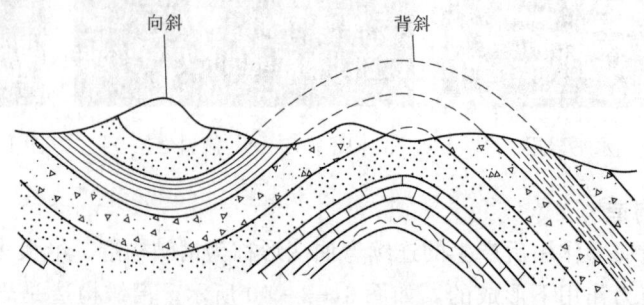

图1-2-12 背斜和向斜

1. 背斜

通常岩层向上弯曲，两翼岩层相背倾斜，核部岩层时代较老，两翼岩层依次变新并呈对称分布。

2. 向斜

通常岩层向下弯曲，两翼岩层相向倾斜，核部岩层时代较新，两翼岩层依次变老并呈对称分布。

（三）褶皱的类型

根据轴面产状和两翼岩层的特点，将褶皱分为如下几类。

1. 直立褶皱

轴面直立，两翼岩层倾向相反，且倾角大小近似相等［图1-2-13（a）］。

2. 倾斜褶皱

轴面倾斜，两翼岩层倾向相反，倾角大小不等［图1-2-13（b）］。

3. 倒转褶皱

轴面倾斜，两翼岩层向同一方向倾斜，倾角大小不等，其中一翼倒转，老岩层位于新岩层之上，另一翼层序正常［图1-2-13（c）］。

4. 平卧褶皱

轴面产状近于水平，一翼岩层层序正常，另一翼则倒转［图1-2-13（d）］。

5. 翻卷褶皱

轴面弯曲的平卧褶皱［图1-2-13（e）］。

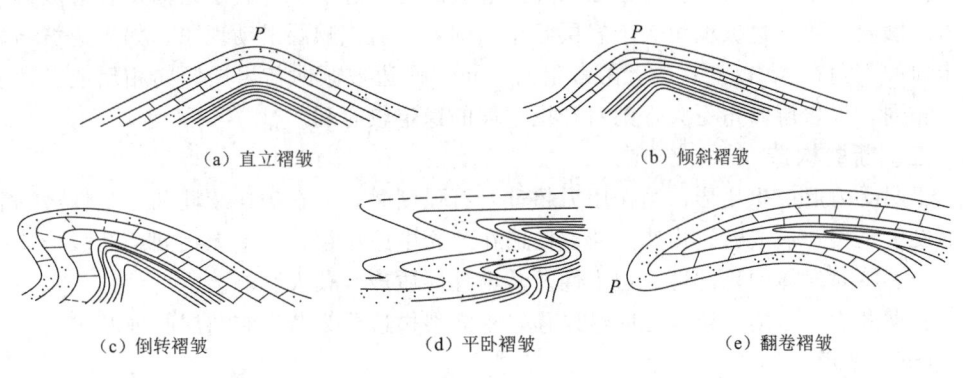

图1-2-13 根据轴面产状褶皱的分类

（四）褶皱构造的野外识别

首先判断褶皱是否存在背斜和向斜，并进行区别，然后再确定其形态特征。

在少数情况下，沿河谷或公路两侧，岩层的弯曲常直接暴露，背斜或向斜易于识别。而多数情况下，由于岩层遭受风化剥蚀，出露情况不好，无法看到它的完整形态。这时需按下列方法进行分析：

首先，垂直于岩层走向观察，若岩层对称重复出现，便可肯定有褶皱构造；否则，没有褶皱构造（图1-2-14）。

其次，分析岩层的新老组合关系。若中间是老岩层，两侧是新岩层，则为背斜；若中间是新岩层，两侧是老岩层，则为向斜。

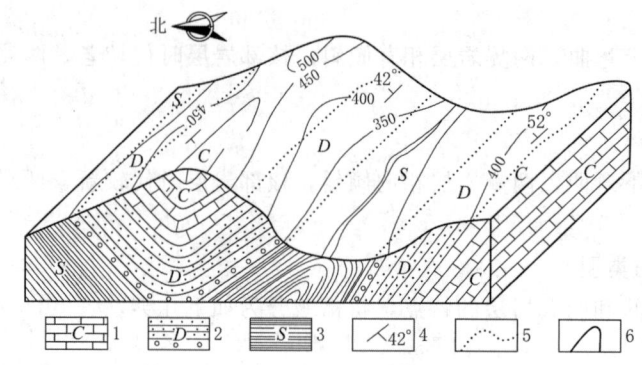

图 1-2-14 褶皱构造立体图
1—石炭系；2—泥盆系；3—老留系；4—岩层产状；5—岩层界线；6—地形等高线

最后，根据两翼岩层产状和轴面产状，对褶皱进行分类和命名。

（五）褶皱构造对工程的影响

1. 褶皱核部

褶皱核部岩层由于受水平挤压作用，节理发育、岩石破碎，易于风化，岩石强度低，渗透性强，在石灰岩地区还往往使岩溶较为发育，所以建筑工程应尽量避开该区域。若必须修建时，须注意岩层的塌落、漏水及涌水问题。

2. 褶皱翼部

褶皱翼部布置建筑工程时，如果开挖边坡的走向近于平行岩层走向，且边坡倾向与岩层倾向一致，边坡坡角大于岩层倾角，则容易造成顺层滑动现象。如果边坡与岩层走向的夹角在 40°以上；或者两者走向一致，而边坡倾向与岩层倾向相反或者两者倾向相同，但岩层倾角更大，则对开挖边坡的稳定较有利。

五、断裂构造

岩层受力后产生变形，当作用力超过岩石强度时，岩石的连续性和完整性遭到破坏而发生破裂，形成断裂构造。断裂构造在地壳中广泛存在。毫无疑问，断裂构造的发生，必将对岩体的稳定性、透水性及其工程性质产生较大影响。

根据断裂之后的岩层有无明显位移，将断裂构造分为节理和断层两种形式。

（一）节理

没有明显位移的断裂称为节理（或裂隙）。节理在岩层中广泛分布，且往往成组、成群出现，规模大小不一，可从几厘米到几百米。

节理按成因分为 3 种类型：第一种为原生节理，指岩石在成岩过程中形成的节理，如地表的岩浆冷凝收缩产生的裂缝；第二种为次生节理，指风化、爆破等原因形成的裂隙，这种节理产状无序，一般局限于地表，规模不大，分布也不规则，通常只称为裂隙而不称为节理；第三种为构造节理，指由构造应力所形成的节理。

1-2-7 断裂构造的识别与评价

上述 3 种节理中，构造节理分布最广，几乎所有的大型水利水电工程都会遇到，以下重点介绍构造节理。

1. 构造节理的分类

构造节理按照形成的力学性质分为张节理和剪节理。

(1) 张节理。由张应力作用产生的节理，多发育在褶皱的轴部。其主要特征为：节理面粗糙不平，无擦痕，节理多开口，一般被其他物质充填；在砾岩或砂岩中的张节理常常绕过砾石或砂粒；张节理一般较稀疏、间距大，而且延伸不远；张节理有时沿先期形成的剪节理发育而成，被称为追踪张节理。

(2) 剪节理。由剪应力作用产生的节理。其主要特征为：节理面平直光滑，有时可见擦痕，节理一般是闭合的，没有充填物；在砾岩或砂岩中的剪节理常常切穿砾石或砂粒；剪节理产状较稳定，间距小、延伸较远；发育完整的剪节理呈 X 型。若 X 型剪节理发育良好，则可将岩石切割成棋盘状（图 1-2-15）。

图 1-2-15 X 型剪节理

2. 节理的统计

节理在岩层中广泛分布，对水利工程的不良影响主要是水库的渗漏和岩体的稳定两方面，但其影响程度取决于节理的成因、产状、数量、大小、连通以及充填等诸多因素。因而，在工程地质勘察中首先要查明这些特征，然后对其分析统计整理，以评价其对工程造成的影响。

首先进行资料整理，将测点上所测的节理走向都换成北东和北西象限的角度，按走向方向大小，以 10°为一组统计各组节理条数，如表 1-2-2 所示。其次，确定作图比例尺，以等长或稍长于按线条比例尺表示最多那一组节理条数的线段长度为半径，画一个上半圆，通过圆心标出东、北、西 3 个方向，并标出 10°倍数的方向角度量值。然后将表示各组节理条数的点标在相应走向方位角中间的半径上（图 1-2-16）。如走向北东 41°~45°的节理有 35 条，按比例点在北东 45°的半径上。连接相邻组各点即成节理走向玫瑰图。为表示最发育组节理的倾向和倾角，将该组节理走向沿半径延伸出半圆以外，沿径向按比例划分出 9 个刻度（0°，10°，…，90°）代表倾角，切线方向代表倾向，并按比例取一定长度代表条数，如图 1-2-16 所示。图中最发育的一组节理的走向区间为 321°~330°，倾向北东的有两组，它们的倾角和条数分别为 21°~30°、25 条和 71°~80°、10 条。倾向南西的只有一组，其倾角为 51°~60°，条数为 15 条。

(二) 断层

有明显位移的断裂称为断层。断层在岩层中也比较常见，其规模大小不一，可从几厘米到几千米，甚至达上百千米。

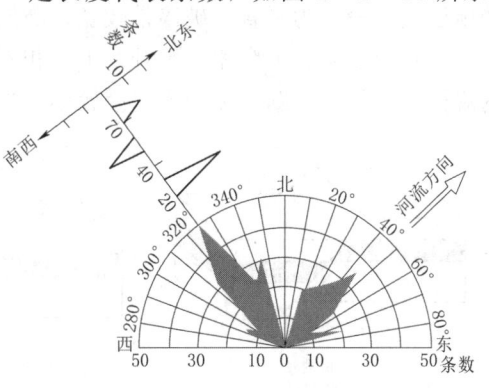

图 1-2-16 某坝址节理玫瑰图

表 1-2-2　　　　　某坝址节理统计表

走向/(°)	条数	走向/(°)	条数	走向/(°)	条数	走向/(°)	条数
0～10	0	51～60	19	271～280	0	321～330	50
11～20	0	61～70	10	281～290	0	331～340	22
21～30	20	71～80	20	291～300	14	341～350	30
31～40	25	81～90	0	301～310	10	351～360	0
41～50	35			311～320	30		

1. 断层要素

断层的基本组成部分，称断层要素（图1-2-17）。包括断层面、断层线、断层带、断盘及断距。

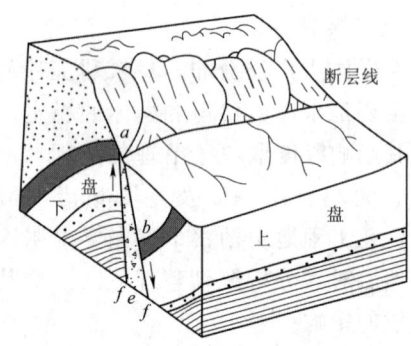

图 1-2-17　断层要素图
ab—断距；e—断层破碎带；f—断层影响带

（1）断层面。岩层断裂后，发生相对位移的破裂面。它的空间位置仍由走向、倾向和倾角表示，它可以是平面，也可以是曲面。

（2）断层线。断层面与地面的交线。其方向表示断层的延伸方向。

（3）断层带。包括断层破碎带和断层影响带。破碎带是指被断层错动搓碎的部分，常由岩块碎屑、粉末、角砾及黏土颗粒组成，其两侧被断层面所限制（图1-2-17e）。影响带是指靠近破碎带两侧的岩层受断层影响，裂隙发育或发生牵引弯曲的部分（图1-2-17f）。

（4）断盘。断层面两侧相对位移的岩块称为断盘。其中，断层面之上的称为上盘，断层面之下的称为下盘。

（5）断距。断层两盘沿断层面相对移动的距离。

2. 断层的基本类型

按照断层两盘相对位移的方向，可将断层分为以下3种类型：

（1）正断层。上盘相对下降，下盘相对上升的断层［图1-2-18（a）］。正断层的断层线一般较为平直，破碎带较宽，断层面的倾角多大于45°。

（2）逆断层。上盘相对上升，下盘相对下降的断层［图1-2-18（b）］。逆断层的规模一般较大，断层破碎带宽度较小，断层面较为弯曲或波状起伏，常有上、下方

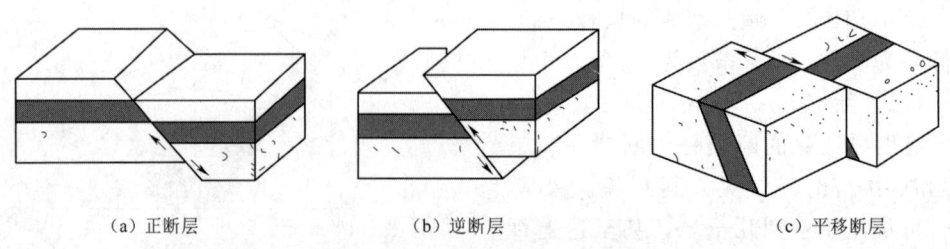

(a) 正断层　　　　　　(b) 逆断层　　　　　　(c) 平移断层

图 1-2-18　断层基本类型示意图

向的擦痕。逆断层一般在构造运动强烈的地区出现较多。

（3）平移断层。两盘沿断层面作相对水平位移的断层［图1-2-18（c）］。平移断层的断层面较陡、甚至直立，且平直光滑。

3. 断层的组合形式

在自然界中，有时断层不是单独存在的，而是呈组合形式存在，常见的组合形式如下。

（1）阶梯状断层。由多个断层面倾向相同（或相近）而又相互平行的正断层组合而成，在剖面上各个断层的上盘依次下降呈阶梯状（图1-2-19）。

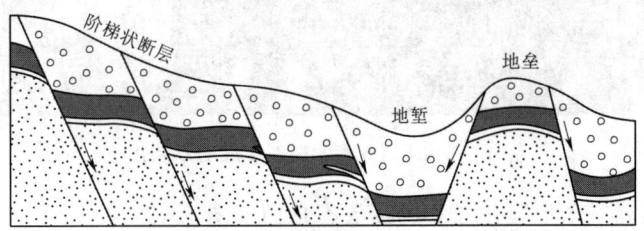

图1-2-19　阶梯状断层、地堑及地垒

（2）地堑。由两条以上正断层组合而成，两边岩层沿断层面相对上升，中间岩层相对下降（图1-2-19）。

（3）地垒。由两条以上正断层组合而成，与地堑相反，断层面之间的岩层相对上升，两边岩层相对下降（图1-2-19）。

（4）叠瓦式断层。由一系列产状平行的冲断层或逆掩断层组合而成（图1-2-20）。各断层的上盘依次逆冲形成像瓦片般的叠覆。

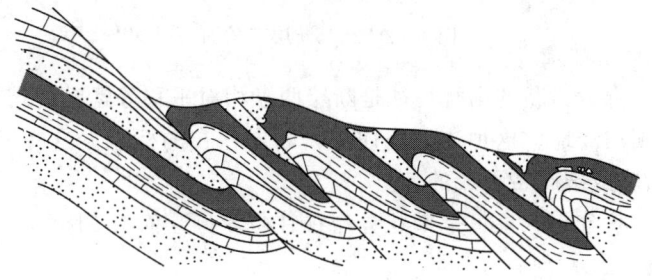

图1-2-20　叠瓦式断层

4. 断层的野外识别

断层的发生，必然会在地貌、地层及构造等方面得到反映，这就形成了断层标志，也是识别断层的主要依据。

（1）地貌标志（最直观的标志之一）。

1）断层崖。由于断层两盘的相对运动，常使断层的上升盘形成陡崖，称为断层崖。如东非大裂谷形成的断层崖（图1-2-21）；太行山前断裂带使太行山拔地而起，成为华北平原的西部屏障等。

2）断层三角面。断层崖受到与崖面垂直方向的水流侵蚀切割，便可形成沿断层

图 1-2-21　东非大裂谷形成的断层崖

走向分布的一系列三角形陡崖，称为断层三角面（图 1-2-22）。

图 1-2-22　断层三角面

3）错断的山脊。错断的山脊往往是断层两盘相对平移等运动的结果。

4）串珠状湖泊洼地。这种洼地往往是大断层存在的标志。这些湖泊洼地主要是由断层引起的断陷或破碎带形成的。

5）泉水的带状分布。泉水呈带状分布往往也是断层存在的标志。因为断层破碎带是地下水的良好通道。

（2）地层标志（识别断层的可靠证据之一）。

1）岩层沿走向突然中断，而和另一岩层相接触，则说明有断层发生（图 1-2-23）。

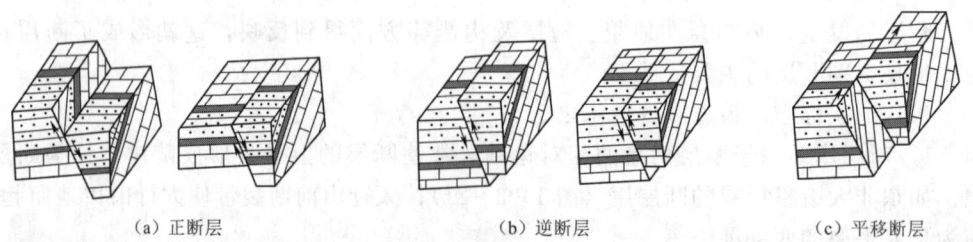

(a) 正断层　　　　(b) 逆断层　　　　(c) 平移断层

图 1-2-23　断层造成岩层中断

2) 垂直岩层走向，若发现地层出现不对称的重复或缺失，则可判定有断层发生（图1-2-24）。

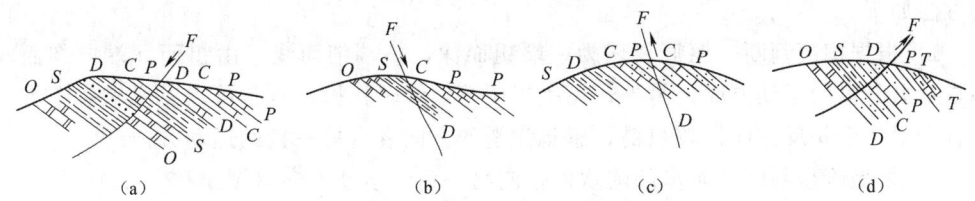

图1-2-24 断层造成的地层重复和缺失

(3) 构造标志。

由于构造应力的作用，沿断层面或断层破碎带及其两侧，常常出现一些伴生的构造变动现象。这些现象是识别和确定断层性质的又一重要标志。常见的这些现象有擦痕、阶步、牵引褶皱及构造岩等。

1) 擦痕和阶步。断层两盘相互错动时，在断层面上留下的摩擦痕迹称为擦痕。有时在断层面上存在有垂直于擦痕方向的小台阶称为阶步（图1-2-25）。

2) 牵引褶皱。断层两盘相对错动时，断层附近的岩层因受摩擦力的作用而发生弧形弯曲形成的拖拽现象，称为断层的牵引褶皱（图1-2-26）。

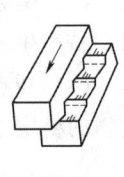

图1-2-25 擦痕和阶步

3) 构造岩。构造岩是指断层发生时，由于构造应力的作用，使断层带中岩石的矿物成分、结构、构造等发生强烈变化，甚至变质形成新的岩石。主要有断层角砾岩、断层泥、糜棱岩等。

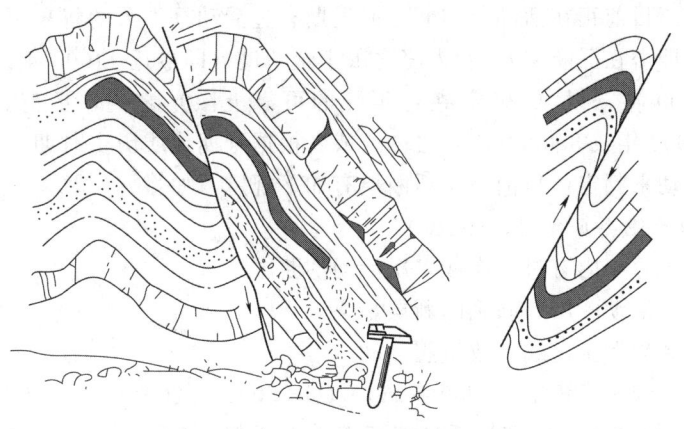

图1-2-26 牵引褶皱

这里需要说明的是，并非每一条断层都具有上述特征，而且有些特征也并非是断层的专利。所以在野外认识断层时，应多方面综合考察，才能得出可靠的结论。

(4) 断层性质的判断。

在判断出断层存在的前提下，需要根据两盘相对运动的方向来判断断层的性质。其方法如下。

1) 根据擦痕判断。擦痕表现为一端粗而深，一端细而浅。由粗而深端向细而浅端指示另一盘的运动方向。另外，用手指顺擦痕轻轻抚摸，常常可以感觉顺一个方向比较光滑，而相反方向比较粗糙，感觉光滑的方向表示另一盘的运动方向。

2) 根据阶步判断。阶步的陡坎面指向另一盘的运动方向（图 1-2-25）。

3) 根据牵引褶皱判断。牵引褶皱弧形弯曲突出的方向指示本盘的运动方向（图 1-2-26）。

（三）断裂构造对工程的影响

断裂构造的存在，破坏了岩体的完整性，降低了岩体强度，增大了岩体的透水性，加速了风化作用、地下水的活动及岩溶的发育，可能对工程建筑产生影响。

(1) 断层破碎带力学强度低、压缩性大，建于其上的建筑物地基易产生较大的沉陷，还会使水工建筑物产生集中渗漏。

(2) 跨越断裂构造带的建筑物，由于断裂带及其两侧上、下盘的岩体均可能不同，易产生不均匀沉降，从而使建筑物造成断裂和倾斜。

(3) 断裂构造带在新的地壳运动影响下，可能发生新的移动，从而进一步影响建筑物的稳定。

因此，在选择坝址、确定渠道及隧洞线路时，要尽量避开大的断层和节理密集带，否则必须对其进行开挖、帷幕灌浆等方法处理，甚至调整坝或洞轴线的位置。不过，这些破碎地带，有利于地下水的运动和富集，因此，断裂构造对于山区找水具有重要意义。

1-2-8
地质构造对工程建筑物的影响

六、活断层

（一）活断层概述

活断层是指目前正在活动着的断层或近期有过活动且不久的将来可能会重新发生活动的断层（即潜在活断层）。有人将之限于全新世（即最近 11000 年以内），有人则限于最近 35000 年（以 ^{14}C 确定绝对年龄的可靠上限）之内，更有人限于晚更新世（最近 100000 年或 500000 年）之内，或者根据近期地质历史时期（例如第四纪期间）有重复活动来判定。目前关于活断层有如下规定，如：

1. 美国原子能委员会（USNRC）

(1) 在 3.5 万年内有过一次或多次活动的断层。

(2) 与其他活动断层有联系的断层。

(3) 沿该断裂发生过蠕动或微震活动。

2.《岩土工程勘察规范（2009 年版）》(GB 50021—2001)

全新世（10000 年）内有过活动或近期正在活动，在将来（100 年）可能继续活动的断裂。

3.《水利水电工程地质勘察规范（2022 年版）》(GB 50487—2008)

最后一次错动距今 10 万～15 万年（晚更新世）的断层。

活断层具有很强的危害性和破坏性，直接威胁人民生命财产安全，具体表现为：活断层的地面错断直接危害跨越该断层的建筑物，如宁夏石嘴山市红果子沟——明长城错断；伴有地震发生的活断层，强烈的地面振动对较大范围内的建筑物损害，如美国1906年旧金山地震中，圣·安德烈斯断裂的错动直接导致圣·安德烈斯坝溃坝；产生地震裂缝，如我国唐山大地震时有一条长8km，走向N30°E的地表断层，正好由市区通过，最大水平错距3m，垂直断距0.7～1m。该断层穿过的道路、房屋、围墙等一切建筑物全被错开。如图1-2-27所示，又如图1-2-28凤火山隧道北部断裂切割产生的地震裂缝延伸特征。

（二）活断层的类型

按构造应力状态及两盘相对位移的性质，可将活断层划分为地质上熟悉的3种类型。

1. 正断型活断层

正断型活断层［图1-2-29（a）］下降

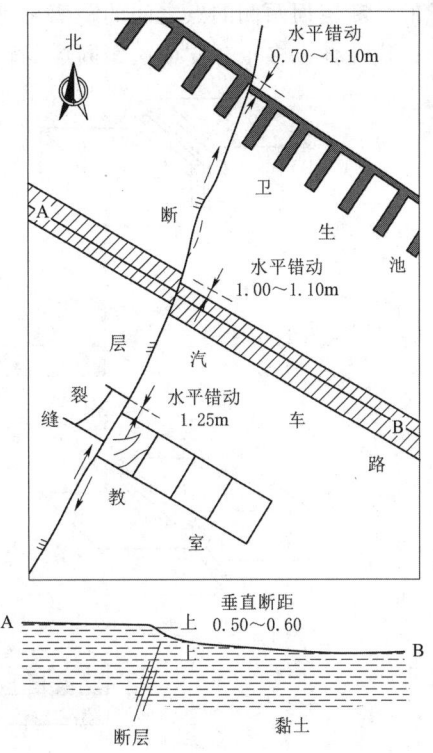

图1-2-27 唐山大地震地表断层错动

盘分支断层多见，形成地堑式的正断层组合。最大主应力近于垂直，最小主应力近于水平。走向垂直于最小主应力且与最大主应力呈锐角的断层面与水平面夹角大于45°，一般为60°～80°。在错动过程中，垂直断面走向的水平方向有所伸长。伴随这类断层活动的变形（下沉）和分支断层错动，主要集中于下降盘。与河谷平行断面倾斜的正断层，可以使拦河坝产生比其他形式断层运动更宽的初始裂缝。一般说来，这类断层的可识别程度介于走滑断层和逆断层之间，其影响带宽度和对工程的危害程度也介于两者之间。

图1-2-28 凤火山隧道北部断裂切割表层第四系和公路的裂缝延伸特征

2. 逆断型活断层

逆断型活断层［图1-2-29（b）］多分布于板块碰撞挤压带。上盘变形带大，出现多分支断层。最大主应力近于水平，最小主应力近于垂直。走向垂直于最大主应力的断层面与水平面夹角一般小于45°，往往为20°～40°，且由于位移是水平挤压形成的，断层面两侧的点之间的距离总是由于位移而缩短。上盘除上升外还产生地面变形，往往伴以多个分支或次级断层的错动。

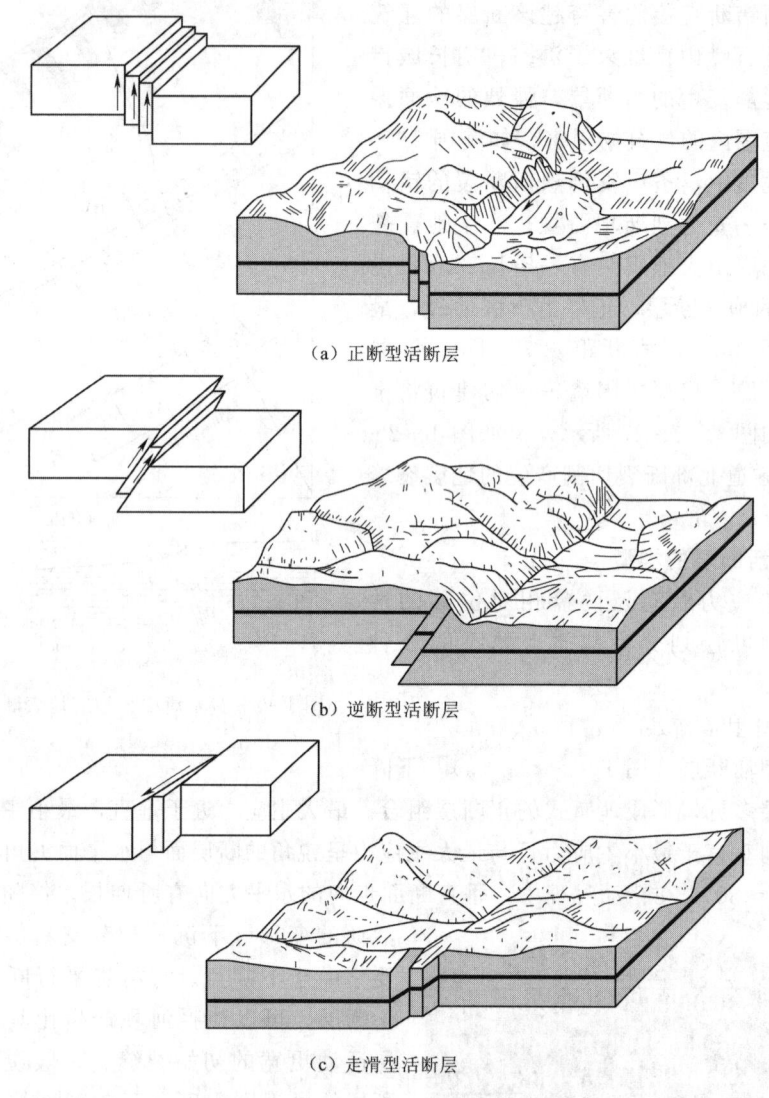

(a) 正断型活断层

(b) 逆断型活断层

(c) 走滑型活断层

图 1-2-29 活断层的类型示意图

3. 走滑型活断层

走滑型活断层 [图 1-2-29 (c)] 常分布于大陆内部的地块之间的接触部位，水平错动量大，断层带宽度不大，很少分支断裂。最大最小主应力近于水平，所以两者之间的最大剪应力面，亦即此类断层的断层面，近于直立，因之其地表出露线也就最为平直；常表现为极窄的直线形断崖。主要是断层面两侧相对的水平运动，相对的垂直升降很小。河流最易于沿这种断层发育，水工建筑物也就最易于受到这种活断层的威胁。如断层与坝轴线小角度斜交，由于断层错动而造成的心墙拉开宽度可以相当大。我国的活断层也以走向滑动型为最多，特别是西南和西北，有些走滑型活断层规模巨大；例如塔里木断块南的阿尔金山断裂，青藏断块内部的鲜水河断裂，川滇断块西界的红河断裂都是我国西部长达数百到数千千米的活动着的明显迹象，尤以对水系的错动改造最为明显。

（三）活断层的识别

1. 活断层识别的方法

活断层可以通过以下几个方面进行识别：如地质方面，首先，只要是见到第四系中、晚期的沉积物被错断，均视断层为活断层。其次，活断层因其形成时间较晚，一般表现为构造带物质欠固结欠胶结状态，较为松散。另外，表现出脉体变形被切断，构造岩片理化、透镜化，断面新鲜无风化，第四系物质牵引弯折等。断层矿物的显微变形出现显微组构（如不等颗粒拉长，光轴微定向等）。再次，对伴有地震现象的活断层，地表出现断层陡坎和地裂缝。在地貌方面活断层表现为山脊、山谷、阶地和洪积扇错开；近期断块的差异升降运动，可使同一级夷平面分离解体，高程相差较大；不良地质现象呈线形密集分布等。活断层在水文地质方面常表现为地层导水性和透水性较强，泉水常沿断裂带呈线状分布，植被发育等，除此之外，还可以通过查阅历史资料和地形变形监测等手段识别活断层。

2. 活断层识别的标志

判别活断层时以直接标志作为判别依据，间接标志只起辅助作用。

（1）**直接标志**

1）错断晚更新世（Q_3）以来的地层。

2）断裂带中的构造岩或被错动的脉体。

3）根据仪器观测，沿断层有大于0.1mm/年的位移。

4）沿断层有历史和现代中、强震震中分布，或有晚更新世以来的古地震遗迹，或有密集而频繁的近期微震活动。

5）在地质构造上证实与已知活动断层有共生或同生关系的断层。

（2）**间接标志**

1）沿断层晚更新世以来同级阶地发生错位，在跨越断层处，水系有明显的与断层同步转折现象，或断层两侧晚更新世以来的沉积层厚度有明显差异。

2）沿断层地貌突然发生大范围的变化，如山区突然转为平原，且有平直新鲜的断层陡崖、断层三角面，山前常有大规模的崩塌、滑坡。

3）沿断层线有串珠状的泉水、沼泽分布，有地热、水化学异常带，或水温、水量、水质有异常变化。

4）古建筑、古陵墓等被断层错断。

5）沿断层带有重力或磁力异常现象。

（四）活断层区的建筑原则

（1）建筑物场址一般应避开活动断裂带。

（2）线路工程必须跨越活断层时，尽量使其大角度相交，并尽量避开主断层，同时要对几个相互比较的场址进行断层相对活动性评价。

（3）必须在活断层地区兴建的建筑物，应尽可能地选择相对稳定地块即"安全岛"，尽量将重大建筑物布置在断层的下盘。

（4）在活断层区兴建工程，应采用适当的抗震结构和建筑型式。

七、地质图

地质图是反映各种地质现象和地质条件的图件。它一般是将自然界的地质情况用规定的符号表示在平面上，或按照一定的比例缩小投影绘制在平面上的图件。主要用来表示地层岩性和地质构造条件的地质图，称为普通地质图，习惯上简称为地质图。此外，还有专门性的地质图，常用来表示某一项地质条件，或服务于某一专门的国民经济目的，如专门表示第四纪沉积层性的地质图，表示地下水条件的水文地质图，服务于各种工程建设的工程地质图等。地质图是地质工作的最基本图件，各种专门性的地质图件一般都是在它的基础上绘制出来的。在水利水电建设中，当缺乏工程地质图时，往往直接利用地质图作为水电建设的依据或参考，因此，学会分析和阅读地质图是很重要的。

（一）地质图的基本内容

一幅完整的地质图应包括平面图、剖面图和柱状图。平面图是反映地表地质条件的图。它一般是通过地质勘测工作，在野外直接填绘到地形图上编制出来的。剖面图是反映地表以下某一断面地质条件的图。地质剖面图可以通过野外测绘或勘探工作编制，也可以在室内根据地质平面图来编制。柱状图常见的有钻孔柱状图、综合地层柱状图等。钻孔柱状图是反映某一点（钻孔所在位置）地层岩性在垂直方向上的变化情况；综合地层柱状图是综合性地反映一个地区各年代的地层特征、厚度和接触关系等。地质平面图全面地反映了一个地区的地质条件，是最基本的图件。地质剖面图是配合平面图，反映一些重要部位的地质条件，它对地层层序和地质构造现象的反映要比平面图更清晰、更直观，因此，一般地质平面图都附有剖面图。

地质平面图应有图名、图例、比例尺、编制单位和编制日期等。

地质图例中，地层图例严格地要求自上而下或自左而右，从新地层到老地层排列。

比例尺的大小反映了图的精度，比例尺越大，图的精度越高，对地质条件的反映也越详细、越准确，在一定范围内要求做的地质工作量（如野外观测路线长度、观测点密度、勘探试验工作多少等）就越多。一般地质图比例尺的大小，是由水利工程的类型、规模、设计阶段和地质条件的复杂程度决定。

地质图上反映的地质条件，一般包括地层岩性、岩层产状、岩层接触关系、褶皱和断裂等。这些条件要采用不同的符号和方法，才能综合表示在一幅图中。

（二）岩层接触关系在地质图上的表示方法

1. 整合接触

在地质图上整合接触表现为两套地层的界线大体平行，较新地层只与一个较老地层相邻接触，而且地层年代连续，用实线"＿＿"表示。

2. 平行不整合接触

在地质图上平行不整合接触表现为两套地层的界线大体平行，较新地层也只与一个较老地层相邻接触，但地层年代不连续，用虚线"＿＿＿"表示。

3. 角度不整合接触

在地质图上角度不整合接触表现为两套地层的界线不平行且呈角度交截,一种较新地层同多种较老地层相邻接触,产状不同,地层年代不连续,用波浪线"～～"表示。

(三) 地质剖面图的编制

地质剖面图是指为了表明地表以下及其深部的地质条件和地质构造情况,常用统一规定的符号且按一定的方位、一定的比例缩小编制的图样。

根据地质平面图绘制剖面图的步骤如下。

(1) 在平面图上确定剖面线的位置。剖面线应尽量垂直岩层走向、褶皱轴或断层线方向,以便能更清楚全面地反映地质构造形态。但为工程设计需要的剖面图,常平行或垂直于建筑物轴线方向绘制,如沿坝轴线、隧洞和渠道中心线等。

(2) 根据剖面线的长度和通过的地形,按比例画地形剖面线。一般剖面图的水平比例尺和垂直比例尺应与平面图的比例尺相一致。有时,因平面图比例尺过小,或地形平缓,也可将剖面图的垂直比例尺适当放大,但对剖面图中所采用的岩层倾角需进行换算。此时的剖面图对构造形态的反映有一定程度的失真。有时为工程应用,专门绘制较大比例尺的剖面图。

(3) 画完地形剖面线后,就可将岩层界线、断层线等,投影到地形剖面线上;然后,再根据岩层倾向、倾角、断层面产状等画出岩性及断层符号,加注代号,标出剖面线方向,写上图名、图例、比例尺等。这就完成了地质剖面图的绘制工作。

(四) 地质图的阅读分析

1. 阅读地质图的方法步骤

(1) 先看图名和比例尺,以了解地质图所表示的内容、位置、范围及精度。

(2) 阅读图例,了解图中有哪些时代的岩层,并熟悉图例的颜色及符号,在附有地层柱状图时,可与图例配合阅读,通过综合地层柱状图能较完整、清楚地了解地层的新老次序、岩性特征及接触关系等。

(3) 分析地形地貌,了解本区的地形起伏、相对高差、山川形势、地貌特征等。

(4) 阅读地层的分布、产状及其与地形的关系,分析不同地质时代地层的分布规律、岩性特征及接触关系,了解区域地层的基本特点。

(5) 阅读图上有无褶皱,褶皱类型及轴部、翼部的位置;有无断层,断层性质、分布以及断层两侧地层的特征。分析本地区地质构造形态的基本特征。

(6) 综合分析各种地层、构造等现象之间的关系,说明其规律性及地质发展简史。

(7) 在上述阅读分析的基础上,结合工程建设的要求,进行初步分析评价。

2. 地质图的阅读分析

现根据黑山寨地区地质图 (图 1-2-30 和图 1-2-31),对该地区地质条件进行分析如下。

(1) 比例尺。地质图比例尺为 1:10000,即 1cm 代表实地距离为 100m。

(2) 地形地貌。本区西北部最高,高程约为 570m;东南较低,约 100m;相对高

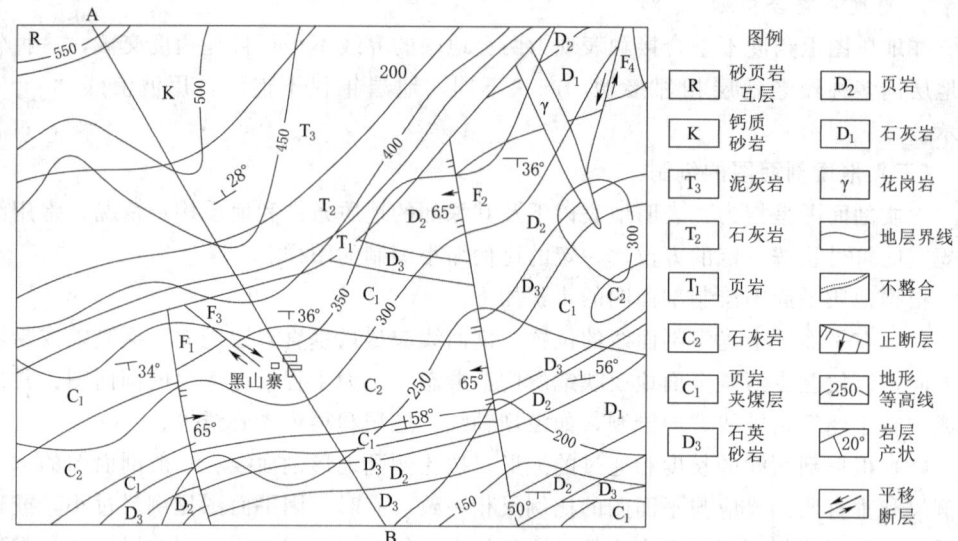

图1-2-30 黑山寨地区地质图

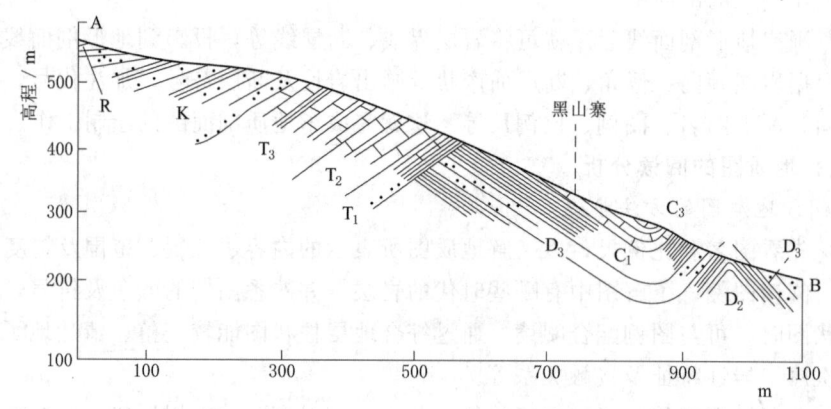

图1-2-31 黑山寨地区地质剖面图

差约达470m。东部有一山岗,高程约为300m。顺地形坡向有两条北北西向沟谷。

(3) 地层岩性。本区出露地层从老到新有:古生界—下泥盆统(D_1)石灰岩、中泥盆统(D_2)页岩、上泥盆统(D_3)石英砂岩、下石炭统(C_1)页岩夹煤层、中石炭统(C_2)石灰岩;中生界—下三叠统(T_1)页岩、中三叠统(T_2)石灰岩、上三叠统(T_3)泥灰岩,白垩系(K)钙质砂岩;新生界—第三系(R)砂、页岩互层。古生界地层分布面积较大,中生界、新生界地层出露在北、西北部。

除沉积岩层外,还有花岗岩脉(γ)侵入,出露在东北部。侵入在三叠系以前的地层中,属海西运动时期的产物。

(4) 地质构造。

1) 岩层产状。R为水平岩层;T、K为单斜岩层,其产状330°∠28°,D、C地层大致近东西或北东东向延伸。

2) 褶皱。古生界地层从 D_1 至 C_2 由北部到南部形成 3 个褶皱，依次为背斜、向斜、背斜。褶皱轴向为 NE75°～80°。

a. 东北部背斜：背斜核部较老地层为 D_1，北翼为 D_2，产状 345°∠36°；南翼由老到新为 D_2、D_3、C_1、C_2，岩层产状 165°∠36°；两翼岩层产状对称，为直立褶皱。

b. 中部向斜：向斜核部较新地层为 C_2，北翼即上述背斜南翼；南翼出露地层依次为 C_1、D_3、D_2、D_1，其产状 345°∠56°～58°；由于两翼岩层倾角不同，故为倾斜向斜。

c. 南部背斜：核部为 D_1，两翼对称分布 D_2、D_3、C_1，为倾斜背斜。

这 3 个褶皱发生在中石炭世（C_2）之后，下三叠世（T_1）以前，因为从 D_1 至 C_2 的地层全部经过褶皱变动，而 T_1 以后的地层没有受此褶皱影响。但 T_1～T_3 及 K 的地层呈单斜构造，产状与 D、C 地层不同，它可能是另一个向斜或背斜的一翼，是另一次构造运动所形成，发生在 K 以后，R 以前。

3) 断层。本区有 F_1、F_2 两条较大断层，因岩层沿走向延伸方向不连续，断层走向 345°，断层面倾角较陡，F_1：75°∠65°；F_2：255°∠65°，两断层都是横切向斜轴和背斜轴的正断层。另从断层两侧向斜核部 C_2 地层出露宽度分析，也可说明 F_1 和 F_2 间的岩层相对下移，所以 F_1、F_2 断层的组合关系为地堑。此外尚有 F_3、F_4 两条断层，F_3 走向 300°，F_4 走向 30°，为规模较小的平移断层。断层也形成于中石炭世（C_2）之后，下三叠世（T_1）以前，因为断层没有错断 T_1 以后的岩层。

从该区褶皱和断层分布的时间和空间来分析，它们是处于同一构造应力场，前后受到两次构造运动所形成的。压应力主要来自近北北西向，故褶皱轴向为北东东。F_1、F_2 两断层为受张应力作用形成的正断层，故断层走向大致与压应力方向平行，而 F_3、F_4 则为受剪应力所形成的扭性断层。

(5) 接触关系。第三系（R）与其下伏白垩系（K）产状不同，为角度不整合接触。

白垩系（K）与下伏上三叠系（T_3）之间缺失侏罗系（J），但产状大致平行，故为平行不整合接触。T_3、T_2、T_1 之间为整合接触。

下三叠统（T_1）与下伏石炭系（C_1、C_2）及泥盆系（D_1、D_2、D_3）地层直接接触，中间缺失二叠系（P）及上石炭统（C_3），且产状呈角度相交，故为角度不整合接触。由 C_2 至 D_1 各层之间均为整合接触。

花岗岩脉（γ）切穿泥盆系（D_1、D_2、D_3）及下石炭统（C_1）地层并侵入其中，故为侵入接触，因未切穿上覆下三叠统（T_1）地层，故 γ 与 T_1 为沉积接触。说明花岗岩脉（γ）形成于下石炭世（C_1）以后，下三叠世（T_1）以前，但规模较小，产状呈北北西—南南东分布的直立岩墙。

(6) 地质发展简史。在地质发展历史过程中，本区泥盆纪至中石炭世期间，地壳处于缓慢升降过程，且幅度甚小，一直接受沉积。中石炭世以后，受海西运动的影响，地壳发生剧烈变动，岩层褶皱断裂，并伴随有岩浆侵入，二叠纪时期本地区上升为陆地，遭受风化剥蚀。到早三叠世时，又沉降为海洋，重新接受海相沉积。到晚三叠世后期，地壳大面积平缓持续上升成为陆地，侏罗纪期间，地壳遭受风化剥蚀，再次受燕山运动影响，三叠系及白垩系产生平缓褶皱。新生代无剧烈构造变动，所以，第三系地层为水平产状。

❖ 小结

地壳运动是由内力地质作用引起的,它能形成各种构造形态,所以又叫构造运动。最常见最重要的地质构造是褶皱构造和断裂构造。

地层接触关系是研究地壳运动的发展和地质构造形成历史的一个重要依据。地质年代表反映了地球演化的序列。地质构造是最重要的工程地质条件之一,地质构造对工程的影响很大,不同的构造形态和不同的构造部位对工程建设的影响是截然不同的,而要研究地质构造就必须掌握地质年代和岩层产状。

褶皱、断裂及活断层对工程活动的影响和作用不容忽视,要重点加以关注。

地质图是指用规定的符号、线条和色彩来反映一个地区的各种地质现象、地质条件和地质发展历史的图样。工程建设中的规划、设计和施工阶段,都需要以地质勘测资料为依据,而地质图是可直接利用和使用方便的主要图表资料。

任务三 水流地质作用

1-3-1
课程思政

❖ 任务导入

都江堰位于四川省成都市都江堰市城西,坐落在成都平原西部的岷江上,始建于秦昭王末年(约公元前256—前251年),是蜀郡太守李冰父子在前人鳖灵开凿的基础上组织修建的大型水利工程,由分水鱼嘴、飞沙堰、宝瓶口等部分组成,两千多年来一直发挥着防洪灌溉的作用,使成都平原成为水旱从人、沃野千里的"天府之国",至今灌区已达30余县市、面积近千万亩,是全世界迄今为止,年代最久、唯一留存、仍在一直使用、以无坝引水为特征的宏大水利工程,凝聚着中国古代劳动人民勤劳、勇敢、智慧的结晶。于2000年被联合国教科文组织列入"世界文化遗产"名录。都江堰在修建时巧妙地利用了地形地貌条件,并根据河流侵蚀、沉积规律制定了"深淘滩、低作堰"的法则。请同学们查阅资料,详细描述都江堰工程建设中依据的地质原理。

❖ 任务目标

1. 了解地表流水的地质作用、河流地貌及岩溶的形成条件和分布规律。
2. 熟悉地下水的分类及特征,掌握主要水文地质图的识读方法。
3. 对泉的形成有所了解。

一、地表流水的地质作用

1-3-2
地表流水的地质作用——习近平生态文明思想

地面流水的侵蚀、搬运、沉积作用,是常见的外动力地质作用,是地壳变化、发展的强大地质营力。地面流水按其流动方式可分为片流、洪流和河流3种。其中前两种都出现在降水或降水后很短一段时间内,故称暂时性流水,而后者(河流)多为经常性流水。另外,还有一种赋存在岩土体空隙中的水体,称为地下水。虽然地下水在地表不可见,但由于其水量较大,水质较好,对人们的生活和工程建设的影响也是非常大的。

不同流水形态,是流水不同的发展阶段,相互之间存在着密切联系,并在一定条件下可以相互转化。但又各有特点,其侵蚀、搬运、沉积作用是不同的。

(一) 片流的地质作用

降落在斜坡上的雨水和冰雪融水,呈片状或网状沿坡面漫流,称为片流。坡流沿着斜坡坡面做散状流动,将地表的碎屑物质(岩石风化产物)顺斜坡向下搬动或移动,其结果是使地形逐渐变得平缓,造成水土流失。坡流将它们所携带的碎屑物质搬至坡度较平缓的山坡或山麓处逐渐堆积下来,形成坡积物,用 Q^{dl} 表示(图1-3-1)。

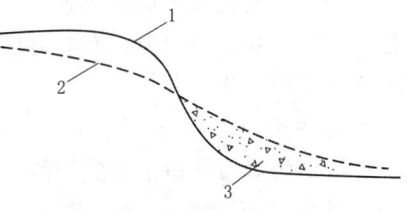

图1-3-1 坡积物
1—原始斜坡地面;2—洗刷后的坡面;3—坡积物

坡积物结构松散,孔隙率高,压缩性大,抗剪强度低,在水中易崩解。当黏土质成分含量较多时,透水性较弱;含粗碎屑石块较多时,则透水性强。当坡积物下伏基岩表面倾角较陡,坡积层与基岩接触处为黏性土而又有地下水沿基岩面渗流时,则易发生滑坡。

在山区的河谷谷坡和山坡上,坡积物广泛分布,这对基坑开挖、开渠、修路等危害很大。在坡积物上修建建筑物时,还应注意地基的不均匀沉降问题。

(二) 洪流的地质作用

1. 洪流与冲沟

洪流是暴雨或骤然大量的融雪水沿沟槽做快速流动的暂时性水流。洪流由于雨量大,流速快,并挟有大量泥沙石块,对流经的地面产生强烈冲刷,这种作用称为洪流的冲刷作用。冲刷作用的结果是使沟槽不断加长、加宽、加深形成冲沟(图1-3-2)。

冲沟的形成发育主要受沟底坡度、岩性、气候以及植被等所控制。如我国西北黄土高原地区,植被稀少,土质疏松,降雨集中,所以冲沟发展很快,造成大面积水土流失。洪流所挟带的大量泥沙还会带入河流,使水库淤积。冲沟的发展还会强烈切割地面,给渠道、铁公路的修建和使用带来极大的威胁。

冲沟的防治一般采用水土保持措施,如在荒坡陡壁上种草植树,保水固土。在山坡地上垒土换土,蓄水改田,在山间河谷中修筑水库、谷坊,拦蓄山洪和泥沙等。

2. 泥石流

泥石流是发生在山区的一种水和大量泥砂石块的特殊洪流。泥石流可分为稀性泥石流和黏性泥石流。这里讨论的是前者,而黏性泥石流将在地质灾害一

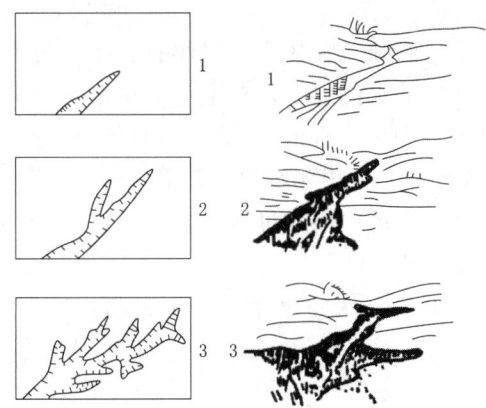

图1-3-2 冲沟发育示意图
(1、2、3表示随时间的变化过程)

章详细讨论。稀性泥石流的形成条件是：山坡及沟谷坡度陡，汇水面积大，汇水区内有厚层岩石风化碎屑覆盖，且山坡植物覆盖率低，降水强度大或短期内冰雪迅速消融。值得注意的是，人为的滥伐森林，陡坡开荒等，可使水土流失加剧，为泥石流活动创造了条件。

由于泥石流的发生极为迅速，它又是一种水、泥、石的混合物，而且来势突然、凶猛，冲刷力和摧毁力强，有着掩埋和破坏工程的威胁及危及人们生命的危险，故对泥石流应予以防治。

3. 洪积物

洪流出沟口后，由于地势开阔，水流分散，坡度变缓，流速降低，大量碎屑物质在沟口堆积，形成洪积物，用 Q^{pl} 表示。堆积的形状似"扇子"，故又称为洪积扇（图 1-3-3）。若相邻沟谷的洪积扇相连，形成山前倾斜平原。

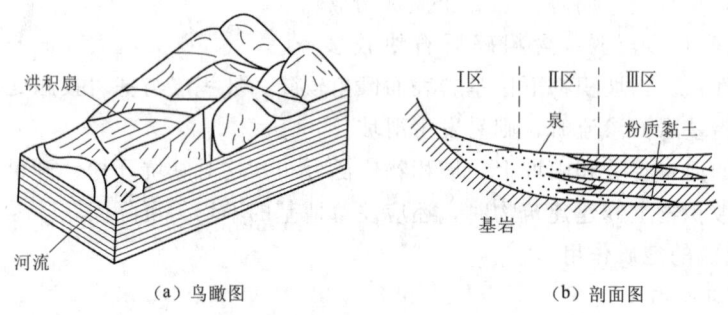

图 1-3-3 洪积扇示意图
Ⅰ区—粗碎屑沉积区；Ⅱ区—过渡区；Ⅲ区—细碎屑沉积区

洪积物是第四纪另一种松散堆积物，有以下特征。

(1) 组成物质分选不良，粗细混杂，碎屑物质多带棱角，磨圆度不佳。

(2) 有不规则的交错层理、透镜体、夹层或尖灭层。

(3) 山前洪积层由于周期性的干燥作用，常含有可溶性盐类，在土粒间形成软弱结晶联结，遇水后结晶联结易受破坏。

规模较大的洪积扇一般可分为 3 个区：Ⅰ区颗粒粒径较大，以漂石、卵石为主，孔隙大，地下水埋藏深，地基承载力高，是良好的天然地基。对于水工建筑物来讲，应注意渗漏问题。洪积扇的边缘地带为细碎屑沉积区（Ⅲ区），颗粒的粒径细，主要以粉砂和黏性土为主，如果受到周期性的干燥作用，土中颗粒发生凝聚并析出可溶性盐类，洪积层结构较牢固，地基承载力也较高；扇的中间为过渡地带（Ⅱ区），由于经常有地下水出露，水文地质条件较好，但对工程不利。

洪积扇的堆积物结构与水文地质关系密切，雨季大量流水形成洪积扇，旱季断流，地表水下渗到洪积扇内。

（三）河流的地质作用

河流是在河谷中流动的经常性流水。河谷包括谷坡和谷底，谷坡上有河流阶地，谷底可分为河床和河漫滩（图 1-3-4）。

河流的地质作用可分为侵蚀作用、搬运作用和沉积作用。

1. 侵蚀作用

河流侵蚀作用是指河水冲刷河床，使河床岩石发生破坏的作用。破坏的方式主要是机械破坏（冲蚀和磨蚀）和化学溶蚀，河流以这两种方式不断刷深河床和拓宽河谷。按河流侵蚀作用方向，又可分垂直侵蚀作用和侧向侵蚀作用两种。

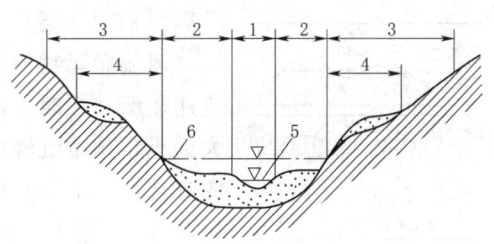

图1-3-4 河谷的组成
1—河床；2—河漫滩；3—谷坡；
4—阶地；5—平水位；6—洪水位

（1）垂直侵蚀作用。河流的垂直侵蚀作用是指河水冲刷河底、加深河床的下切作用。其侵蚀强度取决于河水具有的能量大小和河底的地质条件。

河流上游，由于河床的纵向坡度较陡，流速较大，河流的垂直侵蚀作用强烈，常形成"V"形深切峡谷。我国长江、黄河等河流的上游，就有很多峡谷出现，如三峡、龙羊峡、刘家峡等。

（2）侧向侵蚀作用。河流的侧向侵蚀作用是指河流冲刷两岸，加宽河床的作用。主要发生在河流的中下游地区。侧向侵蚀作用的结果是使河谷越来越宽（图1-3-5），河床越来越弯曲，形成河曲。河曲发展到一定程度时，可使同一河床上、下游非常靠近，在洪水时易被冲开，河床便裁弯取直。被废弃的弯曲河道便形成牛轭湖（图1-3-6）。

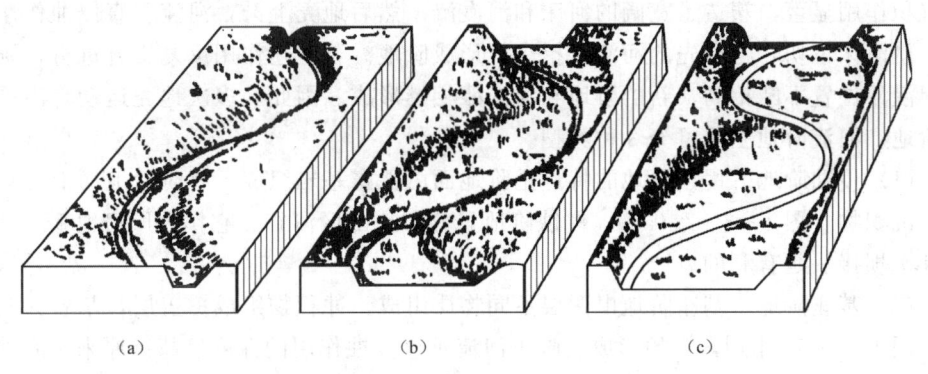

(a)　　　　　　　　(b)　　　　　　　　(c)

图1-3-5 侧蚀作用使河谷不断加宽

2. 搬运作用

河流将其携带的物质向下游方向运移的过程，称为河流的搬运作用。河水搬运物质能力的大小，主要取决于河水的流量和流速。河流搬运物质的方式有推运、悬运和溶运3种。

3. 沉积作用

在河床坡降平缓地带及河口附近，由于河水的动能减小、流速变缓，水流所搬运的物质在重力作用下便逐渐沉积下来，此沉积过程称为河流的沉积作用。所沉积的物质称冲积物（层）。

河流搬运物质的颗粒大小和重量，严格受流速控制。当流速逐渐减缓时被搬运的物质就按颗粒大小和比重，依次从大到小、从重到轻沉积下来，因此，冲积层的物质具有明显的分选性。上游及中游沉积物质多为大块石、卵石、砾石及粗砂等，下游沉积物多为中砂、细砂、黏土等。河流在搬运过程中，碎屑物质相互碰撞摩擦，棱角磨损，形状变圆，所以冲积层颗粒磨圆度较好，且多具层理，并时有尖灭、透镜体等产状。

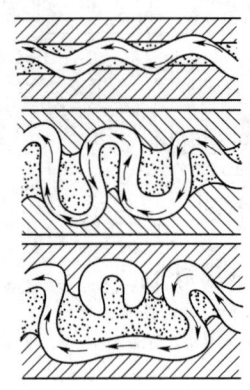

图1-3-6 河曲发展形成牛轭湖

由于河流沉积作用的影响，其结果能形成下列几种常见的地貌。

（1）冲积扇：由冲积物形成的扇形碎屑堆积，若为冲积、洪积物堆积则称为冲积洪积扇。

（2）三角洲：在河流入海处形成的堆积，如珠江三角洲、长江三角洲。

（3）冲积平原：由冲积物所形成的平原，如华北平原、江汉平原。

（4）沙洲（心滩与江心洲）：沙洲是在河身宽阔处，水流流速减小，由泥、砂、砾石等碎屑物沉积而成，如南京附近的江心洲。沙洲沉积多不稳定。

4.河流阶地

河谷两岸由流水作用所形成的狭长而平坦的阶梯平台，称河流阶地。它是河流侵蚀、沉积和地壳升降等作用的共同产物。当地壳处于相对稳定时期，河流的侧向侵蚀和沉积作用显著，塑造了宽阔的河床和河漫滩。然后地壳上升，河流垂直侵蚀作用加强，使河床下切，将原先的河漫滩抬高，形成阶地。若上述作用反复交替进行，则老的河漫滩位置不断抬高，新的阶地和河漫滩相继形成。因此，多次地壳运动将出现多级阶地。河流阶地主要可分3种类型。

（1）侵蚀阶地。侵蚀阶地的特点是阶地面由裸露基岩组成，有时阶地面上可见很薄的沉积物［图1-3-7（a）］。侵蚀阶地只分布在山区河谷。它作为厂房地基或者桥梁和水坝接头是有利的。

（2）基座阶地。基座阶地由两层不同物质组成，冲积物组成覆盖层，基岩为其底座［图1-3-7（b）］，它的形成反映了河流垂直侵蚀作用的深度已超过原来谷底冲积层厚度，已经切入基岩。基座阶地在河流中比较常见。

（3）堆积阶地。堆积阶地的特点是沉积物很厚，基岩不出露，主要分布在河流的中下游地区。它的形成反映了河流下蚀深度均未超过原来谷底的冲积层。根据下蚀深度不同，堆积阶地又可分为上迭阶地和内迭阶地［图1-3-7（c）、（d）］。上迭阶地的形成是由于河流下蚀深度和侧蚀宽度逐次减小，堆积作用规模也逐次减小，说明每一次地壳运动规模在逐渐减小，河流下蚀均未到达基岩。内迭阶地的特点是每次下蚀深度与前次相同，将后期阶地套置在先成阶地内，说明每次地壳运动规模大致相等。

巨大河流的中下游，河谷非常开阔，河流堆积作用十分强烈，当阶地非常大时，形成一片平缓的广阔平原，称为冲积平原。

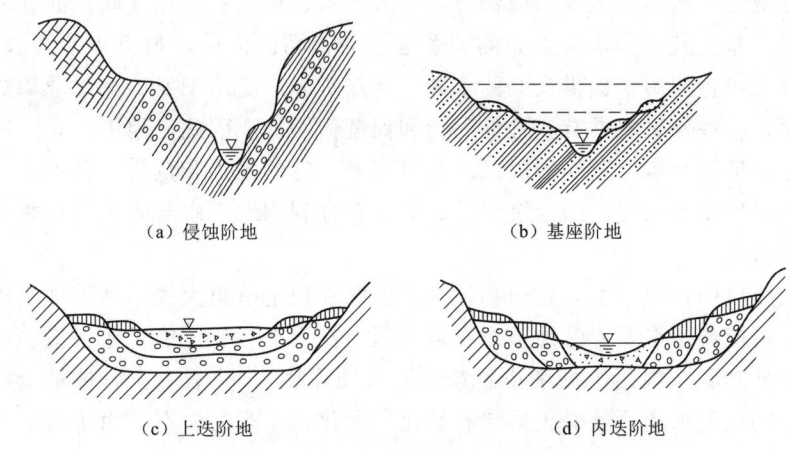

图 1-3-7 河流阶地类型示意图

阶地分布于顺河方向的河床两侧，地形较开阔平坦，土地肥沃，是农业生产、工程建设和人类居住的重要场所，渠道、公路、铁路常沿阶地选线。在水工建筑物中，常利用阶地作为库房、加工厂和工人住宅的场所。堆积阶地一般具二元结构，应注意下层砂砾石的透水问题。此外，还应注意阶地内斜坡的稳定性，防止崩塌、滑坡等不良地质现象的发生。

5. 河流侵蚀、淤积作用的防治

对于河流侧向侵蚀及因河道局部冲刷而造成的坍岸等灾害，一般采用护岸工程或使主流线偏离被冲刷地段等防治措施。

(1) 护岸工程。

1) 直接加固岸坡。常在岸坡或浅滩地段植树、种草。

2) 护岸。有抛石护岸和砌石护岸两种。即在岸坡砌筑石块（或抛石），以消减水流能量，保护岸坡不受水流直接冲刷。石块的大小，应以不致被河水冲走为原则。抛石体的水下边坡一般不宜超过 1:1，当流速较大时，可放缓至 1:3。石块应选择未风化、耐磨、遇水不崩解的岩石。抛石层下应有垫层。

(2) 约束水流。

1) 顺坝和丁坝。顺坝又称导流坝，丁坝又称半堤横坝。常将丁坝和顺坝布置在凹岸以约束水流，使主流线偏离受冲刷的凹岸。丁坝常斜向下游，夹角为 60°～70°，它可使水流冲刷强度降低 10%～15%（图 1-3-8）。

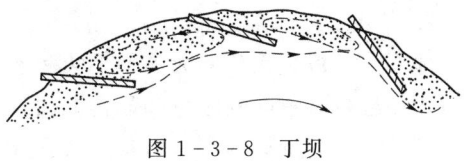

图 1-3-8 丁坝

2) 约束水流、防止淤积。束窄河道、封闭支流、截直河道、减少河道的输砂率等均可起到防止淤积的作用。也常采用顺坝、丁坝或二者组合使河道增加比降和冲刷力，达到防止淤积的目的。

二、地下水的主要类型及特征

地下水是指埋藏运动于地表以下的岩土空隙（孔隙、裂隙、空洞等）中各种状态的水,它是地球上水体的重要组成部分,与大气水、地表水是相互联系的统一体。

地下水分布极其广泛,与人类的关系也极为密切。例如,地下水常为农业灌溉、城市供水及工矿企业用水提供良好的水源,地热资源广泛用于发电、工业锅炉和医疗卫生等方面,一些矿泉水具有良好的医疗和保健作用等。因此,地下水是一种宝贵的资源。但是,地下水也往往给国民经济建设带来一定的困难和危害。例如,过量开采地下水可能导致海水入侵、地面沉降等。为了合理利用地下水与防止其危害就必须对地下水加以研究。

在水利建设中,地下水与建筑物地基的渗漏和稳定有很大关系:①地下水位低于库水位时,可能产生渗漏;②地下水在渗流压力作用下,有可能带走松散岩层、断层破碎带和其他软弱结构面中的细小颗粒(即潜蚀作用),使岩(土)体被淘空,引起地基破坏;③地下水还可使黏土质岩石软化、泥化;④有的岩石,由于地下水的渗入致使体积膨胀,产生较大的膨胀压力,引起工程失事;⑤地下水溶蚀可溶性岩石所产生的大量空洞,成为渗漏的通道;⑥在开挖基坑和地下洞室工程时,有时会发生大量地下水突然涌入,给施工带来很大困难。此外,地下水可能对混凝土产生腐蚀性,从而影响工程建筑物的安全。所有这些,都是对水利工程不利的。因此,在分析水利工程建筑物的稳定和渗漏时,必须查明建筑地区地下水的形成、埋藏、分布和运动规律,即建筑地区的水文地质条件。

(一) 地下水的物理性质

地下水的物理性质包括温度、颜色、透明度、嗅(气味)、味(口味)、导电性和放射性等。

1. 温度

地下水的温度主要受气温、地热控制,随自然地理、地质条件和水循环深度而变化。如寒带和多年积雪地带,浅层的地下水温度可低于-5℃以下,而埋藏于火山活动地区及地壳深处的地下水温度可达几十度甚至超过100℃。如陕西临潼华清池的水温为43℃;拉萨西北的羊八井,打了只有42m深的钻孔,水温竟高达130℃。温度很高的地下水,可用来采暖和发电。对于灌溉用水,其水温不宜过高或过低,北方小麦作物要求水温在10~15℃为宜,南方水稻则要求15~20℃为宜。

2. 颜色

地下水一般是无色、无嗅、无味和透明的。当水中含有某些元素或悬浮物质及胶体时,便会带有不同的颜色和显得混浊,如含硫化氢的水常呈翠绿色,含低价铁的水呈灰蓝色,含高价铁的水呈黄褐色,含腐殖质的水呈暗黄色等。

3. 透明度

地下水按透明度可划分为:透明的、微浊的、混浊的和极混浊的4级。

4. 气味

地下水的气味取决于它所含的气体成分和有机质。水中含硫化氢(H_2S)气体时,具有蛋臭味;含亚铁离子时,具有铁腥味;含腐殖质时,具有沼泽味。

5. 口味

地下水的口味决定于其中所含的盐分和气体。如含氯化钠的水具有咸味;含氯化镁和硫酸镁的水具有苦味，含二氧化碳较多时，水清凉可口；含铁较多时，水具有铁锈味；大量有机质的存在使水具有甜味，但不宜饮用。

6. 导电性

地下水的导电性取决于其中所含电解质的种类和数量。离子含量越多，离子价越高，则水的导电性就越强。

7. 放射性

地下水的放射性取决于其所含放射性元素的含量，一般地下水的放射性极为微弱。

（二）地下水的化学性质

1. 地下水的化学成分

地下水的化学成分包括各种气体、离子、胶体物质和有机物质。自然界中存在的元素几乎都可在地下水中发现，只是含量不同而已。地下水中常见的离子成分有 Cl^-、SO_4^{2-}、HCO_3^-、K^+、Na^+、Ca^{2+}、Mg^{2+} 七种。它们分布广，在地下水中含量最多，这些成分决定了地下水化学成分的基本类型和特点。地下水中含有多种气体成分，常见的有 O_2、N_2、H_2S、CO_2 等。地下水中含有未离解的化合物构成的胶体，如 $Fe(OH)_3$、$Al(OH)_3$ 及 SiO_2 等。

2. 地下水的主要化学性质

地下水的主要化学性质包括矿化度、硬度、酸碱度和侵蚀性等。

（1）矿化度。地下水中含有各种离子、分子和化合物的总量称总矿化度，简称矿化度。它表示水中含盐量的多少，以克/升（g/L）表示。通常是以 105～110℃ 温度下将水蒸干所得的干涸残余物总量来确定。根据矿化度的大小，可将地下水分为 5 类，见表 1-3-1。

表 1-3-1　　　　　　　　　　地下水按矿化度分类

水的类型	淡水	微咸水 （低矿化水）	咸水 （中等矿化水）	盐水 （高矿化水）	卤水
总矿化度/(g/L)	<1	1～3	3～10	10～50	>50

水的矿化度与水的化学成分有着密切的关系。淡水和微咸水常以 HCO_3^-、Ca^{2+} 或 Mg^{2+} 为主要成分，称作重碳酸盐型水；咸水常以 SO_4^{2-}、Na^+ 或 Ca^{2+} 为主要成分，称作硫酸盐型水；盐水和卤水则往往以 Cl^-、Na^+ 为主要成分，称作氯化物型水。高矿化水能降低混凝土强度、腐蚀钢筋，并能促使混凝土表面风化，故拌和混凝土时，一般不允许用高矿化水。

（2）硬度。水的硬度取决于水中 Ca^{2+}、Mg^{2+} 的含量。硬度分为总硬度、暂时硬度和永久硬度。总硬度是指水中所含 Ca^{2+}、Mg^{2+} 的总量；暂时硬度是指将水加热煮沸后，水中一部分 Ca^{2+} 与 HCO_3^- 作用生成碳酸盐 $CaCO_3$ 或 $MgCO_3$ 沉淀，这部分 Ca^{2+}、Mg^{2+} 的总量称暂时硬度。永久硬度等于总硬度减去暂时硬度。

硬度的表示方法很多，我国目前采用德国度表示，一德国度相当于一升水中含 10mg 氧化钙（CaO）或 7.2mg 的氧化镁（MgO）。根据硬度可将地下水分为 5 类，见表1-3-2。

表1-3-2　　　　　　　　　地下水按硬度的分类

水的类型	德国度	水的类型	德国度
极软水	<4.2	硬水	16.8～25.2
软水	4.2～8.4	极硬水	>25.2
微硬水	8.4～16.8		

硬度对评价工业和生活用水均有实际意义，因硬水在锅炉和水管中易生水垢，既浪费燃料，又易引起锅炉爆炸。饮用硬度过高的水，会影响肠胃消化功能。因此，若使用硬水时，必须根据要求作降低硬度的处理。

（3）酸碱度。地下水的酸碱度取决于水中所含氢离子的浓度，常用pH值表示。pH值为水中H^+浓度的负对数值。根据pH值的大小，将水分成以下几类，见表1-3-3。

表1-3-3　　　　　　　　　地下水按酸碱度的分类

水的类型	强酸性水	弱酸性水	中性水	弱碱性水	强碱性水
pH值	<5	5～7	约7	7～9	>9

（4）侵蚀性。侵蚀性是指水对碳酸盐类物质（如石灰岩、混凝土等）及金属机械、钢筋构件的侵蚀能力。地下水能破坏混凝土，是因为地下水能溶解混凝土中某些成分，并能形成一些新的化合物。例如：硫酸型侵蚀：当水中SO_4^{2-}含量多时，会与混凝土中某些成分相互作用，形成含水的硫酸盐结晶（如生成$CaSO_4 \cdot 2H_2O$）。在这种新化合物的形成过程中，体积膨胀，混凝土结构遭到破坏，故又称结晶性侵蚀。

碳酸型侵蚀：主要是指水中侵蚀性二氧化碳（CO_2）对混凝土中碳酸钙成分的溶解，使混凝土遭到破坏。

此外当水中含有大量的氧、硫化氢及pH值较低时，对钢筋和铁管也有很大的腐蚀作用。

（三）地下水的主要类型

地下水的运动和聚集，必须具有一定的岩性和构造条件。空隙多而大的岩层能使水流通过，称为透水层。能够透过并给出相当数量重力水的岩层，称为含水层。不能透过并给出水或只能透过并给出极少量水的岩层，称为隔水层。含水层和隔水层的不同组合，形成不同类型的地下水。

1-3-3
承压水——
可持续发展

地下水的分类方法很多，归纳起来可分两大类：一类是按埋藏条件分类，另一类是按含水层空隙性质分类（表1-3-4）。

表1-3-4　　　　　　　　　地　下　水　分　类　表

埋藏条件	孔隙水 （松散沉积物孔隙中的水）	裂隙水 （坚硬基岩裂隙中的水）	岩溶水 （可溶岩石溶隙中的水）
上层滞水	局部隔水层以上的饱和水	出露于地表的裂隙岩石中季节性存在的水	垂直渗入带中的水

续表

埋藏条件	孔隙水 （松散沉积物孔隙中的水）	裂隙水 （坚硬基岩裂隙中的水）	岩溶水 （可溶岩石溶隙中的水）
潜水	各种松散堆积物浅部的水	基岩上部裂隙中的水、沉积岩层间裂隙水	裸露岩溶化岩层中的水
承压水	松散堆积物构成的承压盆地和承压斜地中的水	构造盆地、向斜及单斜岩层中的层状裂隙水 断裂破碎带中深部水	构造盆地、向斜及单斜岩溶化岩层中的水

（四）地下水按埋藏条件分类及特征

地下水按埋藏条件可分为包气带水、潜水和承压水 3 类（图 1-3-9）。

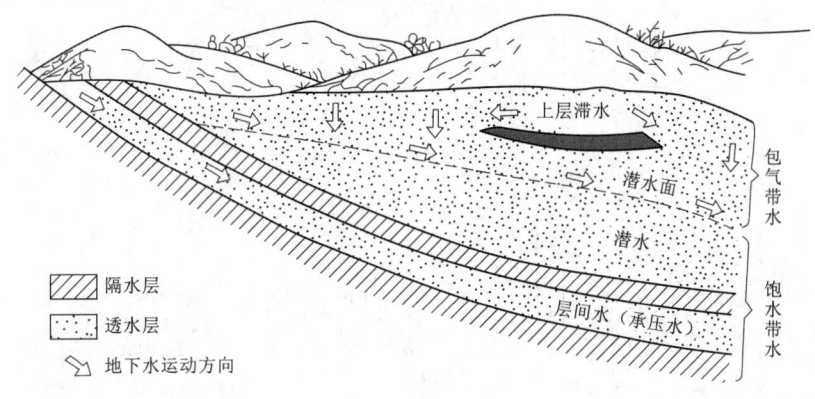

图 1-3-9 地下水的类型

1-3-4
地下水的类型

1. 包气带水

包气带水是存在于包气带中，其中包括土壤水和上层滞水。

（1）土壤水。土壤水位于地表以下的土壤中，主要以结合水和毛细水形式存在，靠大气降水入渗、水汽凝结及潜水补给。土壤水的主要排泄途径是蒸发。这种水不能直接被人们利用，它可以是植物生长的水源。

（2）上层滞水。上层滞水一般分布不广，埋藏接近地表，接受大气降水的补给，补给区与分布区一致，以蒸发形式或向隔水底板边缘排泄。雨季时获得补给，赋存一定的水量，旱季时水量逐渐消失，其动态变化很不稳定。上层滞水对建筑物的施工有一定的影响，常造成基坑涌水，应考虑排水的措施。

2. 潜水

（1）潜水的概念及特征。潜水是指埋藏在地表以下、第一个稳定隔水层以上，具有自由水面的重力水。潜水的自由水面，称为潜水面。潜水面用高程表示潜水位，自地面至潜水面的距离，称潜水埋藏深度。由潜水面往下至隔水层顶板之间，充满重力水的岩层，称潜水含水层，两者之间的距离，称含水层厚度。根据潜水的埋藏条件，潜水具有以下特征。

1）潜水面是自由水面，无水压力，只能在重力作用下由潜水位高处向较低处流动。潜水面的形状受地形、地质等因素控制，基本上与地形一致，但比地形平缓。

2）潜水面以上无稳定的隔水层，存留于大气中的降水和地表水可通过包气带直接渗入补给而成为潜水的主要补给来源。因此，潜水的补给区与分布（径流）区是一致的。如果潜水埋藏很浅，潜水的排泄主要是靠蒸发，此外潜水还以泉的形式排泄。

3）潜水的水位、水量、水质随季节不同而有明显的变化。在雨季，潜水补给充沛，潜水位上升，含水层厚度增大，埋藏深度变小；而在枯水季节正好相反。

4）由于潜水面上无盖层（隔水层），故易受污染。

（2）潜水等水位线图。潜水面上标高相等各点的连线图称潜水等水位线图。绘制时按研究区内潜水的露头（钻孔、水井、泉、沼泽、河流等）的水位，在大致相同的时间内测定，点绘在地形图上，连接水位等高的各点，即为潜水等水位线图（图1-3-10）。

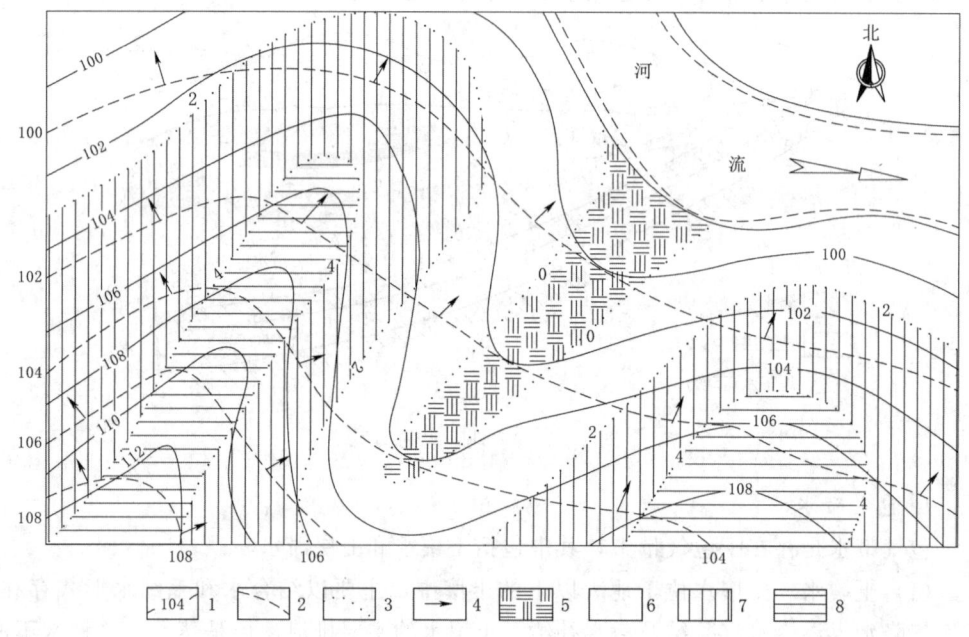

图1-3-10 潜水等水位线图及埋藏深度图

1—地形等高线；2—等水位线；3—等埋深线；4—潜水流向；5—潜水埋藏深度为零区（沼泽区）；
6—埋深0～2m区；7—埋深2～4m区；8—埋深大于4m区

由于水位有季节性变化，图上必须注明测定水位的日期。一般应有最低水位和最高水位时期的等水位线图。根据等水位线图可以确定以下问题。

1）确定潜水流向。潜水由高水位流向低水位，所以，垂直于等水位线的直线方向，即是潜水的流向（通常用箭头表示）。

2）确定潜水的水力坡度。在潜水的流向上，相邻两等水位线的高程与水平距离之比，即为该距离段内潜水的水力梯度。

3）确定潜水的埋藏深度。任一点的潜水埋藏深度是该点地形等高线的标高与该点等水位线标高之差。

4）确定潜水与地表水的补给关系。潜水与河水的补给关系一般有3种不同情况，如图1-3-11所示。潜水补给河水[图1-3-11（a）]、河水补给潜水[图1-3-11（b）]

和河水-潜水相互补给［图 1-3-11（c）］。

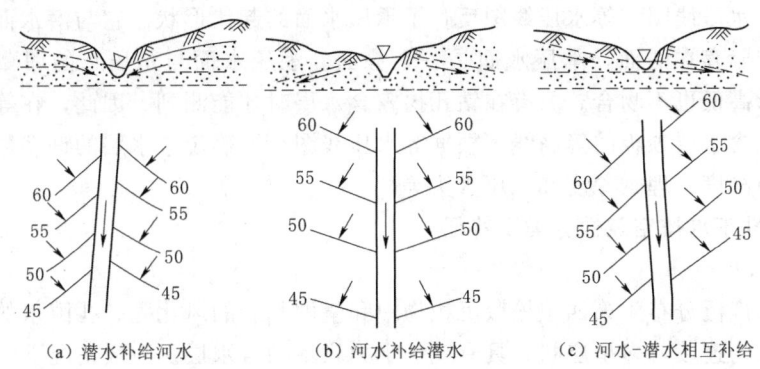

（a）潜水补给河水　　（b）河水补给潜水　　（c）河水-潜水相互补给

图 1-3-11　潜水与河水不同补给关系的等水位线图

5）推断含水层岩性或厚度变化。在地形坡度变化不大的情况下，若等水位线由密变疏，表明含水层透水性变好，含水层变厚。相反，则说明含水层透水性变差或厚度变薄。

6）选择给（排）水建筑物位置。一般应平行等水位线（垂直于流向）和地下水汇流处开挖截水沟或打井。

3. 承压水

(1) 承压水的概念与特征。承压水是指充满于两个隔水层之间的含水层中，具有承压性质的地下水。承压水有上下两个稳定的隔水层，上面的称隔水层顶板，下面的称隔水层底板，两板之间的距离称为含水层厚度。

当钻孔打穿隔水层顶板至含水层时，地下水在静水压力下就会上升到含水层顶板以上一定高度（图 1-3-12）。若此高度超过地面，就会形成自流井。若水头低于顶板高程，则称层间无承压水。

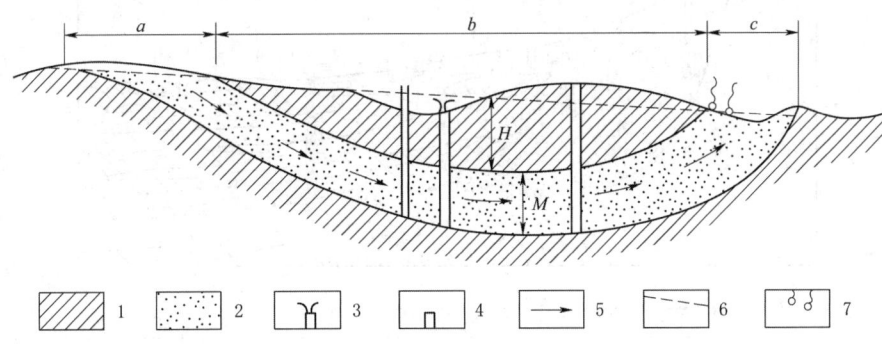

图 1-3-12　承压水分布示意图

1—隔水层；2—含水层；3—喷水钻孔；4—不自喷钻孔；5—地下水流向；6—测压水位；7—泉。
H—承压水位；M—含水层厚度

由于承压含水层上下都有稳定的隔水层存在，所以承压水与地表大气隔绝，其补给区与分布区不一致，可以明显地分为补给区、承压区和排泄区。水量、水位、水温都较稳定。受气候、水文因素的直接影响较小,不易受污染。

(2) 等水压线图。等水压线图反映了承压水面的起伏形状。它与潜水面不同,潜水面是一实际存在的面,承压水面是一个势面。承压水面与承压水的埋藏深度不一致,与地形高低也不吻合。只有在钻孔揭露含水层时才能测到。因此,在等水压线图中还要附以含水层顶板的等高线。根据等水压线图可以确定含水层的许多数据,如承压水的水力梯度、埋藏深度和承压水头等。

(五) 地下水按空隙性分类及特征

1. 孔隙水

孔隙水广泛分布于第四纪松散沉积物中和坚硬基岩的风化壳。孔隙水的基本特征是:分布均匀连续,多呈层状,具有统一水力联系的含水层。一般情况下,颗粒大而均匀,则含水层孔隙也大、透水性好,地下水水量大、运动快、水质好;反之,则含水层孔隙小、透水性差,地下水运动慢,水质差,水量也小。不同种类孔隙水其特征不同。

(1) 洪积扇中的孔隙水。它可分为3个水文地质带,埋藏带、溢出带和垂直交替带(图1-3-13)。埋藏带又称径流带,位于沟口。岩性一般为粗大砂砾石堆积,具有良好的渗透性能和径流条件。能够大量吸收大气降水和来自山区的地表水及地下径流,故含有丰富的潜水。溢出带位于洪积扇中部,岩性过渡为中细砂或亚黏土等,透水性变弱、径流受阻、水位升高、埋深变浅,常以泉或沼泽等形式出露于地表。垂直交替带位于洪积扇边缘,主要由黏土和粉砂的夹层组成,此带地形平坦、透水性弱,径流缓慢,蒸发作用强烈,水以垂直交替为主,矿化度高。

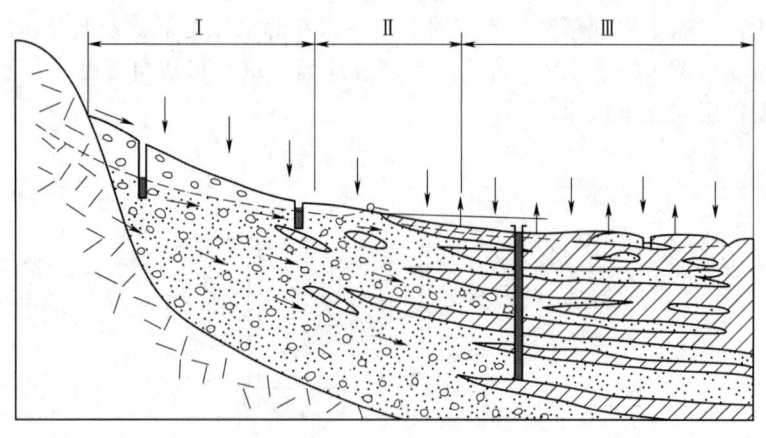

图 1-3-13 洪积扇中地下水分布带示意图
Ⅰ—径流带;Ⅱ—溢出带;Ⅲ—垂直交替带。
1—基岩;2—砾石;3—砂;4—黏性土;5—潜水位;6—深层承压水承压水位;7—泉水;8—水井

(2) 冲积物(层)的孔隙水。冲积物在河流的不同区段,不同部位,岩性不同,厚度不同,所以孔隙水的特征各异。山区河流中上游,由沙砾石组成的河漫滩和阶地中的地下水（潜水），受沉积物厚度、分选性、集水面积等因素影响较大。河流阶地多具二元结构，上部为细粒弱透水层，下部为粗粒强透水层，其中的潜水具有承压性能。河流下流，冲积物形成冲积平原或三角洲平原，其中河床沉积的砂层（包括古河道）透水性强，补给条件好，地下潜水较丰富，是较为理想的供水层。然而，许多沿河阶地和滨海平原地区，因地下水埋藏较浅，反而不利于工程建设。

（3）黄土中的孔隙水。黄土分布区特定的地质和地理条件，加之黄土结构疏散，无连续隔水层，所以，总的来说比较缺水。黄土塬宽阔平坦，补给面积较大，有相对隔水层蓄积潜水，地下水较丰富，而黄土梁、峁地形不利于地下水的富集。

2. 裂隙水

裂隙水的发育程度受许多因素的影响，表现为空间分布的不均匀性，因而埋藏和运动于其中的地下水也是不均匀的。裂隙连通性和张开性好的岩体，其中的地下水水力联系就好，能形成一个统一的含水体系。当张开的、分布稀疏且不均匀的裂隙切割岩体时，则可能构成若干独立的含水体系，赋存于其中的地下水，缺乏相互水力联系，不能构成统一水位。有时相距几米至十几米，含水量却悬殊很大（图1-3-14）。裂隙水根据裂隙类型不同，可分为以下3种裂隙水。

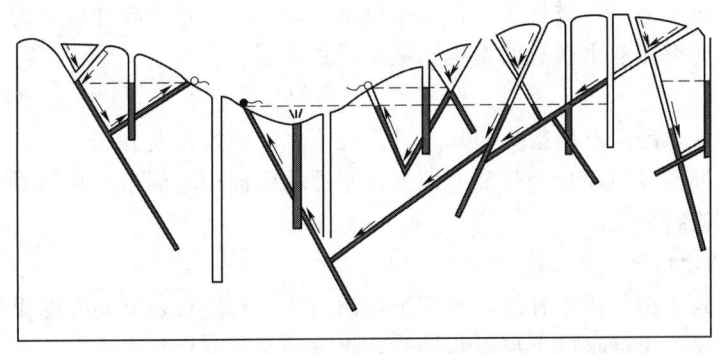

图1-3-14 脉状裂隙水示意图

1—不含水的开启裂隙；2—含水的开启裂隙；3—包气带水流方向；
4—饱水带水流方向；5—地下水位；6—水井；7—自喷孔；
8—干井；9—季节性泉；10—常年性泉

（1）风化裂隙水。赋存于风化裂隙中的水为风化裂隙。风化裂隙广泛分布于出露基岩的表面，延伸短，无一定方向，构成彼此连通的裂隙体系，发育密集而均匀，一般深度为几十米，少数可达百米以上。风化裂隙水绝大部分为潜水，多分布于出露基岩的表层，其下新鲜的基岩为含水层的下限，埋藏较浅，其补给为大气降水，所以受气候及地形因素的影响很大。气候潮湿、多雨和地形平缓地区，风化隙裂水比较丰富。

（2）成岩裂隙水。成岩裂隙是岩石在形成过程中，由于降温、固结、脱水等作用而产生的原生裂隙，一般见于地下岩浆岩中。成岩裂隙发育均匀、呈层状分布，裂隙水多形成潜水。当成岩裂隙水上覆不透水层时，可形成承压水，如脉状裂隙发育的玄武岩中，由于裂隙密集、连通性好，故赋存的地下水水量大、水质好，是良好的供水水源。但要注意成岩裂隙水对工程建设的影响。

(3) 构造裂隙水。构造裂隙是岩石在构造应力作用下形成的，存在其中的地下水为构造裂隙水。构造裂隙水较复杂，一般可分为层状裂隙水和脉状裂隙水。层状裂隙水埋藏于沉积岩、变质岩的节理中，常形成潜水含水层，有时也可形成裂隙承压水。脉状裂隙水往往存在于断层破碎带中，通常为承压水性质，在地形低洼处，常沿断层带以泉的形式排泄。规模较大的张性断层，两旁又是坚硬脆性岩石时，则裂隙张开性好，富水性就强，而压性断层富水性差。含水断层带常对地下工程建设危害较大，必须给予高度重视。

3. 岩溶水

埋藏运移岩溶中的重力水为岩溶水。它可以是潜水，也可以是承压水。岩溶的发育特点也决定了岩溶水在垂直方向和水平方向上分布不均匀性。岩溶水的补给是大气降水和地面水，其运动特征是层流与紊流、有压流与无压流、明流与暗流、网状流与管道流并存；岩溶水动态变幅大，对降水反应灵敏。岩溶水富水部位为厚层质纯灰岩区、构造破碎部位、可溶岩与非可溶岩交界附近、地形低洼处、地下水面附近。

岩溶水水量丰富，水质好，可作大型供水水源。岩溶水分布地区易发生地面塌陷以及在施工中有突然涌水事故的发生，应予注意。

(六) 泉

地下水在地表的天然出露头叫泉，它是地下水的主要排泄方式之一。泉多出露在山麓、河谷、冲沟等地面切割强烈的地方，平原地区极少见到泉。泉的类型很多，可以从不同角度进行分类。

1. 按泉水的补给来源分

(1) 上升泉。由承压水补给，水流受压溢出或喷出地表，其动态变化较小。

(2) 下降泉。由潜水或上层滞水补给，水量随季节变化较大。

2. 按出露原因分

(1) 侵蚀泉。河谷切割到潜水含水层时，潜水即出露为侵蚀下降泉 [图 1-3-15 (a)]；若切穿承压含水层的隔水顶板时，承压水便喷涌成泉，称为侵蚀上升泉 [图 1-3-15 (b)]。

(2) 接触泉。透水性不同的岩层相接触，地下水流受阻，沿接触面出露，称为接触泉 [图 1-3-15 (c)]。

(3) 断层泉。断层使承压含水层被隔水层阻挡，当断层导水时，地下水沿断层上升，在地面标高低于承压水位处出露成泉，称为断层泉。沿断层线可看出呈串珠状分布的断层泉 [图 1-3-15 (d)]。

3. 按泉水的温度分

(1) 冷泉。泉水温度大致相当或略低于当地年平均气温的泉叫冷泉。这种冷泉大多由潜水补给。

(2) 温泉。泉水温度高于当地年平均气温的泉叫温泉。如陕西临潼华清池温泉水温 50℃。温泉的起源有二：一受地下岩浆的影响；二为地下深处地热的影响。

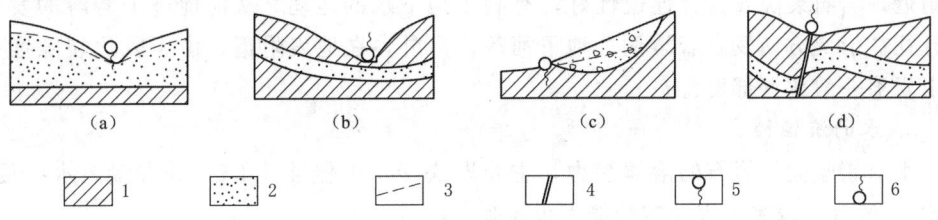

图 1-3-15 不同类型的泉

1—隔水层；2—透水岩层；3—地下水位；4—导水断层；5—下降泉；6—上升泉

1-3-6
岩溶及其工程地质问题——新时代水利精神

三、岩溶及岩溶区的工程地质问题

岩溶是指在可溶性岩石（主要是石灰岩、白云岩及其他可溶性盐类岩石）分布地区，岩石长期受水的淋漓、冲刷、溶蚀等地质作用而形成的一些独特的地貌景观，如溶洞、落水洞、溶沟、石林、石笋、钟乳石、暗河等（图1-3-16，图1-3-17）。岩溶现象主要发育在碳酸盐类岩石分布地区，尤以南斯拉夫北部的喀斯特高原地区发育比较典型，也最早引起人们的注意，因而国际上称喀斯特地貌。

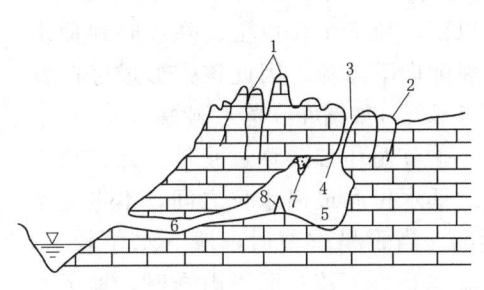

图 1-3-16 岩溶形态示意图

1—石林；2—溶沟；3—漏斗；4—落水洞；
5—溶洞；6—暗河；7—钟乳石；8—石笋

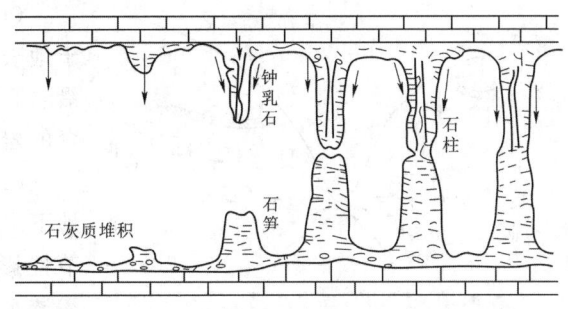

图 1-3-17 钟乳石、石笋和石柱生成示意图

（一）岩溶的形成条件

岩溶的发生与发展，受多种因素的影响。总的来说，岩溶发育的基本条件有：岩石的可溶性和透水性，水的溶蚀性和流动性。前者是产生岩溶的内在因素，后者是岩溶产生的外部动力。

1. 岩石的可溶性

岩溶的发育必须有可溶性岩石的存在。由岩石的溶解度知，能造成岩溶的岩石可分三大组：碳酸盐类岩石，如石灰岩、白云岩和泥灰岩；硫酸岩类岩石，如石膏和硬石膏；卤素岩，如岩盐。这3组中以卤素岩石溶解度最大，碳酸盐类溶解度最小，但碳酸盐类岩石分布最广，在漫长的地质年代中，所形成的溶蚀现象能够保存下来。因而一般所谓的岩溶，大都是指在碳酸盐类中已形成的各种地质地貌现象。

2. 岩石的透水性

岩溶要发育，岩石就必须具有透水性。一般在断层破碎带、裂隙密集带和褶皱轴部附近，岩石裂隙发育且连通性好，有利于地下水的运动，从而促进了岩溶的发育，并且往往沿此方向发育着溶洞、地下河等。另外，在地表附近，由于风化裂隙增多，所以岩溶一般比深部发育。

3. 水的溶蚀性

水对碳酸盐类岩石的溶解能力，主要取决于水中侵蚀性 CO_2 的含量。水中侵蚀性 CO_2 的含量越多，水的溶蚀能力也越强。

4. 水的流动性

水的流动性反映了水在可溶性岩石中的循环交替程度。只有水循环交替条件好，水的流动速度快，才能将溶解物质带走，同时又促使含有大量 CO_2 的水源源不断地得到补充，则岩溶发育速度就快；反之，岩溶发育就慢，甚至处于停滞状态。

（二）岩溶的分布规律

1. 岩溶发育的垂直分带性

在岩溶地区，地下水流动具有垂直分带现象，因而所形成的岩溶也带有垂直分带的特征（图 1-3-18）。

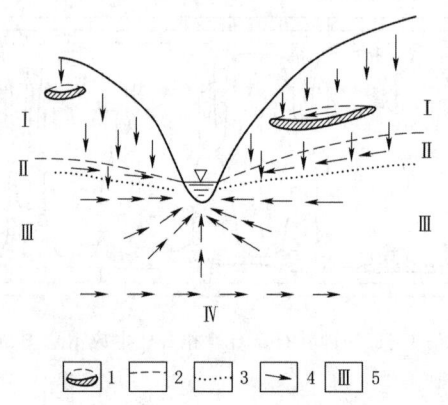

图 1-3-18 岩溶的垂直分带示意图
Ⅰ—垂直循环带；Ⅱ—季节循环带；
Ⅲ—水平循环带；Ⅳ—深部循环带

（1）垂直循环带，或称包气带。此带位于地表以下，地下水位以上。降水时地面水沿岩石裂隙向下渗流，因此该带形成竖向发育的岩溶形态，如漏斗、落水洞等。

（2）季节循环带或称过渡带。此带位于地下水最低水位和最高水位之间，本带受季节性影响。当干旱季节时，地下水位较低，渗透水流成垂直下流；而当雨季时，地下水位升为最高水位，该带则为全部地下水所饱和，渗透水流成水平流动。因此，在本带形成的岩溶通道是水平方向与垂直方向的交替。

（3）水平循环带或称饱水带。此带位于地下最低水位之下，地下水常年做水平流动或向河谷排泄。因而本带形成水平的岩溶通道，称为溶洞，若溶洞中有水流时，则称为地河。但是由河谷底向上排泄的岩溶水，具有承压性质，因而岩溶通道也常常呈放射状分布。

（4）深部循环带。本带地下水埋藏的流动方向取决于地质构造和深部循环水。由于地下水埋藏很深，它不是向河底流动而是排泄到远处。这一带水的交替强度极小，岩溶发育速度与程度也很小，但在很长的地质时期中，可以缓慢形成一些蜂窝状小溶孔等岩溶现象。

2. 岩溶分布的成层性

在地壳运动相对稳定时期，岩溶地区在垂直剖面上形成了上述岩溶发育的4个带，之后若地壳上升，地表河流下切，地下水位随之下降，原来处于季节循环带的部位就变为了垂直循环带，原来的水平循环带相应变为季节循环带，并以此类推。当地壳再处于稳定时期时，原来的季节循环带所形成的岩溶洞层位置已抬高，在其下部新的季节循环带将会形成新的岩溶洞层，因而使岩溶的发育呈现出成层性。

3. 岩溶分布的不均匀性

一方面，岩溶发育受岩性控制。一般情况下，质纯、层厚的石灰岩中，岩溶最为发育，形态齐全，规模较大，而含泥质或其他杂质的岩层，岩溶发育较弱。

另一方面，岩溶发育受地质构造条件控制。岩溶常沿着区域构造线方向（如裂隙、断层走向及褶皱轴部）呈带状分布，多形成溶蚀洼地、落水洞、较大的溶洞及地下河等。

（三）岩溶区的主要工程地质问题

碳酸盐类岩石在我国分布广泛，仅地表出露的面积就有 120 万 km^2，约占全国面积的 12.5%，尤其在广西、贵州、滇东、湘西、鄂西、川东等地较为集中。

由于岩溶的发育致使建筑物场地和地基的工程地质条件大为恶化，因此在岩溶地区修建各类建筑物时必须对岩溶进行工程地质研究，以预测和解决因岩溶而引起的各种工程地质问题。归纳起来，岩溶区的工程地质问题主要有以下两类。

1. 渗漏和突水问题

由于岩溶地区的岩体中有许多溶隙、溶洞、漏斗等，水库、坝址选择不当或未能采取可靠的防渗措施，轻则降低水库效益，成为病险库，遗留后患；重则水库不能蓄水，或工程处理费用过高，在经济上造成不合理。在基坑开挖和隧洞施工中，岩溶水可能突然大量涌出，给施工带来困难。

在岩溶地区，库区应选在地势低洼，四周地下水位较高，上游有大泉出露而下游无大泉出露，上下游流量没有显著差异的河段上，要避免邻区有深谷大河。如果发现库底有渗漏，可采用堵（堵落水洞）、铺（铺盖黏土）、围（在落水洞四周建围墙）、引（引入库内或导出库外）等方法进行处理。

对岩溶突水的处理，原则上以疏导为主。

2. 地基稳定性及塌陷问题

坝基或其他建筑物地基中若有岩溶洞穴，将大大降低地基岩体的承载力，容易引起洞穴顶塌陷，使建筑物遭受破坏。同时，岩溶地区的土层特点是厚度变化大，孔隙比高，因此，地基很容易产生不均匀沉降，从而导致建筑物倾斜甚至破坏。

在岩溶地区工程设计前，必须充分细致地进行工程地质勘察工作，搞清建筑地区岩溶的分布和发育规律，正确评价它对工程的影响和危害。

❖ 小结

河流是地表最活跃的外营力，它的侵蚀和淤积作用不仅使地表形态发生改变，而且对工程建设造成各种危害。

地下水是宝贵的自然资源，也是地下岩石遭受侵蚀的重要动力。在了解和掌握地下水的主要类型及特征和水文地质图的应用同时，还要掌握潜水、承压水、岩溶水的动态变化及其与工程建设相互作用的关系。

岩溶区的主要工程地质问题是渗漏、塌陷、突水以及地基稳定性差等问题。

任务四　不良地质现象评价

❖ **任务导入**

世界上有这么一座为了吸取工程失败报废的教训而"建立的"262m高的碑，那就是意大利的瓦依昂拱坝。瓦依昂拱坝位于意大利北部阿尔卑斯山区派夫（Piave）河的支流瓦依昂河上。瓦依昂河是一条非常短小狭窄的山区小河，也许称之为溪更合适些。拱坝由意大利著名坝工专家西门扎设计，巴西尼负责施工，建坝目的完全是为了调蓄有限的一点水量供电力系统利用。坝址属于中侏罗纪厚层石灰岩，河床极窄，切割极深。这座高坝坝顶高程725.50m，最大坝体厚仅19.7m（基础垫座的最大厚度也仅22.6m），是一座极薄的双曲拱坝。大坝于1956年10月开始坝基开挖，1958年6月结束并浇筑混凝土，1959年完成。同年12月，法国玛尔帕塞坝失事，这大大震惊了意大利人，考虑到瓦依昂拱坝的两岸坝座上部岩体内裂隙发育，决定加用预应力锚索加固，并对软弱的岩体进行固结灌浆加固。拱坝于1960年完工，同年3月开始蓄水，总库容1.69亿m^3。同年10月9日，上游水库区左岸发生了大规模的山体滑坡事故，滑动范围长1.8km、宽1.6km，体积达2.7亿m^3。这块巨大的失稳山体，在30s的瞬间以骇人的速度冲入水库内，整个水库几乎瞬间全部被滑下的碎料填没。滑坡体的高速滑动，激起高浪，超过坝顶，横扫下游河谷内一切建筑物，拱坝和电站顷刻报废，人员死亡近2000人。这次事故成为有史以来世界上最大的一次水库滑坡失事灾难。

2010年8月7日22时左右，我国甘南藏族自治州舟曲县城东北部山区突降特大暴雨，降雨量达97mm，持续40多分钟，引发三眼峪、罗家峪等4条沟系特大山洪地质灾害，泥石流长约5km，平均宽度300m，平均厚度5m，总体积750万m^3，流经区域被夷为平地。截至2010年9月7日，舟曲"8·7"特大泥石流灾害中遇难1557人，失踪284人，累计门诊治疗2315人。

我国因山地面积大，自然地理条件和地质条件复杂，是世界上不良地质现象发生最严重的国家之一。通过学习各种不良地质现象产生的原因和因素分析，提前防治，进一步减少灾害的发生。

❖ **任务目标**

1.了解常见地质灾害的类型、成因及判别方法，掌握崩塌、滑坡、泥石流的形成条件、类型、工程危害。

2.能对常见地质灾害产生的工程地质问题及危险性迅速做出评价并能提出预防和防治措施。

3.了解地震的一些常识及在工程设计及防震中的应用。

一、斜坡的地质作用

斜坡在一定的自然条件和重力作用下，常使在其上的部分岩体发生变形和破坏，给各种建筑物（如水坝、隧洞、渠道、铁路、公路等）的建造和使用带来极大的困难和危害，有时甚至造成巨大的灾难。

（一）斜坡的变形破坏类型

斜坡岩体变形实际上在斜坡形成过程中即已发生，表现为卸荷回弹和蠕变两种主要方式。斜坡破坏分类方案很多，按破坏物质的运动方式可分为崩塌和滑坡。

1. 卸荷回弹

卸荷回弹是斜坡岩体内积存的弹性应变能释放而产生的。在高地应力区的岩质斜坡中尤为明显。成坡过程中斜坡岩体向临空方向回弹膨胀。

2. 蠕变

斜坡上挤压紧密的岩石，在重力作用下发生长期缓慢变形及松动的现象，称为蠕变。

3. 崩塌

在斜坡的陡峻地段，大块岩体在重力作用下，突然迅速倾倒崩落，沿山坡翻滚撞击而坠落坡下的破坏现象，称为崩塌。

4. 滑坡

斜坡上的岩体，在重力作用下，沿斜坡内一个或几个滑动面整体向下滑动的现象，称滑坡。大的滑坡规模可达几千立方米，甚至数亿立方米，常掩埋村镇，中断堵塞交通，给工程带来重大危害。所以，在工程建设中必须对滑坡进行详细勘察，研究其发生原因及发展规律，提出合理有效的防治措施。

（二）滑坡

滑坡是指斜坡上的土体或者岩体，受各种因素影响，在重力作用下，沿着一定的软弱面或者软弱带，整体地或者分散地顺坡向下滑动的自然现象。

1. 滑坡的组成要素及形态

一般滑坡由以下几部分组成（图1-4-1）。

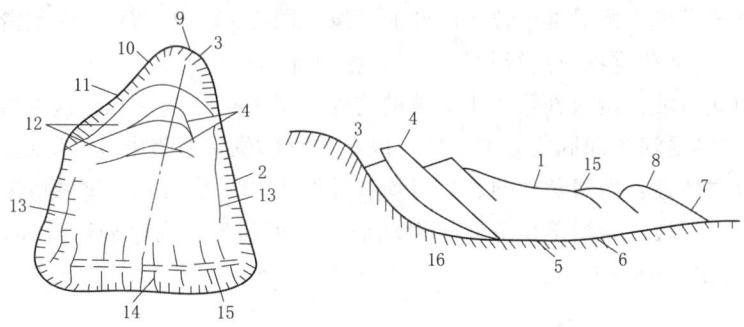

图1-4-1　滑坡组成要素及滑坡形态特征示意图

1—滑坡体；2—滑坡周界；3—滑坡壁；4—滑坡台阶；5—滑动面；6—滑动带；7—滑坡舌；
8—滑动鼓丘；9—滑动轴；10—破裂缘；11—封闭洼地；12—拉张裂缝；13—剪切裂缝；
14—扇形裂缝；15—鼓张裂缝；16—滑坡床

（1）滑坡体：与原岩分离并向下滑动的岩、土体称滑坡体，简称滑体。

（2）滑坡周界：指滑坡体和周围不动的岩、土体在平面上的分界线。

(3) 滑坡壁：滑坡体下滑后，其后缘的滑动面在地表出现陡壁，称滑坡壁。

(4) 滑坡台阶：由于滑坡体上各段的滑动速度不同或由于几个滑动面滑动的时间不同，可在滑坡体中出现阶梯状地面，称滑坡台阶。

(5) 滑动面：指滑坡体与滑坡床之间的分界面，一个滑坡可有一个或数个滑动面，滑动面的形状有直线、折线或圆弧等。

(6) 滑动带：指滑坡体与滑坡床之间受揉皱及剪切的破碎分界地带，称滑动带，简称滑带。

(7) 滑坡舌：滑坡体前缘伸出部分称滑坡舌，简称滑舌。

(8) 滑坡洼地：由于滑坡体的滑落，在滑坡台阶后部形成半圆形凹地，称滑坡洼地，有时可积水形成滑坡泉或滑坡湖。

(9) 滑坡裂缝：滑坡活动时在滑体及其边缘所产生的一系列裂缝。位于滑坡体上（后）部多呈弧形展布者称拉张裂缝；位于滑体中部两侧，滑动体与不滑动体分界处者称剪切裂缝；剪切裂缝两侧又常伴有羽毛状排列的裂缝，称羽状裂缝；因受推移挤压，滑坡体前缘因滑动受阻而隆起的张裂缝称鼓张裂隙；位于滑坡体中前部，尤其在滑舌部位呈放射状展布者，称扇形裂缝。

(10) 滑坡鼓丘：指滑坡体前缘因受阻力而隆起的小丘。

(11) 滑坡床：指在滑动面之下未滑动的稳定岩体，简称滑床。

滑坡体上常可见到树木倾斜倒歪的醉汉林和马刀树。

以上滑坡诸要素只有在发育完全的新生滑坡才同时具备，并非任一滑坡都具有。

2. 滑坡的类型

滑坡的分类方法有很多，这里仅重点介绍以下几种。

(1) 按滑坡发生时代划分。为新滑坡、老滑坡、古滑坡 3 种类型。

(2) 按力学条件划分。

1) 推动式滑坡：始滑部位位于滑坡的后缘 [图 1-4-2 (a)]。这类滑坡的发生，主要是因为坡顶堆载重物或进行建筑等引起坡顶部不稳所致。

2) 牵引式滑坡：始滑部位位于滑坡的前缘 [图 1-4-2 (b)]。这类滑坡的发生，主要是因为坡脚受河流冲刷或人工开挖，以至坡脚部位应力集中过大所致。

3) 混合式滑坡：始滑部位前、后缘均有 [图 1-4-2 (c)]。这种情况比较多。

4) 平移式滑坡：始滑部位分布于滑动面的许多部位，同时局部滑移，然后贯通为整体滑移 [图 1-4-2 (d)]。

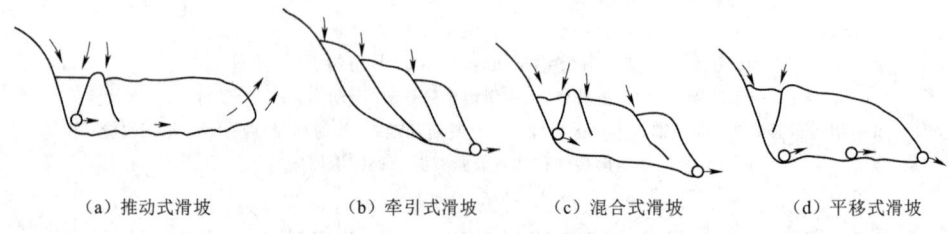

(a) 推动式滑坡　　(b) 牵引式滑坡　　(c) 混合式滑坡　　(d) 平移式滑坡

图 1-4-2　按始滑部位的滑坡分类

(3) 按滑动面和层面关系划分，可分为均质滑坡、顺层滑坡和切层滑坡（图 1-4-3）。

1) 均质滑坡：发生于均质岩层，如黏土、黄土、强风化的岩浆岩中的滑坡 [图 1-4-3 (a)]。

2) 顺层滑坡：滑动面为岩层层面或不整合面的滑坡 [图 1-4-3 (b)、(c)]。

3) 切层滑坡：滑动面切割多层岩层层面的滑坡 [图 1-4-3 (d)]。

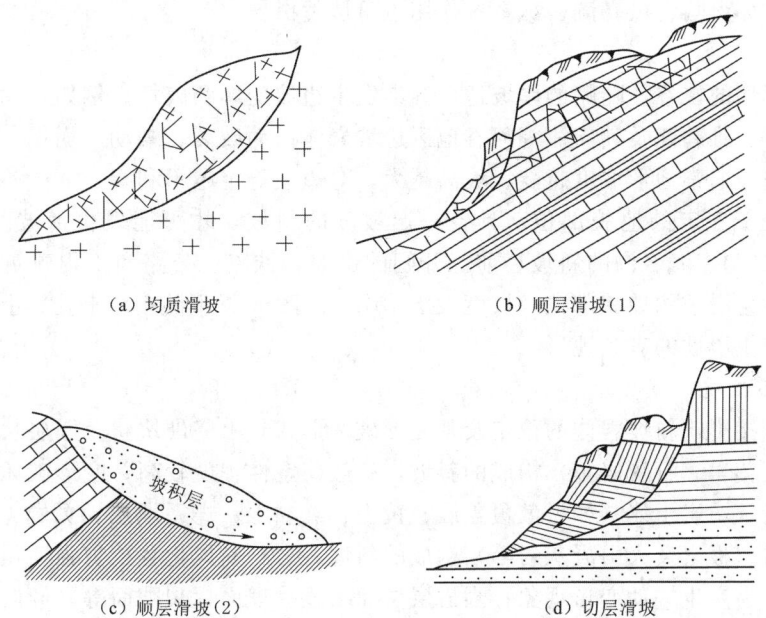

(a) 均质滑坡　　(b) 顺层滑坡(1)
(c) 顺层滑坡(2)　　(d) 切层滑坡

图 1-4-3　滑坡类型

（4）按滑坡体规模、大小划分。反映滑坡体规模大小的主要指标是滑坡体积，可划分如下。

1) 微型滑坡：体积小于 $1\times10^4 m^3$。

2) 小型滑坡：体积 $1\times10^4 \sim 10\times10^4 m^3$。

3) 中型滑坡：体积 $10\times10^4 \sim 100\times10^4 m^3$。

4) 大型滑坡：体积 $100\times10^4 \sim 1000\times10^4 m^3$。

5) 特大型滑坡：体积 $1000\times10^4 \sim 1$ 亿 m^3。

6) 巨型滑坡：体积大于 1 亿 m^3。

（5）按滑坡埋藏深度分类。

1) 表层滑坡：滑面埋深小于 3m，极易施工。

2) 浅层滑坡：滑面埋深小于 6m，容易施工。

3) 中层滑坡：滑面埋深 6~20m，可以施工。

4) 深层滑坡：滑面埋深 20~50m，施工有困难。

5) 超深层滑坡：滑面埋深 50m，很难施工。

（三）影响斜坡稳定的主要因素

影响斜坡稳定的因素分两方面：一是内在因素，如地质条件（岩性、地质构造）

与地貌条件；二是内外营力（动力）和人为作用的影响，也称为诱发因素。在现今地壳运动的地区和人类工程活动的频繁地区是滑坡多发区，外界因素和作用，可以使产生滑坡的基本条件发生变化，从而诱发滑坡。主要的诱发因素有：地震、降雨和融雪、地表水的冲刷、浸泡、河流等地表水体对斜坡坡脚的不断冲刷；不合理的人类工程活动，如开挖坡脚、坡体上部堆载、爆破、水库蓄（泄）水、矿山开采等都可诱发滑坡，还有如海啸、风暴潮、冻融等作用也可诱发滑坡。

1. 地形地貌

一般深切的峡谷，陡峭的岸坡地形容易发生边坡变形和破坏。例如，我国西南山区沿金沙江、雅砻江及其支流等河谷地区边坡岩体松动破裂、蠕动、崩塌、滑坡等现象十分普遍。通常地形坡度越陡、坡高越大，对边坡稳定越不利。

只有处于一定的地貌部位，具备一定坡度的斜坡，才可能发生滑坡。一般江、河、湖（水库）、海、沟的斜坡，前缘开阔的山坡、铁路、公路和工程建筑物的边坡等都是易发生滑坡的地貌部位。坡度大于10°，小于45°，下陡中缓上陡、上部成环状的坡形是产生滑坡的有利地形。

2. 岩石性质

岩性直接影响斜坡岩体的稳定及其变形破坏形式。由坚硬块状及厚层状岩石（如花岗岩、石英岩、石灰岩等）构成的斜坡，一般稳定性程度较高，变形破坏形式以崩塌为主；由软弱岩土体（如松散覆盖层、黄土、红黏土、煤系地层、页岩、泥岩、片岩、千枚岩、板岩及火山凝灰岩等）构成的斜坡，岩石易风化且抗剪强度低，在产状较陡地段，易产生蠕动变形现象；当岩层层面（或片理面、裂隙面等）倾向与坡面的坡向一致，岩层倾角小于坡角且在坡面出露时，极易形成顺层滑坡。

黄土具有垂直节理，疏松透水，在干燥时，黄土斜坡直立陡峻；浸水后易崩解湿陷，产生崩塌或塌滑现象。如三门峡水库岸边的黄土地带，水库蓄水4天后，岸坡坍塌范围约200km。

3. 地质构造

在褶皱、断裂发育地区，岩层倾角较陡，节理、断层纵横交错，是产生崩塌、滑坡的有利因素。在新构造运动强烈上升区，由于侵蚀切割，往往形成高山峡谷地形，斜坡岩体中广泛发育有各种变形和破坏现象。

组成斜坡的岩、土体只有被各种构造面切割分离成不连续状态时，才会形成向下滑动的条件。同时，构造面又为降雨等水流进入斜坡提供了通道，故各种节理、裂隙、层面、断层发育的斜坡，特别是当平行和垂直斜坡的陡倾角构造面及顺坡缓倾的构造面发育时，最易发生滑坡。

4. 水的作用

地面水的侵蚀冲刷作用，可改变斜坡外形，造成坡脚掏空，影响斜坡岩体的稳定性。如河岸发生的塌岸和滑坡多在受流水侵蚀的岸边。

地面水的入渗和地下水的渗流，对斜坡岩体的稳定性影响很大。它的作用主要表现在：地下水不仅增加了斜坡岩体的重量，产生了静水压力和渗透压力，还使渗流面上的岩石软化或泥化，降低了其抗剪强度，潜蚀岩、土，对透水岩层产生浮托力等，尤其是对滑面（带）的软化作用和降低强度的作用最突出，导致岩体变形或滑动破坏。

水的作用还体现在降雨对滑坡的影响很大。降雨对滑坡的作用主要表现在：雨水的大量下渗，边坡中的地下水流量大大增加，地下水和雨水联合作用，导致斜坡上的土石层饱和，甚至在斜坡下部的隔水层上积水，从而增加了滑体的重量，降低土石层的抗剪强度，更进一步促进了崩塌滑坡的发生。据统计，有80%的斜坡失稳发生在雨季，特别是雨中和雨后不久；连续降雨时间越长，暴雨强度越大，崩塌次数就越多；阴雨连绵天气比短促的暴雨天气崩塌数量多；长期大雨比连绵细雨时崩塌数量多，不少滑坡具有"大雨大滑、小雨小滑、无雨不滑"的特点。

5. 风化作用

风化作用会对斜坡岩体稳定产生较大影响。如物理风化作用使边坡岩体产生裂隙或使斜坡前缘各种成因的裂隙加深、加宽、黏聚力遭到破坏，促使边坡变形破坏；如在干旱、半干旱气候区，由于物理风化强烈，导致岩石机械破碎而发生斜坡失稳。高寒山区的冰劈作用也有利于崩塌的形成。生物风化作用使边坡岩体遭受机械破坏（如裂隙中树根生长，促使边坡岩体崩塌），或岩体被分解腐蚀而破坏。岩体风化程度不同，边坡的稳定性差异也很大，如微风化岩石，常可保持较陡的自然边坡，而强风化及全风化岩石，难以保持较陡的边坡，常需处理。

6. 地震

发生地震时，地震波引起的地震力是推动边坡滑移的重要因素。此外，在地震的作用下可使边坡岩体的结构发生破坏，出现新的结构面或使原有结构面张裂松弛，在地震力的反复作用下，边坡岩体易沿结构面发生位移变形，加上地下水也有较大变化，特别是地下水位的突然升高或降低对斜坡稳定是很不利的。在砂土边坡中，易形成振动液化，边坡失稳。另外，一次强烈地震的发生往往伴随着许多余震，在地震力的反复振动冲击下，斜坡土石体就更容易发生变形，最后就会发展成滑坡。汶川地震就诱发了大量崩塌和滑坡，毁坏了房屋和公路。

7. 人为因素

人类活动对边坡稳定性的影响越来越严重，主要表现在人类修建各种工程建筑使边坡岩体承受工程荷载作用，在这些荷载作用下边坡会变形破坏。例如，边坡坡肩附近修建大型工程建筑或废弃的土石堆积，使坡顶超载而导致边坡变形或破坏等。又如，人工开挖边坡，从底部向上开挖，会引起边坡失稳，造成人身事故。还有不合理的爆破工程，也会导致岩体松动，边坡失稳。水渠和水池的漫溢和渗漏，工业生产用水和废水的排放、农业灌溉等。在山坡上乱砍滥伐，使坡体失去保护，便有利于雨水等水体的入渗从而诱发滑坡等等。这些在施工中应特别注意。

（四）斜坡变形破坏的防治

1. 防治原则

防治原则应是以防为主，及时治理，经济可靠。

（1）以防为主就是要在建筑物场地选择，边坡处理等前期工作上尽量做到防患于未然。

(2) 及时治理就是要针对斜坡已出现的变形破坏情况，及时采取必要的增强稳定性的措施。

(3) 考虑工程重要性是制订整治方案必须遵守的经济原则。

2．防治措施

(1) 防渗与排水。排水包括排除地表水和地下水，这是目前整治不稳定边坡效果良好的方法。首先要拦截流入不稳定边坡区的地表水（包括泉水、雨水），一般在不稳定边坡（如滑坡区）外围设置环形排水沟槽，将地表水排走或抽走。设排水沟槽时，应注意充分利用自然沟谷，并布置成树枝状排水系统（图1-4-4），还要整平夯实坡面，利于排水。疏导地下水，一般采用排水廊道和钻孔排水方法降低地下水位或排走已渗入坡体内的水（图1-4-5）。

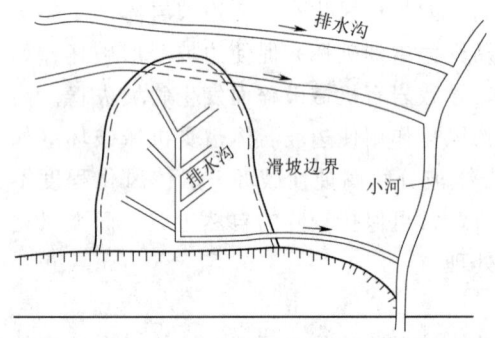

图1-4-4　树枝状排水系统示意图

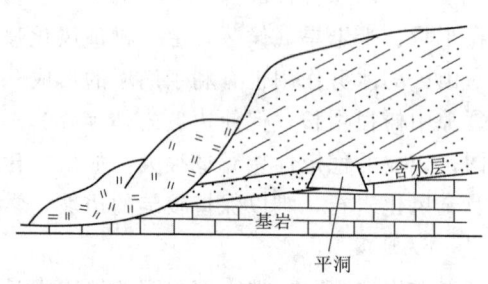

图1-4-5　排水廊道示意图

(2) 削坡、减重、反压。此法主要是将较陡的边坡减缓或将其上部岩体削去一部分（图1-4-6），并把削减下来的土石堆于滑体前缘的阻滑部位，使之起到降低下滑力、增加抗滑力的作用，以增加边坡稳定性之目的。

(3) 修建支挡建筑物。在不稳定边坡岩体下部修建挡土墙或支撑墙，靠挡墙本身的重量支撑滑移体的剩余下滑力（图1-4-7、图1-4-8）。挡墙的主要形式有浆砌石挡墙、混凝土或钢筋混凝土挡墙等。修建支挡建筑物时需要注意，其基础必须砌置在最低滑动面之下，一般插入完整基岩中不少于0.5m，完整土层中不少于2m。此外，还要考虑排水措施。

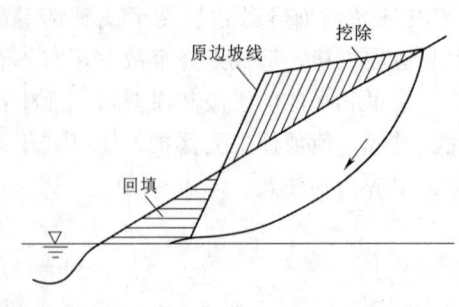

图1-4-6　削坡处理示意图

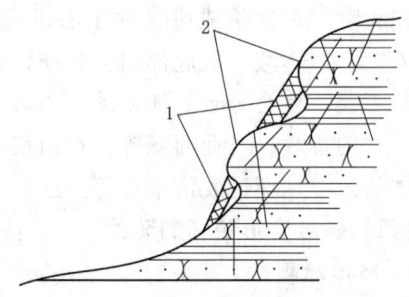

图1-4-7　支撑断面示意图
1—支撑；2—不稳定岩体

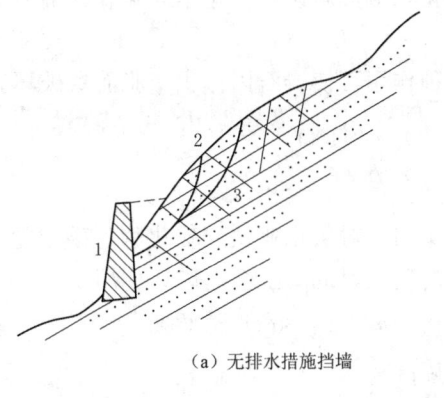
(a) 无排水措施挡墙

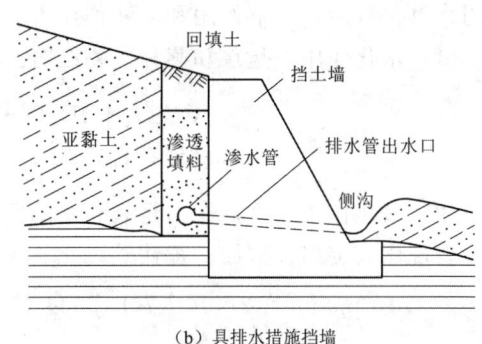
(b) 具排水措施挡墙

图 1-4-8 挡墙示意图
1—挡墙；2—不稳定体；3—滑动面

(4) 锚固措施。利用预应力钢筋或钢索锚固不稳定边坡岩体（图 1-4-9）是一种有效的防治滑坡和崩塌的措施。具体做法是：先在不稳定岩体上部布置钻孔，钻孔深度达到滑动面以下坚硬完整岩体中，然后在孔中放入钢筋或钢索，将下端固定，上端拉紧，常和混凝土墩、梁，或配合以挡墙将其固定。

(5) 其他措施。除上述防治措施外，岩质边坡还可以采用水泥护面、抗滑桩、灌浆等，土质边坡可采用电化学加固法、焙烧法、冷冻法等措施，这些方法一般成本高，只有在特殊需要时使用。

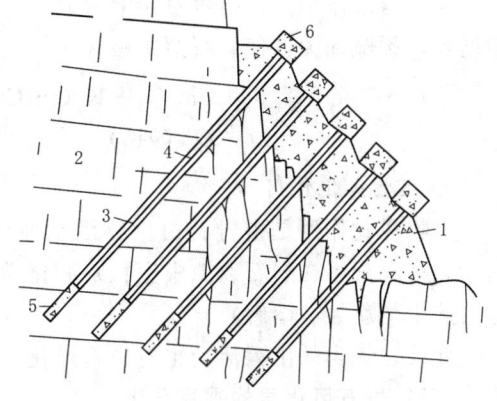

图 1-4-9 法国某坝右岸岸坡锚固示意图
1—混凝土挡墙；2—裂隙灰岩；3—预应力 1000t 的锚索；
4—锚固孔；5—锚索的锚固端；6—混凝土锚墩

二、风化作用

(一) 风化作用概念

地表或接近地表的岩石在大气、水和生物活动等因素的影响下，使岩石遭受物理的和化学的变化，称为风化。引起岩石这种变化的作用，称风化作用。风化作用能使岩石成分发生变化，能把坚硬的岩石变成松散的碎屑，降低了岩石的力学强度。风化作用又能使岩石产生裂隙，破坏了岩石的完整性，影响斜坡和地基的稳定。

(二) 风化作用类型

1. 物理风化作用

由于温度的变化，岩石孔隙、裂隙中水的冻融或盐类物质的结晶膨胀等作用，使岩石发生机械破碎的作用，称物理风化作用。

2. 化学风化作用

化学风化作用指岩石在水和各种水溶液的作用下所引起的破坏作用。这种作用不仅使岩石破碎，更重要的是使岩石成分发生变化，形成新矿物。化学风化作用有水化作用、氧化作用、水解作用和溶解作用等。

（1）水化作用。是水和某种矿物结合。这种作用可使岩石因体积膨胀而致破坏。

$$CaSO_4 + 2H_2O \rightarrow CaSO_4 \cdot 2H_2O$$
（硬石膏）　　　　　　（石膏）

（2）氧化作用。这种作用是氧和水的联合作用，对氧化亚铁、硫化物、碳酸盐类矿物表现比较突出。例如：黄铁矿风化后生成的硫酸对混凝土会起破坏作用。

$$2FeS_2 + 7O_2 + 2H_2O \rightarrow 2FeSO_4 + 2H_2SO_4$$
（黄铁矿）　　　　　（硫酸亚铁）

（3）水解作用。是指矿物与水的成分起化学作用形成新的化合物。例如：水解作用会使岩石成分发生改变，结构破坏，从而降低岩石的强度。

$$4K(AlSi_3O_8) + 6H_2O \rightarrow 4KOH + Al_4(Si_4O_{10})(OH)_8 + 8SiO_2$$
（正长石）　　　　　　　　　　（高岭石）　　（硅胶）

（4）溶解作用。是指水直接溶解岩石矿物的作用。例如：溶解作用促使岩石孔隙率增加，裂隙加大，使岩石遭受破坏。

$$CaCO_3 + H_2O + CO_2 \rightarrow Ca(HCO_3)_2$$
（碳酸钙）　　　　　　（重碳酸钙）

3. 生物风化作用

生物风化作用是指岩石由生物活动所引起的破坏作用。这种破坏作用包括机械的（如植物根系在岩石裂隙中生长）和化学的（如生物的新陈代谢中析出的有机酸对岩石产生的腐蚀、溶解）。

此外，人类的工程活动也对岩石风化产生一定的影响。

（三）岩石风化层的垂直分带

为了说明岩体的风化程度及其变化规律，正确评价风化岩石对水利工程建设的影响，就必须对岩体按风化程度进行分级。分级的依据主要是：新鲜岩石和风化岩石的相对比例、褪色度、分解和崩解的程度，矿物蚀变及其次生矿物，间接指标如锤击反应、波速变化等情况。《水利水电工程地质勘察规范（2022年版）》（GB 50487—2008）将岩石按风化程度分为全风化、强风化、中等风化（弱风化）、微风化和新鲜岩石5个等级（表1-4-1）。

表1-4-1　　　　　岩体的风化程度分级表

风化带	主要地质特征	风化岩纵波速与新鲜岩纵波速之比
全风化	• 全部变色，光泽消失； • 岩石的组织结构完全破坏，已崩解和分解成松散的土状或砂状，有很大的体积变化，但未移动，仍残留有原始结构痕迹； • 除石英颗粒外，其余矿物大部分风化蚀变为次生矿物； • 锤击有松软感，出现凹坑，矿物手可捏碎，用锹可以挖动	<0.4

续表

风化带	主要地质特征	风化岩纵波速与新鲜岩纵波速之比
强风化	• 大部分变色，只有局部岩块保持原有颜色； • 岩石的组织结构大部分已破坏，小部分岩石已分解或崩解成土，大部分岩石呈不连续的骨架或心石，风化裂隙发育，有时含大量次生夹泥； • 除石英外，长石、云母和铁镁矿物已风化蚀变； • 锤击哑声，岩石大部分变酥，易碎，用镐撬可以挖动，坚硬部分需爆破	0.4～0.6
中等风化（弱风化）	• 岩石表面或裂隙面大部分变色，但断口仍保持新鲜岩石色泽； • 岩石原始组织结构清楚完整，但风化裂隙发育，裂隙壁风化剧烈； • 沿裂隙铁镁矿物氧化锈蚀，长石变得浑浊、模糊不清； • 锤击哑声，开挖需用爆破	0.6～0.8
微风化	• 岩石表面或裂隙面有轻微褪色； • 岩石组织结构无变化，保持原始完整结构； • 大部分裂隙闭合或为钙质薄膜充填，仅沿大裂隙有风化蚀变现象，或有锈膜浸染； • 锤击发音清脆，开挖需用爆破	>0.8～1.0
新鲜岩石	• 保持新鲜色泽，仅大的裂隙面偶见褪色； • 裂隙面紧密，完整或焊接状充填，仅个别裂隙面有锈膜浸染或轻微蚀变； • 锤击发音清脆，开挖需用爆破	>1.0

（四）岩石风化的防治措施

岩石风化的防治方法如下。

（1）挖除法：适用于风化层较薄的情况，当厚度较大时通常只将严重影响建筑物稳定的部分剥除。

（2）抹面法：用水和空气不能透过的材料如沥青、水泥、黏土层等覆盖岩层。

（3）胶结灌浆法：用水泥、黏土等浆液灌入岩层或裂隙中，以加强岩层的强度，降低其透水性。

（4）排水法：为了减少具有侵蚀性的地表水和地下水对岩石中可溶性矿物的溶解，适当做一些排水工程。

只有在进行详细调查研究以后，才能提出切合实际的防止岩石风化的处理措施。

三、地震

地震灾害是全球性的重大自然灾害，危害列众多灾害之首。我国地处两大地震带，是地震多发国家，多为浅源地震（东部10～25km、西部31～70km）。

（一）地震的概念

地震是地球内部积聚的应力突然释放所引起的地球表层的快速振动。地震的破坏力极大，对人们的生产生活及工程建设能带来极大的影响，甚至毁灭性的灾害。如1976年7月28日，唐山发生7.8级地震，造成24万人死亡，16万人受伤；2004年12月26日，印尼苏门答腊岛附近发生里氏7.9级地震，引发了波及印度洋沿岸十几个国家的巨大海啸，造成20余万人死亡或失踪；2008年5月12日我国四川汶川发生8.0级地震，造成近9万人死亡。

地震一般是由地质构造所引起，极少数是由火山喷发、地面塌陷及人工活动造成。

地震发源于地下某一点，该点称为震源，震源在地面上的垂直投影称为震中，震源至震中的垂直距离称为震源深度，震中至观测点的水平距离称震中距（图1-4-10）。

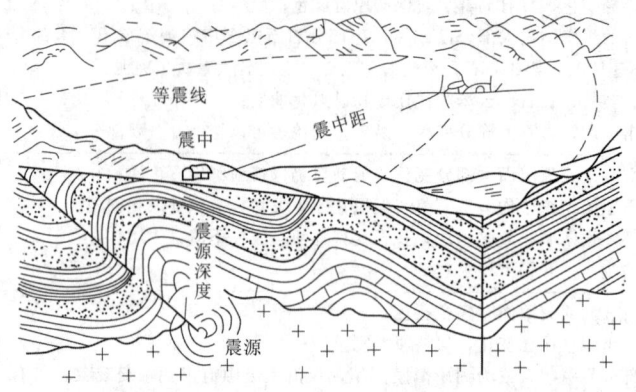

图1-4-10 震源、震中及震源深度示意图

地震按照震源深度不同可分为：浅源地震（0～70km）、中源地震（70～300km）和深源地震（300～700km）。

（二）地震的成因类型

地震按照成因可分为以下类型。

1. 构造地震

因地下深处岩层错动、破裂所造成的地震，称为构造地震。这类地震发生的次数最多，破坏力也最大，约占全世界地震的90%以上。

2. 火山地震

由于火山喷发而引起附近地区发生的地震，称为火山地震。只有在火山活动区才可能发生火山地震，这类地震只占全世界地震的7%左右。

3. 塌陷地震

因地下岩洞或矿井顶部塌陷而引起的地震，称为塌陷地震。这类地震的规模比较小，次数也很少，即使有也往往发生在溶洞密布的石灰岩地区或大规模地下开采的矿区。

4. 诱发地震

因水库蓄水、油田注水等活动而引发的地震，称为诱发地震。这类地震仅仅在某些特定的水库库区或油田地区发生。

5. 人工地震

地下核爆炸、炸药爆破等人为因素引起的地面振动，称为人工地震。

（三）地震的震级与烈度

地球上的地震有强有弱。用来衡量地震强度大小的尺子有两把，一把叫地震震级；另一把叫地震烈度。

1. 地震震级

震级是指一次地震时，释放出的能量大小。震级用"里氏震级表示，从0～9划分为 10 个等级。地震释放的能量越多，震级就越高。迄今为止，世界上记录到最大的地震震级为 8.9 级，是 1960 年发生在南美洲的智利地震。一般 7 级以上的浅源地震称为大地震；5 级和 6 级的地震称为强震或中震；3 级和 4 级的地震称为弱震或小震；3 级以下的地震称为微震。每一次地震只有一个震级。

2. 地震烈度

烈度是指地震时，地面及房屋等建筑物受到的影响和破坏程度。地震烈度用"度"表示，从 1～12 共分为 12 个等级。

Ⅰ～Ⅲ度：震动微弱，少有人察觉。

Ⅳ～Ⅵ度：震动显著，有轻微破坏，但不引起灾害。

Ⅶ～Ⅸ度：震动强烈，有破坏性，引起灾害。

Ⅹ～Ⅻ度：严重破坏性地震，引起巨大灾害。

对于同一次地震，不同地区，烈度大小是不一样的。距离震源近，破坏就大，烈度就高；反之，距离震源远，破坏就小，烈度就低。

由上可见，Ⅵ度以下的地震一般不会对建筑物造成破坏，无需设防；Ⅹ度及其以上地震造成的破坏是毁灭性的，难于有效预防。因此，对建筑物设防的重点是Ⅶ度、Ⅷ度、Ⅸ度地震。在进行工程设计时，常用的地震烈度有基本烈度和设计烈度。

（1）基本烈度。基本烈度是指某地区在今后一百年内，在一般场地条件下可能遭遇的最大烈度。基本烈度所指的地区，并非是一个具体的工程建筑物地区，而是指一个较大范围（如一个县、区或一万平方千米）的地区。一般场地条件是指在上述地区范围内普遍分布的地层岩性、地形地貌、地质构造和地下水条件等。基本烈度由国家地震局编绘的《中国地震烈度区划图》及各省地震烈度区划图圈定。

（2）设计烈度。根据建筑物的重要性和等级，针对不同的建筑物，将基本烈度加以调整，作为抗震设防的依据，也是建筑物设计的标准。水工建筑物已有专门的抗震设计规范《水工建筑物抗震设计规范》（DL 5073—2000），设计部门根据此规范确定设计烈度，并依据该规范对水工建筑物做防震设计。

3. 震级与烈度的关系

地震震级与地震烈度既有区别，又有内在联系，它们是一个问题的两个方面。一次地震中，只有一个震级，而地震烈度却在不同地区有不同烈度。一般认为：当环境条件相同时，震级愈高，震源愈浅，震中距愈小，地震烈度愈高。

（四）地震对水利工程的影响及防震措施

1. 地震对水利工程的影响

强震会毁坏堤坝，或引起巨大的山崩和滑坡，使水利工程的边坡破坏，河流改道，河道堵塞，并且一旦溃决，宣泄的洪水将冲毁下游地区。地震还可以引起区域的砂土液化，使坝趾区有可能造成管涌和流土。此外，强震还破坏交通，给工程建设带来困难。

2. 防震措施

（1）工程选址应避开大的断层破碎带，特别是活断层带。

(2) 尽可能避免将建筑物放置在一部分为基岩，另一部分为软弱土层的地基上。

(3) 避开可能产生地震液化的砂层，避开岩溶塌陷区及地下采空区。

(4) 边坡稳定安全系数、地基承载力等相应地要提高，岸坡建筑物尤应保证稳定，同时要尽量远离过陡、过高、不稳定斜坡地段。

(5) 正确确定设计烈度，以便从建筑物结构等方面进行抗震设防。

❖ 小结

地质灾害（特别是滑坡、崩塌、泥石流、地震）对工农业生产、工程建筑及人民的生命财产影响巨大，所以必须对其进行详细的勘察和调查，分析其形成条件并提出相应的防治措施。在修建各种建筑物时，能根据地震烈度采取相应的设计和防震措施。

❖ 知识训练

一、选择题

1. 地表原岩经风化、剥蚀作用形成的碎屑，经流水、冰川的搬运作用沉积、胶结、硬化而成（　　）。

　　A. 岩浆岩　　　B. 沉积岩　　　C. 变质岩　　　D. 火山岩

2. 沉积岩在构造上区别于岩浆岩的重要特征是（　　）。

　　A. 沉积岩的层理构造，层面特征和含有化石

　　B. 沉积岩的页层构造，层面特征和含有化石

　　C. 沉积岩的层状构造，层面特征和含有化石

　　D. 沉积岩的层理构造，层面特征

3. 下列哪些岩石属于沉积岩中的生物化学岩类？（　　）

　　A. 大理岩　　　B. 石灰岩　　　C. 花岗岩　　　D. 石英岩

4. 莫氏硬度反映的是（　　）。

　　A. 矿物相对硬度的顺序　　　B. 矿物相对硬度的等级

　　C. 矿物绝对硬度的顺序　　　D. 矿物绝对硬度的等级

5. 花岗岩是（　　）。

　　A. 酸性深成岩　　B. 喷出岩　　　C. 浅成岩　　　D. 基性深成岩

6. 岩浆岩中对岩石的矿物影响最大的是 SiO_2，根据 SiO_2 的含量岩浆岩可分为酸性岩类、中性岩类、基性岩类、超基性岩类，分类正确的是（　　）。

　　A. 酸性岩类 SiO_2 含量>65%，中性岩类 SiO_2 含量 65%~52%，基性岩类 SiO_2 含量 52%~45%，超基性岩类 SiO_2 含量<45%

　　B. 酸性岩类 SiO_2 含量<45%，中性岩类 SiO_2 含量 52%~45%，基性岩类 SiO_2 含量 65%~52%，超基性岩类 SiO_2 含量>65%

　　C. 酸性岩类 SiO_2 含量>65%，中性岩类 SiO_2 含量 65%~52%，基性岩类 SiO_2 含量 52%~45%，超基性岩类 SiO_2 含量<45%

　　D. 酸性岩类 SiO_2 含量<45%，中性岩类 SiO_2 含量 65%~52%，基性岩类 SiO_2 含量 52%~45%，超基性岩类 SiO_2 含量>65%

7. 下列岩石中属于变质岩的是（　　）。
   A. 大理岩　　　B. 石灰岩　　　C. 泥灰岩　　　D. 白云岩
8. 下列岩石中属于全晶质的有（　　）。
   A. 花岗岩　　　B. 花岗斑岩　　C. 流纹岩　　　D. 安山岩
9. 下列结构中，沉积岩的结构是哪些（　　）。
   A. 泥质结构　　B. 化学结构　　C. 碎屑结构　　D. 生物结构
10. 根据物质组成的特点，沉积岩一般分为（　　）。
    A. 碎屑岩类　　B. 化学岩类　　C. 黏土岩类　　D. 生物化学岩类
11. 地壳运动促使组成地壳的物质变位，从而产生地质构造，所以地壳运动也称为（　　）。
    A. 构造运动　　B. 造山运动　　C. 造陆运动　　D. 造海运动
12. 两侧岩层向外相背倾斜，中心部分岩层时代较老，两侧岩层依次变新，并且两边对称出现的是（　　）。
    A. 向斜　　　　B. 节理　　　　C. 背斜　　　　D. 断层
13. 侵入岩先形成，其上沉积了较新的沉积岩层，则岩浆岩与沉积岩之间为（　　）。
    A. 沉积接触　　B. 整合接触　　C. 侵入接触　　D. 不整合接触
14. 下列节理不属于按节理成因分类的是（　　）。
    A. 构造节理　　B. 原生节理　　C. 风化节理　　D. 剪节理
15. 上盘相对下移，下盘相对上移的断层是（　　）。
    A. 正断层　　　B. 平移断层　　C. 走向断层　　D. 逆断层
16. 国际上统一使用的地层单位是（　　）。
    A. 界、系、统　B. 界、纪、统　C. 代、系、世　D. 代、纪、统
17. 地壳运动的基本形式有（　　）。
    A. 垂直运动　　B. 水平运动　　C. 扭转运动　　D. 翻转运动
18. 活断层区的建筑原则有（　　）。
    A. 建筑物场址一般应避开活动断裂带
    B. 线路工程必须跨越活断层时，尽量使其大角度相交，并尽量避开主断层，同时要对几个相互比较的场址进行断层相对活动性评价
    C. 必须在活断层地区兴建的建筑物，应尽可能地选择相对稳定地块即"安全岛"，尽量将重大建筑物布置在断层的下盘
    D. 在活断层区兴建工程，应采用适当的抗震结构和建筑型式
19. 洪积成因的洪积土，一般是（　　）。
    A. 分选性差的粗碎屑物质　　　　B. 具有一定分选作用的碎屑物质
    C. 分选性好的砂土和黏性土物质　D. 具有离山远近而粗细不同的分选性现象
20. 河流堆积作用的地貌单元为（　　）。
    A. 冲积平原，冲积扇　　　　　　B. 冲积平原，河口三角洲
    C. 河漫滩，河口三角洲　　　　　D. 沼泽地，河间地块

21. 地表水的地质作用主要是指（　　）。
   A. 地表流水将分化物质搬运到低洼地方沉积成岩作用
   B. 地表流水的侵蚀、搬运和沉积作用
   C. 淋滤、洗刷、冲刷和河流地质作用
   D. 地表水对岩土的破坏作用

22. 阶地级数越高，则其形成时代一般（　　）。
   A. 越早　　　　B. 越晚　　　　C. 无法确定

23. 洪积扇的沉积物一般分为上部、中部和下部三部分，对它们的工程地质特征说法不正确的是（　　）。
   A. 上部为粗碎屑沉积地段，强度高、压缩性小，透水性强，地基承载力高
   B. 下部为细碎屑沉积地段，多为黏性土
   C. 中部为粗细过渡带，其地基承载能力比下部好
   D. 以上说法都不对

24. 在重力作用下沿坡内一个或几个滑动面做整体下滑的过程称为（　　）。
   A. 崩塌　　　B. 滑坡　　　C. 溜坍　　　D. 坍方

25. 具有一个贯通的滑动面，并且下滑力大于抗滑力，被认为是（　　）。
   A. 滑坡分类的重要依据　　　B. 影响滑坡稳定性的主要因素
   C. 滑坡的形成条件　　　　　D. 滑坡的主要判别特征

26. 滑坡主要发育在（　　）。
   A. 花岗岩区　B. 石灰岩区　C. 软弱岩区　D. 高陡边坡

27. 在条件允许时，泥石流地区的选线一般选在（　　）。
   A. 流通区　　B. 扇顶　　　C. 扇腰　　　D. 扇缘

28. 关于地震的叙述正确的是（　　）。
   A. 地震发生时，破坏最严重的地点为震源
   B. 同一次地震不同地点测到的震级不同，说明一次地震有多个震级
   C. 地震无论大小都有一定的破坏性
   D. 大部分地震的发生与地质构造有关

29. 震级和烈度是衡量地震的两把尺子。震级指地震释放能量的大小，烈度是指地震破坏的程度。一次地震有（　　）。
   A. 一个震级一个烈度　　　B. 一个震级多个烈度
   C. 多个震级一个烈度　　　D. 多个震级多个烈度

30. 某场地内存在有"醉汉林""马刀树"等地貌特征，则表明该场地发生过（　　）。
   A. 崩塌　　　B. 泥石流　　C. 断裂　　　D. 滑坡

31. 下面关于滑坡的特征表现说法正确的是（　　）。
   A. 发生变形破坏的岩土体以垂直位移为主
   B. 滑坡体上各部分的相对位置在滑动前后变化较大
   C. 岩土体中各种成因的结构面均有可能成为滑动面

D. 滑坡的滑动过程都是在瞬间完成的

32. 下列不是泥石流特性的是（　　）。
 A. 固体含量高　　　　　　　B. 能量大，突发性强
 C. 历时长　　　　　　　　　D. 对环境破坏严重，往往是不可逆的

33. 下列哪种因素常常是触发滑坡、崩塌、泥石流等地质灾害的首要因素（　　）。
 A. 降雨　　　B. 爆破振动　　　C. 开挖切坡　　　D. 堆渣弃土

34. 泥石流防治中常用的手段是（　　）。
 A. 排导槽、拦碴坝　　B. 丁坝　　C. 泄洪渠　　D. 种植植被

35. 可能诱发崩塌的因素有哪些？（　　）
 A. 地震　　　B. 气候　　　C. 地表水　　　D. 地下水

❖ 技能练习

1. 查阅资料，试分析下列矿物的主要工程性质，并说明你是如何区分的？
 （1）石英与方解石。
 （2）石膏与石英。
 （3）黑云母与绿泥石。
 （4）正长石与斜长石。
 （5）高岭石。
 （6）黄铁矿。

2. 硅质砂岩、钙质砂岩和泥质砂岩的胶结物分别是什么？哪种胶结类型最稳定？作为建筑物地基土时，哪种岩石稳定性最好？

3. 石灰岩地区主要的地质问题是什么？

4. 黏土岩的分类有哪些？作为建筑物地基土时主要地质问题是什么？

5. 试述三大岩的工程地质性质。

6. 如图为某坝址的节理玫瑰图，试回答主要发育的节理有哪两组？这两组节理对工程稳定性有何影响？

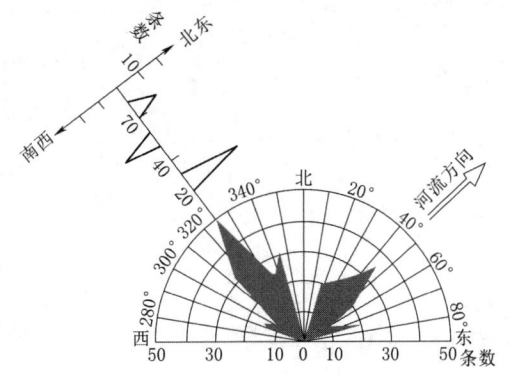

7. 河流阶地是怎样形成的？它有几种类型？研究它有什么意义？

8. 根据岩溶发育的特点，试述岩溶区的主要工程地质问题。

9. 潜水等水位线图有何作用？

10. 地震烈度在工程设计中有何应用？

11. 砂土液化的判别和哪些参数有关？

12. 根据勘察报告，试分析影响斜坡稳定性的因素有哪些？滑坡防治主要工程措施有哪些？

项目二　水利工程常见地质问题及处理

【项目知识目标】

1. 了解水库的工程地质问题及其对工程建设的影响。
2. 掌握水库渗漏、浸没、坍岸、淤积所形成的原因，并能在工程中进行分析判断。
3. 掌握水利工程中坝区的工程地质问题及其对工程建设的影响。
4. 掌握坝基稳定和渗漏的概念及其对工程建设的影响。
5. 掌握重力坝抗滑稳定计算。
6. 了解常见的输水建筑物的特点。
7. 了解渠道的工程地质问题，理解其对工程选址的影响。
8. 了解隧洞的工程地质问题，理解如何提高隧洞的稳定性。
9. 了解病险水库的现状及其产生的影响。
10. 了解病险水库常见的坝基渗漏、坝基稳定性、边坡失稳、坝体填筑质量等工程地质问题。
11. 掌握病险水库的加固措施。

导学：项目二

【项目技能目标】

能对水利工程中常见的地质问题进行分析与评价，能进行抗滑稳定计算，能编制病险水库除险加固处理方案。

任务一　坝区工程地质问题及处理

❖ 任务导入

2007年4月19日，甘肃省张掖市高台县小海子水库发生大坝溃决事故。其根源是坝后排水沟底部的黏土层被破坏、坝前铺盖中存在的缺陷处理不当，致使坝基不能满足渗流稳定要求。渗流破坏先从坝后排水沟下渗透变形开始，逐渐向上游发展，形成了上下游贯通的渗漏通道，坝基被淘空，导致坝体沉降、坍塌，最终酿成决口溃坝。

水利工程建设是项复杂的工作，要因地制宜采取合理的方案。施工前期准备工作中包含的工程地质工作的基本任务在于对人类工程活动可能遇到或引起的各种工程地质问题作出预测和确切评价，从地质方面保证建设事业的技术可行性、经济合理性和安全可靠性。针对具体的工程地质问题分阶段进行专门勘察，并进行稳定性计算和设计，然后进行施工。

课程思政

坝的工程地质问题——规范与标准意识

❖ **任务目标**

1. 了解水利工程中坝区的工程地质问题，掌握坝基稳定和渗漏问题。
2. 通过重力坝稳定的分析，掌握重力坝的稳定计算。

一、坝基的稳定问题

水工建筑物主要由挡水建筑物（坝、闸等）、取水和输水建筑物（隧道、引水渠等）及泄水建筑物（溢洪道、泄洪洞等）三大部分组成。作为水利枢纽主体建筑物的拦河大坝，它的安全稳定常是决定水利工程成败的关键。由于坝区岩体中存在的某些地质缺陷，则可能导致坝体产生工程地质问题。常见的主要工程地质问题有坝基稳定问题和坝区渗漏问题。

对于修建在岩基上的土坝，由于其坝身断面较大，且为柔性基础，所以地基稳定问题容易得到满足。但对于建在松散沉积层上的土坝，应查明在坝基中是否存在软土（如淤泥和淤泥质土）。重力坝、拱坝对地基要求较高，本节主要针对重力坝分析其稳定问题。坝基的稳定问题包括沉降稳定、抗滑稳定和渗透稳定3个方面。

（一）坝基的沉降稳定问题

坝基的沉降稳定是指坝基岩体在建筑物自重及其他荷载作用下产生的压缩变形大小及不均匀沉降量。显然坝基沉降量过大，特别是不均匀沉降量超过容限限度时，将会导致坝体的破坏而影响正常使用。

（1）影响坝基沉降稳定的因素。坝基岩体的压缩变形量除与建筑物类型和规模有关外，还受坝基岩体的性质、构造因素影响。

由坚硬岩石构成的坝基，强度高、压缩性低，不会产生过大的沉降。但当坝基岩体中存在软弱夹层、断层破碎带和较厚的强风化岩层时，则有可能产生较大的沉降或不均匀沉降（图2-1-1），甚至导致坝基破坏。

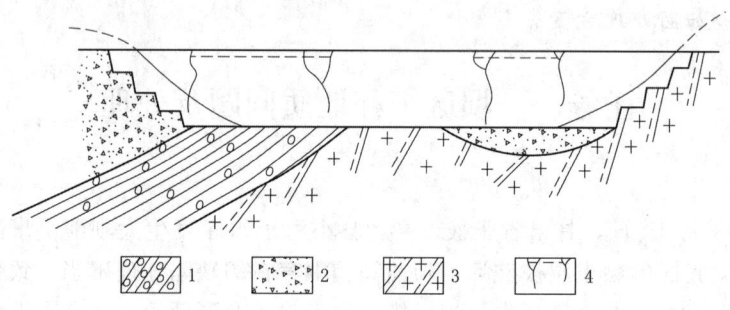

图2-1-1 坝体因不均匀沉降而产生断裂
1—含砾石黏土；2—砂砾石；3—花岗片麻岩；4—沉降与裂缝

影响沉降的因素，除岩性和地质构造外，还要考虑软弱夹层的存在位置和产状，如图2-1-2所示。当软弱夹层在坝基中呈水平时，有可能产生沉降变形［图2-1-2（a）］；若位于坝的上游坝踵处，沉降影响较小［图2-1-2（b）］；当位于下游坝址处时，则易使坝体向下游倾覆［图2-1-2（c）］。

选择坝址时应尽量避开软弱夹层、强风化层、断层破碎带等，当不能避开时，应

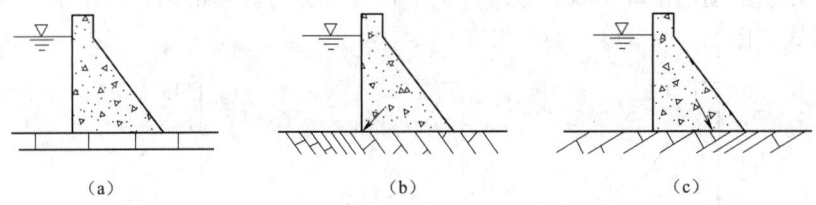

图 2-1-2 软弱夹层与坝基稳定示意图

采取工程措施予以加固。

（2）岩基容许承载力的确定。岩基的稳定性用"容许承载力"的指标来评价。岩基的容许承载力是指岩基在荷载作用下，不产生过大的变形、破裂所能承受的最大压强，一般用单块岩石的极限抗压强度除以折减系数得出，即

$$[P]=\frac{R_g}{K} \qquad (2-1-1)$$

式中　$[P]$——岩基容许承载力，kPa；

　　　R_g——岩石的饱和极限抗压强度，kPa；

　　　K——折减系数。

折减系数 K 的含义，就一般而言，单块岩石容许承载力要远高于岩体的抗压强度，而用 R_g 去评价被各种结构面切割的岩体时，必须除以折减系数，才能评价岩体的容许承载力。

很显然，在选取 K 值时，对越是坚硬的岩体取值应越大些。表 2-1-1 是根据国内一些工程的实践经验确定的 K 值，可供参考。

表 2-1-1　　　　　　　确定承载力的折减系数表

岩 石 种 类	折减系数 K
特别坚硬的岩石（细粒花岗岩、石英岩、致密玄武岩等）	20～25
一般坚硬的岩石（石灰岩、砂岩、砾岩等）	10～20
软弱的岩石（黏土岩、黏土质粉砂岩等）	5～10
风化的岩石	参照上述标准相应地降低 25%～50%

（二）坝基的抗滑稳定问题

坝基岩体在大坝重量及水压力的共同作用下产生的滑动破坏，是重力坝破坏的主要形式。坝基的抗滑稳定分析是大坝设计中的一个重要因素。

坝基岩体受力状态是复杂的，既承受垂直方向的作用力，还承受各种侧向的渗透压力和地震力等。坝基岩体的抗滑稳定除取决于上述各种力的综合作用外，还取决于岩体本身的性质，即岩体主要受软弱结构面及其性质控制。分析抗滑稳定，首先要着重进行地质条件分析，因为滑动总是沿着软弱结构面发生的，通过对各种软弱结构面的分析来确定坝基岩体的边界条件，然后再通过试验，结合地质条件等因素来确定抗滑稳定的计算参数。

(1) 坝基滑动的破坏形式。按滑动面的位置可分为表层滑动、浅层滑动和深层滑动 3 种形式（图 2-1-3）。

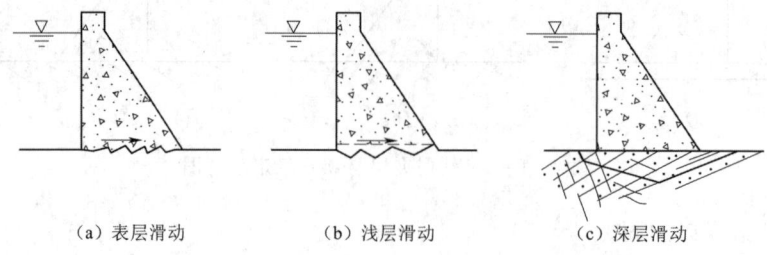

（a）表层滑动　　　（b）浅层滑动　　　（c）深层滑动

图 2-1-3　坝基滑动破坏的形式

1）表层滑动。指坝体沿基岩表面（混凝土和岩石的接触面）滑动的形式。主要发生在坝基岩体坚硬完整、不具有可能发生滑动的软弱结构面。这是由于岩体强度远大于混凝土强度，或者是因施工质量差造成的。一般情况下，这种破坏形式较为少见。

2）浅层滑动。指坝基岩体软弱，或坚硬岩石表部的风化破碎层没有清除干净，以至于造成岩体强度低于坝体混凝土强度时，滑动面可能产生在浅部岩体之内，从而造成浅层滑动。浅层滑动面往往参差不齐，多发生在因工程清基不彻底的中小型坝体中。

3）深层滑动。发生在坝基岩体的较深部位，主要是沿着各种软弱结构面发生滑动。滑动面常由两组或更多的软弱面组合而成。

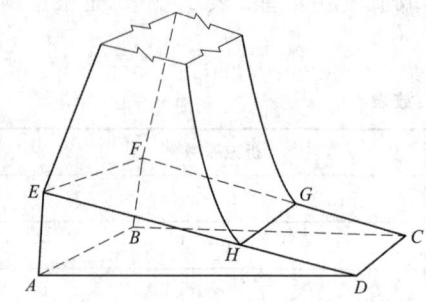

图 2-1-4　坝基滑动边界条件分析图

(2) 坝基滑动的边界条件分析。坝基岩体的深层滑动，除必须存在可能成为滑动面的软弱结构面外，还需具备将岩体切割分离成为不稳定滑移体的其他结构面，同时下游应有可供滑出的自由空间，这样才能形成滑动破坏。岩体滑动的边界条件应具有 3 种边界面（图 2-1-4）。

1）滑动面：指坝基岩体发生滑动破坏时，滑移体沿之滑动的结构面（图 2-1-4 中的 ABCD 面）。通常构成滑动面的有断层、泥化夹层、裂隙和层面等软弱结构面。

2）切割面：指将岩体切割开来，形成不连续块体的结构面。可分沿滑移方向的纵向切割面（图 2-1-4 中的 ADE 面和 BCF 面）和垂直滑移方向的横向切割面（图 2-1-4 中的 ABFE 面），通常是由倾角较陡、甚至直立的结构面构成。

3）临空面：指滑移体与变形空间相临的面，而变形空间一般指滑移体向之滑动不受阻力或阻力很小的自由空间。临空面可分为两类：一类是水平临空面，如下游河床地面（图 2-1-4 中的 CDHG 面）；另一类是陡立临空面，如下游河床的深潭、深槽等构成的临空面。

滑动面、切割面、临空面构成了坝基岩体滑动的边界条件，它们可以组成各种形状，常见的有楔形体、棱形体、锥形体、板状体 4 类（图 2-1-5）。

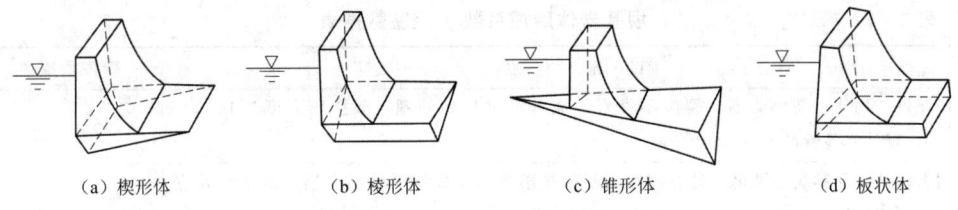

（a）楔形体　　　　　（b）棱形体　　　　　（c）锥形体　　　　　（d）板状体

图 2-1-5　坝基岩体滑动的形状

分析坝基岩体滑动的边界条件，也就是对坝基岩体稳定的定性评价。如果不存在滑动的边界条件，则坝基岩体是稳定的；如果边界条件不完全，都可认为岩体基本稳定。只有滑动边界的 3 个条件具备，岩体才有可能产生滑动，这时要进一步通过力学分析做出评价。

（3）坝基抗滑稳定计算公式。在坝基抗滑稳定验算中，目前常采用下列两种类型的公式进行计算（假设滑动面为水平），参见图 2-1-6。

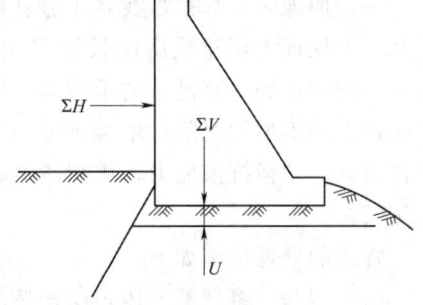

图 2-1-6　抗滑稳定计算示意图

$$K_s = \frac{抗滑力}{滑动力} = \frac{f(\Sigma V - U)}{\Sigma H} \quad (2-1-2)$$

$$K'_s = \frac{f(\Sigma V - U) + cA}{\Sigma H} \quad (2-1-3)$$

式中　K_s、K'_s——抗滑稳定安全系数，一般 K_s 取值为 1.0～1.1，K'_s 取值应大于 2.5；

　　　ΣV——作用在滑动面上的各种垂直压力之和，kN；

　　　ΣH——作用在滑动面以上的水平力之和，kN；

　　　U——作用在滑动面上的扬压力，kN；

　　　c——滑动面的黏聚力，kPa；

　　　A——滑动面的面积，m²；

　　　f——摩擦系数。

式（2-1-2）和式（2-1-3）的区别在于是否考虑黏聚力 c 的作用。式（2-1-3）考虑了 c 值，是认为滑动面处于胶结状态，适用于混凝土与基岩的胶结面及较完整的基岩。

（4）抗滑稳定计算中主要参数的确定。从式（2-1-2）、式（2-1-3）中可以看出，f 值、c 值的大小对岩体稳定性影响很大。如果选值偏大，则坝基稳定性没有保证；反之则会造成工程上的浪费。

一般对 f 值、c 值的确定，常采用以下两种方法。

1）试验法。通过室内和现场试验确定 f 值、c 值。

2）经验数据法。参照已有工程试验数据和选值经验，结合拟建工程的工程地质条件分析对比来选取值 f 值、c 值。表 2-1-2 是根据我国实践经验得出的摩擦系数

f 值，可供参考。

表 2-1-2 坝基岩体摩擦系数 f 经验数据表

岩 体 特 点	摩擦系数 f
极坚硬、均质、新鲜岩石，裂隙不发育，地基经过良好处理，湿抗压强度＞1000×10^5Pa，野外实验所得 $E>1\times10^9$Pa	0.65～0.75
岩石坚硬、新鲜或微风化，弱裂隙性，不存在影响坝基稳定的软弱夹层，地基经处理后，岩石湿抗压强度＞600×10^5Pa，$E>1\times10^{10}$Pa	0.55～0.70
中等硬度的岩石，岩性新鲜或微风化，弱裂隙性或中等裂隙性，不存在影响坝基稳定的软弱夹层，地基经处理后，湿抗压强度＞200×10^5Pa，$E>5\times10^9$Pa	0.50～0.60

（三）坝基处理

在任何地区，都很难找到十分新鲜完整、没有任何地质缺陷的基岩来作为大坝的地基。为保证大坝建成后能长期安全地运行，均需做一定的坝基处理。坝基经处理后，一般应达到：有足够的承载力，以承受坝体的压力；具有整体性、均匀性，不致产生过大的不均匀沉陷；增强坝体与基岩接触面及各类软弱结构面的抗剪强度，防止坝体滑动；增强抗渗能力，维持渗透稳定；增强两岸山体稳定，防止塌方或滑坡危及大坝安全。

常用的处理措施如下。

（1）清基。将坝基岩体表层松散软弱、风化破碎的岩层以及浅部的软弱夹层等应开挖清除，使基础位于较新鲜的岩体之上。对于土石坝的清基要求，要较混凝土坝低。因为它可以以松散沉积层为坝基，所以清基时只需将表层的腐殖土、淤积土、高塑性软土、流砂层等压缩性大、抗剪强度很低的岩、土层清除掉即可。

对于风化速度较快的岩层，当基坑暴露时间较长时，应预留保护层或采取其他保护措施。此外，坝基面应略有起伏并尽可能向上游倾斜。

（2）岩体加固。为提高坝基岩体的强度和减少压缩变形及基坑开挖量，常采用以下措施予以加固。

1）固结灌浆。通过在基岩中的钻孔，将适宜的具有胶结性的浆液（大多为水泥浆）压入到基岩的裂隙或孔隙中，使破碎岩体胶结成整体以增加基岩的强度。

2）锚固。当地基岩体中发育有控制岩体滑移的软弱面时，为增强岩体的抗滑稳定性，也采用预应力锚杆（或钢缆）进行加固处理。

3）槽、井、洞挖回填混凝土。当坝基下存在有规模较大的软弱破碎带时，如断层破碎带、软弱夹层、泥化层、囊状风化带、裂隙密集带等，则需要进行特殊的处理。

高倾角软弱破碎带主要处理方法有混凝土塞、混凝土梁、混凝土拱等。混凝土塞是将软弱破碎带挖除至一定深度后回填混凝土，以提高地基的强度［图 2-1-7（a）］。当软弱破碎带岩性疏松软弱，强度很低且宽度较大时，则可采用混凝土梁或拱的结构形式，将荷载传至两侧坚硬完整岩体上［图 2-1-7（b）］。

缓倾角软弱破碎带埋深较浅时可全部挖除，回填混凝土［图 2-1-8（a）］，这样做最安全可靠。若埋藏较深时则需采用洞挖（平洞或斜洞），深部开挖可配以竖井

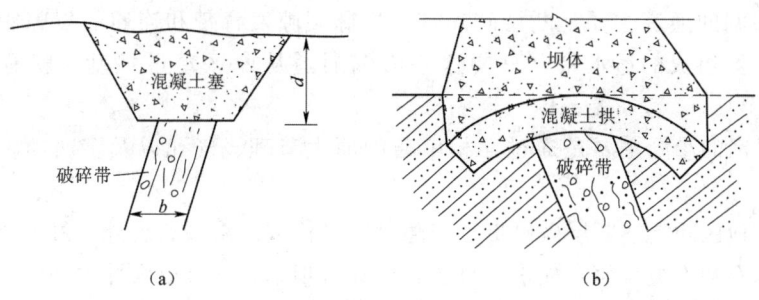

图 2-1-7 坝基处理混凝土塞、混凝土拱示意剖面图

[图 2-1-8（b）]。当软弱破碎带倾向下游或上游时，可沿其走向每隔一定距离挖平洞，洞的顶部和底部均嵌入坚硬完整的岩层中，然后回填混凝土，形成混凝土键[图 2-1-8（c）]以提高其抗滑能力。

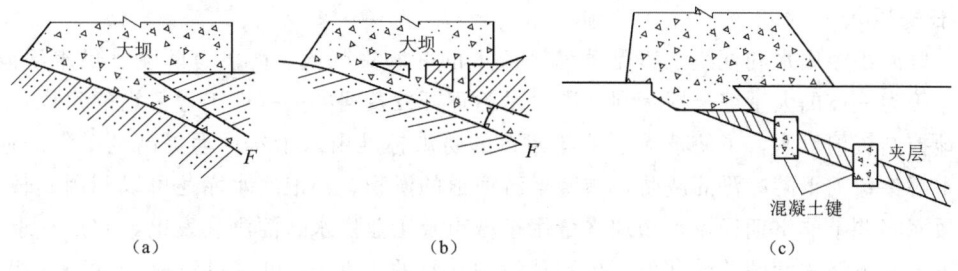

图 2-1-8 缓倾角软弱破碎带的处理（剖面图）

(3) 防渗和排水措施。大坝地基的防渗与排水措施十分重要，它是地基渗透变形和降低扬压力的重要手段。一般原则是：在大坝迎水面或其上游部位设置防渗措施，如灌浆帷幕等，尽量降低坝基的渗透水流。而在迎水面下游（即防渗帷幕后面）的坝基部分则设置排水措施，如排水井、孔等，以便降低渗透压力。

二、坝区渗漏问题

库水通过坝基岩体向下游的渗漏称为坝基渗漏，通过两边坝肩岩体渗漏称为绕坝渗漏。此两种渗漏统称为坝区渗漏。坝区渗漏和水库渗漏一样，主要沿透水层（如砂、砾石）和透水带（如断层带）进行，坝区渗漏不但减少库容，影响水库正常效益发挥，而且强大的渗流将会在坝基中产生管涌和流砂现象，降低坝基岩体的稳定性并危及大坝安全。下面仅以地质条件对坝区渗漏作简要分析。

（一）松散沉积物地区的渗漏分析

在松散沉积物分布地区，坝区渗漏主要是通过古河道、河床和阶地内的砂卵砾石层进行。因沉积物颗粒粗细变化较大，出露条件各异，所以渗漏量的大小也不同。如果砂卵石层上有足够厚度、稳定分布的黏土层时，就等于是天然铺盖，可起防渗作用。在山区河谷区两岸分布的岩堆、坡积物和洪积物，当其颗粒较粗时，也常成为渗漏通道。

（二）基岩地区的渗漏分析

岩浆岩（包括变质岩中的片麻岩、石英岩）区的坝基一般较为理想，对基岩来说，可能渗漏的通道主要是断层破碎带、岩脉裂隙发育带和连通的裂隙密集带以及表层风化裂隙组成的透水带。只要这些渗漏通道从库区穿过坝基，就有可能导致渗漏。

喷出岩区的渗漏主要是通过互相串通的原生节理、气孔以及多次喷发的间歇面渗漏。

沉积岩地区除上述断层破碎带和裂隙发育带构成的渗漏通道外，最常见的是透水层（砂、砾石和不整合面）漏水，只要它们穿过坝基，就可成为漏水通道。在岩溶地区，一定要查明岩溶的分布规律和发育程度，因为岩溶区一旦发生渗漏，就会使水库严重漏水，甚至干涸。

任务二　库区工程地质问题及处理

❖ **任务导入**

2-2-1
课程思政

黄河小浪底水利枢纽工程是黄河干流上的一座集减淤、防洪、防凌、供水灌溉、发电等为一体的大型综合性水利工程，是治理开发黄河的关键性工程。它的建成将有效地控制黄河洪水，可使黄河下游花园口的防洪标准由六十年一遇提高到千年一遇，基本解除黄河下游凌汛的威胁，减缓下游河道的淤积。小浪底水库还可以利用其长期有效库容调节非汛期径流，增加水量用于城市及工业供水、灌溉和发电。它处在承上启下控制下游水沙的关键部位，控制黄河输沙量的 100%，可滞拦泥沙 78 亿 t，相当于 20 年下游河床不淤积抬高。小浪底水利枢纽还是国家 4A 级旅游景区，河南省十大旅游热点景区，更被誉为"小千岛湖"。

由此可见，水利工程既是安全工程，又是民生工程、发展工程；既利当下，又惠长远。规划先行，既要金山银山，又要绿水青山的前提，也是让绿水青山变成金山银山的顶层设计。水利工程建设中，勘察选址是其中比较重要的一个组成部分，如何复杂的工程地质中选择"最优方案"，影响方案的工程地质又有哪些呢。

❖ **任务目标**

1. 了解水库库区的工程地质问题，了解常见的几种库区问题。
2. 理解渗漏、浸没、坍岸、淤积等现象所形成的原因，并能在工程中进行分析判断。

一、库区渗漏问题

2-2-2
水库的工程
地质问题——
国家江河战略

库区渗漏包括暂时性渗漏和永久性渗漏两类。前者是指在水库蓄水初期，为使库水位以下岩土空隙饱和而出现的库水损失，这部分水的损失是不可避免的，对水库影响不大。后者是指库水通过库岸的分水岭向邻谷低地或经库底向远处洼地渗漏，这种长期的渗漏影响水库效益，还可能造成邻区和下游的浸没。

判断库区是否渗漏，应从下述几个方面综合考虑。

（一）地形条件

山区水库，地形分水岭（或称河间地块）单薄，邻谷谷底高程低于水库正常水位

[图 2-2-1（a）]，则库水有可能外渗入邻谷。邻谷切割越深，与库水位高程相差越大，渗漏的水量也越大。相反，若河间分水岭宽厚，或邻谷谷底高于水库正常高水位，库水则不可能向邻谷渗漏 [图 2-2-1（b）]。

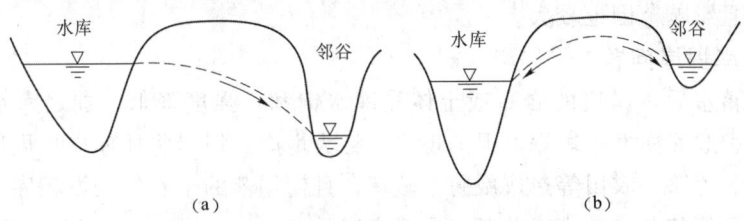

图 2-2-1　邻谷调和与水库渗漏的关系

当山区水库位于河弯处时，若河弯间山脊较薄，且又位于垭口、冲沟地段，则库水可能外渗（图 2-2-2）。

平原区水库一般不易向邻近河道渗漏，但在河曲地段有古河道沟通下游时，则有渗漏可能。

（二）地层岩性和地质构造条件

当河间分水岭岩性由强透水岩层组成，如断层破碎带 [图 2-2-3（a）]、岩溶通道 [图 2-2-3（b）]、卵砾石层 [图 2-2-3（c）]，且这些岩层及通道又低于库区的正常水位时，必将引起强烈漏水。

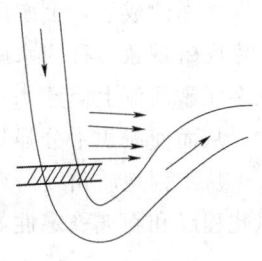

图 2-2-2　河弯间渗漏途径示意

二、水库浸没问题

水库蓄水后，水库周围地区的地下水位受库水顶托作用而相应抬高（即壅水），上升后的地下水位可能接近或高过地面，导致水库周围地区的土壤盐渍化和沼泽化，以及使建筑物地基软化，矿坑充水等现象，称水库浸没（图 2-2-4）。

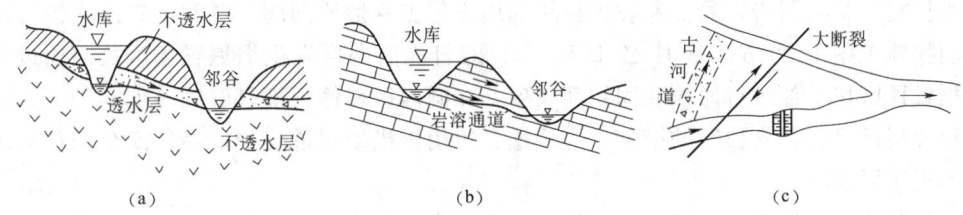

图 2-2-3　适宜于库水向邻谷渗漏的岩性及地质构造条件

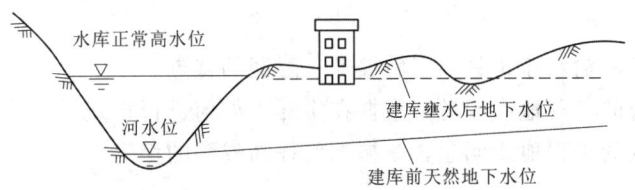

图 2-2-4　水库边岸地带浸没示意图

水库浸没的可能性主要取决于水库岸边正常水位变化范围内的地貌、岩性及水文地质条件。对于山区水库，水库边岸地势陡峻，多为不透水岩石组成，地下水埋藏较深，一般不存在浸没问题。但对山间谷地和山前平原中的水库，周围地势平坦，易发生浸没，而且影响范围也较大。

三、水库坍岸问题

当水库蓄水后，岸边的岩石或土体受库水饱和，强度降低，加之库水波浪的冲击、淘刷，引起库岸发生坍塌后退的现象，称为坍岸。坍岸将使库岸扩展后退，对岸边的建筑物、道路、农田等造成威胁、破坏，且使塌落的土石体又淤积库中，减少有效库容。还可能使分水岭变得单薄，导致水库外渗。

影响坍岸的主要因素有：库岸地形，岩性，地质构造以及水文气象条件等。坍岸一般在平原水库比较严重，往往在蓄水两三年内发展较快，以后逐趋稳定。

四、水库淤积问题

水库建成后，上游河水携带大量泥沙及坍岸物质和两岸山坡地的冲刷物质，堆积于库底的现象，称为水库淤积。水库淤积必将减小水库的有效库容，缩短水库寿命。在多泥砂河流上修建水库，淤积问题尤为严重。如三门峡水库由于黄河带来大量泥砂，从而使淤积十分强烈。

从工程地质角度研究水库淤积问题，主要是查明淤积物的来源、范围、岩性及其风化程度和斜坡稳定性等，为论证水库的运行方式及使用寿命等提供资料。

任务三　输水建筑物工程地质问题及处理

❖ 任务导入

湖北省保康县寺坪水电站引水隧洞洞室围岩为页岩、砂质岩，一般为薄层状结构，易风化，裂隙发育，岩体完整性差，局部较破碎；洞室围岩类别一般为Ⅲ类，部分为Ⅳ类、Ⅴ类围岩，局部易发生掉块和塌方等工程地质问题。隧洞出口压力钢管段在洞挖施工中于2005年3月17日和7月30日先后两次发生坍塌冒顶事故。通过对坍塌冒顶区域上部进行回填和固结灌浆后，在洞内坍塌体顶部打管棚超前支护，然后采取"短进尺、强支护"的措施，边清挖、边用钢拱架跟进支护，得以安全顺利穿越隧洞坍塌冒顶段。

隧洞施工不但施工环境复杂，施工工艺更为复杂。在千变万化的自然环境中，如何选择对输水建筑物的综合处理施工技术进行探讨尤为重要。

❖ 任务目标

1. 认识常见的输水建筑物，了解渠道、隧洞的特点。
2. 了解渠道的工程地质问题，掌握在实际中如何进行选线。
3. 了解隧洞的工程地质问题，掌握如何提高隧洞的稳定性。

一、渠道的工程地质问题

渠道的工程地质问题主要有渗漏、边坡稳定等，以下主要谈有关渠道的选线和渗漏问题。

(一)渠道选线的工程地质条件

渠道线路的选择,要根据地形、地质及施工条件等综合考虑。渠道按通过的地貌单元不同,可分为平原线、谷底线、坡麓线、山腹线、岭脊线。因渠道为线型建筑物,路线长,穿越的地貌、岩性、构造及水文地质条件类型多,变化复杂。为使渠道水流畅通又不致水头损失过大,应有一个合理的纵坡降,以保证渠道不冲、不淤和最小渗漏损失。故而在选线时,首先应绕避高山、深谷和地形切割强烈的丘陵山区。渠线应在工程地质条件较好的岩土体中通过,尽量避开不良地质条件地段,如大断层破碎带,强地震区,土层沉陷很大的地区,强透水层分布区,岩溶分布区以及影响边坡稳定的物理地质现象发育地段。

(二)渠道渗漏的地质条件分析

傍山渠道多位于基岩区,渠道渗漏一般是不严重的,但应注意断层破碎带、裂隙密集带以及岩溶发育带等强水带的分布。平原线及谷底线渠道通过地段以第四纪松散沉积物居多,沿途不同成因类型的沉积物均可遇到。如渠道穿越山前洪积扇,有砂砾石等透水性强的沉积物时,渠道渗漏严重,而通过的沉积物为黏性土时,则很少渗漏。

渠道渗漏还受地下水位的影响,地下水位高于渠水位,不会发生渗漏,而且还能得到地下水的补给。反之,则可能发生渗漏,且地下水埋深越大,渗漏量也越大。

(三)渠道渗漏的防治

(1)绕避。在渠道选线时尽可能绕避强透水地段、断层破碎带和岩溶发育地段。

(2)防渗。采用不透水材料护面防渗,如黏土、三合土、浆砌石、混凝土、塑料薄膜等。

(3)灌浆、硅化加固等。

二、隧洞的工程地质问题

隧洞的优点是线路短,水头损失小,便于管理养护,还能避开一些不良地质地段。由于隧洞修建在地下岩体中,所以地质条件对隧洞的影响很大,隧洞的主要工程地质问题是洞身围岩(即洞的周围岩体)的稳定性和围岩作用于支撑、衬砌上的山岩压力,以及地下水对围岩稳定的影响。

(一)隧洞选线的工程地质条件

(1)地形条件。地形上要求山体完整,洞室周围包括洞顶及傍山侧应有足够的山体厚度。

隧洞进出口地段的边坡应下陡上缓,无滑坡、崩塌等现象存在。洞口岩石应直接出露或坡积层薄,岩层最好倾向山里以保证洞口坡的安全。

(2)岩性条件。洞室应尽量选在坚硬完整岩石中,坚硬岩石岩性均匀致密,抗风化能力强,一般在坚硬完整岩层中掘进,围岩稳定,日进尺快,无需衬砌或衬砌工作量较小,造价低。而在软弱、破碎、松散岩层中掘进,由于这类岩石强度低,易风化和软化,顶板易坍塌,边墙及底板易产生鼓胀挤出变形等,需边掘进、边支护或超前支护,工期长、造价高。

岩层厚度与围岩稳定也有很大关系。厚度很大的块状岩体，岩性均一，稳定性好，如岩浆岩和片麻岩、石英岩等，适合修建大型的地下工程。而薄层的沉积岩和变质岩中的片岩、板岩、千枚岩、黏土岩以及胶结不好的砂砾岩等，由于层次多，稳定性较差，特别是软硬岩相间的岩石以及松散破碎岩石，选址时应尽量避开。

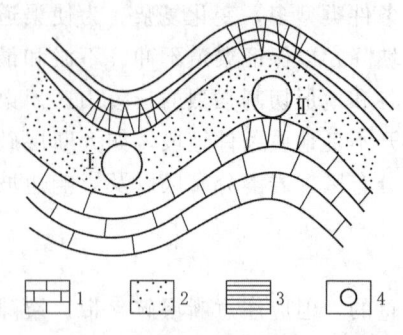

图 2-3-1 位于褶皱核部的隧洞示意
1—石灰岩；2—砂岩；3—页岩；4—隧洞

（3）地质构造条件。在褶皱核部，由于裂隙发育、岩石破碎，且可蓄存大量地下水（如向斜轴部），对围岩稳定不利（图 2-3-1）。所以洞线应该避开核部。洞线穿过断层破碎带易造成大规模塌方，还可能有大量地下水的涌水，是影响围岩稳定的关键。单斜岩层的走向线与洞线之间的夹角及岩层倾角的大小，也影响围岩的稳定，其夹角与倾角越小，越不稳定。所以在单斜岩层中开挖的洞轴线尽量与岩层走向垂直。在水平或缓倾斜岩层中，应尽量使洞室位于厚层均质岩层中（图 2-3-2）。

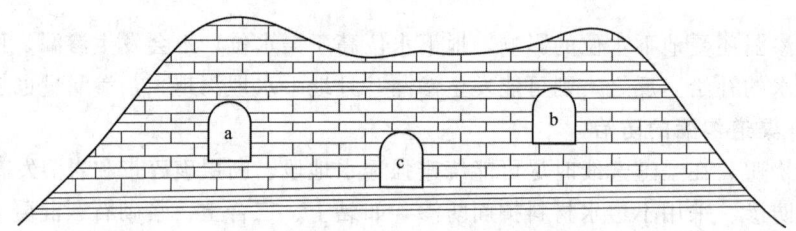

图 2-3-2 布置在水平岩层中的隧洞
a—位于坚硬岩石中；b—顶板有软弱夹层；c—底板为软弱的黏土岩

（4）岩体结构特征。隧洞围岩岩体的各种结构面，可以组合成各种形式的岩块，如楔形体、锥形体、方块体、棱形体等，由于它们在所处洞身围岩中的位置、形态和存放方式不同，它们的稳定程度也不相同，如围岩中有陡立的泥质结构面存在时，对围岩的稳定极为不利。

（5）其他因素。如有地下水存在，将对围岩产生静水压力、动水压力及软化、泥化作用。地下工程施工中的塌方或冒顶事故，常和地下水的活动有关，最好选在地下水位以上的干燥岩体内，或地下水水量不大、无高压含水层的岩体内。

此外，人为因素如施工方法和施工质量不当，都会对围岩稳定产生不利影响。

（二）山岩压力

由于隧洞的开挖，破坏了围岩原有的应力平衡条件，引起围岩中一定范围内的岩体向洞内松动或坍塌，因而就必须尽快支撑和衬砌，以抵抗围岩的松动或破坏，这时围岩作用于支撑和衬砌上的压力称为山岩压力。显然，山岩压力是隧洞设计的主要荷载，若山岩压力很小或没有，可认为隧洞是稳定的，可以不支撑；当山岩压力很大时，则必须考虑衬砌和支撑，所以正确估计山岩压力的大小，将会直接影响隧洞稳定安全和经济效益。

山岩压力主要有松动山压和变形山压两种基本类型。目前对变形山岩压力研究的较少，在设计中主要考虑松动山岩压力。松动山岩压力主要来源于洞室开挖后，由于应力重新分布而引起一部分围岩松弛、滑塌，其数值一般等于塌落体的重量。山岩压力的大小不仅与围岩的应力状态有关，还与岩石性质、洞形，支撑或衬砌的刚度、施工方法、衬砌的早晚等多种因素有关。此外，由于围岩的变形和破坏有一个逐次发展的过程，因此山岩压力也是随时间变化的。

工程上常用两种方法确定山岩压力，基本原则如下。

（1）平衡拱理论确定山岩压力。被断层、裂隙等切割的岩体类似松散介质，由于开挖扰动，顶部出现拱形分离体，拱形分离体以外的岩体仍保持平衡状态，拱形分离体失稳塌落后便形成一个塌落拱，称自然平衡拱，平衡拱下的岩体重量即为山岩压力。

（2）用岩体结构保障机制确定山岩压力。平衡拱理论混淆了坚硬岩体和松散介质间的本质差别，实践证明，用平衡拱理论计算的山岩压力结果偏大。这是由于岩体的稳定性主要取决于岩体中各种不同的结构面（如层面、裂隙面、片理面、软弱夹层、断层面等）的组合关系和性质，而不完全取决于岩石强度。因此，目前多采用岩体结构结合力学分析的方法确定山岩压力。

该方法首先分析围岩中各种结构面组合而成的、具有滑动边界的滑动体或塌落体。如果没有这样的塌落体，山岩压力等于零。如果存在不稳定塌落体时，则该塌落体的重量即为山岩压力。当塌落体沿某结构面下滑时，还应考虑其抗滑力的影响，将塌落体的滑动力减去抗滑力即为山岩压力。

由于山岩压力受很多复杂因素的制约，所以，尽管人们长期以来对其进行过大量的试验研究，但至今仍未得到圆满解决。

（三）围岩的弹性抗力

岩体的弹性抗力是指在有压隧洞的内水压力作用下向外扩张，引起围岩发生压缩变形后所产生的反力。围岩的弹性抗力与围岩的性质、隧洞的断面尺寸及形状等有关。当在水压力作用下向外扩张了 y cm 后（图 2-3-3），则围岩产生的弹性抗力 P 为

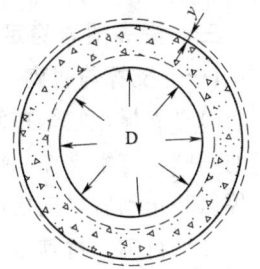

$$P = Ky \quad (2-3-1)$$

式中　P——岩性的弹性抗力，MPa；
　　　y——洞壁径向变形，cm；
　　　K——弹性抗力系数，MPa/cm。

图 2-3-3　内水压力作用下围岩变形

弹性抗力系数 K 的物理意义是迫使洞壁产生一个单位的径向变形所需施加的压力值。

岩体的弹性抗力系数 K 是表征隧洞围岩质量的重要指标。K 值越大，岩体承受的内水压力越大，相应的衬砌承担的内水压力就小些，衬砌可以做得薄一些。但 K 值选得过大，将给工程带来事故，因此，正确选择岩体的弹性抗力系数，在隧洞设计

中具有很大意义。

弹性抗力系数 K 与隧洞的直径有关，以圆形隧洞为例，隧洞的半径越大，K 值越小。故 K 值不为常数，为了便于对比使用，隧洞设计中常采用单位弹性抗力系数 K_0（即隧洞半径为 100cm 时的岩体弹性抗力系数）为

$$K_0 = K \frac{R}{100} \qquad (2-3-2)$$

式中　R——隧洞半径，cm。

表 2-3-1 所示为常用的岩石弹性抗力系数表，以供参考。

表 2-3-1　　　　　　　　　　岩石弹性抗力系数表

岩石坚硬程度	代表的岩石名称	节理裂隙多少或风化程度	有压隧洞单位抗力系数 K_0 /(10N/cm³)	无压隧洞抗力系数 K_0 /(10N/cm³)
坚硬岩石	石英岩、花岗岩、流纹斑岩、安山岩、玄武岩、厚层硅质灰岩等	节理裂隙少，新鲜	1000~2000	200~500
		节理裂隙不太发育，微风化	500~1000	120~200
		节理裂隙发育，弱风化	300~500	50~120
中等坚硬岩石	砂岩、石灰岩、白云岩、砂岩等	节理裂隙少，新鲜	500~1000	120~200
		节理裂隙不太发育，微风化	300~500	80~120
		节理裂隙发育，弱风化	100~300	20~80
较软岩石	砂页岩互层、黏土质岩石、致密的泥灰岩	节理裂隙少，新鲜	200~500	50~120
		节理裂隙不太发育，微风化	100~200	20~50
		节理裂隙发育，弱风化	小于 100	<20
松软岩石	严重风化及十分破碎的岩石、断层、破碎带等		小于 50	<10

三、提高围岩稳定的措施

（一）支撑与衬砌

（1）支撑。它是在洞室开挖过程中，用以稳定围岩用的临时性措施。按照选用材料的不同，有木支撑、钢支撑及混凝土支撑等。在不太稳定的岩体中开挖时，需及时支撑以防止围岩早期松动。

（2）衬砌。衬砌是加固围岩的永久性工程结构。衬砌的作用主要是承受围岩压力及内水压力，在坚硬完整的岩体中，围岩的自稳能力高，也可以不衬砌。衬砌有单层混凝土及钢筋混凝土衬砌，也可以用浆砌条石衬砌。双层的联合衬砌，一般内环用钢筋混凝土或钢板，外环用混凝土，多用于岩体破碎、水头高的隧道。

（二）喷锚支护

近几十年来，喷锚支护在国内外的地下工程中获得了广泛的应用，它是稳定围岩的一种有效的工程措施。当地下洞室开挖后，围岩总是逐渐地向洞内变形。喷锚支护就是在洞室开挖后，及时地向围岩表面喷一薄层混凝土（一般厚度为 5~20cm），有时再增加一些锚杆，从而部分地阻止围岩洞内变形，以达到支护的目的。

任务四　病险水库的除险加固

❖ 任务导入

尼山水库位于曲阜市东南尼山镇境内黄土村，属淮河流域，地处泗河支流小沂河上游。水库控制流域面积 264.1km²，总库容 1.128 亿 m³，兴利库容 0.6102 亿 m³。该水库是一座以防洪为主，兼顾灌溉、供水、养殖、生态旅游等综合利用的水利工程。水库于 1958 年 11 月兴建，1960 年 9 月工程竣工验收。尼山水库施工时，受当时技术经济条件的限制，坝基清基不彻底，砂砾石层厚达 30m，基岩岩溶发育、隐患严重。2015 年 4 月被水利部大坝安全管理中心核定为"三类坝"。为确保水库安全，充分发挥防洪和兴利效益，迫切需要对尼山水库进行病害整治，以彻底消除水库病害隐患。

2-4-1
课程思政

开展病险水库除险加固，提高水库防洪能力，发挥水库供水效益，既是水库安全运行，保护下游人民群众生命财产安全的需要，又是提高水库蓄水调节能力，实现水资源可持续开发利用的需要。

❖ 任务目标

1. 了解病险水库的现状及其产生的影响。
2. 了解病险水库常见的工程地质问题。
3. 掌握病险水库的加固措施。

一、病险水库现状

病险水库是指水库及水库大坝经安全鉴定或全面评估为三类坝，即实际抗御洪水标准达不到部颁水利枢纽工程除险加固近期非常运用洪水标准，或者工程存在较严重的安全隐患，不能按设计正常运行的大坝。

新中国成立以来，我国建设了大量水库，先后建成水库 9.8 万多座，其中大中型水库 4700 多座、小型水库 9.4 万座。小型水库作为我国水利工程体系的重要组成部分，为我国经济社会的发展发挥了重要作用。小型水库 80% 以上修建于 20 世纪 50—70 年代，因受当时科学技术的影响和资金投入限制，水库建设缺乏科学性根据，出现了很多边勘测、边设计、边施工的"三边"工程，没有遵守基建程序，片面强调进度，急于求成。限于当时的技术水平和经济条件，许多水库的质量和建设水平都不是太高，大部分是小型坝，小型坝中的 90% 以上是土石坝，土石坝的寿命大约是 50 年，目前为止，基本上都已是超期服役。且在此几十年的运行中，建设质量较差、老化失修严重、配套设施不全、缺乏良性的管理体制与机制等一系列问题，病险水库的数量过半，达 4 万多座。这些病险水库安全隐患严重，不仅严重制约了水库效益的发挥，也成为我国防洪体系的薄弱环节。

我国病险水库数量大、比例高，中小型水库占病险水库的绝大多数。这 4 万多座病险水库绝大部分散布在广袤的农村，还有一些县市的上游。曾有统计显示，全国头顶"一盆水"的城市有 179 座，占全国城市的 25.4%，头顶"一盆水"的县城有 285

座，占全国县城的 16.7%。它有很高的风险，一旦垮了就要冲房子、冲田地、冲工业设施、冲铁道，甚至整个城市。

从 1954 年有溃坝记录以来，全国共发生溃坝水库 3515 座，其中小型水库占 98.8%，年均 110 座，最多的在 1973 年，垮坝 554 座；20 世纪 80 年代后，年均仍有 20 余座。河南省驻马店地区包括板桥、石漫滩两座大型水库在内的数十座水库漫顶垮坝，1100 万亩农田被毁灭，1100 万人受灾，超过 2.6 万人死亡。

病险水库主要问题如下：①设计标准偏低，不能适应新的防洪要求；②主要建筑物如大坝不能满足抗震稳定要求；③主要建筑物结构稳定、渗流稳定不能满足规范要求，难以抵御设计洪水；④有的水库缺少泄洪设施、大坝渗漏严重或库区淤积严重；⑤水库的调度运用、维修养护、安全观测等管理设施严重缺乏；⑥运行管理、维修养护、除险加固以及更新改造经费缺乏，致使工程老化失修日趋严重等。

大量病险水库的存在，严重影响其防洪兴利效益的发挥以及国民经济的发展。一是对下游城市、乡镇、企业等造成的威胁；二是垮坝的可能性和危险性以及造成重大灾害的严重性在日益增加；三是防洪体系整体抵御洪患的能力大打折扣；四是严重影响区域经济发展、城乡供水、环境效益的发挥。

由于病险水库的问题很突出，2008 年水利部出台《全国病险水库除险加固专项规划》，计划用 3 年时间把现有的大中型和重点小型病险水库除险加固，真正开始了中国乃至世界上最集中、最大规模的水库维修工程。2011 年，水利部宣布：经过除险加固，基本解除了 637 座县级以上城市、1.61 亿亩农田以及大量重要基础设施的溃坝洪水威胁，保障了水库下游 1.44 亿人的生命财产安全。2010 年 7 月，启动了 5400 座重点小（1）型水库的除险加固，2011 年 4 月，又启动了全部 4.1 万座小（2）型病险水库的加固工程，2025 年年底前将全面完成现有病险水库除险加固，对新出现的病险水库及时除险加固。

二、病险水库常见的工程地质问题

据统计资料分析，病险水库常见的险情及隐患，大部分与地质因素有关，主要表现在坝基渗漏及渗透稳定、坝基稳定性、边坡失稳、坝体质量不合格 4 个方面。

（一）坝基渗漏及渗透稳定

坝基渗漏是病险水库常见的险情。按照坝基地质条件，可分为覆盖层渗漏、裂隙性岩体渗漏、断层破碎带渗漏和岩溶渗漏。

（二）坝基稳定性

（1）抗滑稳定与沉降变形。山区土石坝因地基条件而引起的抗滑稳定性与沉降变形险情很少。而在平原区的土石坝，坝基下存在高压缩性土，常有抗滑稳定性与沉降变形的险情发生。

（2）抗震稳定性。高烈度区的病险水库大坝，常因抗震设计标准不够，存在抗震稳定性的隐患。部分土石坝，因坝基有软黏土或饱和粉细砂层，也有震陷或震动液化的隐患。此种情况在汶川地震后被广泛重视。上游的大型水库成为下游城市严重的安全隐患。

（3）湿陷性变形。坝基下存在有湿陷性土层且未经工程措施处理或坝体填筑料为湿陷性土,当水库蓄水后,因湿陷性土浸水而造成坝基湿陷,坝体产生下沉变形,坝体形成裂隙,或者加大坝基及坝体的渗漏。此情况在西北地区湿陷性黄土地区可见。

(三)边坡失稳

边坡失稳是水库常见的隐患。靠近坝体的库岸边坡及坝肩边坡,如土石坝溢洪道一侧或两侧、泄洪洞进出口洞脸,一般开挖一定高度的人工边坡,有的做了边坡衬砌支护,有的部分处理或者措施不当,在泄洪水流冲刷下,出现边坡失稳,影响水库正常泄洪,危及大坝安全。

(四)坝体质量不合格

多出现于土石坝,常常是由于坝体填筑料和施工质量失控造成的。险情主要表现为坝体土填筑质量不均匀,局部存在夯填不密实,施工处理不良,心墙顶高程不均一,心墙土质量较差等情况。当心墙顶高程较低,库区水位高于心墙顶高程时,对坝体安全十分不利。还有坝顶或坝坡裂缝、变形甚至滑动等现象。

三、病险水库的加固措施

加快病险水库除险加固,确保水库安全,充分发挥防洪和兴利效益,对促进经济与社会的发展具有十分重要的意义。

(一)提高水库防洪标准的工程措施

(1)加高大坝、增加水库调蓄洪水能力,提高防洪标准。

1)"戴帽"加高。从坝顶上直接加高,由于坝坡稳定的要求,加高的高度有一定限制,最大不宜超过3m。如加高过多,则必须加宽坝身。

2)培厚背水坡土方及加高坝顶。比"戴帽"加高工程量要大,造价也高。加高大坝可以超过3m,根据需要来定。

(2)扩建或增建溢洪道,加大泄洪量。

1)溢洪道拓宽,并增设闸门。在地形、地质条件许可而且增加开挖量不大的情况下,将原溢洪道拓宽,而不降低堰顶高程,这是增加下泄流量、提高防洪标准的一项措施,投资也比较少,但不应增加泄流量过多,以免加重下游河道的负担。

2)溢洪道加深,并安设闸门。

3)溢洪道拓宽、堰顶降低并增设闸门。

(二)提高水库工程质量的措施

关于工程质量问题,土石坝主要是渗漏、滑坡和裂缝,其中滑坡和裂缝的产生,有的也与渗漏有关,所以处理土石坝质量,关键是防渗,这里主要是针对防渗提出一些常用的工程措施。一般处理防渗的原则是"上堵下排"。

上堵的措施有水平防渗与垂直防渗。水平防渗有黏土铺盖结合下排开挖导渗沟、减压井和水平盖重压渗等。

垂直防渗有混凝土防渗墙、高压喷射灌浆防渗、劈裂灌浆防渗,冲抓套井回填黏土防渗及土工合成材料防渗等。

在病险水库防渗加固中,有的是坝基需要防渗加固,有的是坝基和坝体都需要防渗加固。在采取工程措施时,多采取垂直防渗措施。这是因为采取这一措施,一般不需要放空水库。反之,如果采取水平防渗措施,则必须放空水库,才能彻底进行。而水库长期蓄水后，总会有些淤积，给水平防渗处理带来一定的困难；在保持坝基渗透稳定和截渗方面，水平防渗也不如垂直防渗彻底。同时，在水资源紧缺地区，放空水库一般要慎重。

❖ 小结

研究工程地质的目的是查明建筑地区的工程地质条件，分析可能存在的工程地质问题，以保证建筑物修建的经济合理与安全可靠。

通过本章的学习，应重点掌握库区及坝区渗漏的地质条件分析，坝基岩体的稳定性分析，工程地质条件对隧洞选线、渠道选线、病险水库的影响。对水库的其他工程地质问题、坝基处理以及山岩压力和弹性抗力应有一定的了解。

❖ 知识训练

一、选择题

1. 在其他地质条件相同的情况下，洞室应选在（　　）。
   A. 背斜核部　　　B. 向斜核部　　　C. 褶皱翼部　　　D. 裂隙发育部位
2. 对水库蓄水有利的构造是（　　）。
   A. 背斜　　　　　B. 向斜　　　　　C. 节理　　　　　D. 断层
3. 地下水对围岩产生的作用主要是（　　）。
   A. 静水压力　　　B. 动水压力　　　C. 冻胀作用　　　D. 软化作用
4. 水库的工程地质问题主要包括（　　）。
   A. 渗漏　　　　　B. 塌岸　　　　　C. 淤积　　　　　D. 浸没
5. 建库前，地下水分水岭低于库水位甚多，建库蓄水后，库水（　　）。
   A. 不会渗漏　　　B. 可能会渗漏　　C. 肯定会渗漏　　D. 都有可能
6. 风化裂隙是岩体中的（　　）。
   A. 原生结构面　　B. 次生结构面　　C. 构造结构面　　D. 解理面
7. 常为软弱夹层的岩石是（　　）。
   A. 黏土页岩　　　B. 石英砂岩　　　C. 石灰岩等夹层　D. 片麻岩
8. 若在坝基滑动岩体的下方存在有（　　），也可因发生较大压缩变形而起到临空的作用。
   A. 胶结好的断层破碎带　　　　　　B. 软弱岩层
   C. 伟晶岩脉　　　　　　　　　　　D. 坚硬岩层
9. 坝基浅层滑动是由于（　　）而造成的。
   A. 坝体混凝土浇筑质量差而造成的
   B. 坝底与基岩接触面发生剪切破坏而造成的
   C. 表部风化破碎层挖除不彻底
   D. 坝基表层岩体的抗剪强度高于坝体混凝土时造成的
10. 坝基岩体的失稳形式，主要是（　　）。
    A. 滑动破坏　　　　　　　　　　　B. 沉陷变形和滑动破坏
    C. 沉陷变形　　　　　　　　　　　D. 都不是

11. 库区的哪种地质问题不会减少有效库容？（　　）
A. 塌岸　　　　　B. 淤积　　　　　C. 渗漏　　　　　D. 滑坡
12. 下列哪种防治水库淤积的措施不属于"排"的措施？（　　）
A. 蓄清排浑　　　B. 拦洪蓄水　　　C. 异重流排沙　　D. 植树种草

二、判断题

1. 库区发生永久性渗漏的必要条件是地形、岩性、地质构造和水文地质条件。（　　）
2. 被结构面切割成不同形状和大小的岩块称为结构体。（　　）
3. 岩体在工程荷载作用下的变形和破坏，主要受组成该岩体的岩石性质所控制。（　　）
4. 坝基浅层滑动是指坝体沿坝底和基岩接触面发生剪切破坏而造成的滑动。（　　）
5. 坝基防渗帷幕是减少坝基渗漏的有力措施。（　　）
6. 在其他条件相同的情况下，倾向下游的较缓的结构面一定比倾向上游的较缓的结构面对坝基稳定更不利。（　　）
7. 当洞室位于褶皱核部时，向斜核部比背斜核部的稳定条件好。（　　）
8. 洞室埋藏越深，稳定性就越好。（　　）
9. 一般洞口地段地形应下陡上缓，无滑坡、崩塌等现象存在。（　　）
10. 围岩的弹性抗力系数越大，衬砌可以越薄。（　　）

❖ 技能训练

1. 工程地质条件有哪些？水利工程中常见的工程地质问题是什么？
2. 水库的工程地质问题有哪些？何谓永久渗漏和暂时渗漏？
3. 坝基岩体稳定一般有哪几个问题？产生这些问题的地质条件是什么？
4. 试述岩体滑动的边界条件。
5. 坝基处理的工程措施有哪些？
6. 渠道选线时应注意哪些工程地质条件？
7. 影响隧洞围岩稳定的主要因素有哪些？
8. 何谓山岩压力和弹性抗力？
9. 什么是病险水库？病险水库常见工程地质问题有哪些？
10. 试分析图中能否发生渗漏。

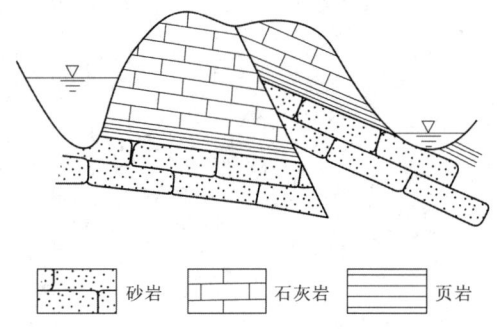

11. 试从工程地质条件角度分析图中 3 个洞室位置的好坏。

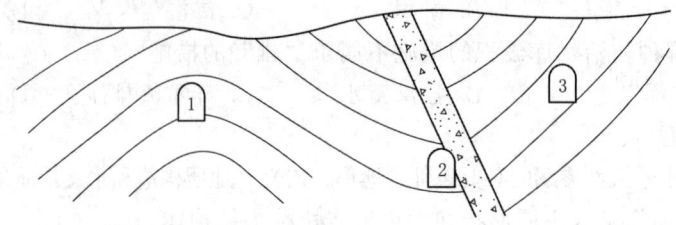

12. 试根据图中所给的岩性条件，分析各洞室位置的优劣。

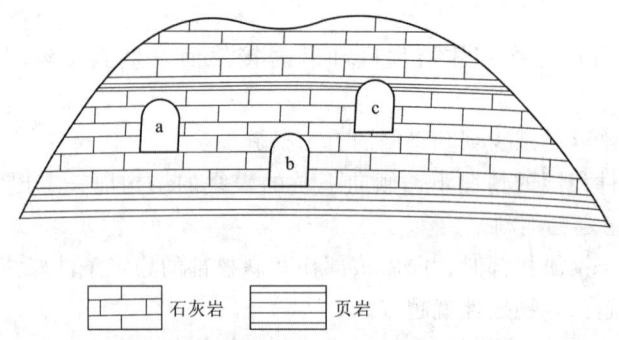

项目三　土的基本指标检测及应用

【项目知识目标】
1. 了解土的形成和三相组成。
2. 掌握土的物理性质指标含义以及3个实测指标的试验方法。
3. 掌握土的稠度的含义。
4. 掌握土的物理状态指标的计算方法。
5. 掌握土的压实度的含义。
6. 掌握土的压实度的工程意义。
7. 掌握土的工程分类的方法。
8. 理解土的各个指标在工程中的意义。

【项目技能目标】
能对土进行工程分类和命名。

导学：项目三

任务一　土的物理性质指标检测

❖ **任务导入**

将来走上工作岗位，无论是设计咨询、施工、监理或者质量检测，都会接触到如表3-1-1这样的表格和数据，那么这些数据有什么含义，在工程中有什么作用呢？

❖ **任务目标**

1. 了解土的形成，掌握土的组成。
2. 掌握土的颗粒级配的判别方法及工程应用。
3. 理解土的各项物理性质指标的含义和试验方法，并会根据工程情况进行应用。

课程思政

一、土的形成与组成

（一）土的形成

土是由岩石，经物理化学风化、剥蚀、搬运、沉积，形成固体矿物、流体水和气体的一种集合体。

不同的风化作用形成不同性质的土，风化作用有下列3种。

（1）物理风化：岩石经受风、霜、雨、雪的侵蚀，温度、湿度的变化，发生不均匀膨胀与收缩，使岩石产生裂隙，崩解为碎块。这种风化作用，只改变颗粒的大小与形状，不改变原来的矿物成分，称为物理风化。由物理风化生成的土为粗粒土，如块碎石、砾石和砂土等，这种土总称无黏性土。

表 3-1-1　土的物理力学性质指标统计成果表

地层编号	地层名称	含水率 ω_0/%	湿密度 ρ/(kg/m³)	干密度 ρ_d/(kg/m³)	重度 γ/(kN/m³)	干重度 γ_d/(kN/m³)	比重 G_s	孔隙比 e	饱和度 S_r/%	液限 ω_L/%	塑限 ω_P/%	液性指数 I_L	塑性指数 I_P	压缩系数 α_{1-2}/MPa⁻¹	压缩模量 E_{s1-2}/MPa	快剪 黏聚力 c/kPa	快剪 内摩擦角 φ/(°)	固快 黏聚力 c/kPa	固快 内摩擦角 φ/(°)	水平渗透系数 k_h/(cm/s)	垂直渗透系数 k_v/(cm/s)	地基土承载力特征值 f_{ak}/kPa	预制桩 q_{sai}/kPa	钻孔灌注桩 q_{sai}/kPa	预制桩 q_{pa}/kPa	钻孔灌注桩 q_{pa}/kPa
①	粉质黏土	34.7	1.87	1.39	18.28	13.58	2.74	0.977	97.1	38.2	23.0	0.79	15.2	0.48	4.42			7.4	14.7	1.27E-06	1.27E-06	85	10	8.5		
②₁	淤泥夹砂	43.7	1.75	1.22	17.14	11.97	2.73	1.248	95.6	36.9	22.4	1.58	14.5	1.04	2.36	6.8	4.4	4.3	14.2	2.14E-06	1.20E-06	70	6	5		
②₂	淤泥	65.3	1.60	0.97	15.70	9.51	2.76	1.849	97.5	55.6	30.7	1.39	24.9	1.86	1.57	7.6	3.0	7.7	12.1	6.42E-07	6.43E-07	55	5	4.5		
③	淤泥质黏土	44.3	1.76	1.22	17.26	11.98	2.74	1.247	97.3	41.1	24.2	1.20	16.8	1.05	2.23	8.0	4.4	8.4	13.8	9.56E-07	3.32E-07	70	7	6		
④₁	粉质黏土	28.4	1.97	1.53	19.29	15.03	2.73	0.782	98.5	36.3	22.1	0.46	14.2	0.34	5.37	17.0	13.1	17.5	16.9	3.36E-07	8.09E-07	175	24	20		
④₂	粉质黏土	33.7	1.90	1.42	18.60	13.93	2.73	0.928	98.9	38.7	23.2	0.68	15.5	0.56	3.68	15.1	6.1	15.2	14.5	4.00E-07	8.28E-07	125	15	12.5		
⑤₁	黏土	33.1	1.92	1.44	18.80	14.14	2.74	0.905	99.6	43.8	25.4	0.42	18.4	0.40	4.73	16.4	7.8	17.9	16.0	6.88E-07	5.93E-07	170	28	24	600	200
⑤₂	黏土	37.6	1.86	1.35	18.21	13.24	2.75	1.037	99.4	44.6	25.8	0.63	18.8	0.49	4.30	15.9	7.4	15.5	15.3	5.89E-07	7.39E-07	135	20	17	800	250

(2) 化学风化：岩石的碎屑与水、氧气和二氧化碳等物质相接触时，逐渐发生化学变化，原来组成矿物的成分发生了改变，产生一种新的成分——次生矿物，这类风化称为化学风化。经化学风化生成的土为细粒土，具有黏结力，如黏土与粉质黏土，总称为黏性土。

(3) 生物风化：由动物、植物和人类活动对岩体的破坏称生物风化，例如：长在岩石缝隙中的树，因树根伸展使岩石缝隙扩展开裂。而人们开采矿山、石材，修铁路打隧道，劈山修公路等活动形成的土，其矿物成分没有变化。

(二) 土的三相组成

土是由颗粒和孔隙共同组合而成，其中孔隙中存在水和空气（图3-1-1），这就是土的三相组成，即固相（颗粒）、液相（水）和气相（空气）。土的三相物质本身特征以及它们之间的相互比例关系，决定了土的物理性质和物理状态的不同，所以对土的工程性质影响较大。如：

3-1-2
土的形成与三相组成

固相+气相（无液相）为干土，此时黏性土呈坚硬状态。

固相+液相+气相为湿土，此时黏性土呈可塑状态。

固相+液相（无气相）为饱和土，黏性土地基受建筑物荷载作用发生沉降，有时需几十年才能稳定。

1. 土的固相

土的固相构成了土的基本骨架，其矿物组成、大小和形状及级配情况是决定土的工程性质的重要因素。

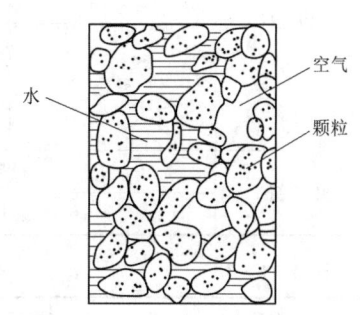

图3-1-1 土的三相组成示意

(1) 土的矿物成分和有机质。土的矿物成分取决于成土母岩的成分以及所经受的风化作用，主要有原生矿物和次生矿物两大类。

1) 原生矿物。岩石经物理风化后形成的矿物颗粒。常见的有：石英、长石和云母等。

2) 次生矿物。岩石经化学风化形成的新矿物颗粒。次生矿物的水溶性对土的性质有重要影响，可分为溶解的和不溶的，而不溶的主要是颗粒细小的黏土矿物。常见的有蒙脱石、伊利石和高岭石。

一般来说，无黏性土的主要矿物组成是石英、长石等原生矿物；黏土矿物则是组成黏性土的主要成分。另外，需要注意的是，若黏性土中含有水溶盐时，遇水溶解后会被渗透水流带走，导致地基或坝体产生集中渗流，引起不均匀沉降甚至降低强度。所以，通常规定筑坝土料的水溶盐含量不得超过8%。

3) 有机质。在岩石风化及风化产物的搬运、沉积过程中，若有动、植物的残骸及其分解物的参与，在土中便会形成有机质。有机质易分解，强度低、压缩性大。有机质含量超过5%的土称为有机质土（有机质含量需用灼失量试验确定），这类土不能作为堤坝的填筑材料。

(2) 土的颗粒大小和形状。自然界中的土颗粒大小相差悬殊，既有粒径＞200mm的，也有粒径＜0.005mm的。颗粒大小不同的土，其工程性质也各异。为了研究方便，工程上常将大小接近，工程性质相同或相近的土粒划分为一组，称为"粒组"。粒组与粒组之间的分界尺寸称为界限粒径。不过，粒组的划分标准，不同国家甚至同一个国家的不同部门也有不同的规定。住房和城乡建设部的《土工试验方法标准》（GB/T 50123—2019）规定见表 3-1-2；建设部门的《岩土工程勘察规范（2009 年版）》（GB 50021—2001）规定见表 3-1-3。

表 3-1-2　　　　　　　　　粒　组　划　分

粒组统称	粒　组　划　分		粒径 d 的范围/mm
巨粒组	漂石（块石）组		$d>200$
	卵石（碎石）组		$200 \geqslant d > 60$
粗粒组	砾粒（角砾）	粗砾	$60 \geqslant d > 20$
		中砾	$20 \geqslant d > 5$
		细砾	$5 \geqslant d > 2$
	砂粒	粗砂	$2 \geqslant d > 0.5$
		中砂	$0.5 \geqslant d > 0.25$
		细砂	$0.25 \geqslant d > 0.075$
细粒组	粉粒		$0.075 \geqslant d > 0.005$
	黏粒		$d \leqslant 0.005$

表 3-1-3　　　　　　　建设部门规定的粒组划分

粒组名称	漂石（块石）	卵石（碎石）	砾石	砂粒	粉粒	黏粒
粒径范围/mm	>200	$20\sim200$	$2\sim20$	$0.075\sim2$	$0.005\sim0.075$	<0.005

一般来说，粗粒土的压缩性低、强度高、渗透性大；细粒土则正好相反。至于颗粒的形状，有的土粒带棱角，表面粗糙，不易滑动，因而其抗剪强度比表面光滑的高。

（3）土的颗粒级配。自然界的天然土，很少是一个粒组的土，往往由多个粒组混合而成，而土的工程性质取决于不同粒组的相对含量。土中各粒组的相对含量用各粒组质量占土粒总质量的百分数表示，称为土的颗粒级配。颗粒级配需通过颗粒大小分析试验来测得。

3-1-3
土的颗粒级配

1）颗粒大小分析试验。颗粒大小分析试验有筛分法和密度计法。

筛分法适用于粒径大于 0.075mm 的粗粒土。它是用一套从上到下孔径依次由大到小的标准筛（图 3-1-2），将事先称过重量的干土样倒入筛的顶部，盖严上盖，置于筛分机上震筛 10~15min，分别称出留在各筛上的土的质量，然后计算出这些土粒占总土粒质量的百分数和小于某一孔径（粒径）的土质量占总土粒质量的百分数（简称为小于某粒径的质量百分数）。

密度计法适用于粒径小于 0.075mm 的细粒土。根据土粒粒

图 3-1-2　标准筛示意图

径大小不同，在水中沉降的速度也有所不同，将密度计放入土和水混合的悬浊溶液中，测记 0.5min、1min、2min、5min、15min、30min、60min、120min、180min 和 1440min 的密度计读数，通过有关公式计算出不同土粒的粒径及其小于该粒径的质量百分数。

当试验在分析前未过 0.075mm 洗筛，在密度计第 1 个读数时，发现下沉的土粒已超过试样总质量的 15% 时，则应于试验结束后，将量筒中土粒过 0.075mm 筛，按规范规定进行筛析，并应计算各级颗粒占试验总质量的百分比。

2) 土的级配曲线。颗粒大小分析试验的成果，常用颗粒级配累计曲线表示（图 3-1-3）。

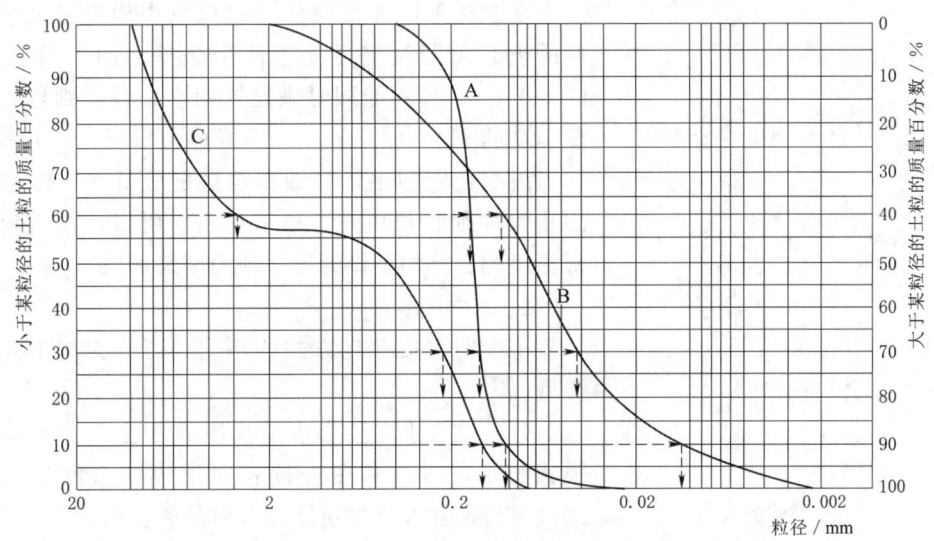

图 3-1-3 颗粒级配累计曲线

图 3-1-3 中横坐标表示粒径（用对数尺度），纵坐标表示小于某粒径的土粒的质量百分数。

从颗粒级配曲线的形态上可以评定土颗粒的级配特征，曲线平缓表示粒度分布连续，颗粒大小不均匀，级配良好（图 3-1-3 中的 B 线）；若土中缺乏某些粒径，则级配曲线出现水平段（图 3-1-3 中的 C 线）；曲线坡度陡而窄，说明颗粒均匀，级配不良（图 3-1-3 中的 A 线）。

3-1-4
土的颗粒分析试验（密度计法）

3) 颗粒级配指标。常用的判别土的颗粒级配是否良好的指标有两个：

不均匀系数 $$C_u = \frac{d_{60}}{d_{10}} \tag{3-1-1}$$

曲率系数 $$C_c = \frac{(d_{30})^2}{d_{10} \times d_{60}} \tag{3-1-2}$$

式中 d_{10}，d_{30}，d_{60}——级配曲线纵坐标上小于某粒径含量（即累计含量）为 10%、30%、60% 所对应的粒径值；

d_{10}——有效粒径；

d_{60}——控制粒径。

不均匀系数 C_u 是反映土颗粒大小不均匀程度的指标。C_u 越大，表明土颗粒越不均匀，级配越好（颗粒级配曲线越平缓）；反之，C_u 越小，表明土颗粒越均匀，级配越不好（颗粒级配曲线越陡）。工程上常将 $C_u \geqslant 5$ 的土称为不均匀的土或级配良好；而把 $C_u < 5$ 的土称为均匀土或级配不良。

曲率系数 C_c 是反映级配曲线分布的整体形态，表明是否有某粒组缺失。$C_c = 1 \sim 3$ 时，表明土粒大小的连续性较好；C_c 值小于 1 或大于 3 时，颗粒级配曲线有明显弯曲而呈阶梯状（图 3-1-3 中的 C 曲线），表明颗粒级配不连续，缺乏中间粒径。

在水利部门和交通部门的规范中规定：级配良好的土必须同时满足上述两个条件，即 $C_u \geqslant 5$ 且 $C_c = 1 \sim 3$；若不能同时满足这两个条件，则称为级配不良的土。

级配良好的土，粗细颗粒搭配较好，粗颗粒间的孔隙被细颗粒填充，易于压实。所以，在工程中常用级配良好的土作为堤、坝的填筑材料。

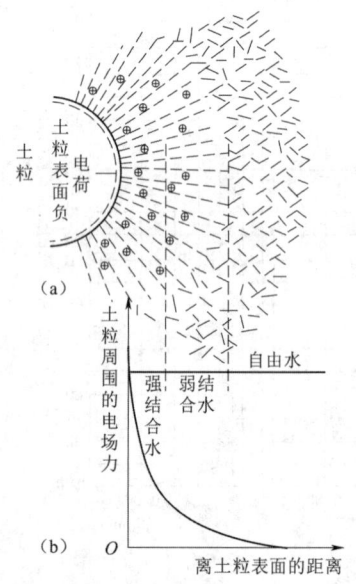

图 3-1-4 土粒与水分子相互作用的模拟图

2. 土中的水

土中的水按存在方式的不同，可分为如下几种类型。

（1）结合水。结合水是指附着于土粒表面成薄膜状的水，结合水在土粒表面形成结合水膜（图 3-1-4）。它可分为强结合水和弱结合水。

1）强结合水。由土粒表面的高电荷力牢固地吸引的水分子，紧靠土粒表面。其特征为厚度极小，密度大，不能移动，不能传递静水压力，力学性质与固体相似。

2）弱结合水。强结合水外围，吸附力稍低的一层结合水。其特征为厚度稍大，不能自由移动，只能以水膜的形式由厚向薄处缓慢移动，不能传递静水压力，有很大的黏滞性和一定的抗剪强度。

由于结合水的存在，细颗粒（特别是黏粒）之间将形成公共水膜（图 3-1-5）。从而使土粒间产生一定的联结，这种联结随土的湿度而变。当土的湿度减小时，水膜变薄，相邻土粒彼此吸引力增强；反之，当湿度提高，水膜增厚时，颗粒将被挤开，以致不存在公共水膜而失去联结。这种水膜的联结，是导致黏性土具有黏性、可塑性和抗剪强度的主要原因。

（2）自由水。自由水是指土孔隙中位于结合水以外的水，可在孔隙中自由移动。按其运动时所受的作用力不同，可分为重力水和毛细水。

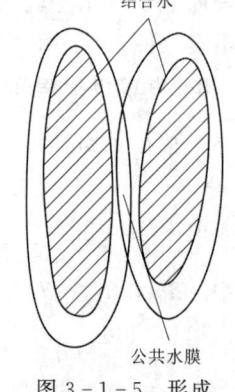

图 3-1-5 形成公共水膜

1) 重力水。受重力作用而运动的水。这种水位于地下水位以下，具有浮力作用，从水头高处向水头低处流动，能引起土的渗透变形。

2) 毛细水。由于水分子与土粒表面之间的附着力和水表面张力的作用而存在，并运动于毛细孔隙中的水。这种水位于地下水位以上，受毛细作用而上升，上升高度视土粒大小、孔隙大小及形状而定。一般来说，卵石接近 0，砂土较小，可从几厘米至几十厘米，黏性土可达几米。

(3) 固态水。当气温降至 0℃ 以下时，液态的自由水结冰为固态水。水在冻结后会发生膨胀，使基础冻胀，所以基础应有足够的埋置深度。

(4) 气态水。气态水即水汽，对土的性质影响不大。

3. 土中的气体

土中的气体是指存在于土孔隙中未被水所占据的部分。土中的气体有两类。

(1) 自由气体。与大气相通的气体。受外力作用时，易被挤出，故对土的工程性质影响不大。

(2) 封闭气体。封闭气泡与大气隔绝，多存在于黏性土中，受外力作用时，封闭气泡缩小，卸荷时又膨胀，使土体具有弹性，称为"橡皮土"，难被压缩；若土中封闭气泡较多时，将使土的渗透性降低。

二、土的物理性质指标

土的工程性质好坏，不仅与三相组成中的各相性质有关，而且在很大程度上还取决于三相之间在体积或质量上的相互比例关系，这些比例关系称为土的物理性质指标。主要有密度、比重、含水率、孔隙比、孔隙率和饱和度等，它们是定量评价土体工程性质的基础。

3-1-5
土的物理性质指标

为便于研究这些指标，通常把本来相互混合的三相分别集中起来，并以图 3-1-6 的形式表示出来，称为土的三相草图。

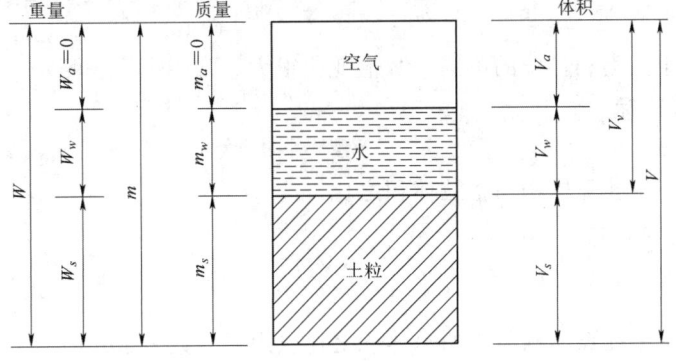

图 3-1-6 土的三相草图

图 3-1-6 中各符号的意义如下。

W 表示重量，m 表示质量，V 表示体积，下标 a 表示气体，下标 s 表示土粒，下标 w 表示水，下标 v 表示孔隙。如 W_s、m_s、V_w 分别表示土粒重量、土粒质量和水的体积。

3-1-6
三相基本指标测定——规范意识

(一) 实测指标

1. 密度 ρ

土的密度指单位体积土的质量，常用单位是 g/cm³。

$$\rho = \frac{m}{V} = \frac{m_s + m_w}{V} \tag{3-1-3}$$

一般的土 $\rho = 1.8 \sim 2.2 \text{g/cm}^3$。常用测定方法有环刀法，适用于黏性土和粉土。对于卵石、砾石及砂土可用灌水法测定。

相关指标：重度。单位体积土的重量，称为土的重度，用 γ 表示，单位是 kN/m³。

$$\gamma = \frac{W}{V} = \frac{mg}{V} = \rho g \tag{3-1-4}$$

式中　g——重力加速度，取 9.8m/s^2。

2. 土粒比重 G_s

土粒比重指土粒的质量与同体积 4℃ 时纯水的质量之比。

$$G_s = \frac{m_s}{V_s \rho_w} \tag{3-1-5}$$

式中　ρ_w——4℃ 时纯水的密度，取 1g/cm^3。

土粒比重见表 3-1-4，常用比重瓶法测定。

表 3-1-4　　土粒比重参考值

土的名称	砂类土	粉质土	黏性土	
			粉质黏土	黏土
土粒比重	2.65~2.69	2.70~2.71	2.72~2.73	2.74~2.76

3. 含水率 ω

含水率指土中水的质量与土粒质量之比（用百分数表示）。

$$\omega = \frac{m_w}{m_s} \times 100\% \tag{3-1-6}$$

含水率由于土类和环境的不同，数值变化很大，常用烘干法测定。

(二) 换算指标

1. 孔隙比 e

孔隙比指土中孔隙体积与土粒体积之比。

$$e = \frac{V_v}{V_s} \tag{3-1-7}$$

2. 孔隙率 n

孔隙率指土中孔隙体积与土的总体积之比（用百分数表示）。

$$n = \frac{V_v}{V} \times 100\% \tag{3-1-8}$$

孔隙比和孔隙率都是反映土的密实程度的指标。对于同一种土，e 或 n 愈大，表明土愈疏松；反之，土愈密实。据此，可以来判断土的密实度（见 6.4 节）。

3. 饱和度 S_r

饱和度指土中水的体积与孔隙体积之比（用百分数表示）。

$$S_r = \frac{V_w}{V_v} \times 100\% \tag{3-1-9}$$

根据饱和度可将砂土分为3种湿润状态:稍湿 $S_r \leqslant 50\%$;很湿 $50\% < S_r \leqslant 80\%$;饱和 $S_r > 80\%$。

4. 干密度 ρ_d

干密度指单位体积土中土粒的质量。

$$\rho_d = \frac{m_s}{V} \tag{3-1-10}$$

一般值为 $\rho_d = 1.3 \sim 1.8 \text{g/cm}^3$,干密度是评价土的密实程度的指标,干密度越大表明土越密实,反之,则越疏松。因此,在堤坝、路基等填方工程中,常用 ρ_d 作为填土设计和施工质量控制的指标。一般填土的设计干密度为 $1.5 \sim 1.7 \text{g/cm}^3$。

5. 有效密度 ρ'

有效密度指地下水位以下,受到水的浮力作用时单位体积土的质量(实际是土粒重量扣除浮力后的折算质量)。

$$\rho' = \frac{m_s - V_s \rho_w}{V} \tag{3-1-11}$$

一般值为 $\rho' = 0.8 \sim 1.3 \text{g/cm}^3$。

6. 饱和密度 ρ_{sat}

饱和密度指土孔隙中充满水时,单位体积中土和水的质量。

$$\rho_{sat} = \frac{m_s + V_v \rho_w}{V} \tag{3-1-12}$$

一般值为 $\rho_{sat} = 1.8 \sim 2.3 \text{g/cm}^3$。

由定义可知 $\rho_{sat} > \rho > \rho_d > \rho'$,而且不难证明 $\rho' = \rho_{sat} - \rho_w$。

若将上述质量改为重量,则为重度指标,它们分别为干重度 γ_d、浮重度 γ' 和饱和重度 γ_{sat}。

(三) 物理性质指标间的换算

土的三相指标中,土粒比重 G_s、含水量 ω 和密度 ρ 是通过试验测定的,可以根据3个基本指标换算出其余各指标。表3-1-5列出了常用土的三相比例指标换算公式。

表3-1-5 土的三相比例指标常用换算公式

指标名称	符号	三相比例定义式	常用换算公式	单位	常见数值
密度	ρ	$\rho = \dfrac{m}{V}$	$\rho = \dfrac{G_s(1+\omega)}{1+e}\rho_w$ $\rho = \rho_d(1+\omega)$	g/cm³	1.6~2.0
土粒比重	G_s	$G_s = \dfrac{m_s}{V_s \rho_w}$	$G_s = \dfrac{S_r e}{\omega}$	—	黏性土:2.72~2.75 粉 土:2.70~2.71 砂 土:2.65~2.69

续表

指标名称	符号	三相比例定义式	常用换算公式	单位	常见数值
含水率	ω	$\omega=\dfrac{m_w}{m_s}\times 100\%$	$\omega=\dfrac{S_r e}{\rho_s}\rho_w$	—	—
干密度	ρ_d	$\rho_d=\dfrac{m_s}{V}$	$\rho_d=\dfrac{\rho}{1+\omega}$ $\rho_d=\dfrac{G_s}{1+e}\rho_w$	g/cm³	1.3～1.8
饱和密度	ρ_{sat}	$\rho_{sat}=\dfrac{m_s+V_v\rho_w}{V}$	$\rho_{sat}=\dfrac{(G_s+e)\rho_w}{1+e}$	g/cm³	1.8～2.3
重度	γ	$\gamma=\rho\cdot g$	$\gamma=\dfrac{G_s(1+\omega)}{1+e}\gamma_w$	kN/m³	16～20
干重度	γ_d	$\gamma_d=\rho_d\cdot g$	$\gamma_d=\dfrac{G_s+e}{1+e}\gamma_w$	kN/m³	13～18
饱和重度	γ_{sat}	$\gamma_{sat}=\rho_{sat}\cdot g$	$\gamma_{sat}=\dfrac{G_s+e}{1+e}\gamma_w$	kN/m³	18～23
浮重度	γ'	$\gamma'=\gamma_{sat}-\gamma_w$	$\gamma'=\dfrac{(G_s-1)\gamma_w}{1+e}$	kN/m³	8～13
孔隙比	e	$e=\dfrac{V_v}{V_s}-1$	$e=\dfrac{G_s\rho_w}{\rho_d}-1$ $e=\dfrac{G_s(1+\omega)\rho_w}{\rho}-1$	—	黏性土和粉土：0.40～1.20 砂土：0.30～0.90
孔隙率	n	$n=\dfrac{V_v}{V}\times 100\%$	$n=\dfrac{e}{1+e}$ $n=1-\dfrac{\rho_d}{G_s\rho_w}$	—	黏性土和粉土：30%～60% 砂土：25%～45%
饱和度	S_r	$S_r=\dfrac{V_w}{V_v}\times 100\%$	$S_r=\dfrac{\omega G_s}{e}$ $S_r=\dfrac{\omega\rho_d}{n\rho_w}$	—	0～50%稍湿 50%～80%很湿 80%～100%饱和

❖ 小结

本任务主要讨论了土的形成和组成，土的三相组成、物理性质指标，这些内容是学习土力学原理和基础工程设计与施工的必备知识，也是评价土的工程性质、分析解决土的工程技术问题的最基本内容。

任务二　土的物理状态判定

❖ 任务导入

案例：小浪底大坝为土质斜心墙堆石坝，坝顶高程281m，最大坝高160m，坝顶长1666.3m，坝体填筑总量5184.7万 m³，其中主坝斜心墙Ⅰ区防渗土科填筑量约为

820 万 m^3。

小浪底工程所用土料有轻粉质壤土、中粉质壤土、重粉质壤土和粉质黏土 4 类。对于高土石坝心墙而论，防渗土料的合理选择、填筑标准的合理确定不仅对于经济合理地设计大坝具有十分重要的意义，而且对于保证顺利施工和坝体填筑质量也具有十分重要的意义。

根据文件提供的 33 组试验结果中，塑性指数最大为 19，最小为 9，平均为 12.9。由于施工过程中所检测的土料的塑性指数与招标文件中提供的料场的土料的塑性指数相差较大，承包商曾以业主提供的料场与投标时相比发生了变化为由向业主提出索赔。对于此问题，工程师进行认真的分析研究后认为，土料塑性指数的差异：一是由于料场土料发生变化；二是由于不同试验方法引起的。

❖ **任务目标**

1. 了解土的物理状态的含义。
2. 掌握无黏性土物理状态的判别方法、掌握黏性土物理状态的判别方法。
3. 理解塑性指数、液性指数等在工程中的作用和应用。

在天然状态下，土所表现出的松密、干湿及软硬等特征，统称为土的物理状态。土的物理状态对土的力学性质影响较大，但是不同类别土的力学性质则是由不同的物理状态特征决定的。如砂、砾石等无黏性土，其力学性质主要受密实程度的影响；而黏性土则主要受软硬程度的影响。因此，对于不同类别的土，我们应该考察不同的物理状态指标。

3-2-1
无黏性土的
密实状态

一、无黏性土的密实度

无黏性土的密实状态对其工程性质影响很大。密实的砂土，结构稳定、强度高、压缩性小，是良好的天然地基；疏松的砂土，特别是饱和松散的粉、细砂，由于结构不稳，容易产生流砂，在振动荷载作用下，可能会发生液化，对工程建筑不利。所以，在工程中常根据密实度来判断无黏性土的工程性质好坏。

（一）用孔隙比 e 判别（表 3-2-1）

表 3-2-1　　　　　　　　砂土的密实度

密实度	密 实	中 密	稍 密	松 散
砾砂、粗砂、中砂	$e<0.60$	$0.60 \leqslant e \leqslant 0.75$	$0.75<e \leqslant 0.85$	$e>0.85$
细砂、粉砂	$e<0.70$	$0.70 \leqslant e \leqslant 0.85$	$0.85<e \leqslant 0.95$	$e>0.95$

用孔隙比判别，简便快捷。但它未考虑颗粒级配这一因素，故应用时存有缺陷，例如，均匀密砂的孔隙比 e 可能大，而不均匀松砂的孔隙比 e 反而小。为了弥补该缺陷，在工程上采用"相对密度"这一指标。

（二）用相对密度 D_r 判别

相对密度是用孔隙比 e 与同一种砂的最松散状态孔隙比 e_{max} 和最密实状态孔隙比 e_{min} [e_{max}、e_{min} 的确定方法参见《土工试验规程》（SL 237—1999）]进行对比，看 e 靠近 e_{max} 还是靠近 e_{min}，以此来判别它的密实度。

$$D_r = \frac{e_{\max} - e}{e_{\max} - e_{\min}} \quad (3-2-1)$$

显然，D_r 越大，土越密实。当 $D_r = 0$ 时，表示砂土处于最疏松状态；当 $D_r = 1$ 时，表示砂土处于最紧密状态。工程上根据 D_r 将砂土的密实度划分为 3 种。

$1 \geqslant D_r > 0.67$　　　　密实

$0.67 \geqslant D_r > 0.33$　　　中密

$0.33 \geqslant D_r > 0$　　　　松散

由于 D_r 考虑了颗粒级配的影响，所以在理论上是较完善的。但实际上，在测定 $e_{\max}$ 和 $e_{\min}$ 时，有人为因素的影响，存在着一定的误差，故评价结果也不尽如人意。所以，在实际工作中，常用现场标准贯入试验来判别砂土的密实度。

（三）用标准贯入试验的锤击数 N 来判别（表 3-2-2、表 3-2-3）

标准贯入试验的锤击数是指用一定质量的重锤，按规定落距锤击贯入器，当贯入器贯入规定深度所需要的锤击数。

3-2-2 标准贯入试验

表 3-2-2　　　　　　　　　砂土密实度分类

密实度	松散	稍密	中密	密实
标准贯入试验的锤击数 N	$N \leqslant 10$	$10 < N \leqslant 15$	$15 < N \leqslant 30$	$N > 30$

表 3-2-3　　　　　　　　　碎石土密实度分类

密实度	松散	稍密	中密	密实
标准贯入试验的锤击数 N	$N \leqslant 5$	$5 < N \leqslant 10$	$10 < N \leqslant 20$	$N > 20$

二、黏性土的稠度

（一）稠度状态

对于黏性土来说，决定其工程性质的主要因素不是其密实度，而是其中的含水率大小。随着含水率的变化，黏性土的状态将有所不同（图 3-2-1）。当含水率较小时，土呈固体或半固体状态；随着含水率的增加，土粒间距会增大，土呈可塑状态（在外力作用下，可塑成任何形状而不产生裂缝，解除外力后，仍保持其所塑形状）；随着含水率的进一步增加，土呈现流动状态。这几种状态反映了黏性土的软硬程度或抵抗外力的能力，称为稠度。

3-2-3 黏性土物理状态判断——规范意识

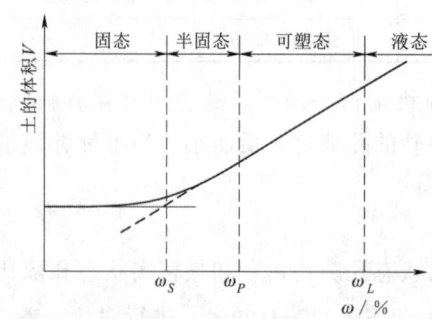

图 3-2-1　黏性土的界限含水率

（二）界限含水率

黏性土从一种状态转变为另一种状态的分界含水率称为界限含水率，也称稠度界限。4 种稠度状态之间有 3 个界限含水率，分别为缩限 ω_S、塑限 ω_P 和液限 ω_L（图 3-2-1）。

（1）缩限 ω_S。固态和半固态的界限含水率。这是因为土样含水率减小至缩限后，土体体积不再发生收缩而得名。土的缩限需用收缩皿法测定。

(2) 塑限 ω_P。半固态与可塑态的界限含水率。土的塑限一般采用搓条法测定。

(3) 液限 ω_L。可塑状态和流态的界限含水率。土的液限采用锥式液限仪测定。

近年来采用液塑限联合测定仪来测定液限、塑限。

（三）塑性指数 I_P

液限与塑限的差值，去掉百分数符号，称塑性指数。

$$I_P = \omega_L - \omega_P \tag{3-2-2}$$

塑性指数表示处在可塑状态时土的含水率变化范围。其值愈大，土的塑性也愈高，黏粒含量愈多。塑性指数 I_P 可作为黏性土和粉土的定名依据。

（四）液性指数 I_L

黏性土的液性指数为天然含水率与塑限的差值和液限与塑限差值之比。

$$I_L = \frac{\omega - \omega_P}{\omega_L - \omega_P} = \frac{\omega - \omega_P}{I_P} \tag{3-2-3}$$

液性指数是将土的天然含水率 ω 与 ω_L 及 ω_P 相比较，以表明 ω 是靠近 ω_L 还是靠近 ω_P，反映土的软硬程度。

根据液性指数 I_L 的大小，可将黏性土分为 5 种不同的软硬状态（表 3-2-4）。

3-2-4
土的界限含水率指标检验

表 3-2-4　　　　　　　　　黏 性 土 的 状 态

状态	坚硬	硬塑	可塑	软塑	流塑
液性指数 I_L	$I_L \leqslant 0$	$0 < I_L \leqslant 0.25$	$0.25 < I_L \leqslant 0.75$	$0.75 < I_L \leqslant 1$	$I_L > 1$

值得注意的是：液限和塑限都是用重塑土测定的。用 I_L 判别黏性土的状态时，没有考虑土的结构影响，所以，按上述标准判别天然土是保守的。

❖ **小结**

本任务主要讨论了无黏性土和黏性土的物理状态指标，无黏性土的密实度、黏性土的稠度、土的塑性指数和液性指数，这些内容是评价土的工程性质的常见指标。

任务三　土方工程压实质量检测

❖ **任务导入**

浙江省兰溪市 2021 年病险水库山塘除险加固项目（一期）——马涧镇大花奄山塘项目黏土斜墙料场土轻型击实试验结果：最大干密度为 1.73g/cm³，最优含水率为 16.0%，黏土斜墙 BZ0+015.0 高程 61.40m 处干密度为 1.64g/cm³，压实度为 96.0%。黏土斜墙作为坝体的防渗体，工程质量直接影响效益的发挥，其中压实度是确保工程质量的重要指标。

3-3-1
课程思政

3-3-2
土方压实质量检测——劳动精神、榜样力量

❖ **任务目标**

1. 理解土的压实性及影响因素。
2. 掌握土的击实试验方法，会根据压实试验结果判别土方工程压实参数。
3. 知道土体压实参数有哪些，会判别土方工程的压实质量。

一、土的击实性

3-3-3
坝体心墙填筑与压实——职业操守

3-3-4
土的击实性

在工程建设中，常用土料填筑土堤、土坝、路基和地基等，为了提高填土的强度、增加土的密实度、减小压缩性和渗透性，一般都要对土进行压实。压实的方法很多，可归结为碾压、夯实和振动 3 类。大量的实践证明，在对黏性土进行压实时，土太湿或太干都不能被较好压实，只有当含水率控制为某一适宜值时，压实效果才能达到最佳。黏性土在一定的压实功能下，达到最密时的含水率，称为最优含水率，用 ω_{op} 表示，与其对应的干密度则称为最大干密度，用 $\rho_{d\max}$ 表示。为了既经济又可靠地对土体进行碾压或夯实，必须要研究土的这种压实特性，即土的击实性。

研究土的击实性，需做击实试验。根据试验的结果，经计算整理，可绘制出干密度与含水率之间的关系曲线，即击实曲线（图 3-3-1）。

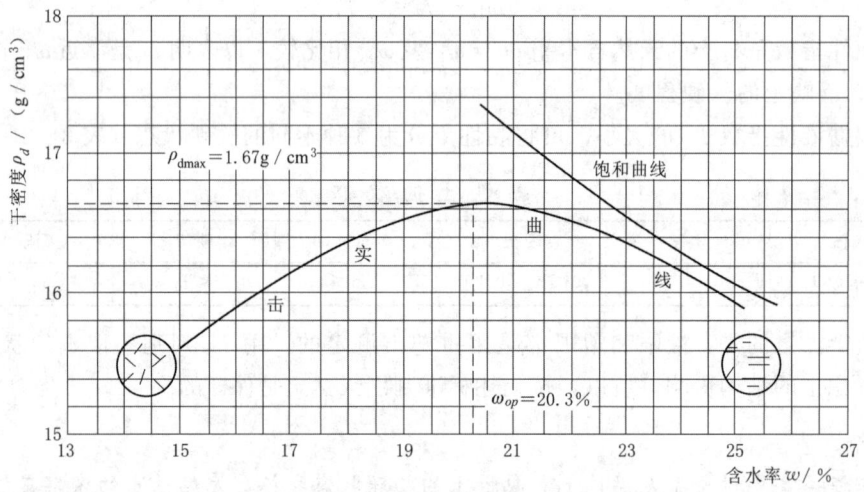

图 3-3-1 击实曲线

击实曲线反映出土的击实特性如下。

（1）对于某一土样，在一定的击实功能作用下，只有当土的含水率为某一适宜值时，土样才能达到最密实。因此，在击实曲线上就反映出有一峰值，峰点所对应的纵坐标值为最大干密度 $\rho_{d\max}$，对应的横坐标值为最优含水率 ω_{op}。据研究，黏性土的最优含水率与塑限有关，大致为 $\omega_{op}=\omega_P+2\%$。

（2）土在击实过程中，通过土粒的相互位移，很容易将土中气体挤出；但要挤出土中水分来达到击实的效果，对于黏性土来说，不是短时间的加载所能办到的。因此，人工击实不是挤出土中水分而是挤出土中气体来达到击实目的的。同时，当土的含水率接近或大于最优含水率时，土孔隙中的气体越来越处于与大气不连通的状态，击实作用已不能将其排出土体之外。所以，击实土不可能被击实到完全饱和状态，击实曲线必然位于饱和曲线的左侧而不可能与饱和曲线相交。试验证明，一般黏性土在其最佳击实状态下（击实曲线峰值），其饱和度约为 80%（图 3-3-2）。

（3）当含水率低于最优含水率时，干密度受含水率变化的影响较大，即含水率变化对于密度的影响在偏干时比偏湿时更加明显，因此，击实曲线的左段（低于最优含水率）比右段的坡度陡。

二、土的压实质量检测

(一) 土的压实度

在工程实践中，常用土的压实度来直接控制填土的工程质量。压实度的定义是：工地压实时要求达到的干密度 ρ_d 与室内击实试验所得到的最大干密度 $\rho_{d\max}$ 之比值，即

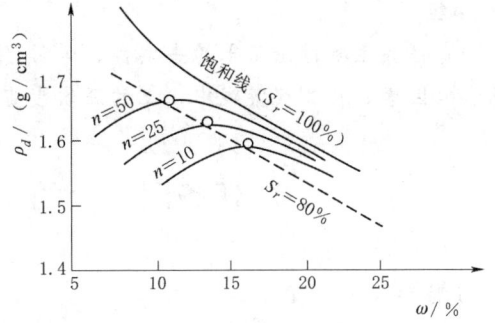

图 3-3-2 土的含水率、干密度和击实功关系曲线

$$\lambda = \frac{\rho_d}{\rho_{d\max}} \quad (3-3-1)$$

3-3-5 土的击实试验

可见，λ 值越接近 1，表示对压实质量的要求越高。我国碾压土石坝设计规范中规定：Ⅰ级坝和高坝，填土的 $\lambda=0.98\sim1.00$；Ⅱ级、Ⅲ级及其以下的中坝，填土的 $\lambda=0.96\sim0.98$。

(二) 影响土击实效果的因素

影响击实效果的因素很多，但最重要是含水率、击实功能和土的性质。

1. 含水率

由前可知，土太湿或太干都不能被较好地压实，只有当含水率控制为某一适宜值即最优含水率时，土才能得到充分压实，得到土的最大干密度。

实践表明，当压实土达到最大干密度时，其强度并非最大，当含水率小于最优含水率时，土的抗剪强度均比最优含水率时高，但将其浸水饱和后，则强度损失很大，只有在最优含水率时浸水饱和后的强度损失最小，压实土的稳定性最好。

2. 击实功能

夯击的击实功能与夯锤的质量、落高、夯击次数等有关；碾压的压实功能则与碾压机具的质量、接触面积、碾压遍数等有关。

对于同一土料，击实功能小，则所能达到的最大干密度也小；击实功能大，所能达到的最大干密度也大。而最优含水率正好相反，即击实功能小，最优含水率大；击实功能大，则最优含水率小，如图 3-3-2 所示。但是，应当指出，击实效果增大的幅度是随着击实功能的增大而降低的。企图单纯用增大击实功能的办法来提高土的干密度是不经济的。

3. 土粒级配和土的类别

在相同的击实功能条件下，级配不同的土，击实效果也不同。一般地，粗粒含量多、级配良好的土，最大干密度较大，最优含水率较小。

砂土的击实性与黏性土不同。一般在完全干燥或充分洒水饱和的状态下，容易击实到较大的干密度；而在潮湿状态，由于毛细水的作用，填土不易击实。所以，粗粒土一般不做击实试验，在压实时，只要对其充分洒水使土料接近饱和，就可得到较大的干密度。

❖ **小结**

本任务主要讨论了土的击实性，学习了土的压实度，土的击实曲线、土的压实度的影响因素，在工程实践中，土的压实度直接控制填土的工程质量。

任务四　土的工程分类及命名

❖ **任务导入**

案例：洋河水库拦河坝加固工程中，砂砾卵石混合料是使用量最多的一种土料，用于坝体坝基、下游护坡垫层、上游护坡垫层、坝体代替料、坝顶路基础和坝下游排水沟反滤层等部位。这种砂砾卵石混合料的形成主要是由于河流上游洪水、枯水的交替变化，经过先后两次沉积或冲击而形成的粗细两种料的混合体。

根据现场勘察、大型野外碾压试验，并结合室内振动台试验成果，可以将田各庄砂砾卵石混合料场划分为两大区域，即以 31 号、34 号、37 号坑为代表的较粗类砂砾卵石混合料和以 22 号、25 号坑为代表的较细类砂砾卵石混合料。

❖ **任务目标**

1. 了解土的工程分类相关规范。
2. 理解水利工程中土的工程分类标准，会根据土体各项指标进行土的工程分类。

一、土的工程分类

自然界的土类众多，工程性质各异。为便于研究，需要按其主要特征进行分类。不同部门由于研究的目的不同，所以分类方法也各有差异。

3-4-1
土的工程分类

现将水利部《土工试验方法标准》（GB/T 50123—2019）中的分类法和住房和城乡建设部《建筑地基基础设计规范》（GB 50007—2017）分类法分别作一简要介绍。

（一）《土工试验方法标准》（GB/T 50123—2019）分类法

1. 分类符号

土的工程分类符合现行国家标准《土的工程分类标准》（GB/T 50145—2007）的规定，对各类土的分类名称都配有以英文字母组合的分类符号，以表示组成土的成分和级配特征，分类符号见表 3-4-1。

表 3-4-1　　　　　　　　　　分　类　符　号

土类	漂石（块石）	卵石（碎石）	砾（角砾）	砂	粉土	黏土	细粒土
符号	B	C_b	G	S	M	C	F
土类	混合土	有机质土	级配良好	级配不良	高液限	低液限	
符号	Sl	O	W	P	H	L	

注　细粒土为黏土与粉土的合称，混合土为粗粒土与细粒土的合称。

2. 符号构成

表示土类的符号按下列规定构成。

（1）由1个符号构成时，即表示土的名称。例：S-砂；M-粉土。

（2）由2个符号构成时，第1个符号表示土的主要成分，第2个符号表示土的特征指标（土的液限或级配）。例：GW-级配良好砾，SP-级配不良砂。

（3）由3个符号构成时，第1个符号表示土的主要成分，第2个符号表示液限的高低（或级配的好坏），第3个符号表示土中所含的次要成分。例：CHS-含砂高液限黏土；MLG-含砾低液限粉土。

3. 分类方法

土的总分类体系如图3-4-1所示。分类时应以图3-4-1中从左到右分三大步确定土的名称，具体步骤如下所述。

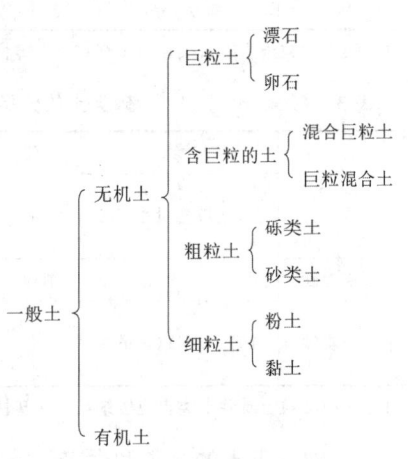

图3-4-1 土的总分类体系

（1）鉴别有机土和无机土。根据土中未完全分解的动植物残骸和无定形物质，判断是有机土还是无机土。

（2）鉴定巨粒土、含巨粒的土、粗粒土和细粒土。对无机土，先根据该土样的颗粒级配曲线，确定巨粒组（$d>60$mm）的质量占土总质量的百分数，当土样中巨粒组质量大于总质量的50%时，该土称巨粒类土；当土样中巨粒组质量百分数为15%~50%时，该土称为含巨粒土；当土样中巨粒组质量百分数小于15%时，可扣除巨粒，按粗粒土或细粒土的相应规定分类定名。

当粗粒组（60mm≥$d>0.075$mm）质量大于总质量的50%时，该土称为粗粒类土；当细粒组（$d≤0.075$mm）质量大于或等于总质量的50%时，该土则为细粒类土。

（3）对巨粒类土、含巨粒土、粗粒类土或细粒类土的进一步分类。

1）巨粒类土和含巨粒土的分类和命名（表3-4-2）。

表3-4-2　　　　巨粒类土和含巨粒土的分类和命名

土类	粒组含量		土代号	土名称
巨粒土	巨粒（$d>60$mm）含量100%~75%	漂石粒（$d>200$mm>50%）	B	漂石
		漂石粒不大于50%	C_b	卵石
混合巨粒土	巨粒含量小于75%，大于50%	漂石粒大于50%	BSl	混合土漂石
		漂石粒不大于50%	C_bSl	混合土卵石
巨粒混合土	巨粒含量50%~15%	漂石粒大于卵石粒（$d=60$~200mm）	SlB	漂石混合土
		漂石粒不大于卵石粒	SlC_b	卵石混合土

2) 粗粒类土（包括砾类土和砂类土）的分类和命名（表3-4-3、表3-4-4）。

表3-4-3　砾类土的分类和命名（2mm＜d≤60mm砾粒组含量＞50%）

土类	粒组含量		土代号	土名称
砾	细粒含量＜5%	级配：C_u≥5，C_c=1～3	GW	级配良好砾
		级配：不同时满足上述要求	GP	级配不良砾
含细粒土砾	细粒含量5%～15%		GF	含细粒土砾
细粒土质砾	15%＜细粒含量≤50%	细粒为黏土	GC	黏土质砾
		细粒为粉土	GM	粉土质砾

注　表中细粒土质砾石类，应按细粒土在塑性图中的位置定名。

表3-4-4　砂类土的分类和命名（砾粒组含量≤50%）

土类	粒组含量		土代号	土名称
砂	细粒含量小于5%	级配：C_u≥5，C_c=1～3	SW	级配良好砂
		级配：不同时满足上述要求	SP	级配不良砂
含细粒土砂	细粒含量5%～15%		SF	含细粒土砂
细粒土质砂	15%＜细粒含量≤50%	细粒为黏土	SC	黏土质砂
		细粒为粉土	SM	粉土质砂

注　表中细粒土质砂土类，应按细粒土在塑性图中的位置定名。

3) 细粒类土的分类和命名。

细粒类土又分为细粒土（粒径d＞0.075mm的粗粒组质量小于总质量的25%的土）、含粗粒的细粒土（粗粒组的含量为25%～50%）和有机质土（有机质含量＞5%的土）。

a. 细粒土的分类。细粒土应根据塑性图（图3-4-2）和表3-4-5进行分类和命名。首先根据细粒土的ω_L和I_P从塑性图中确定土的类别，然后按表3-4-5进行命名。

表3-4-5　细粒土的分类（10mm液限）

土的塑性指标在塑性图中的位置		土类代号	土类名称
I_P≥0.73（ω_L-20） 和I_P≥7	ω_L≥50%	CH	高液限黏土
	ω_L＜50%	CL	低液限黏土
I_P＜0.73（ω_L-20） 或I_P＜4	ω_L≥50%	MH	高液限粉土
	ω_L＜50%	ML	低液限粉土

b. 含粗粒的细粒土的分类。含粗粒的细粒土应先按表3-4-5的规定确定细粒土名称，再按下列规定最终定名：i. 粗粒中砾粒占优势，称含砾细粒土，土代号后缀以代号G，如CHG为含砾高液限黏土，CLG为含砾低液限黏土；ii. 粗粒中砂粒占优势，称含砂细粒土，土代号后缀以代号S，如CHS为含砂高液限黏土，CLS为含砂低液限黏土。

c. 有机质土的分类。有机质土是按表3-4-5规定定出细粒土名称，再在各相应土

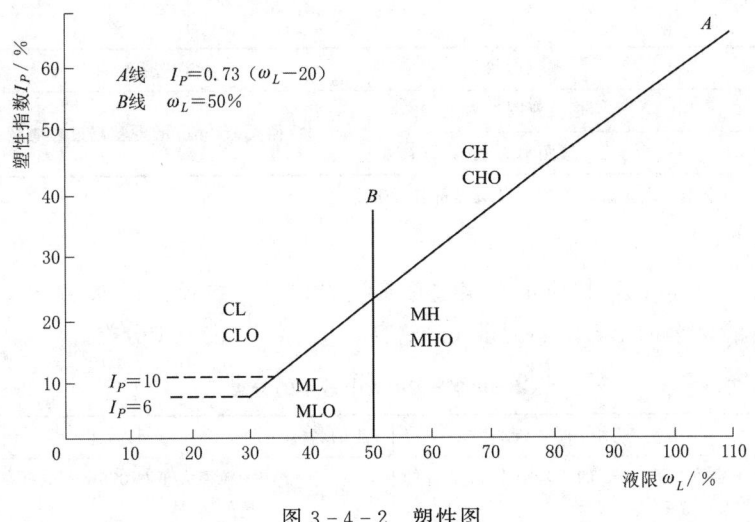

图 3-4-2 塑性图

类代号之后缀以代号 O，如 CHO 为有机质高液限黏土；MLO 为有机质低液限粉土。

【例 3-4-1】 已知从某土样的颗粒级配曲线上查得：大于 0.075mm 的颗粒含量为 65%，大于 2mm 的颗粒含量为 10%，大于 0.25mm 的颗粒含量为 38%，并测得该土样细粒部分的液限 $\omega_L=38\%$，塑限 $\omega_P=19\%$，试按《土工试验方法标准》(GB/T 50123—2019) 对土分类定名。

【解】

(1) 因该土样粗粒含量为 65%＞50%，所以该土为粗粒类土。

(2) 因该土样砾粒组含量为 10%＜50%，所以该土属砂类土。

(3) 因该土样细粒含量为 100%－65%＝35%，查表 3-4-5，在 15%～50% 之间，所以该土为细粒土质砂，应根据塑性图进一步细分。

(4) 因该土的塑性指数 $I_P=38-19=19$，$\omega_L=38\%$，查塑性图（图 3-4-2），坐标交点落在 CL 区，故该土的最后定名为黏土质砂，即 SC。

(二) 住房和城乡建设部《建筑地基基础设计规范》(GB 50007—2017) 分类法

《建筑地基基础设计规范》(GB 50007—2017) 将土分为碎石土、砂土、粉土、黏性土、人工填土和特殊性土六大类。具体分法如下。

1. 碎石土

粒径大于 2mm 的颗粒质量超过总质量的 50% 的土，定名为碎石土，并按表 3-4-6 进一步分类。

表 3-4-6   GB 50007—2012 中碎石土的分类

土的名称	颗粒形状	粒组含量
漂石	圆形及亚圆形为主	粒径大于 200mm 的颗粒超过总质量的 50%
块石	棱角形为主	
卵石	圆形及亚圆形为主	粒径大于 20mm 的颗粒超过总质量的 50%
碎石	棱角形为主	

续表

土的名称	颗粒形状	粒组含量
圆砾	圆形及亚圆形为主	粒径大于2mm的颗粒超过总质量的50%
角砾	棱角形为主	

注 分类时，应根据粒组含量由上到下以最先符合者确定。

2. 砂土

粒径大于2mm的颗粒质量不超过总质量的50%，粒径大于0.075mm的颗粒质量超过总质量50%的土，定名为砂土，并按表3-4-7进一步分类。

表3-4-7　　　　　　　GB 50007—2017中砂土的分类

土的名称	粒组含量	土的名称	粒组含量
砾砂	粒径大于2mm的颗粒含量占全重的25%～50%	细砂	粒径大于0.075mm的颗粒含量超过全重的85%
粗砂	粒径大于0.5mm的颗粒含量超过全重的50%	粉砂	粒径大于0.075mm的颗粒含量超过全重的50%
中砂	粒径大于0.25mm的颗粒含量超过全重的50%		

注　1. 定名时应根据颗粒级配由大至小以最先符合者确定。
　　2. 当砂土中粒径小于0.075mm的土的塑性指数大于10时，应冠以"含黏性土"定名，如含黏性土的粗砂等。

3. 粉土

粒径大于0.075mm的颗粒质量不超过总质量的50%，且塑性指数 $I_P \leqslant 10$ 的土，定名粉土。

4. 黏性土

塑性指数 I_P 大于10的土，定名黏性土。黏性土又进一步根据塑性指数的大小分为黏土（$I_P > 17$）和粉质黏土（$10 < I_P \leqslant 17$）。

5. 人工填土

由于人类活动而形成的堆积物，称为人工填土，分类如下。

（1）素填土。由碎石、砂土、粉土或黏性土所组成的填土。

（2）杂填土。含有建筑垃圾、工业废料及生活垃圾等杂物的填土。

（3）冲填土。由水力冲填泥沙形成的填土。

6. 特殊性土

指淤泥、淤泥质土、红黏土、膨胀土和湿陷性黄土等。

❖ 小结

本任务主要学习土的工程分类，讨论了不同规范下土的工程分类方法，土的分类代号、塑性图等，这些内容是分析解决土的工程技术问题时讨论的最基本内容。

❖ 知识训练

一、选择题

1. 用"环刀法"测定（　　）。

A. 土的天然密度　　B. 土的浮密度　　C. 土的饱和密度　　D. 土的干密度

2. 风化作用包含着外力对原岩发生的哪两种作用？（　　）
   A. 机械破碎和风化作用　　　　　　B. 沉积作用和化学变化
   C. 机械破碎和化学变化　　　　　　D. 搬运作用和化学变化

3. 如土的粒径分布曲线符合 $C_u \geq 5$ 和 C_c：1～3，则该土的（　　）。
   A. 粒径分布均匀，级配良好　　　　B. 粒径分布不均匀，级配不良
   C. 粒径分布不均匀，适合作为工程填料　D. 粒径偏多，级配不良

4. 土的三相指标包括：土粒比重、含水率、重度、孔隙比、孔隙率和饱和度，其中哪些为直接试验指标？（　　）
   A. 含水率、孔隙比、饱和度　　　　B. 重度、含水率、孔隙比
   C. 土粒比重、含水率、重度　　　　D. 含水率、孔隙比、土粒比重

5. 所谓土的含水率，主要是指（　　）。
   A. 水的质量与土全总质量之比　　　B. 水的体积与孔隙的体积之比
   C. 水的质量与土体中固体部分质量之比　D. 水的体积与土体体积之比

6. 某土样为50g，烘干后为30g，则此土样天然含水率为（　　）。
   A. 66.67%　　B. 75%　　C. 33.3%　　D. 50%

7. 含水率4%的砂100g，其中干砂重（　　）g。
   A. 94.15　　B. 95.25　　C. 96.15　　D. 97.35

8. 已知某土样的密度 $1.67\mathrm{g/cm^3}$，含水率12.9%，土粒比重 $G_s=2.67$，则该土样的孔隙比 e 为（　　）。
   A. 0.805　　B. 0.91　　C. 1.05　　D. 0.65

9. 若某砂土的天然孔隙比与其能达到的最大孔隙比相等，则该土（　　）。
   A. 处于最疏松状态　　　　　　　　B. 处于中等密实状态
   C. 处于最密实状态　　　　　　　　D. 无法确定其状态

10. 可用标准贯入试验的锤击数 N 判别无黏性土的密实状态，N（　　）土层越密实。
    A. 越小　　B. 不能判断　　C. 越大　　D. 无关系

11. 某土的液性指数为1.5，则该土处于（　　）状态。
    A. 坚硬　　B. 可塑　　C. 流动　　D. 固态

12. 评价黏性土软硬状态的物理指标是（　　）。
    A. 含水率　　B. 孔隙比　　C. 液性指数　　D. 内聚力

13. 某土样的天然含水率为27.8%，液限为36.7，塑限为20.2，此黏性土的物理状态为（　　）。
    A. 硬塑　　B. 可塑　　C. 软塑　　D. 流塑

14. 填土工程中常以（　　）作为填土压实的质检标准。
    A. 天然容重　　B. 有效容重　　C. 干容重　　D. 孔隙比

15. 在砂垫层施工时，为使垫层密实，最好应在下述哪一种情况下夯实？（　　）
    A. 含水率应等于最优含水率进行夯实　　B. 在干砂情况下夯实

C. 在浸水情况下夯实　　　　　D. 都可以

16. 用黏性土进行回填时，在下述哪种情况下压实效果最好？（　　）

　　A. 土的含水率接近液限时最好　　B. 土的含水率接近塑限时最好
　　C. 土干的时候最好　　　　　　　D. 土完全饱和时最好

17. 影响土的击实（或压实）性的因素主要有（　　）、颗粒级配、击实功及土层厚度。

　　A. 水量　　　B. 水位　　　C. 含水率　　　D. 潮湿

18. 土代号 B 表示（　　）。

　　A. 漂石　　　　　　　　　　B. 卵石
　　C. 混合土漂石　　　　　　　D. 混合土卵石

19. 在土的实验室工程分类中，分类的主要依据指标没有（　　）。

　　A. 土的级配指标　B. 塑性指标　C. 有机质含量　D. 含水率

技能训练

1. 用体积 $V=50\text{cm}^3$ 的环刀切取原状土样，用天平称出土样的湿土质量为 94.00g，烘干后为 75.63g，测得土粒的相对密度 $G_s=2.68$。求该土的重度 γ、含水率 ω、干重度 γ_d、孔隙比 e、饱和重度 γ_{sat}、浮重度 γ' 和饱和度 S_r 各为多少？

2. 某完全饱和黏土的含水率 $\omega=40\%$，土粒比重 $G_s=2.7$，试求土的干重度 γ_d 和孔隙比 e。

3. 某黏性土的含水率 36.4%，液限 48%，塑限 25.4%，试求该土样的塑性指数和液性指数，判断土的可塑状态。

4. 某碾压式土石坝碾压现场，用灌砂法现场测其天然密度，用酒精燃烧法现场测其含水率，试验表格见下表。已知室内击实试验得到的最大干密度为 1.65g/cm^3，设计取压实度 $\lambda=0.98$，试完成试验表格，并根据试验结果分析此填筑土料是否达到压实要求？（计算结果均保留两位小数）

取样区域	土石坝碾压区		
	环刀号	1	2
	环刀质量/g	174.2	173.6
湿密度测定	环刀体积/cm³	200	200
	环刀＋湿土质量/g	526.20	521.40
	湿土质量/g		
	湿密度/(g/cm³)		
	盒号	1	2
含水率测定	盒的质量/g	13.24	13.21
	盒＋湿土质量/g	18.55	22.24
	盒＋干土质量/g	17.01	19.42

续表

取样区域		土石坝碾压区	
含水率测定	干土质量/g		
	含水质量/g		
	含水率/%		
干密度/(g/cm³)			
平均干密度/(g/cm³)			

5. 有两种土样，已知天然含水率、液限、塑限如下表所列，问哪种土更硬。

土样号	天然含水率/%	液限/%	塑限/%
甲	30	30	18
乙	25	40	20

6. 从某土样颗粒级配曲线上查得：大于 0.075mm 的颗粒含量为 38%，大于 2mm 的颗粒含量为 13%，并测得该土样细粒部分的液限为 46%，塑限为 28%，试按《土工试验方法标准》（GB/T 50123—2019）对土分类定名。

项目四　土体渗透变形与防治

导学：项目四

【项目知识目标】
1. 理解渗透力、渗透变形、临界水力坡降的含义。
2. 掌握渗透系数的测定方法。
3. 了解达西定律的含义及适用范围。
4. 掌握影响土的渗透性因素。
5. 了解土的渗透变形基本形式。

【项目技能目标】
能测定土的渗透系数，会判断渗透变形形式，能计算渗透力。

任务一　土的渗透量计算

课程思政

❖ 任务导入

Teton 坝位于美国 Idaho 州的 Teton 河上，是一座防洪、发电、旅游、灌溉等综合利用工程。最大坝高 126.5m（至心墙齿槽底）。坝顶高程 1625.00m，坝顶长 945m。建于 1972—1975 年，1976 年 6 月因为渗透破坏的管涌失事。造成直接损失 8000 万美元。起诉 5500 起，合计 2.5 亿美元。死亡 14 人，60 万亩土地、32km 铁路受灾。

水库于 1975 年 11 月开始蓄水。1976 年春季库水位迅速上升。拟定水库水位上升限制速率为每天 0.3m。由于降雨，水位上升速率在 5 月份达到每天 1.2m。6 月 3 日，在坝下游 400～460m 右岸高程 1532.50～1534.70m 处发现有清水自岩石垂直裂隙流出。6 月 4 日，距坝 60m 高程 1585.0m 处冒清水，至该日晚 9 时，监测表明渗水并未增大。6 月 5 日晨，该渗水点出现窄长湿沟。到上午 10 时 30 分，有流量达 0.42m^3/s 的水流自坝面流出，同时听到炸裂声。11 时 30 分，靠近坝顶的下游坝出现下陷孔洞。11 时 55 分，坝顶开始破坏，形成水库泄水沟槽。11 时 57 分坝坡坍塌，泥水狂泻而下。12 时过后坍塌口加宽，洪水扫过下游谷底，附近所有设施被彻底摧毁。

我国也有类似工程实例，比如：由于基坑渗流破坏，广州京广广场基坑塌方、珠海祖国广场基坑失事。

❖ 任务目标

1. 掌握土的渗透定律测定方法、了解达西定律表达式和使用条件。
2. 掌握达西定律的含义、适用范围；了解影响土的渗透性因素和渗透变形的形式。

一、达西定律

（一）渗流模型

液体在土孔隙中流动问题称为渗流。由于土体孔隙的形状、大小和分布极为复杂，导致渗流水质点的运动轨迹很不均匀，如图4-1-1所示，如果只着眼于这种真实渗流情况的研究，不仅会使理论分析复杂化，也会使试验观察变得异常困难。考虑到实际工程中并不需要了解具体孔隙中的渗流情况。因此，我们按照生产实际需要对渗流加以简化：一是不考虑路径的迂回曲折，只考虑它的主要流向；二是不考虑土体中颗粒的影响，认为孔隙和土粒所占的空间之和均为渗流所充满。作了这种简化后的渗流其实只是一种假想的土体渗流，称为渗流模型，如图4-1-2所示。为了使渗流模型在渗流特性上与真实渗流一致，还应符合以下要求。

4-1-2
土的渗透性及渗透定律——伟人精神

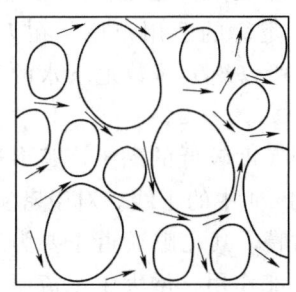
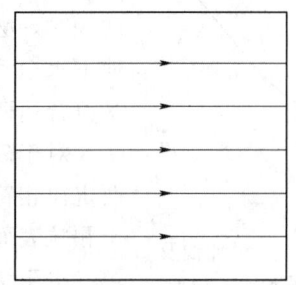

图4-1-1 水在土孔隙中的运动轨迹　　图4-1-2 理想化的渗流模型

（1）在同一过水断面，渗流模型的流量等于真实渗流的流量。
（2）在任一界面上，渗流模型的压力与真实渗流的压力相等。
（3）在相同体积内，渗流模型所受到的阻力与真实渗流所受到的阻力相等。

有了渗流模型，就可以用渗流模型的流速表示真实渗流中的流速 v(m/s)。在渗流模型中，设过水断面面积为 A(m²)，通过的渗流流量为 Q(m³/s)，则渗流模型的平均流速为 $v=\dfrac{Q}{A}$。

（二）达西定律

1856年，法国学者达西用均质砂土进行了渗透试验，试验装置如图4-1-3所示。在试验筒左侧向水箱注水，并使水位保持稳定，在试验筒的中部装满砂土（砂土截面积为 A），在砂土试样的两端各安装一支测压管，测压管之间的距离为 L，在试验筒右侧的水箱底部设一排水孔，下接盛水的容器。

试验开始后，待两测压管水头保持稳定，观测到的水头分别为 h_1 和 h_2，并测得 Δt 时段内流经砂土试样的渗流量（$Q=V/\Delta t$，V 为 Δt

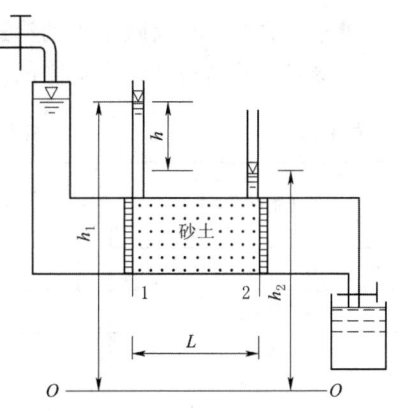

图4-1-3 达西渗透试验

时段内容器所接水的体积）。通过大量的试验，得出下列规律：

$$Q = K \frac{h_1 - h_2}{L} A = KiA \tag{4-1-1}$$

$$v = K \frac{h_1 - h_2}{L} = Ki \tag{4-1-2}$$

试验证明渗透速度 v 与水力坡度 i 的一次方成正比，即砂土的渗透速度与水力坡度间的关系是通过了坐标原点的直线，所以达西定律也称为线性渗透定律。

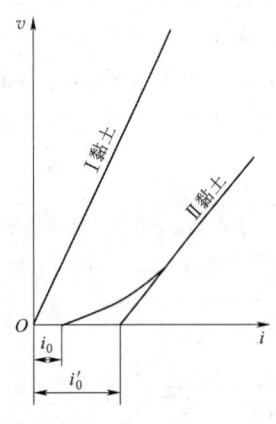

图 4-1-4　v-i 曲线及黏性土的起始水头梯度

达西定律是由均质砂土试验得到的，后来推广应用到其他土壤，如黏土、细缝岩石等。但进一步研究表明，在较大的水力坡度下，水呈紊流状态，呈非线性关系，达西公式并不适用。在卵石、砾石等大颗粒土层中的渗流可能出现紊流，此时达西定律也不再适用。因此，在解决实际问题时，必须考虑达西定律的适用范围。在天然条件下，地下水运动甚为缓慢，所以绝大多数地下水的渗流状态都是符合达西定律的。

对于砂性较重及密实度较低的黏土，其渗透规律与达西定律相符，如图 4-1-4 中的Ⅰ线。对于密实的黏性土，土颗粒表面存在结合水膜，其孔隙通道主要为结合水所充填。由于结合水膜的黏滞作用，增大了水流阻力，所以当水头坡度 i 大于 i_0 时，黏土才具有透水性，但此时水流的渗流规律尚不符合达西定律；只有当水力坡度 i 大于 i_0'（i_0' 称为起始水力坡度），这时黏土的渗流规律才符合达西定律，如图 4-1-4 的Ⅱ线。即

$$v = K(i - i_0') \tag{4-1-3}$$

二、渗透系数测定

（一）渗透系数 K

从达西定律中知道，渗透系数 K 是指当水力坡度为 1 时的渗流速度。由量纲分析知，渗透系数 K 的单位为 m/d 或 cm/s。

渗透系数的大小反映了土的渗透性能，其值一般由渗透试验确定。在无实测资料时，可参考经验值选用，常见土的渗透系数见表 4-1-1。

表 4-1-1　　　　　　　各种土的渗透系数参考值

土的名称	渗透系数	
	cm/s	m/d
卵石	$1 \times 10^{-1} \sim 6 \times 10^{-1}$	100～500
砾石	$6 \times 10^{-2} \sim 1 \times 10^{-1}$	50～100
粗砂	$2 \times 10^{-2} \sim 6 \times 10^{-2}$	20～50
中砂	$6 \times 10^{-3} \sim 2 \times 10^{-2}$	5～20
细砂	$1 \times 10^{-3} \sim 6 \times 10^{-3}$	1.0～5

续表

土的名称	渗 透 系 数	
	cm/s	m/d
粉砂	$6\times10^{-4}\sim1\times10^{-3}$	0.5~1.0
粉土	$1\times10^{-4}\sim6\times10^{-4}$	0.1~0.5
粉质黏土	$6\times10^{-6}\sim1\times10^{-4}$	0.005~0.1
黏土	$<6\times10^{-6}$	<0.005

（二）渗透系数的测定

渗透试验分为室内和现场试验两种，室内常采用常水头及变水头试验，现场常采用抽水试验。

1. 室内渗透试验

从试验原理上可分为：常水头法和变水头法。

常水头法：常水头试验适用于透水性较大的粗颗粒土，试验装置如图 4-1-5 所示。A 为圆柱状试样的横截面面积，L 为试样的厚度（即渗流长度），h 为试验时的水头差。整个试验过程中，水头保持不变。并测定某时段 Δt 内流经试样水的体积 V，按达西定律即可得出渗透系数：

$$K=\frac{VL}{Ah\Delta t} \qquad (4-1-4)$$

变水头法：变水头试验适用于渗透系数较小的粉、细砂土，试验装置如图 4-1-6 所示。A 为圆柱状试样的横截面面积，L 为试样的厚度（即渗流长度），整个试验过程中，水头随着时间变化不断下降，测定时间 t_1 和 t_2 时测压管的水位 h_1 和 h_2 后，可求出渗透系数：

$$K=\frac{2.3aL}{A(t_2-t_1)}\lg\frac{h_1}{h_2} \qquad (4-1-5)$$

4-1-3 变水头渗透试验

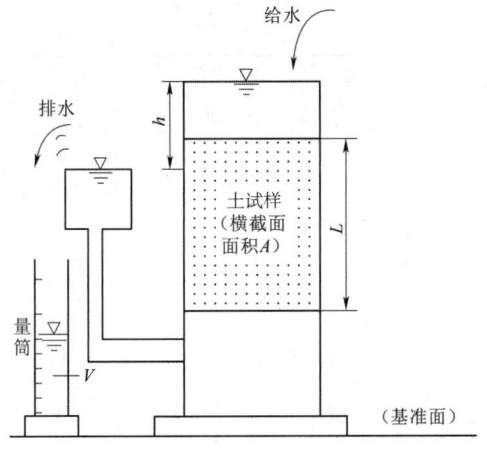

图 4-1-5 常水头渗透试验

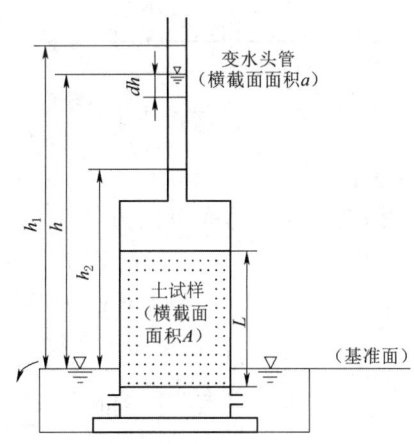

图 4-1-6 变水头渗透试验

2. 现场测定渗透系数

现场打一口试验井（抽水试验现场布置见图4-1-7），贯穿要测定 K 值的土层，在距井中心不同距离处设置两个以上的观测孔。自井中以不变的速度连续进行抽水。形成一个以井孔为轴心的降落漏斗状地下水面。测定试验井和观测孔中稳定水位，画出测压管水位变化图。待出水量和井中动水位稳定一段时间后，若测得抽水量为 Q，观测孔距井轴线距离分别为 r_1、r_2，孔内的水位高度为 h_1、h_2，通过达西定律即可求出土层的平均渗透系数：

$$K = \frac{2.3Q}{\pi(h_1^2 - h_2^2)} \lg \frac{r_2}{r_1} \qquad (4-1-6)$$

式中　h_1、h_2——抽水稳定后观测孔内的地下水位，m；

　　　r_1、r_2——观测孔距井轴线距离，m；

　　　Q——抽水量，m³/d；

　　　K——渗透系数，m/d。

【例4-1-1】 如图4-1-8所示，在现场进行抽水试验测定砂土的渗透系数。抽水井穿过10m厚的砂土层进入不透水层。已知抽水前静止地下水位在地面下2.35m处，抽水稳定后，测得其稳定涌水量为 4.74×10^2 m³/d，距离抽水井15m处观测孔的水位降深为1.93m，距离抽水井60m处观测孔的水位降深为0.52m，计算砂土层的渗透系数。

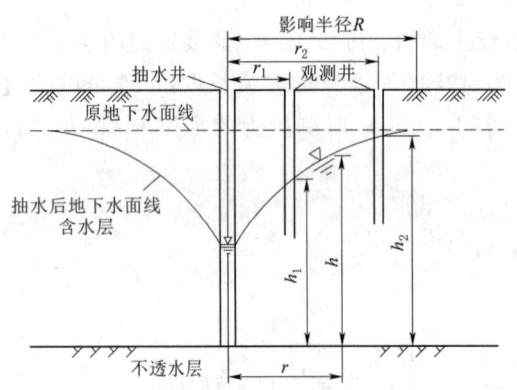

图4-1-7　潜水井的抽水试验

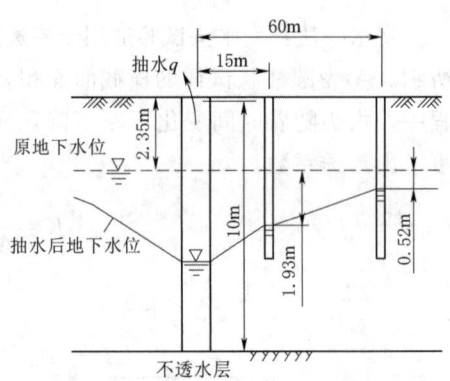

图4-1-8　砂土地基抽水试验

【解】

两个观测井的水位分别为

$r_1 = 15$m 处，$h_1 = 10 - 2.35 - 1.93 = 5.72$ (m)

$r_2 = 60$m 处，$h_2 = 10 - 2.35 - 0.52 = 7.13$ (m)

由式（4-1-6）求得渗透系数：

$$K = \frac{2.3Q}{\pi(h_1^2 - h_2^2)} \lg \frac{r_2}{r_1} = \frac{2.3 \times 4.74 \times 10^2}{\pi(7.13^2 - 5.72^2)} \lg \frac{60}{15} = 11.5 \text{(m/d)}$$

渗透系数是反映土的渗透性大小的指标，可以作为选择填土材料的依据，还可以用于计算渗透流量和渗透变形，其大小主要与粒度成分、密实度、土的结构构造等因素有关。

(1) 土的粒度成分：土粒越粗，大小越均匀，形状越圆滑，K 值越大。

(2) 土的密实度：土越密实，值越小。砂土 K 值与土的孔隙比 e 的二次方成正比。

(3) 土的饱和度：一般情况下饱和度越低，K 值越小。因为低饱和土的孔隙中存在较多气泡会减小过水断面积，甚至堵塞细小孔道。

(4) 土的结构：扰动土样与击实土样的 K 值通常均比同一密度原状土样的 K 值小。

(5) 水的温度：渗透系数与水的重度以及黏滞度有关。

(6) 土的构造：土的构造对 K 值的影响也很大。层理构造的土会使土在水平方向的 K_h 值比垂直方向 K_v 值大很多。

❖ 小结

水在压力作用下，在土体中要发生渗透（也称作渗流），这种渗透作用会带来渗漏问题和渗透稳定问题。达西定律是土中渗流的基本规律，运用达西定律可以求得土中的渗流量。渗透系数室内测定方法包括常水头试验和变水头试验，适用于不同透水性的土体。

任务二 土的渗透变形与防治

❖ 任务导入

龙山水库位于武江上游廊田河支流龙山水上。地处乐昌市东北部的廊田镇龙山管理区龙山村。离京广铁路约 12km。集雨面积 26.2km²，水库总库容 $1124×10^4 m^3$。是一宗以灌溉为主，结合发电、防洪、养殖等综合利用的中型水库。水库枢纽工程是由大坝、溢洪道、输水隧洞和坝后电站组成。

4-2-1
课程思政

大坝于 1973 年 4 月按浆砌石重力坝方案施工，于 1976 年改为土石混合坝，1979 年 2 月大坝建成蓄水。坝高 61.5m，坝顶高程 361.50m，设计洪水位 359.69m，校核洪水位 360.42m，正常运用水位 358.7m。坝顶宽 10.2m，坝顶长 155m，坝基为中下泥盘系石英砂岩，离坝轴线上游 80m 作了帷幕灌浆处理。坝体从高程 290.00~315.00m 为浆砌石砌体。坝体迎水坡防渗体为微风化的砾质粉质壤土及砾质黏土，采用碾压法施工，设计干密度为 1.5g/cm³。背水坡堆石体按反滤要求从坝基砌筑至坝顶，采用进占抛滚法施工。

水库蓄水运用后，坝顶出现多条纵向及横向裂缝，坝顶、迎水坡和背水坡沉陷严重，左、右坝头填土与坝基接触带、右坝头与溢洪道之间的小山包渗漏严重，溢洪道也有渗漏现象。

4-2-2
渗透力与渗透变形——质量与安全

❖ 任务目标

1. 熟悉渗透力、渗透变形、临界水力坡降等的含义。
2. 了解影响土的渗透性因素和渗透变形的形式。

一、渗透力与渗透变形

(一) 渗透力

水在土体孔隙中流动时,必须克服土粒对渗透水流的阻力,从而引起水头损失。而渗透水流作用于单位土体内土粒上的拖曳力称为单位渗透力,简称渗透力,用 j 表示。它与单位体积内渗透水流受到的骨架的阻力大小相等、方向相反。

在图 4-1-3 中,沿水流的渗透方向,切取一个长度 L、横截面为 A 的土柱体,将土柱体内的水作为脱离体分析。

因 $h_1 > h_2$,水从截面 1 流向截面 2。现假设所取土柱体孔隙中完全充满水,并考虑土柱体中的土颗粒对渗流阻力的影响,则作用于土柱体中水体上的力有:

(1) 截面 1 上的总水压力 $P_1 = \gamma_w h_1 A$,其方向与渗流方向一致。

(2) 截面 2 上的总水压力 $P_2 = \gamma_w h_2 A$,其方向与渗流方向相反。

(3) 土柱体中的土颗粒对渗流的总阻力 F,其大小和总渗透力 J 相等,即 $F = J = jLA$。

根据作用在土柱体内水上的各力平衡条件,可得

$$J = P_1 - P_2 \tag{4-2-1}$$

或

$$jLA = \gamma_w (h_1 - h_2) A$$

则渗透力为

$$j = \gamma_w \frac{h_1 - h_2}{L} = \gamma_w i \tag{4-2-2}$$

渗透力是一种体积力,单位为 kN/m^3,其大小与水力坡度成正比,方向同渗流方向。

(二) 渗透变形的破坏形式

当水力梯度超过一定的界限值后,土中的渗流水流会把部分土体或土颗粒冲出、带走,导致局部土体发生位移,位移达到一定程度,土体将发生失稳破坏,这种现象称为渗透变形。渗透破坏是当渗透水力坡降达到一定值后才可能发生的。土体开始发生渗透变形时的水力坡降,称为临界水力坡降(也称抗渗坡降),它表示土抵抗渗透破坏的能力。临界水力坡降是评价土体渗透稳定的重要参数,选用合理与否,直接关系到建筑物的造价和安全。对于重要工程,应尽可能结合实际条件通过试验确定,一般工程可用半经验公式确定。大量的研究和实践表明,渗透变形主要有流土和管涌两种基本型式。

1. 流土

当土中发生自下而上的渗流,此时渗流力方向自下向上,与重力方向相反,将减小土粒间的压力 [图 4-2-1 (b)],一旦向上的渗透力等于土的浮重度,则土粒间的压力将减小至零,土粒处于悬浮状态而失去稳定,土体中某一范围内的颗粒或颗粒群将同时发生移动,这种现象称为流砂或流土。

在黏性土中,渗透力的作用往往使渗流逸出处某一范围内的土体出现表面隆起变

形；而在粉砂、细砂及粉土等黏聚性差的细粒土中，水力梯度达到一定值后，渗流逸出处出现表面隆起变形的同时，还可能出现渗流水流夹带泥土向外涌出的砂沸现象，致使地基破坏，工程上将这种流土现象称为流砂。

如图4-2-2（a）所示，由于细砂层的承压水作用，当基坑开挖至细砂层时，在渗透力的作用下，细砂向上涌出，出现大量流土，引起房屋地基不均匀变形，上部结构开裂，影响了正常使用。

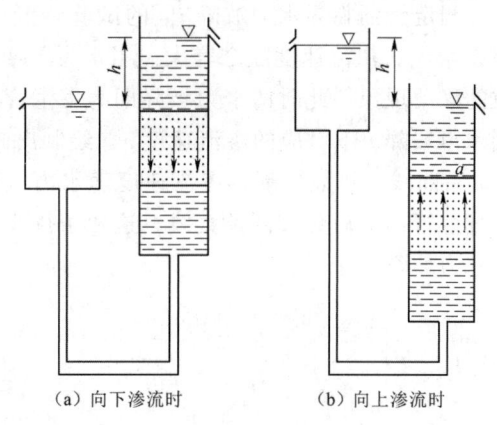

图4-2-1 不同渗流方向对土的影响

图4-2-2（b）所示为河堤覆盖层下流砂涌出的现象，由于覆盖层有一强透水砂层，堤内外水头差大，弱透水层薄弱处被冲溃，大量流砂涌出，危及河堤的安全。流土的发生一般是突发性的，对工程危害较大。

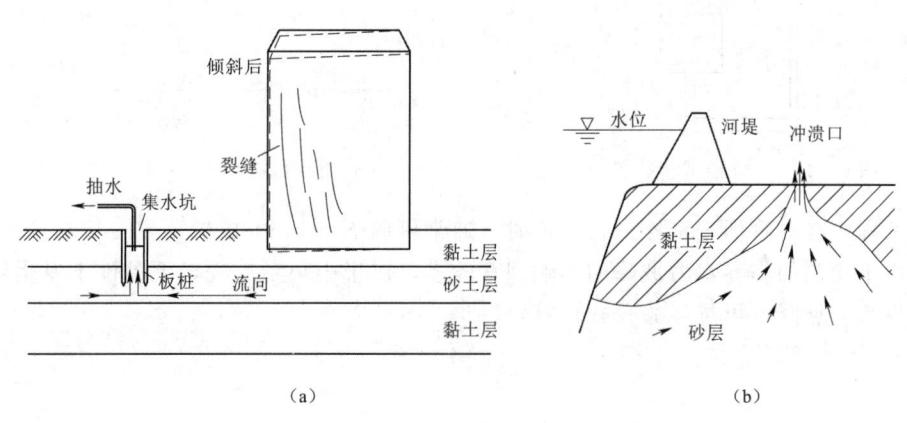

图4-2-2 流土的危害

2. 管涌

管涌是指在渗流作用下，无黏性土体中的细小颗粒，通过粗颗粒间的孔隙被水流带走的现象。图4-2-3所示为河堤发生管涌的现象。首先是细颗粒在粗颗粒的孔隙中移动，随着土中孔隙的逐渐增大，渗流速度不断增大，较粗的颗粒也被水流逐渐冲走，最后导致土体内部形成贯通的渗流通道，酿成溃坝的严重后果。由此可见，管涌的发生要有一定的发展过程，因而是一种渐进性的破坏。

发生管涌的临界水力梯度与土的颗粒大小及其级配情况有关，对于重要的工程，一般通过试验确定。

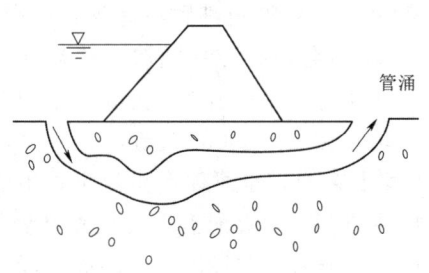

图4-2-3 河堤发生管涌的现象

测定管涌临界水力坡降 i_{cr} 的试验装置如图 4-2-4 所示。抬高储水容器，水头差 h 增大，渗流速度随之增大。当水头差增大到一定程度后，可观察到试样中细小土粒的移动现象，此时的水力坡降即为发生管涌的临界水力坡降。在试验中可测定出不同水力坡降 i 下对应的渗流速度 v，绘制出 $i-v$ 关系曲线，如图 4-2-5 所示。从 $i-v$ 关系曲线上可以发现，渗流速度随水力坡降的变化率在发生管涌前后有明显不同，在发生管涌前后分成两条直线，这两条直线的交点对应的水力坡降即为发生管涌的临界水力坡降 i_{cr}。

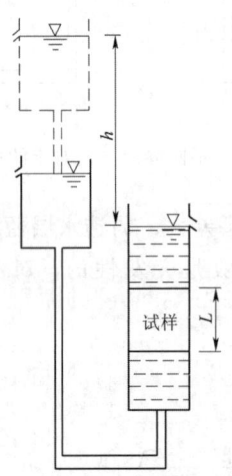

图 4-2-4 管涌试验装置图

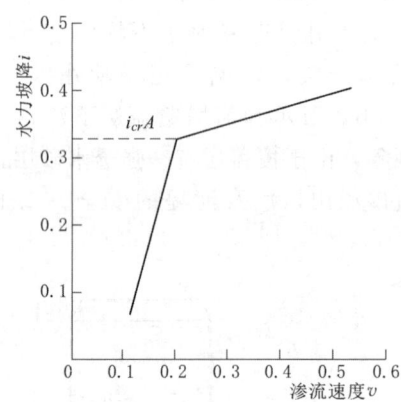

图 4-2-5 管涌试验 $i-v$ 关系曲线

工程中在对管涌安全性进行评价时，通常可取 $K=1.5\sim2.0$。

由于管涌的临界水力坡降的影响因素较多，对于中小型工程，无黏性土发生管涌的临界水力坡降，可按经验公式计算：

$$i_{cr}=\frac{42d_3}{\sqrt{\dfrac{K}{n^3}}} \tag{4-2-3}$$

式中 K——土的渗透系数，cm/s；

d_3——占总土重 3% 的土粒粒径，mm；

n——土的孔隙率，%。

渗透变形的两种基本形式是水力坡降较大的情况下，土体表现出来的两种不同的破坏现象，渗透变形的形式与土的性质有关。一般来说，黏性土细颗粒呈粒团存在，颗粒间具有较大的黏聚力，且孔隙直径极小，细颗粒不会在孔隙中随渗流移动并带出，所以，不会发生管涌破坏，而多在渗透坡降大时以流土形式出现。无黏性土的渗透变形形式主要取决于颗粒组成，研究表明，不均匀系数 $C_u \leqslant 10$ 的匀粒砂土，只可能出现流土破坏形式；$C_u > 10$ 的砂砾土，既可能发生管涌，也可能产生流土，主要取决于土的级配情况与细料含量。对于缺乏中间粒径的不连续级配土，其渗透变形形式主要取决于细料含量（细料含量是指级配曲线水平段下限的粒径所对应的纵坐标）。细料含量小于 25% 时，不能充满粗料所形成的孔隙，细颗粒可以很容易地在孔隙中移动,渗透变形常以管涌形式出现;若细料含量在 35% 以上时,细料填满粗料孔隙,粗、细料形成一个整体,细颗粒移动困难,多发生流土破坏。对于级配连续的不均匀土,我国有些学者根据试验研究提出,用土的孔隙直径比较法,以判别土的渗透变形的形式。当土中有 5% 以上细颗粒的粒径小于孔隙平均直径时,在较小的水力坡降下细颗粒将会被渗流带走,而形成管涌破坏;当土中对应 3% 细颗粒的粒径大于孔隙平均直径时,细颗粒很少流失,不会发生管涌,渗透变形呈流土形式。

另外,无黏性土的渗透变形还与土的密度有关,有些土在较大密度下可能发生流土,而在小密度下则可能出现管涌。

二、渗透稳定性分析与渗透变形防治

(一) 临界水力坡降

使土体开始发生渗透变形的水力坡降,称为临界水力坡降。下面介绍流土的临界水力坡降,如图 4-2-6 所示,渗透变形试验中,左边储水器可上下移动,储水器中水经土样由右边溢水口溢出,当储水器由低往高提升时,渗透力不断加大,储水器较低时,不发生渗透变形,很高时则发生渗透变形。某一高度时,刚好发生渗透变形,这一高度对应的水力坡降即为临界水力坡降,此时 $j=\gamma'$。由于 $j=i\gamma_w$,$\gamma'=\dfrac{G-1}{1+e}\gamma_w$,令 $i\gamma_w=\dfrac{G-1}{1+e}\gamma_w$,则 $i=\dfrac{G-1}{1+e}$,此时的 i 即为临界水力坡降,用 i_{cr} 表示,即

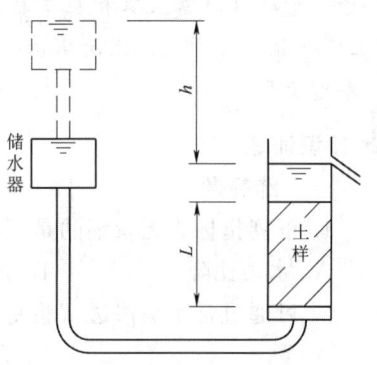

图 4-2-6 渗透变形试验

渗透稳定性分析与渗透变形防治

$$i_{cr}=\frac{G-1}{1+e} \tag{4-2-4}$$

可以看出,i_{cr} 与土粒的比重 G_s、孔隙比 e 有关,通过实际产生的水力坡降 i 与临界水力坡降 i_{cr} 的比较,便可知是否发生渗透变形。

$i<i_{cr}$ 时,不发生渗透变形;

$i>i_{cr}$ 时,发生渗透变形;

$i=i_{cr}$ 时,土体处于临界状态。

在工程设计中,为了保证建筑物的安全,通常将临界水力坡降 i_{cr} 除以安全系数(一般取 2~3),作为允许的水力坡降 $[i]$,设计上要求将实际的水力坡降控制在允许的水力坡降之内,即 $i\leqslant[i]$。

(二) 渗透变形防治

由上述可知发生渗透变形的条件为 $i>i_{cr}$,即 $\dfrac{h}{L}>\dfrac{G_s-1}{1+e}$,要想不发生渗透变形,需要使 $\dfrac{h}{L}<\dfrac{G_s-1}{1+e}$,所以可以通过提高 L、G_s 或减小 e 来实现。

(1) 提高渗流出溢处土体抵抗渗透变形的能力,常在渗流出溢处加盖压重或设置反滤层等。

(2) 设置水平或垂直防渗体，使渗流长度 L 增大，从而降低水力坡降，如图 4-2-7、图 4-2-8 所示。

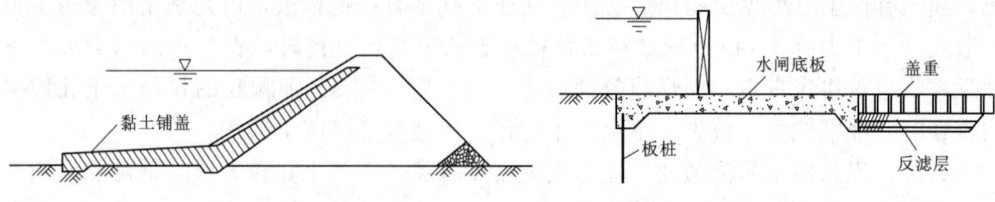

图 4-2-7 土坝水平黏土铺盖及堆石压重　　图 4-2-8 水闸垂直板桩及反滤层、盖重

❖ 小结

水工建筑物及地基由于渗流作用而出现的渗透变形基本型式有流土和管涌，出现渗透变形破坏时需采取相应工程措施加以防止。水工建筑物的防渗工程措施一般以"上堵下疏"为原则，上游截渗、延长渗径，下游通畅渗透水流，减小渗透压力，防止渗透变形。

❖ 知识训练

一、选择题

1. 下列指标为无量纲的是（　　）。
   A. 水力比降　　　　B. 渗透速度　　　　C. 渗透系数
2. 可通过常水头渗透试验测定土的渗透系数的土为（　　）。
   A. 黏土　　　　　　B. 砂　　　　　　　C. 粉土
3. 可通过变水头渗透试验测定土的渗透系数的土为（　　）。
   A. 漂石　　　　　　B. 砂　　　　　　　C. 粉土
4. 可测定土的渗透系数的现场原位试验方法有（　　）。
   A. 常水头渗透试验　B. 变水头渗透试验　C. 现场抽水试验
5. 关于渗透力的说法不正确的是（　　）。
   A. 渗透力是流动的水对土体施加的力　　B. 渗透力是一种体积力
   C. 渗透力的大小与水力比降成反比
6. 渗透力是作用在（　　）上的力。
   A. 土颗粒　　　　　B. 土孔隙　　　　　C. 土中水
7. 达西定律中的渗流速度（　　）水在土中的实际速度。
   A. 大于　　　　　　B. 小于　　　　　　C. 等于
8. 关于渗流的说法正确的是（　　）。
   A. 无论渗流的方向如何都对土体的稳定性不利
   B. 当渗流的方向自上而下时对土体的稳定性不利
   C. 当渗流的方向自下而上时对土体的稳定性不利
9. 关于流土的说法错误的是（　　）。
   A. 流土是渗透变形的一种形式　　　　　B. 流土的破坏是渐进性的
   C. 流土往往发生在渗流的逸出处

10. 关于管涌的说法正确的是（　　）。

A. 管涌是渗透变形的一种形式

B. 管涌是指在渗流作用下粗细颗粒同时发生移动而流失的现象

C. 管涌只能发生在渗流的逸出处

❖ 技能训练

1. 对土样进行常水头试验，土样的长度为25cm，横截面积为100cm^2，作用在土样两端的水头差为75cm，通过土样的渗流水量为100cm^3/min。计算该土样的渗透系数和水力坡降。

2. 对一原状土样进行变水头试验，土样的长度为25cm，横截面积为105cm^2，测压管截面积3.14cm^2，观测开始时土样两端的水头差为130cm，20s后水头差为80cm。计算该土样的渗透系数。

3. 已知某砂土渗透系数为6×10^{-3}cm/s，土样的长度为20cm，截面积为5cm^2，试验作用水头25m，问试验在10min后可测得的渗透流量。

4. 在厚度为5m的潜水含水层中进行完整井的抽水试验。已知抽水井的直径为0.15m，其稳定涌水量为40m^3/d，抽水稳定后，距离抽水井20cm处观测孔1的水位降深为0.62m，距离抽水井20m处观测孔2的水位降深为0.29m，计算该含水层的渗透系数。

5. 某场地土层如下图所示，其中黏性土的饱和容重为20.0kN/m^3，砂土层含承压水，其水头高出该层顶面7.5m。在黏土层内挖一深6.0m的基坑，为使坑底土不致因渗流而破坏，问坑内的水深h不得小于多少？

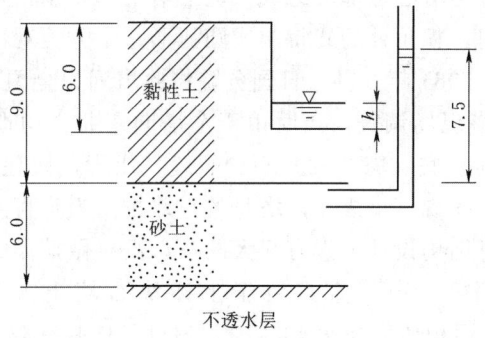

6. 某工程基槽排水，引起地下水由下往上流动，水头差1.2m，渗流途径为60cm，砂土饱和容量为20kN/m^3，问是否会产生渗透破坏。

项目五　地基沉降稳定性分析

导学：项目五

【项目知识目标】
1. 理解自重应力和附加应力的概念。
2. 掌握附加应力竖向分布规律。
3. 掌握自重应力和基底压力的计算。
4. 掌握基底集中荷载、均布矩形荷载、三角形荷载作用下竖向附加应力的计算。

【项目技能目标】
能求解土的自重应力，能计算基底压力、基底净压力，会算地基附加应力。

任务一　土的应力计算

5-1-1 课程思政

❖ 任务导入

虎丘塔位于苏州市西北虎丘公园山顶，原名云岩寺塔，落成于宋太祖建隆二年（公元961年），距今已有1000多年悠久历史。全塔七层，高47.5m。塔的平面呈八角形，由外壁、回廊与塔心三部分组成。虎丘塔全部砖砌，外型完全模仿楼阁式木塔，每层都有8个弧门，拐角处的砖特制成圆弧形，十分美观，在建筑艺术上是一个创造。中外游人不绝。1961年3月4日国务院将此塔列为全国重点文物保护单位。

1980年6月虎丘塔现场调查，当时由于全塔向东北方向严重倾斜，不仅塔顶离中心线已达2.31m，而且底层塔身发生不少裂缝，成为危险建筑而封闭、停止开放。仔细观察塔身的裂缝，发现一个规律，塔身的东北方向为垂直裂缝，塔身的西南面却是水平裂缝，从虎丘塔结构设计上看有很大缺点，没有做扩大的基础，砖砌塔身垂直向下切八皮砖，即埋深0.5m，直接置于上述块石填土人工地基上。估算塔重63000kN，则地基单位面积压力高达435kPa，超过了地基承载力。塔倾斜后，使东北部位应力集中，超过砖体抗压强度而压裂。

❖ 任务目标
1. 识记土的自重应力、基底压力概念。
2. 掌握自重应力和基底压力、基底净压力、基底附加应力的计算。

一、土体自重应力计算
（一）地基中自重应力的计算

土的自重应力计算——创新精神

在计算地基中的自重应力时，一般将地基作为半无限弹性体来考虑。由半无限弹性体的边界条件可知，其内部任一与地面平行的平面或垂直的平面上，仅作用着竖向

应力 σ_{sz} 和水平向应力 $\sigma_{sx}=\sigma_{sy}$，而剪应力 $\tau=0$。

1. 均质土的自重应力

(1) 竖向自重应力。设地基中某单元体离地面的距离 z，土的重度为 γ，则单元体上竖向自重应力等于单位面积上的土柱有效重量（图 5-1-1），即

$$\sigma_{cz}=\gamma z \quad (5-1-1)$$

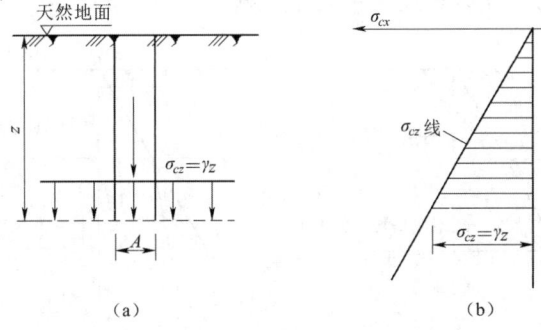

图 5-1-1 土的自重应力分布示意图

可见，土的竖直自重应力与土的重度和深度成正比，自重应力随深度呈线性增大，并呈三角形分布。

(2) 水平向自重应力 σ_{cx}，σ_{sy}。在半无限体内，由侧限条件可知，土不可能发生侧向变形（$\varepsilon_x=\varepsilon_y=0$），因此，该单元体上两个水平向应力相等并按下式计算：

$$\sigma_{cx}=\sigma_{cy}=K_0\sigma_{cz}=K_0\gamma z \quad (5-1-2)$$

式中　K_0——土的侧压力系数，它是侧限条件下土中水平向有效应力与竖直有效应力之比，可由试验测定，$K_0=\dfrac{\mu}{1-\mu}=1-\sin\varphi'$，$\mu$ 是土的泊松比，φ' 是有效内摩擦角；也可以根据有关规范查表。

2. 成层土的自重应力

设备土层的厚度为 Z_1，Z_2，…，Z_n，相应的容重分别为 γ_1，γ_2，…，γ_n，则地基中的第 n 层底面处的竖向自重应力为

$$\sigma_{cz}=\gamma_1 Z_1+\gamma_2 Z_2+\gamma_3 Z_3+\cdots+\gamma_n Z_n$$
$$=\sum_{i=1}^{n}\gamma_i Z_i \quad (5-1-3)$$

可见，成层土的竖向自重应力随着土的计算深度增大而增大，自重应力的大小等于各层土的自重应力之和，呈折线分布，折点在土层层面交界处，如图 5-1-2 所示。

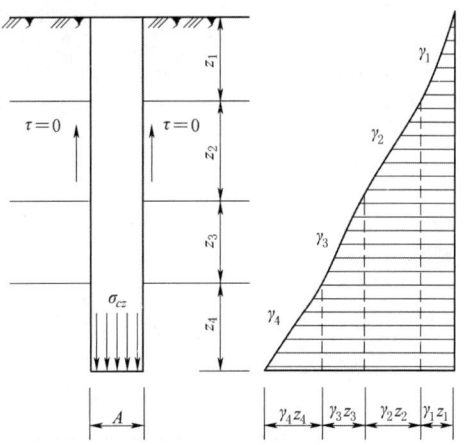

（二）特殊情况下的自重应力计算

1. 土层存在地下水情况

由于土的自重应力是有效应力，地下

图 5-1-2 成层土的自重应力

水位以下土的重度采用有效重度参与计算。地下水位的升降变化对土的自重应力有影响。由于大量抽取地下水等原因，造成地下水位大幅度下降，使地基中原水位以下土体的有效自重应力增加，会造成地表下沉的严重后果。如图 5-1-3 所示地下水位上升的情况一般发生在人工抬高蓄水水位的地区（如筑坝蓄水）或工业用水等大量渗入地下的地区。如果该地区土层具有遇水后土的性质发生变化（如湿陷性或膨胀性等）的特性，则地下水位的上升会导致一些工程问题。

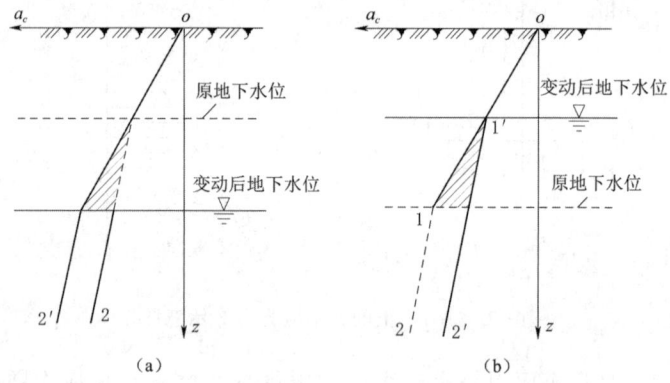

图 5-1-3 地下水位的升降对土的自重应力的影响

2. 土层存在不透水层情况

如果地下水位以下，埋藏不透水层（例如岩层或者坚硬的黏土层），由于不透水层不存在水的浮力，所以不透水层及层面以下的自重应力等于上覆土和水的重力之和。

【例 5-1-1】 某地基土剖面图如图 5-1-4 所示。试计算各土层的自重应力并绘制自重应力的分布图。

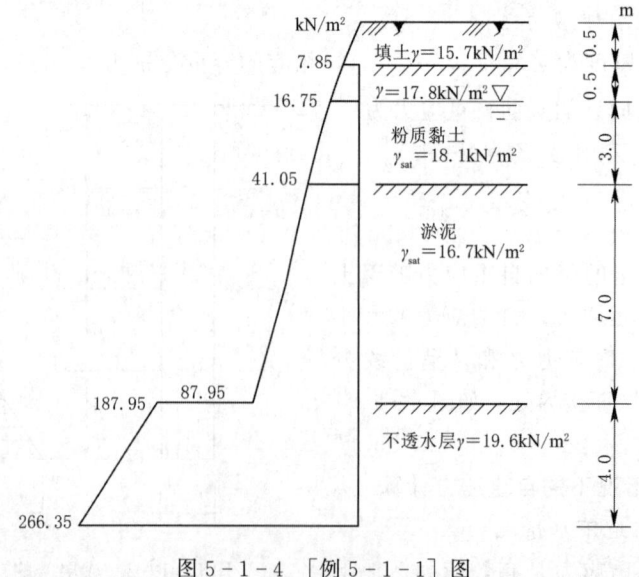

图 5-1-4 ［例 5-1-1］图

【解】

(1) 填土层底。
$$\sigma_{cz} = \gamma z = 15.7 \times 0.5 = 7.85 \text{(kPa)}$$

(2) 地下水位处。
$$\sigma_{cz} = \gamma_1 z_1 + \gamma_2 z_2 = 7.85 + 17.8 \times 0.5 = 16.75 \text{(kPa)}$$

(3) 粉质黏土层底。
$$\sigma_{cz} = \gamma_1 z_1 + \gamma_2 z_2 + \gamma'_3 z_3 = 16.75 + (18.1 - 10) \times 3 = 41.05 \text{(kPa)}$$

(4) 淤泥层底。
$$\sigma_{cz} = \gamma_1 z_1 + \gamma_2 z_2 + \gamma'_3 z_3 + \gamma'_4 z_4 = 41.05 + (16.7 - 10) \times 7 = 87.95 \text{(kPa)}$$

(5) 不透水层层顶。
$$\sigma_{cz} = \gamma_1 z_1 + \gamma_2 z_2 + \gamma'_3 z_3 + \gamma'_4 z_4 + \gamma_w (z_3 + z_4) = 87.95 + 10 \times (3 + 7) = 187.95 \text{(kPa)}$$

(6) 钻孔底。
$$\sigma_{cz} = 187.95 + 19.6 \times 4 = 266.35 \text{(kPa)}$$

二、基底压力计算

(一) 基底压力的分布规律

试验理论研究证明，基底压力的分布形式是一个非常复杂的问题，它与地基与基础的相对刚度、荷载大小及其分布情况、基础埋深和地基土的性质等多种因素有关。

5-1-3 基底压力计算

绝对柔性基础（如土坝、路基、钢板做成的储油罐底板等）的抗弯刚度 $EI = 0$，在垂直荷载作用下没有抵抗弯曲变形的能力，基础随着地基一起变形，中部沉降大，两边沉降小，基底压力的分布与作用在基础上的荷载分布完全一致 [图 5-1-5 (a)]。如果要使柔性基础的各点沉降相同，则作用在基础上的荷载应是两边大而中部小 [图 5-1-5 (b)]。

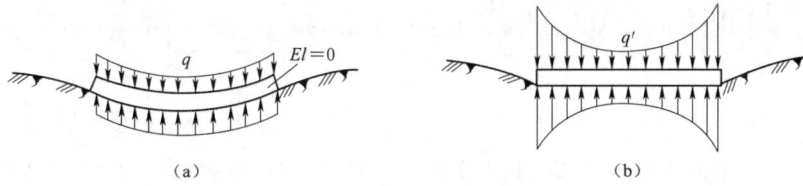

图 5-1-5 柔性基础的基底压力的分布

绝对刚性基础的抗弯刚度 $EI = \infty$，在均布荷载作用下，基础只能保持平面下沉而不能弯曲，但对地基而言，均匀分布的基底压力将产生不均匀沉降，其结果是基础变形与地基变形不相适应 [图 5-1-6 (a)]。为使地基与基础的变形协调一致，基底压力的分布必是两边大而中部小。如果地基是完全弹性体，由弹性理论解得基底压力分布 [图 5-1-6 (b)]，边缘处压力将为无穷大。

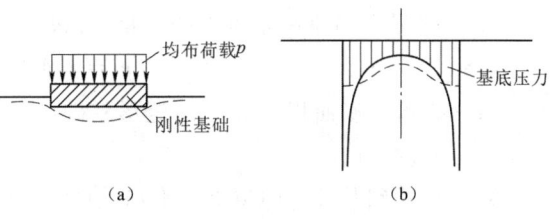

图 5-1-6 刚性基础的基底压力分布

有限刚度基础是工程中最常见的情况，具有较大的抗弯刚度，既不是绝对刚性基础，也不是绝对柔性基础，地基也不是完全弹性体，当基底两端的压力足够大，超过土的极限强度后，土体就会形成塑性区，所承受的压力不再增大，自行调整向中间转移。实测资料表明，当荷载较小时，基底压力分布接近弹性理论解[图5-1-7（a）]；随着上部荷载的逐渐增大，基底压力转变为马鞍形分布[图5-1-7（b）]、抛物线形分布[图5-1-7（c）]；当荷载接近地基的破坏荷载时，压力图形为钟形分布[图5-1-7（d）]。

（二）基底压力的简化计算

从以上分析可知，基底压力分布形式是十分复杂的，但在工程实践中，对一般基础受到工程压力作用时采用简化方法，即假定基底压力按直线分布，采用材料力学公式计算。

1. 轴心荷载作用下的基底压力

如图5-1-8所示，作用在基础上的荷载，其合力通过基础底面形心时为轴心受压基础，基底压力为均匀分布，数值按下式计算：

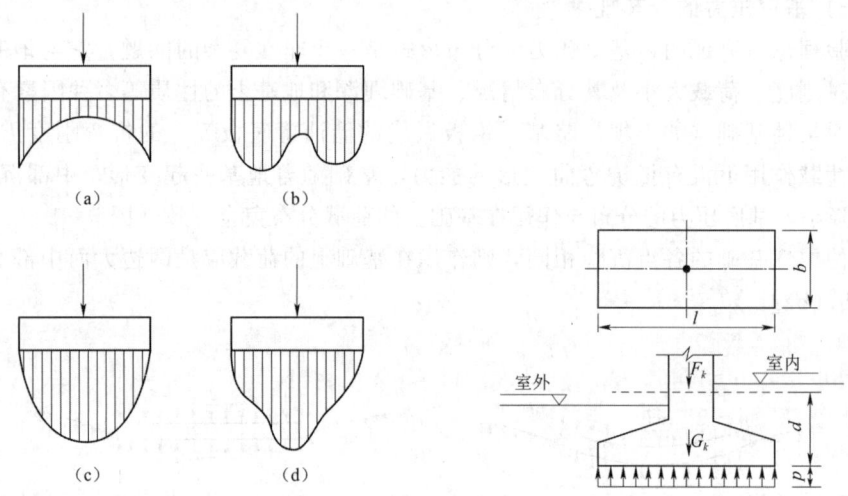

图5-1-7　有限刚度基础的基底压力分布　　图5-1-8　轴心荷载作用基底压力的分布

$$p_k = \frac{F_k + G_k}{A} \tag{5-1-4}$$

式中　p_k——相应于荷载效应标准组合时，基础底面的平均压力值，kPa；
　　　F_k——相应于荷载效应标准组合时，上部结构传至基础顶面的竖直力，kN；
　　　G_k——基础自重和基础上的土重，kN。

$$G = \gamma_G A d$$

式中　A——基础底面积，m^2，对矩形基础 $A = l \times b$，l 及 b 分别为基底的宽度和长度，m；
　　　γ_G——基础及其上回填土的平均重度，一般可近似取 $20kN/m^3$，在地下水位以下部分应扣除水的浮力作用；

d——基础埋深，m，一般从设计地面或室内外平均设计地面起算。

对于荷载沿长度方向均匀分布的条形基础，则长度方向取 1m 为计算单元，则公式为

$$p_k = \frac{F_k + G_k}{b} \quad (5-1-5)$$

此时公式中的 $F_k + G_k$ 则为沿长度方向均匀分布的每米荷载值，kN/m。

2. 偏心荷载作用下的基底压力

如图 5-1-9 所示，常见的偏心荷载作用于矩形基础的一个主轴上，即单向偏心。

设计时通常将基底长边 L 方向取为与偏心方向一致，则基底边缘压力为

$$p_{\min}^{\max} = \frac{F_k + G_k}{A} \pm \frac{M_k}{W} = \frac{F_k + G_k}{A}\left(1 \pm \frac{6e}{l}\right) \quad (5-1-6)$$

式中 M_k——相应于荷载效应标准组合时，作用在基础底面的力矩值，kN·m；

W——基础底面的抵抗矩，m³；

e——荷载合力偏心距，m。

由上式可见：

当 $e < \dfrac{l}{6}$ 时，基底压力呈梯形分布，如图 5-1-9（a）所示；

当 $e = \dfrac{l}{6}$ 时，基底压力呈三角形分布，如图 5-1-9（b）所示；

当 $e > \dfrac{l}{6}$ 时，基底压力呈三角形分布，基底出现拉应力，导致基底与地基分开，基底压力重新分布，则重新分布的基底压力为

$$p_{\max} = \frac{2(F_k + G_k)}{3\left(\dfrac{l}{2} - e\right)b} \quad (5-1-7)$$

基底压力分布如图 5-1-9（c）所示。

对于条形基础在偏心荷载作用下的基底压力，可按以下公式计算：

$$p_{\min}^{\max} = \frac{\overline{P}}{B}\left(1 \pm \frac{6e}{B}\right) \quad (5-1-8)$$

式中 $\overline{P}$——每延米的荷载，kN/m；

B——基础宽度，m。

（三）基底附加压力

基底附加压力也就是基底净压力，是指在基础底面处的地基面上受到的压力增量。

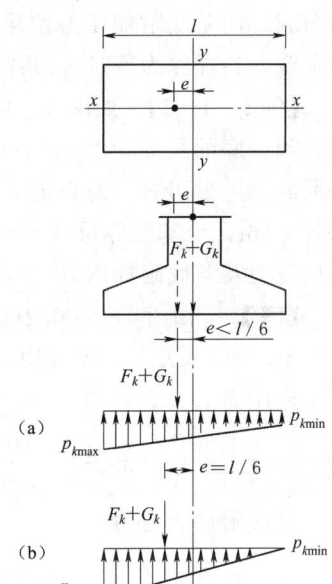

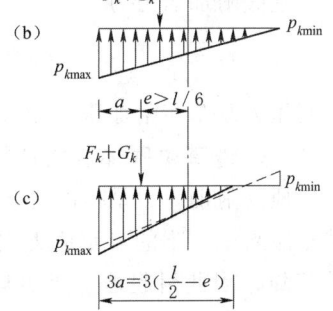

图 5-1-9 偏心荷载作用时基底压力分布

若基础直接建在地基表面时（不进行开挖），地基面上受到的压力增量就是基底压力值，而往往基础建在地面下一定深度，建基础之前需首先开挖一个基础埋深的土层，若基础及上部建筑的荷载正好等于开挖的土层荷载，对基底面来说，相当于没有增加荷载，只有超出埋深土层自重应力的部分，才是对地基土产生影响的压力值，实际上基底附加压力是基底压力减去埋深范围内土的自重应力的压力值。

对于基底压力为均匀分布的情况，其基底附加压力为

$$p_0 = p - \sigma_{cz} = p - \gamma d \tag{5-1-9}$$

对于偏心荷载作用下梯形分布的基底压力，其基底附加压力为

$$p_{0\min}^{\max} = p_{\min}^{\max} - \sigma_{cz} = p_{\min}^{\max} - \gamma d \tag{5-1-10}$$

式中　　p_0——基底附加压力，kPa；

p——基底压力，kPa；

σ_{cz}——基础埋深范围内土的自重应力，kPa；

γ——基础埋深范围内土的重度，kN/m^3；

d——基础埋设深度，m，从天然地面算起。

注意：基底压力和基底附加压力的区别是，基底压力侧重于建筑物（连同基础）产生的荷载，而基底附加压力侧重于基底面上增加的荷载，当埋深为零时，两者数值相等。

【**例 5-1-2**】　如图 5-1-10 所示，一矩形基础，底面尺寸为 $2m \times 4m$，作用一竖向偏心荷载 $P = 200kN$，偏心距 $e = 0.2m$，基础埋深 $d = 1m$，地基土体重度 $\gamma = 18kN/m^3$，试求基底压力及基底附加压力。

【**解**】　由于 $e = 0.2m$，$L/6 = 4/6 = 0.67m$，即 $e < L/6$，故可用式（5-1-6）计算基底压力为

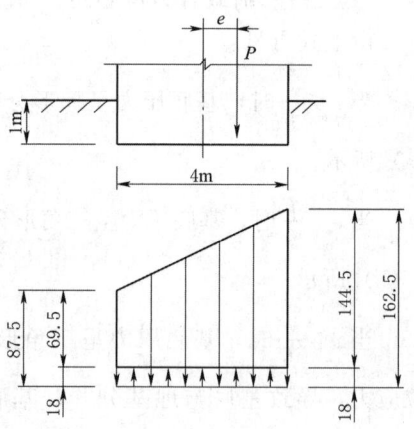

图 5-1-10　[例 5-1-2] 图

$$p_{\min}^{\max} = \frac{P}{A}\left(1 \pm \frac{6e}{L}\right) = \frac{200}{2 \times 4} \times \left(1 \pm \frac{6 \times 0.2}{4}\right) = 125 \times (1 \pm 0.3) = \frac{162.5}{87.5}(kPa)$$

基底附加压力为

$$p_{0\min}^{\max} = p_{\min}^{\max} - \gamma d = \frac{162.5}{87.5} - 18 \times 1 = \frac{144.5}{69.5}(kPa)$$

基底压力及基底附加压力分布图如图 5-1-10 所示。

三、地基中附加应力计算

地基附加应力是指由建筑物荷载（其他外荷载）在地基中产生的应力。对一般天然土层来说，土的自重应力引起的压缩变形在地质历史上早已完成，不会再引起地基沉降，因此引起地基变形与破坏的主要原因是附加应力。目前，地基中的附加压力计算方法采用弹性理论推导，即假设地基土为均质、连续、各向同性的半无限弹性体。

(一) 竖向集中荷载作用下地基中的附加应力

竖向集中力是一种理想的情况,通过叠加原理或者积分的方法,可以得到各种分布荷载作用的土中应力。

如图 5-1-11 所示,按照布西奈斯克的弹性理论解答,在均匀的各向同性的半无限弹性体表面,作用一集中力 P,在地面下某点 $M(x,y,z)$ 的应力 σ_z 为

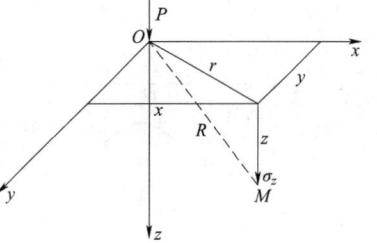

图 5-1-11 竖向集中力作用下的附加应力

$$\sigma_z = \frac{3P}{2\pi} \times \frac{z^3}{R^5} = \frac{3P}{2\pi z^2} \frac{1}{\left[1+\left(\frac{r}{z}\right)^2\right]^{\frac{5}{2}}} = \alpha \frac{P}{z^2} \quad (5-1-11)$$

式中 P——作用于坐标原点的集中力,kN;

R——计算点 M 与至集中力 P 作用点的距离,$R=\sqrt{x^2+y^2+z^2}$;

α——附加应力系数,$\alpha=\dfrac{3}{2\pi\left[1+\left(\dfrac{r}{z}\right)^2\right]^{\frac{5}{2}}}$,$\alpha$ 是 (r/z) 的函数,可由公式计算或查表 5-1-1 得到。

表 5-1-1 集中荷载作用下半无限体内垂直附加应力系数 α

r/z	α	r/z	α	r/z	α	r/z	α	r/z	α
0	0.4775	0.50	0.2733	1.00	0.0844	1.50	0.0251	2.00	0.0085
0.05	0.4745	0.55	0.2466	1.05	0.0744	1.55	0.0224	2.20	0.0058
0.10	0.4657	0.60	0.2214	1.10	0.0658	1.60	0.0200	2.40	0.0040
0.15	0.4516	0.65	0.1978	1.15	0.0581	1.65	0.0179	2.60	0.0029
0.20	0.4329	0.70	0.1762	1.20	0.0513	1.70	0.0160	2.80	0.0021
0.25	0.4103	0.75	0.1565	1.25	0.0454	1.75	0.0144	3.00	0.0015
0.30	0.3849	0.80	0.1386	1.30	0.0402	1.80	0.0129	3.50	0.0007
0.35	0.3577	0.85	0.1226	1.35	0.0357	1.85	0.0116	4.00	0.0004
0.40	0.3294	0.90	0.1083	1.40	0.0317	1.90	0.0105	4.50	0.0002
0.45	0.3011	0.95	0.0956	1.45	0.0282	1.95	0.0095	5.00	0.0001

从式 (5-1-11) 可以看出,在集中力作用线上,附加应力随深度增加而减小,在同一深度 z 处,离 P 越远,附加应力越小,如图 5-1-12 所示,这一现象称为附加应力的扩散。而在地面上作用有两个集中力时,它们对地面下同一点均产生附加应力,该点附加应力将叠加,如图 5-1-13 所示,这一现象称为附加应力的积聚。

因附加应力的扩散和积聚作用,邻近基础将互相影响,引起基础的附加沉降,旧建筑物在新建筑物作用下可能产生裂缝和倾斜等。因此,在工程设计和施工中必须考虑邻近建筑的相互影响。

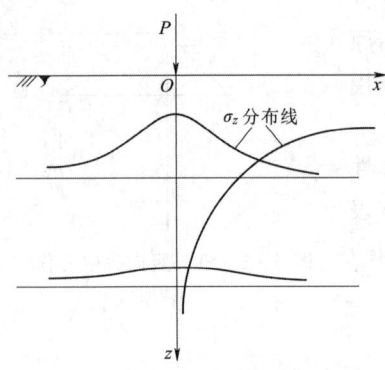
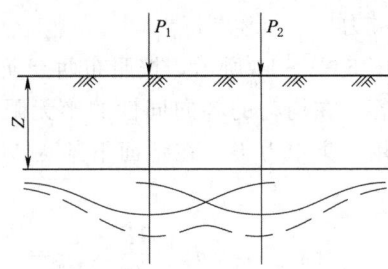

图 5-1-12 竖向集中荷载下 σ_z 分布　　图 5-1-13 两个集中力作用下 σ_z 的叠加

（二）矩形基础在竖向均布荷载作用下地基中的附加应力

1. 矩形基础某角点下的计算

如图 5-1-14 所示，在均布荷载作用下，矩形基础角点 c 下深度 z 处 M 点的竖向附加应力为

$$\sigma_z = \alpha_c p \quad (5-1-12)$$

式中　p——竖向矩形均布荷载，kPa；

α_c——竖向矩形均布荷载作用时，角点下的附加应力系数，它是 L/B 和 z/B 的函数，可由表 5-1-2 查得。注意 L 为矩形基底的长边，B 为短边。

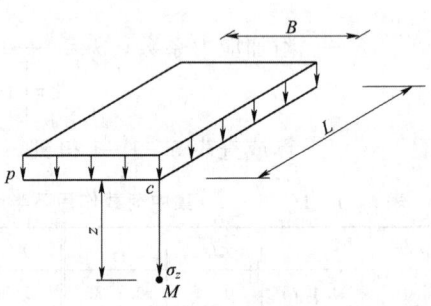

图 5-1-14 矩形基底竖向均布荷载作用下的附加应力

5-1-5
矩形基础地基土附加应力计算

表 5-1-2　矩形基础在竖向均布荷载作用下角点下的附加应力系数 α_c 值

z/B \ L/B	1.0	1.2	1.4	1.6	1.8	2.0	2.2	2.4	2.6	2.8	3.0	4.0	5.0	10.0
0.0	0.2500	0.2500	0.2500	0.2500	0.2500	0.2500	0.2500	0.2500	0.2500	0.2500	0.2500	0.2500	0.2500	0.2500
0.2	0.2486	0.2489	0.2490	0.2491	0.2491	0.2491	0.2491	0.2491	0.2492	0.2492	0.2492	0.2492	0.2492	0.2492
0.4	0.2401	0.2420	0.2429	0.2434	0.2437	0.2439	0.2440	0.2441	0.2442	0.2442	0.2443	0.2443	0.2443	0.2443
0.6	0.2229	0.2275	0.2300	0.2315	0.2324	0.2329	0.2333	0.2333	0.2337	0.2338	0.2339	0.2341	0.2342	0.2342
0.8	0.1999	0.2075	0.2120	0.2147	0.2165	0.2176	0.2183	0.2188	0.2192	0.2194	0.2196	0.2200	0.2202	0.2203
1.0	0.1752	0.1851	0.1911	0.1955	0.1981	0.1999	0.2012	0.2020	0.2026	0.2031	0.2034	0.2042	0.2044	0.2046
1.2	0.1516	0.1626	0.1705	0.1758	0.1793	0.1818	0.1836	0.1849	0.1858	0.1865	0.1870	0.1882	0.1885	0.1889
1.4	0.1308	0.1423	0.1508	0.1569	0.1613	0.1644	0.1667	0.1685	0.1696	0.1705	0.1712	0.1730	0.1735	0.1740
1.6	0.1123	0.1241	0.1329	0.1396	0.1445	0.1482	0.1511	0.1530	0.1545	0.1557	0.1567	0.1590	0.1598	0.1640
1.8	0.0969	0.1083	0.1172	0.1241	0.1294	0.1334	0.1365	0.1389	0.1408	0.1423	0.1434	0.1463	0.1474	0.1483
2.0	0.0840	0.0947	0.1034	0.1103	0.1158	0.1202	0.1236	0.1263	0.1284	0.1300	0.1314	0.1350	0.1363	0.1375

续表

z/B \ L/B	1.0	1.2	1.4	1.6	1.8	2.0	2.2	2.4	2.6	2.8	3.0	4.0	5.0	10.0
2.2	0.0732	0.0832	0.0917	0.0984	0.1039	0.1084	0.1120	0.1149	0.1172	0.1191	0.1205	0.1248	0.1264	0.1279
2.4	0.0642	0.0734	0.0813	0.0879	0.0934	0.0979	0.1016	0.1047	0.1071	0.1092	0.1108	0.1156	0.1175	0.1194
2.6	0.0566	0.0651	0.0725	0.0788	0.0842	0.0887	0.0924	0.0955	0.0981	0.1003	0.1020	0.1073	0.1095	0.1118
2.8	0.0502	0.0580	0.0649	0.0709	0.0761	0.0805	0.0842	0.0875	0.0900	0.0923	0.0942	0.0999	0.1024	0.1050
3.0	0.0447	0.0519	0.0583	0.0640	0.0690	0.0732	0.0769	0.0801	0.0828	0.0851	0.0870	0.0931	0.0959	0.0990
3.2	0.0401	0.0467	0.0526	0.0580	0.0627	0.0668	0.0704	0.0735	0.0762	0.0786	0.0806	0.0870	0.0900	0.0935
3.4	0.0361	0.0421	0.0477	0.0527	0.0571	0.0611	0.0646	0.0677	0.0704	0.0727	0.0747	0.0814	0.0847	0.0886
3.6	0.0326	0.0382	0.0433	0.0480	0.0523	0.0561	0.0594	0.0624	0.0651	0.0647	0.0694	0.0763	0.0799	0.0842
3.8	0.0296	0.0348	0.0395	0.0439	0.0479	0.0516	0.0548	0.0577	0.0603	0.0626	0.0646	0.0717	0.0753	0.0802
4.0	0.0270	0.0318	0.0362	0.0403	0.0441	0.0474	0.0507	0.0535	0.0560	0.0588	0.0603	0.0674	0.0712	0.0765
4.2	0.0247	0.0291	0.0333	0.0371	0.0407	0.0439	0.0469	0.0496	0.0521	0.0543	0.0563	0.0634	0.0674	0.0731
4.4	0.0227	0.0268	0.0306	0.0343	0.0376	0.0407	0.0436	0.0462	0.0485	0.0507	0.0527	0.0597	0.0639	0.0700
4.6	0.0209	0.0247	0.0283	0.0317	0.0348	0.0378	0.0405	0.0430	0.0453	0.0474	0.0493	0.0564	0.0606	0.0671
4.8	0.0193	0.0229	0.0262	0.0294	0.0324	0.0352	0.0378	0.0402	0.0424	0.0444	0.0463	0.0533	0.0576	0.0645
5.0	0.0179	0.0212	0.0243	0.0274	0.0302	0.0328	0.0358	0.0376	0.0397	0.0417	0.0435	0.0504	0.0547	0.0620
6.0	0.0127	0.0151	0.0174	0.0196	0.0218	0.0238	0.0257	0.0276	0.0293	0.0310	0.0325	0.0388	0.0431	0.0521
7.0	0.0094	0.0112	0.0130	0.0147	0.0164	0.0180	0.0195	0.0210	0.0224	0.0238	0.0251	0.0306	0.0346	0.0449
8.0	0.0073	0.0087	0.0101	0.0114	0.0127	0.0140	0.0153	0.0165	0.0174	0.0187	0.0198	0.0246	0.0283	0.0394
9.0	0.0058	0.0069	0.0080	0.0091	0.0102	0.0112	0.0122	0.0132	0.0142	0.0152	0.0161	0.0202	0.0235	0.0351
10.0	0.0047	0.0056	0.0065	0.0074	0.0083	0.0092	0.0100	0.0108	0.0116	0.0124	0.0132	0.0167	0.0198	0.0316

2. 矩形基础下任意位置的附加应力计算——角点法

若计算点不在某角点正对的下方,可将荷载作用面划分为几个部分,使得计算点在每个部分的角点下。如果计算点在基底面以外,可先补一部分荷载再划分,最后减去所补部分的作用。即采用叠加原理求出计算点的竖向应力 σ_z 值,这种计算方法一般称为角点法。

根据计算点位置的不同,可有以下4种情况,如图5-1-15所示。

(1) 计算点在基底面内 N 点下,如图5-1-15 (a) 所示,则
$$\sigma_z = (\alpha_{c1} + \alpha_{c2} + \alpha_{c3} + \alpha_{c4}) p$$

(2) 计算点在基底边缘 N 点下,如图5-1-15 (b) 所示,则
$$\sigma_z = (\alpha_{c1} + \alpha_{c2}) p$$

(3) 计算点在基底边缘外侧 N 点下,如图5-1-15 (c) 所示,则
$$\sigma_z = (\alpha_{cNa} + \alpha_{cNb} - \alpha_{cNd} - \alpha_{cNc}) p$$

(4) 计算点在基底角点外侧 N 点下,如图5-1-15 (d) 所示,则
$$\sigma_z = (\alpha_{cNa} - \alpha_{cNb} - \alpha_{cNd} + \alpha_{cNc}) p$$

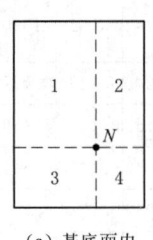 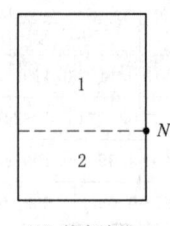 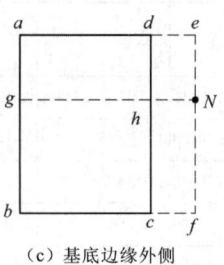 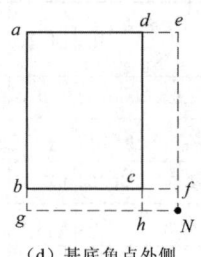

（a）基底面内　　　（b）基底边缘　　　（c）基底边缘外侧　　　（d）基底角点外侧

图 5-1-15　角点法应用示意图

【例 5-1-3】　如图 5-1-16 所示，一矩形基础，底面尺寸为 2m×3.4m，基础及其上部荷载 $P=1360$kN，试求图中 A 点以下 $z=4$m 处的竖向附加应力 σ_z。

【解】　基底面受中心荷载作用，基底压力按均匀分布简化，基底压力为

$$p = \frac{1360}{2 \times 3.4} = 200(\text{kPa})$$

过 A 点将矩形底面分为 Ⅰ、Ⅱ 两部分。

对部分 Ⅰ：

$L/B=2/1=2$，$z/B=4/1=4$，查表 5-1-1 得 $\alpha_c' = 0.0474$

对部分 Ⅱ：

$L/B=2.4/2=1.2$，$z/B=4/2=2$，查表 5-1-1 得 $\alpha_c''=0.0947$

$$\begin{aligned}\sigma_z &= (\alpha_c' + \alpha_c'')p \\ &= (0.0474 + 0.0947) \times 200 \\ &= 28.21(\text{kPa})\end{aligned}$$

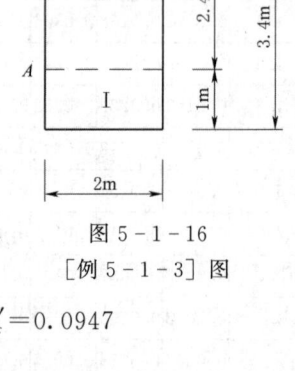

图 5-1-16
[例 5-1-3] 图

说明：如果基础底面有埋深，计算中应以 p_0 代替 p。

（三）矩形基础在竖向三角形分布荷载作用下地基中的附加应力

如图 5-1-17 所示，竖向三角形分布荷载最大强度为 p_t，作用在矩形基底面上，荷载强度为零的角点下深度 z 处 M 点的竖向附加应力 σ_z 为

$$\sigma_z = \alpha_t p_t \quad (5-1-13)$$

式中　p_t——竖向三角形分布荷载，kPa；

α_t——矩形基础在竖向三角形分布荷载作用时，零角点下的附加应力系数，它是 L/B 和 z/B 的函数，可由表 5-1-3 查得。注意 L 为沿荷载强度不变方向的边长，B 为另一边的边长。

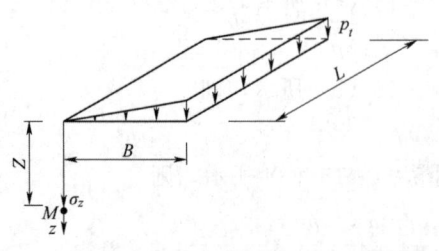

图 5-1-17　矩形基础在竖向三角形分布荷载作用下零角点下的附加应力

表 5-1-3　矩形基础在竖向三角形分布荷载作用下零角点下的附加应力系数 α_t 值

z/B \ L/B	0.4	0.6	0.8	1.0	1.2	1.4	1.6	1.8	2.0	3.0	4.0	6.0	8.0	10.0
0.0	0.000	0.000	0.000	0.000	0.000	0.000	0.000	0.000	0.000	0.000	0.000	0.000	0.000	0.000
0.2	0.028	0.030	0.030	0.030	0.031	0.031	0.031	0.031	0.031	0.031	0.031	0.031	0.031	0.031
0.4	0.042	0.049	0.052	0.053	0.054	0.054	0.055	0.055	0.055	0.055	0.055	0.055	0055	0.055
0.6	0.045	0.056	0.062	0.065	0.067	0.068	0.069	0.069	0.070	0.070	0.070	0.070	0.070	0.070
0.8	0.042	0.055	0.064	0.069	0.072	0.074	0.075	0.076	0.076	0.077	0.078	0.078	0.078	0.078
1.0	0.038	0.051	0.060	0.067	0.071	0.074	0.075	0.077	0.077	0.079	0.079	0.080	0.080	0.080
1.2	0.032	0.045	0.055	0.062	0.066	0.070	0.072	0.074	0.075	0.077	0.078	0.078	0.078	0.078
1.4	0.028	0.039	0.048	0.055	0.061	0.064	0.067	0.069	0.071	0.074	0.075	0.075	0.075	0.075
1.6	0.024	0.034	0.042	0.049	0.055	0.059	0.062	0.064	0.066	0.070	0.071	0.071	0.072	0.072
1.8	0.020	0.029	0.037	0.044	0.049	0.053	0.056	0.059	0.060	0.065	0.067	0.067	0.068	0.068
2.0	0.018	0.026	0.032	0.038	0.043	0.047	0.051	0.053	0.055	0.061	0.062	0.063	0.064	0.064
2.5	0.013	0.018	0.024	0.028	0.033	0.036	0.039	0.042	0.044	0.050	0.053	0.054	0.055	0.055
3.0	0.009	0.014	0.018	0.021	0.025	0.028	0.031	0.033	0.035	0.042	0.045	0.047	0.047	0.048
5.0	0.004	0.005	0.007	0.009	0.010	0.012	0.014	0.015	0.016	0.021	0.025	0.028	0.030	0.030
7.0	0.002	0.003	0.004	0.005	0.006	0.006	0.007	0.008	0.009	0.012	0.015	0.019	0.020	0.021
10.0	0.001	0.001	0.002	0.002	0.003	0.003	0.004	0.004	0.005	0.007	0.008	0.011	0.013	0.014

（四）矩形基础在水平均布荷载作用下地基中的附加应力

如图 5-1-18 所示，矩形基底面上作用水平均布荷载 p_h 时，角点下深度 z 处 M 点的竖向附加应力 σ_z 为

$$\sigma_z = \pm \alpha_h p_h \quad (5-1-14)$$

式中　p_h——水平均布荷载，kPa；

α_h——矩形基础在水平均布荷载作用时，角点下的附加应力系数，它是 L/B 和 z/B 的函数，可由表 5-1-4 查得。

注意 B 为与水平荷载方向平行的边长，L 为另一边的边长。

式（5-1-14）中"+"号表示压应力，"一"号表示拉应力。在荷载起始端下产生拉应力，取"一"号；在荷载终了端下产生压应力，取"+"号。

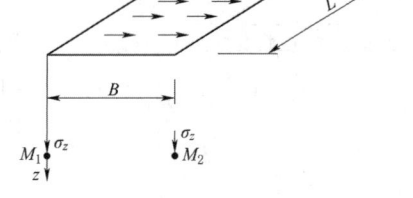

图 5-1-18　矩形基础在水平均布荷载作用时角点下的附加应力

表 5-1-4　矩形基础在水平均布荷载作用时角点下的附加应力系数 α_h 值

L/B z/B	0.4	0.6	0.8	1.0	1.2	1.4	1.6	1.8	2.0	3.0	4.0	6.0	8.0	10.0
0.0	0.159	0.159	0.159	0.159	0.159	0.159	0.159	0.159	0.159	0.159	0.159	0.159	0.159	0.159
0.2	0.140	0.148	0.151	0.152	0.152	0.153	0.153	0.153	0.153	0.153	0.153	0.153	0.153	0.153
0.4	0.105	0.122	0.129	0.133	0.135	0.136	0.136	0.137	0.137	0.137	0.137	0.137	0.137	0.137
0.6	0.075	0.093	0.104	0.109	0.112	0.114	0.115	0.116	0.116	0.117	0.117	0.117	0.117	0.117
0.8	0.053	0.069	0.080	0.086	0.090	0.092	0.094	0.095	0.096	0.097	0.097	0.097	0.097	0.097
1.0	0.038	0.051	0.060	0.067	0.071	0.074	0.075	0.077	0.077	0.079	0.079	0.080	0.080	0.080
1.2	0.027	0.038	0.046	0.051	0.055	0.058	0.060	0.062	0.062	0.065	0.065	0.065	0.065	0.065
1.4	0.020	0.028	0.035	0.040	0.043	0.046	0.048	0.049	0.051	0.053	0.053	0.054	0.054	0.054
1.6	0.015	0.021	0.027	0.031	0.034	0.037	0.039	0.040	0.041	0.044	0.044	0.045	0.045	0.045
1.8	0.011	0.017	0.021	0.024	0.027	0.029	0.031	0.033	0.034	0.036	0.037	0.037	0.038	0.038
2.0	0.009	0.013	0.016	0.019	0.022	0.024	0.025	0.027	0.028	0.030	0.031	0.032	0.032	0.032
2.5	0.005	0.007	0.009	0.011	0.013	0.015	0.016	0.017	0.018	0.021	0.022	0.022	0.022	0.022
3.0	0.003	0.005	0.006	0.007	0.008	0.009	0.010	0.011	0.012	0.014	0.015	0.016	0.016	0.016
5.0	0.001	0.001	0.001	0.002	0.002	0.002	0.003	0.003	0.003	0.004	0.005	0.006	0.006	0.006
7.0	0.0003	0.0004	0.0005	0.001	0.001	0.001	0.001	0.001	0.001	0.002	0.002	0.003	0.003	0.003
10.0	0.0001	0.0001	0.0002	0.0002	0.0003	0.0003	0.0004	0.0004	0.0005	0.001	0.001	0.001	0.001	0.001

（五）条形基础在竖向均布荷载作用下地基中的附加应力

条形基础由于一边很长，沿长边各个断面均可看做对称面，其中一个面的应力情况即可代表所有面的情况，在计算方法上不同于角点法，相比之下，计算更为便捷。

如图 5-1-19 所示，设宽度为 B 的条形基础产生均布荷载 p，土中任一点的竖向应力 σ_z 由弹性理论中的弗拉曼公式在荷载分布宽度范围内积分得到，可表示为如下形式：

$$\sigma_z = \alpha_z^s p \quad (5-1-15)$$

式中　p——竖向条形均布荷载，kPa；

　　　α_z^s——竖向条形均布荷载作用下地基中的附加应力系数，它是 x/B 和 z/B 的函数，可由表 5-1-5 查得。

图 5-1-19　条形基础竖向均布荷载作用下的附加应力

注意此时坐标系的原点是在均布荷载的中点处。

表 5-1-5　　条形基础在竖向均布荷载作用下地基中的附加应力系数 α_z^s 值

z/B \ x/B	−1.0	−0.75	−0.50	−0.25	0.00	+0.25	+0.50	+0.75
0.01	0.001	0.000	0.500	0.999	0.999	0.999	0.500	0.000
0.1	0.002	0.011	0.499	0.988	0.997	0.988	0.499	0.011
0.2	0.011	0.091	0.498	0.936	0.978	0.936	0.498	0.091
0.4	0.056	0.174	0.489	0.797	0.881	0.797	0.489	0.174
0.6	0.111	0.243	0.468	0.679	0.756	0.679	0.468	0.243
0.8	0.155	0.276	0.440	0.586	0.642	0.586	0.440	0.276
1.0	0.186	0.288	0.409	0.511	0.549	0.511	0.409	0.288
1.2	0.202	0.287	0.375	0.450	0.478	0.450	0.375	0.287
1.4	0.210	0.279	0.348	0.401	0.420	0.401	0.348	0.279
2.0	0.205	0.242	0.275	0.298	0.306	0.298	0.275	0.242

【例 5-1-4】 如图 5-1-20 所示，某条形基础宽度 $B=4\mathrm{m}$，其上作用垂直中心荷载 $\overline{P}=600\mathrm{kN/m}$，试求基础中点下 9m 范围内的附加应力 σ_z，并绘制应力分布图。

【解】 中心荷载作用基底压力简化为均匀分布，有

$$p=\frac{\overline{P}}{B}=\frac{600\mathrm{kN/m}}{4\mathrm{m}}=150(\mathrm{kPa})$$

按图示建立坐标系，坐标原点在基础中心处，z 轴向下，x 轴向右（或左），取 $z=3$，6，9m 几个点进行计算，分别以 A、B、C、D 标记。当 $z=3$m 时，$x/B=0$，$z/B=3/4=0.75$，附加应力系数 α_z^s 由表 5-1-5 经线性内插而得，有

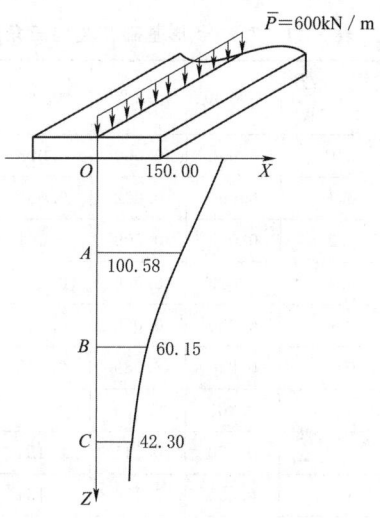

图 5-1-20　例 5-1-4 图

$$\alpha_z^s=0.642+\frac{0.8-0.75}{0.8-0.6}\times(0.756-0.642)$$

$$=0.6705$$

$$\sigma_z=0.6705\times150=100.58\mathrm{kPa}$$

同理，可得其他点的附加应力 σ_z，见表 5-1-6。

表 5-1-6　　　　　　σ_z 计 算 表

点位	z/m	z/B	α_z^s	σ_z/kPa
O	0	0	1	150.00
A	3	0.75	0.6705	100.58
B	6	1.5	0.401	60.15
C	9	2.25	0.282	42.30

（六）条形基础在竖向三角形分布荷载作用下地基中的附加应力

如图 5-1-21 所示，设宽度为 B 的条形基础上作用三角形分布荷载，最大强度 p_t，土中任一点的竖向附加应力 σ_z 为

$$\sigma_z = \alpha_z^t p_t \qquad (5-1-16)$$

式中　p_t——竖向三角形分布荷载最大强度值，kPa；

　　　α_z^t——条形基础在竖向三角形分布荷载作用下地基中的附加应力系数，它是 x/B 和 z/B 的函数，可由表 5-1-7 查得，注意此时坐标系的原点在荷载强度为 0 的一侧，x 正向指向强度增大一侧。

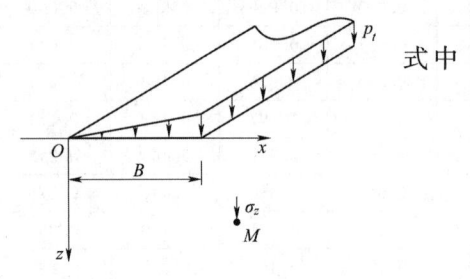

图 5-1-21　条形基础在竖向三角形分布荷载作用下的附加应力

表 5-1-7　条形基础在竖向三角形分布荷载作用下的附加应力系数 α_z^t 值

z/B \ x/B	−0.50	−0.25	0.00	+0.25	+0.50	+0.75	+1.00	+1.25	+1.50
0.01	0.000	0.000	0.003	0.249	0.500	0.750	0.497	0.000	0.000
0.1	0.000	0.002	0.032	0.251	0.498	0.737	0.468	0.010	0.002
0.2	0.003	0.009	0.061	0.255	0.489	0.682	0.437	0.050	0.009
0.4	0.010	0.036	0.110	0.263	0.441	0.534	0.379	0.137	0.043
0.6	0.030	0.066	0.140	0.258	0.378	0.421	0.328	0.177	0.080
0.8	0.050	0.089	0.155	0.243	0.321	0.343	0.285	0.188	0.106
1.0	0.065	0.104	0.159	0.224	0.275	0.286	0.250	0.184	0.121
1.2	0.070	0.111	0.154	0.204	0.239	0.246	0.221	0.176	0.126
1.4	0.080	0.114	0.151	0.186	0.210	0.215	0.198	0.165	0.127
2.0	0.090	0.108	0.127	0.143	0.153	0.155	0.147	0.134	0.115

（七）条形基础在水平均布荷载作用下地基中的附加应力

如图 5-1-22 所示，宽度为 B 的条形基础上作用水平均布荷载 p_h 时，土中任一点的竖向附加应力 σ_z 为

$$\sigma_z = \alpha_z^h p_h \qquad (5-1-17)$$

式中　p_h——水平均布荷载，kPa；

　　　α_z^h——条形基础在水平均布荷载作用时土中任一点的附加应力系数，它是 x/B 和 z/B 的函数，可由表 5-1-8 查得。注意坐标原点建在荷载起始端一侧，x 轴正向与荷载方向一致。

对于竖向梯形荷载和水平均布荷载共同作用的

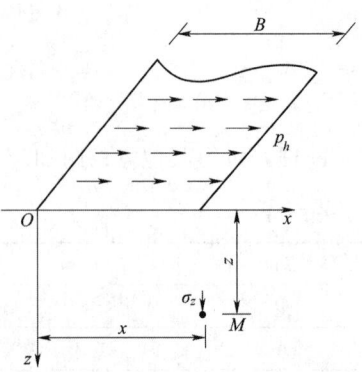

图 5-1-22　条形基础在水平均布荷载作用下的附加应力

情况，可将其分解为竖向三角形荷载、竖向均布荷载和水平均布荷载分布进行计算，再将各荷载进行叠加。

表 5-1-8 条形基础在水平均布荷载作用下的附加应力系数 α_z^h 值

z/B \ x/B	-0.25	0.00	+0.25	+0.50	+0.75	+1.00	+1.25	+1.50
0.01	-0.001	-0.318	-0.001	0.000	0.001	0.318	0.001	0.0001
0.1	-0.042	-0.315	-0.039	0.000	0.039	0.315	0.042	0.011
0.2	-0.116	-0.306	-0.103	0.000	0.103	0.306	0.116	0.038
0.4	-0.199	-0.274	-0.159	0.000	0.159	0.274	0.199	0.103
0.6	-0.212	-0.234	-0.147	0.000	0.147	0.234	0.212	0.144
0.8	-0.197	-0.194	-0.121	0.000	0.121	0.194	0.197	0.158
1.0	-0.175	-0.159	-0.096	0.000	0.096	0.159	0.175	0.157
1.2	-0.153	-0.131	-0.078	0.000	0.078	0.131	0.153	0.147
1.4	-0.132	-0.108	-0.061	0.000	0.061	0.108	0.132	0.133
2.0	-0.085	-0.064	-0.034	0.000	0.034	0.064	0.085	0.096

❖ 小结

土中的应力是指土体在自重、建筑物荷载以及其他因素（渗流、地震等）作用下，土体所产生的应力，包括自重应力和附加应力。自重应力的计算要考虑不同土层和地下水位情况，基底压力的简化计算要考虑矩形基础还是条形基础。附加应力的计算以角点法为基础。

任务二　地基沉降稳定性分析

❖ 任务导入

墨西哥国家首都墨西哥市艺术宫，是一座巨型的具有纪念性的早期建筑。此艺术宫于1904年落成，至今已有100余年的历史。该市处于四面环山的盆地中，古代原是一个大湖泊。因周围火山喷发的火山沉积和湖水蒸发，经漫长年代，湖水干涸形成目前的盆地。

当地表层为人工填土与砂夹卵石硬壳层，厚度5m；其下为超高压缩性淤泥，天然孔隙比高达7~12，天然含水量高达150%~600%，为世界罕见的软弱土，层厚达25m。因此，这座艺术宫严重下沉，沉降量竟高达4m。临近的公路下沉2m，公路路面至艺术宫门前高差达2m。参观者需步下9级台阶，才能从公路进入艺术宫。这是地基沉降最严重的典型实例。下沉量为一般房屋一层楼有余，造成室内外连接困难和交通不便，内外网管道修理工程量增加。

此外，世界上最大的人工岛：关西机场于1986年开工建设。1990年人工岛建设完成。1994年机场开始运营。面积为4730m×1250m。设计时预测沉降为5.7~7.5m。完成时实际沉降8.1m。平均每个月沉降5cm。问题也是沉降巨大，且有不均匀沉降。

❖ 任务目标

1. 识记土的自重应力、基底压力概念。
2. 掌握自重应力和基底压力、基底净压力、基底附加应力的计算。

一、土的压缩性判断

（一）侧限压缩试验

1. 压缩性

土在压力作用下体积缩小的特性称为土的压缩性。土体积缩小的原因，从土的三相组成来看不外乎有以下3个方面：①土颗粒本身的压缩；②土体孔隙中不同形态的水和气体的压缩；③孔隙中部分水和气体被挤出，土颗粒相互移动靠拢使孔隙体积减小。试验研究表明，在一般建筑物压力100～600kPa作用下，土颗粒和水自身体积的压缩都很小，可以略去不计，气体的压缩性较大，密闭系统中，土的压缩是气体压缩的结果，但在压力消失后，土的体积基本恢复，即土呈弹性。而自然界中土是一个开放系统，孔隙中的水和气体在压力作用下不可能被压缩而是被挤出的，因此，土的压缩变形主要是由于孔隙中水和气体被挤出，致使土体孔隙体积减小而引起的。

2. 压缩试验与压缩曲线

室内压缩试验是用环刀取土样放入单向固结仪或压缩仪内进行的，如图5-2-1所示，由于该试验中土样受到环刀和护环等刚性护壁的约束，在压缩过程中不可能发生侧向膨胀，只能产生竖直变形，因此又称为侧限压缩试验。土的压缩特性可由试验中施加的竖直固结压力 p 与土层应固结稳定状态下的土孔隙比 e 之间关系反映出来。

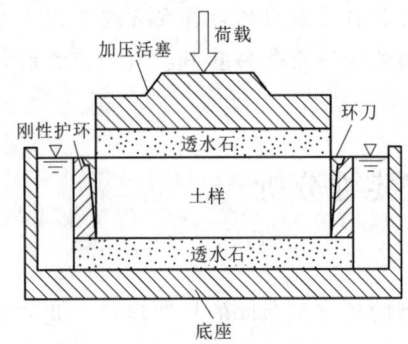

图 5-2-1 土的压缩试验示意图

试验时，逐级对土样施加分布压力，一般按 p 取 50、100、200、300、400kPa 五级加荷，待土样压缩相对稳定后（符合现行《土工试验方法标准》（GB/T 50123—2019）有关规定要求）测定相应变形量 S_i，而 S_i 用孔隙比的变化来表示。

如图5-2-2所示，一固结土样的断面面积为 A，体积为 V，土样在没有荷载作用时的高度为 H_0，孔隙比为 e_0，土粒体积为 V_0，土样在任一级荷载作用下达到稳定后的高度为 $H_i = H_0 - \sum \Delta S_i$，相应的孔隙比为 e_i，土粒体积不变，即 $V_{s0} = V_{si}$。由土体的组成可知：

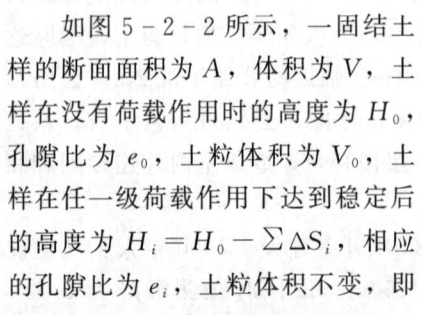

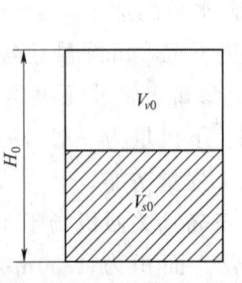

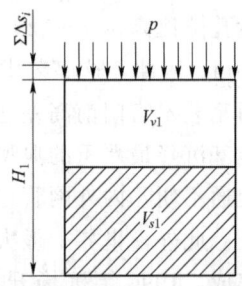

图 5-2-2 土的压缩试验原理

$$V_0 = V_{s0} + V_{v0} = V_{s0}(1 + e_0) \qquad (5-2-1)$$

且

即

$$V_0 = AH_0$$

$$AH_0 = V_{s0}(1 + e_0)$$

土样压缩后

$$V_i = V_{si} + V_{vi} = V_{si}(1 + e_i) \qquad (5-2-2)$$

且

$$V_i = AH_i$$

即

$$AH_i = V_{si}(1 + e_i)$$

由式（5-2-1）和式（5-2-2）得到 $\dfrac{H_i}{H_0} = \dfrac{V_{si}(1 + e_i)}{V_{s0}(1 + e_0)}$，任一级荷载作用下稳定后的孔隙比为

$$e_i = e_0 - (1 - e_0)\dfrac{\sum \Delta s_i}{H_0} \qquad (5-2-3)$$

3. 试验结果表示方法

试验时，测得各级荷载作用下的土样变形量 Δs_i，由式（5-2-3）计算出相应的孔隙比 e_i，根据试验的各级压力和相应的孔隙比，绘出压力和孔隙比之间的关系曲线（即土的压缩曲线）。常用的表示法有 $e-p$ 曲线和 $e-\lg p$ 曲线两种形式，如图 5-2-3（a）、（b）所示。

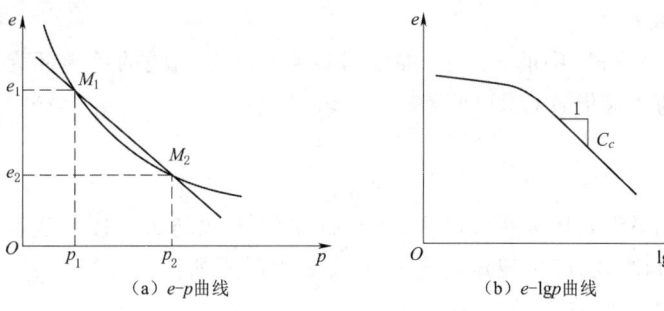

(a) $e-p$ 曲线　　　　(b) $e-\lg p$ 曲线

图 5-2-3　土的压缩曲线

（二）压缩性指标

虽然根据 e、p 关系曲线可以判定土的压缩性大小，但实际工程中需进行定量判别，常用的压缩性指标有压缩系数 a，压缩模量 E_s 和压缩指数 C_c。

1. 压缩系数 a

a 值表示单位压力增量所引起的孔隙比的变化，称为土的压缩系数。用下式表示：

$$a = \dfrac{\Delta e}{\Delta p} = \dfrac{e_1 - e_2}{p_2 - p_1} \qquad (5-2-4)$$

式（5-2-4）中 a 的常用单位为 MPa^{-1}，p 的常用单位为 kPa。显然，a 值越大，表明曲线斜率大，即曲线越陡，说明压力增量 Δp 一定的情况下孔隙比增量越大，则土的压缩性就越高。因此，压缩系数 a 值是判断土压缩性高低的一个重要指标。

由图 5-2-3 还可以看出，同一种土的压缩系数并不是常数，而是随所取压力变化范围的不同而改变的。为了评价不同种类土的压缩性大小，必须用同一压力变化范围来比较。工程实践中，常采用压力 $P_1=100kPa$，$P_2=200kPa$ 相对应的压缩系数 a_{1-2} 来评价土的压缩性。将地基土的压缩性分为以下 3 类：当 $a_{1-2} \geqslant 0.5MPa^{-1}$ 时，为高压缩性土；当 $0.1MPa^{-1} < a_{1-2} \leqslant 0.5MPa^{-1}$ 时，为中压缩性土；当 $a_{1-2} \leqslant 0.1MPa^{-1}$ 时，为低压缩性土。

2. 压缩模量

土在完全侧限条件下，其竖向应力变化量 Δp 与相应的应变变化量 ε 之比，称为土的压缩模量，用 E_s 表示，常用单位 MPa，即

$$E_s = \frac{\Delta p}{\varepsilon} \quad (5-2-5)$$

压力增量 $\Delta p = P_1 - P_2$，竖向应变 $\varepsilon = (H_1 - H_2)/\varepsilon$，代入式（5-2-5）计算

$$E_s = \frac{(1+e_1)}{a} \quad (5-2-6)$$

同样相应于 $P_1=100kPa$，$P_2=200kPa$ 范围内的压缩模量 E_s 值评价地基土的压缩性。当 $E_s < 4MPa$ 为高压缩性土；当 $4MPa < E_s \leqslant 15MPa$ 为中压缩性土；当 $E_s > 15MPa$ 为低压缩性土。

3. 压缩指数 C_c

从图 5-2-3（b）中的 $e-\lg p$ 曲线可以看出，此曲线的后半部为直线，此直线的斜率称为土的压缩指数 C_c，即

$$C_c = \frac{e_1 - e_2}{\lg p_2 - \lg p_1} \quad (5-2-7)$$

压缩指数无量纲，压缩指数越大，土的压缩性也就越大。按《建筑地基基础设计规范》（GB 50007—2017）规定：当 $C_c < 0.2$ 为低压缩性土；当 $0.2 < C_c \leqslant 0.4$ 为中压缩性土；当 $C_c > 0.35$ 为高压缩性土。

二、地基变形计算

地基最终沉降量是指地基在建筑物荷载作用下最后的稳定沉降量。计算地基最终沉降量的目的在于确定建筑物最大沉降量、沉降差、倾斜和局部倾斜，并将其控制在允许范围内，为建筑物设计和地基处理提供依据，以保证建筑物的安全和正常使用。

地基沉降的原因：①建筑物的荷重产生的附加应力引起；②欠固结土的自重引起；③地下水位下降引起和施工中水的渗流等原因引起。

基础沉降按其原因和次序分为瞬时沉降 S_d；主固结沉降 S_c 和次固结沉降 S_s。

瞬时沉降：是指加荷后立即发生的沉降，对饱和土地基，土中水尚未排出的条件下，沉降主要由土体侧向变形引起，这时土体不发生体积变化。

固结沉降：是指超静孔隙水压力逐渐消散，使土体积压缩而引起的渗透固结沉降，也称主固结沉降，它随时间而逐渐增长。

次固结沉降：是指超静孔隙水压力基本消散后，主要由土粒表面结合水膜发生蠕变等引起的，它将随时间极其缓慢地沉降。

建筑物基础的总沉降量 S 应为上述三部分之和，即

$$S=S_d+S_c+S_s$$

计算地基变形时，传至基础底面上的荷载效应应按正常使用极限状态效应的准永久组合，不应计入风荷载和地震作用，相应的限值应为地基变形永久值。

计算地基最终沉降量的方法有多种，本节主要介绍分层总和法和《建筑地基基础设计规范》（GB 50007—2017）推荐的方法，现介绍如下。

（一）分层总和法

分层总和法是将地基压缩层范围以内的土层划分成若干薄层，分别计算每一薄层土的变形量，最后总和起来，即得基础的沉降量。

1. 计算假设

（1）地基中附加应力按均质地基考虑，采用弹性理论计算。

（2）假定地基受压后不发生侧向膨胀，土层在竖直附加应力作用下只产生竖向变形，即可采用完全侧限条件下的室内压缩指标计算土层的变形量。

（3）一般采用基础底面中心点下的附加应力计算各薄层的变形量，各薄层变形量之和即为地基总沉降量。

2. 计算公式

将基础底面下压缩层范围内的土层划分为若干分层。现分析第 i 分层变形量的计算方法，如图 5-2-4 所示。

在建筑物建造以前，第 i 分层仅受到土的自重应力作用，在建筑物建造以后，该薄层除受自重应力外，还受到建筑荷载所产生附加应力的作用。

一般情况下，土的自重应力产生的变形过程早已结束，而只有附加应力才会使土层产生新的变形，从而使基础发生沉降。假定地基土受荷后不产生侧向变形，所以其受力状况与土的室内压缩试验时一样，故第 i 层土的沉降量由式（5-2-3）可得

$$\Delta s_i=\frac{e_{1i}-e_{2i}}{1+e_{1i}}h_i \quad (5-2-8)$$

则基础的总沉降量为

$$S=\sum_{i=1}^n \Delta s_i=\sum_{i=1}^n \frac{e_{1i}-e_{2i}}{1+e_{1i}}h_i$$

(5-2-9)

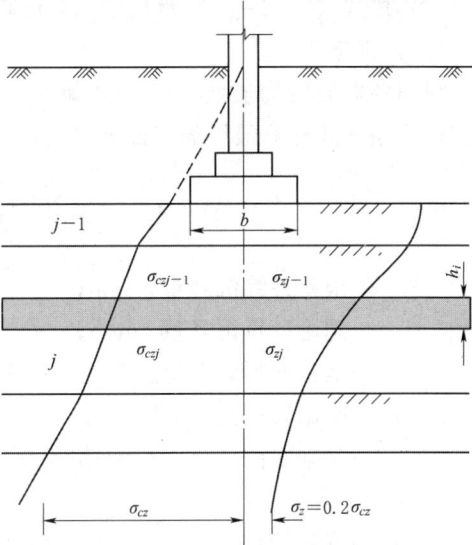

图 5-2-4 分层总和法计算原理示意图

式中 Δs_i——第 i 薄层土的沉降量；
S——基础最终沉降量；
e_{1i}——第 i 薄层土在建筑物建造前，土层平均自重作用下的孔隙比；
e_{2i}——第 i 薄层土在建筑物建造后，土层在平均自重应力和平均附加应力作用下，最终压缩稳定的孔隙比；
h_i——第 i 薄层土的厚度；
n——压缩层范围内土层分层数目。

式（5-2-9）是分层总和法的基本公式，它采用压缩曲线计算。在计算中若采用压缩系数 a_i、压缩模量 E_{si} 压缩指标计算，则式（5-2-8）可变为

$$S = \sum_{i=1}^{n} \Delta s_i = \sum_{i=1}^{n} \frac{e_{1i} - e_{2i}}{1 + e_{1i}} h_i = \sum_{i=1}^{n} \frac{a_i \overline{\sigma_{czi}}}{1 + e_{1i}} h_i = \sum_{i=1}^{n} \frac{\overline{\sigma_{czi}}}{E_{si}} h_i \quad (5-2-10)$$

式中 a_i，E_{si}——第 i 薄层土的压缩系数、压缩模量；
$\overline{\sigma_{czi}}$——第 i 薄层土上下层面所受附加应力的平均值。

3. 计算步骤

（1）按比例尺绘出地基土层剖面图和基础剖面图。

（2）计算基底的附加应力和自重应力。

（3）将压缩层范围内各土层划分成厚度为 $h_i \leqslant 0.4b$（b 为基础宽度）的若干薄土层，不同性质的土层面和地下水位面作为分层的界面。

（4）计算并绘出自重应力和附加应力分布图（各分层的分界面应标明应力值）。

（5）确定地基压缩层厚度，一般取对应 $\sigma_{zi} \leqslant 0.2\sigma_{czi}$ 处的地基深度 Z_n 作为压缩层计算深度的下限，当在该深度下有高压缩性土层时取 $\sigma_{zi} \leqslant 0.1\sigma_{czi}$ 所对应深度。

（6）按式（5-2-8）计算各分层的压缩量。

（7）按式（5-2-10）算出基础总沉降量。

（二）规范法

根据各向同性均质线性变形体理论，《建筑地基基础设计规范》（GB 50007—2017）采用下式计算最终的基础沉降量：

$$S = \psi_s s' = \psi_s \sum_{i=1}^{n} \frac{p_0}{E_{si}} (z_i \overline{\alpha_i} - z_{i-1} \overline{\alpha_{i-1}}) \quad (5-2-11)$$

式中 S——地基最终沉降量，mm；
s'——理论计算沉降量，mm；
n——地基变形计算深度范围内压缩模量（特性）不同的土层数量；
z_i，z_{i-1}——基础底面至第 i 层和第 $i-1$ 层底面的距离，m；
$\overline{\alpha_i}, \overline{\alpha_{i-1}}$——基础底面至第 i 层和第 $i-1$ 层底面范围内平均附加应力系数，可查表 5-2-2；
ψ_s——沉降计算经验系数，根据各地区沉降观测资料及经验确定，也可采用表 5-2-1 的数值。

表 5-2-1　　　　　　　　　　沉降计算经验系数 ψ_s 值

基底附加应力 E_s/MPa		2.5	4.0	7.0	15.0	20.0
黏性土	$p_0 = f_{ak}$	1.4	1.3	1.0	0.4	0.2
	$p_0 < 0.75 f_{ak}$	1.1	1.0	0.7	0.4	0.2
砂土		1.1	1.0	0.7	0.4	0.2

注　f_{ak}——地基承载力特征值；

　　p_0——对应于荷载效应准永久组合时的基础底面处的附加压力，MPa；

$\overline{E_s}$ 为计算深度范围内压缩模量的当量值 $\overline{E_s} = \Sigma A_i / \Sigma \dfrac{A_i}{E_{si}}$。

式中　A_i——第 i 层土附加应力系数沿土层厚度的积分值，即第 i 层土的附加应力系数面积；

　　　E_{si}——基础底面下第 i 层土的压缩模量，按实际应力范围取值，MPa。地基变形计算深度 S_n（图 5-2-5），应符合下式要求：

$$\Delta s'_n \leqslant 0.025 \sum_{i=1}^{n} \Delta s'_n \qquad (5-2-12)$$

式中　$\Delta s'_i$——在计算深度范围内，第 i 层土的计算变形值；

　　　$\Delta s'_n$——计算深度向上取厚度为 ΔZ 的土层变形值，ΔZ 如图 5-2-5 所示，并按表 5-2-2 确定。

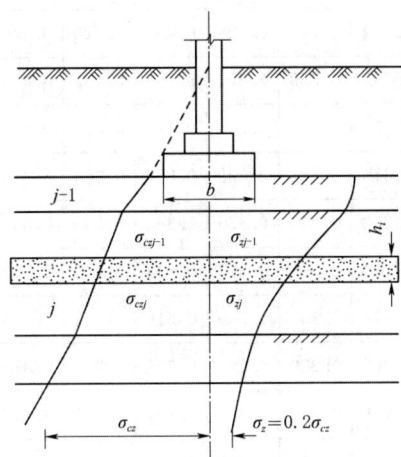

图 5-2-5　规范法计算沉降量计算原理示意图

表 5-2-2　　　矩形基础受到均布荷载作用角点下的平均附加应力系数值

Z/B	L/B											
	1.0	1.2	1.4	1.6	1.8	2.0	2.4	2.8	3.2	3.6	4.0	5.0	>10
0	1.000	1.000	1.000	1.000	1.000	1.000	1.000	1.000	1.000	1.000	1.000	1.000	1.000
0.2	0.987	0.990	0.991	0.992	0.992	0.992	0.993	0.993	0.993	0.993	0.993	0.993	0.993
0.4	0.936	0.947	0.953	0.956	0.958	0.960	0.961	0.962	0.962	0.963	0.963	0.963	0.963
0.6	0.858	0.878	0.890	0.898	0.903	0.906	0.910	0.912	0.913	0.914	0.914	0.915	0.915
0.8	0.775	0.801	0.810	0.831	0.839	0.844	0.851	0.855	0.857	0.858	0.859	0.860	0.860

续表

Z/B	L/B											
	1.0	1.2	1.4	1.6	1.8	2.0	2.4	2.8	3.2	3.6	4.0	5.0	>10
1.0	0.689	0.738	0.749	0.764	0.775	0.783	0.792	0.798	0.801	0.803	0.804	0.806	0.807
1.2	0.631	0.663	0.868	0.703	0.715	0.725	0.737	0.744	0.749	0.752	0.754	0.756	0.758
1.4	0.573	0.605	0.629	0.648	0.661	0.672	0.687	0.696	0.701	0.705	0.708	0.711	0.714
1.6	0.524	0.556	0.580	0.599	0.613	0.625	0.614	0.651	0.658	0.663	0.666	0.670	0.675
1.8	0.482	0.513	0.537	0.556	0.571	0.583	0.600	0.611	0.619	0.624	0.629	0.633	0.638
2.0	0.446	0.475	0.499	0.518	0.533	0.545	0.563	0.575	0.584	0.590	0.594	0.600	0.606
2.2	0.414	0.443	0.466	0.484	0.499	0.511	0.530	0.543	0.552	0.558	0.563	0.570	0.577
2.4	0.387	0.414	0.436	0.454	0.469	0.481	0.500	0.513	0.523	0.530	0.535	0.543	0.551
2.6	0.362	0.389	0.410	0.428	0.442	0.455	0.473	0.487	0.496	0.504	0.509	0.518	0.528
2.8	0.341	0.366	0.387	0.404	0.418	0.430	0.449	0.463	0.472	0.480	0.486	0.495	0.506
3.0	0.322	0.346	0.366	0.383	0.397	0.409	0.427	0.441	0.451	0.459	0.465	0.477	0.487
3.2	0.305	0.328	0.348	0.364	0.377	0.389	0.407	0.420	0.431	0.439	0.445	0.455	0.468
3.4	0.289	0.312	0.331	0.346	0.359	0.371	0.388	0.402	0.412	0.420	0.427	0.437	0.452
3.6	0.276	0.297	0.315	0.330	0.343	0.353	0.372	0.385	0.395	0.403	0.410	0.421	0.436
3.8	0.263	0.284	0.301	0.316	0.328	0.339	0.356	0.369	0.379	0.388	0.394	0.405	0.422
4.0	0.251	0.271	0.288	0.302	0.314	0.325	0.342	0.355	0.365	0.373	0.379	0.391	0.408
4.2	0.241	0.260	0.276	0.290	0.300	0.312	0.328	0.341	0.352	0.359	0.366	0.377	0.396
4.4	0.231	0.250	0.265	0.278	0.290	0.300	0.316	0.329	0.339	0.347	0.353	0.365	0.384
4.6	0.222	0.240	0.255	0.268	0.279	0.289	0.305	0.317	0.327	0.335	0.341	0.353	0.373
4.8	0.214	0.231	0.245	0.258	0.269	0.279	0.294	0.300	0.316	0.324	0.330	0.342	0.362
5.0	0.206	0.223	0.237	0.249	0.260	0.269	0.284	0.296	0.306	0.313	0.320	0.332	0.352

注 L、B 为矩形的长边与短边，Z 为基底以下的深度。

如确定的计算深度下部仍有较软土层时，应继续计算。

当无相邻荷载影响，基础宽度在 $1 \sim 30m$ 范围内时，基础中点的地基变形计算深度也可按下列简化公式计算：

$$Z_n = b(2.5 - 0.4\ln b) \tag{5-2-13}$$

式中 b——基础宽度，m。

在计算深度范围内存在基岩时，Z_n 可取至基岩表面；当存在较厚的坚硬黏性土层，其孔隙比小于 0.5、压缩模量大于 50MPa，或存在较厚的密实砂卵石层，其压缩模量大于 80MPa 时，Z_n 可取至该层土表面。

计算地基变形时，应考虑相邻荷载的影响，其值可按应力叠加原理，采用角点法计算。

现将按《建筑地基基础设计规范》（GB 50007—2017）方法计算基础沉降量的计算步骤总结如下。

(1) 计算基底附加应力。
(2) 将地基土按压缩性分层（即按 E_s 分层）。
(3) 计算各分层的沉降量。
(4) 确定沉降计算深度。
(5) 计算基础总沉降量。

【例 5-2-1】 某中心受压柱基础，已知基底压力 $p=220\text{kPa}$，地基承载力特征值 $f_{ak}=190\text{kPa}$，其他条件如图 5-2-6 所示，试用规范法计算基础的沉降量。

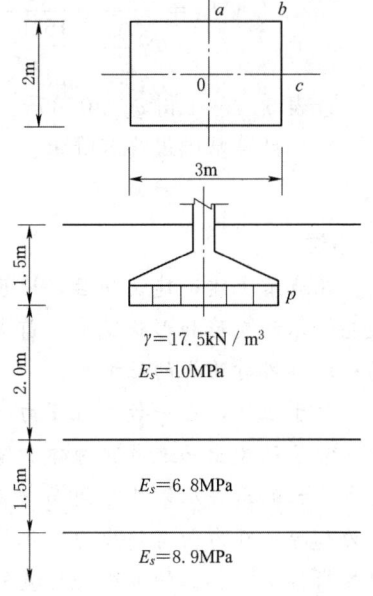

图 5-2-6 ［例 5-2-1］图

【解】
(1) 计算基底附加压力。

$$p_0 = p - \sigma_{cz} = 220 - 17.5 \times 1.5 = 193.75 (\text{kPa})$$

(2) 将地基土按压缩性分层。

试取 $Z_n=4.3\text{m}$，查表 5-2-3 知 $\Delta Z=0.3\text{m}$，分层厚度见表 5-2-4。

表 5-2-3 ΔZ 取 值 表

b/m	≤2	2~4	4~8	8~15	15~30	>30
$\Delta z/\text{m}$	0.3	0.6	0.8	1.0	1.2	1.5

(3) 计算各分层的沉降量，计算过程见表 5-2-4。

(4) 确定计算深度。

由表 5-2-4 可知，$\sum\limits_{i=1}^{4}\Delta s_i = 29.36+12.35+1.85+0.96 = 44.53(\text{mm})$

$$\Delta s'_n = 0.96\text{mm} \leqslant 0.025\sum\limits_{i=1}^{4}\Delta s_i = 0.025 \times 44.53 = 1.11(\text{mm})$$

故计算深度 $Z_n=4.3\text{m}$ 满足要求。

表 5-2-4   ［例 5-2-1］计算过程

z_i	$n=l/b$	$m=z/b$	$\overline{\alpha_i}$	$\overline{\alpha_i}z_i$	$\overline{\alpha_i}z_i - \overline{\alpha_{i-1}}z_{i-1}$	E_{si}	Δs_i
0	1.5	0	0.2500	0			
2000	1.5	2.0	0.1894	1515.2	1515.2	10000	29.36
3500	1.5	3.5	0.1392	1948.8	433.6	6800	12.35
4000	1.5	4.0	0.1271	2033.6	84.8	8900	1.85
4300	1.5	4.3	0.1208	2077.7	44.1	8900	0.96

(5) 确定沉降计算经验系数。

$$\overline{E_s} = \frac{\sum A_i}{\sum \dfrac{A_i}{E_{si}}} = \frac{1515.2+433.6+84.8+44.2}{\dfrac{1515.2}{10}+\dfrac{433.6}{6.8}+\dfrac{84.8}{8.9}+\dfrac{44.2}{8.9}} = 9.04(\text{MPa})$$

查表 5-2-1 得 $\psi_s = 0.85$。

(6) 计算基础最终沉降量。

$$S = \psi_s s' = 0.85 \times 44.53 = 37.85(\text{mm})$$

❖ **小结**

在地基上建造建筑物后，地基土将在附加应力作用下产生新的变形，这种变形一般包括体积变形和形状变形。前者通常表现为体积缩小，而这种在外力作用下土体积缩小的特性称为土的压缩性。

对于土体，在一般工程压力（100~600kPa）作用下，土的变形主要是由于孔隙水和空气的排出而造成孔隙体积缩小而引起的。其排水与压缩过程需要一定时间才能完成，土的这种压缩随时间而增长的过程称为土的固结。饱和黏性土的渗透固结，实际为孔隙水压力向有效应力转化的过程。本章在侧限压缩试验的基础上介绍了土的压缩性指标及计算土的最终变形量的理论和规范方法。

❖ **知识训练**

一、选择题

1. 图中自重应力分布线正确的是（　　）。

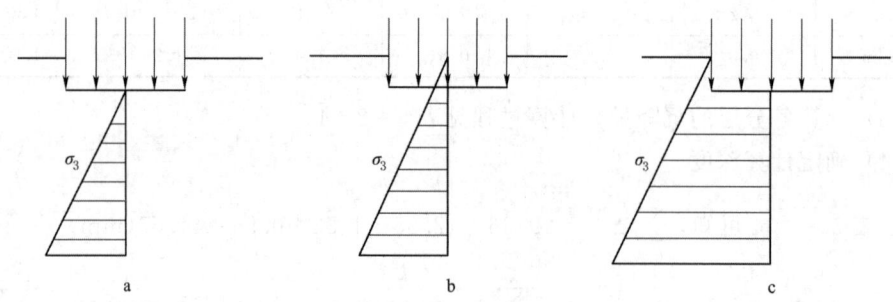

2. 当 $e < L/6$ 时，基地压力呈（　　）分布。
   A. 三角形　　　　　B. 梯形　　　　　C. 均匀
3. 条形基础水平荷载作用下，基础中心点下土中附加应力系数为（　　）。
   A. 0　　　　　　　B. 0.5　　　　　　C. 1.0
4. 条形基础水平荷载作用下，箭头一侧的边下土中附加应力为（　　）。
   A. 0　　　　　　　B. 压力　　　　　　C. 拉力
5. 关于土的压缩系数的说法错误的是（　　）。
   A. 土的压缩曲线平缓，压缩系数较小，土的压缩性较低
   B. 土的压缩系数是无量纲的
   C. 工程上常采用压缩系数 a_{1-2} 来判别土的压缩性
6. 关于土的压缩模量的说法正确的是（　　）。

A. 土的压缩曲线越陡，压缩模量越大

B. 土的压缩模量越大，土的压缩性越高

C. 土的压缩模量与压缩系数成反比

7. 下列指标中，数值越大，表明土的压缩性越小的指标是（　　）。

A. 压缩系数　　　　　　B. 压缩指数　　　　　　C. 压缩模量

8. 关于土的压缩指数的说法正确的是（　　）。

A. 土的压缩指数越大，土的压缩性越低

B. 土的压缩指数是有量纲的

C. 压缩指数可以在 $e-\lg p$ 曲线上得到

9. 已知某土层的压缩系数为 $2MPa^{-1}$，则该土属于（　　）。

A. 低压缩性土　　　　　B. 中压缩性土　　　　　C. 高压缩性土

10. 关于土的压缩性的说法不正确的是（　　）。

A. 土的压缩主要是由于水和气体的排出所引起的

B. 土的压缩主要是土中孔隙体积的减小引起的

C. 土体的压缩量不会随时间的增长而变化

❖ **技能训练**

1. 如图某地基土层剖面，各层土的厚度及重度见图，试绘制土的自重应力分布图。

2. 已知某矩形基础，长度4m，基础埋深2.0m，埋深范围内土的容重18kN/m³，饱和容重20kN/m³，地下水位距离地面1m。若上部作用集中中心荷载为1200kN时，求基底附加压力。

3. 已知某矩形基础，长度4m，宽度2m，上部作用集中中心荷载为1200kN，求基础中心点下4m处土的竖向附加应力值。

4. 如图所示形状基础，其上作用着均布荷载 $p=140kPa$，试求图中 A 点以下6m深处的附加应力 σ_z。

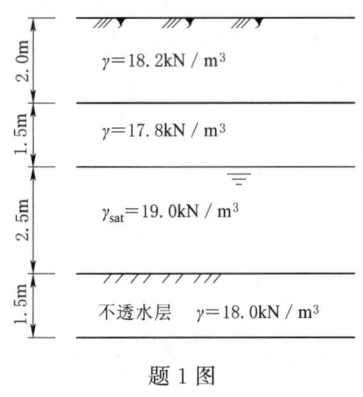

题1图

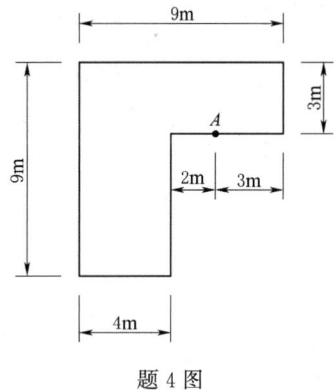

题4图

5. 对一土样做压缩试验，已知试验土样的天然重度 $\gamma=18.2kN/m^3$，天然含水率 $w=38\%$，土粒比重 $G_s=2.75$，试样高度 $H=20mm$，试样在各级荷载作用下压缩稳定后的总变形量如下表所示，试绘制 $e-p$ 曲线并求压缩系数及评定土的压缩性大小。

各级荷载作用下压缩稳定后的总变形量

压力 p/kPa	0	50	100	200	300	400
试样总变形量 $\sum \Delta H_i$/mm	0	0.926	1.308	1.886	2.310	2.564

6. 已知矩形基础底宽 2.0m，长度 4.0m，埋深 1.5m，所受上部集中中心荷载 960kN，地基土为粉质黏土，土的天然容重为 18kN/m³，压缩模量为 6MPa，地基承载力标准值为 160kPa，请用规范法求基础中点下最终沉降量。

项目六 地基强度稳定性分析

【项目知识目标】
1. 了解土的抗剪强度概念及地基破坏的基本类型和特点。
2. 理解库仑定律的表达式及含义。
3. 掌握利用土的极限平衡条件判别土体状态的方法。
4. 掌握土的抗剪强度的测定方法和地基承载力的确定方法。

导学：项目六

【项目技能目标】
能利用抗剪强度的基本理论和试验方法，解决实际工程中土的强度和稳定问题。

任务一 土中某点强度稳定性判别

❖ 任务导入

土的抗剪强度是指土体对于外荷载所产生的剪应力的极限抵抗能力。在外荷载作用下，土体中将产生剪应力和剪切变形，当土中某点由外力所产生的剪应力达到土的抗剪强度时，土就沿着剪应力作用方向产生相对滑动，该点便发生剪切破坏。剪切破坏是土体强度破坏的重要特点。因此，土的强度问题实质上就是土的抗剪强度问题。

课程思政

在工程实践中，与土的抗剪强度直接相关的工程问题主要有3类（图6-1-1）：一是土作为建筑材料构成的土工构筑物的稳定性问题，如土坝、路堤等填方边坡出现滑坡、基坑边坡产生坍塌等[图6-1-1（a）]；二是土作为工程构筑物的环境的问题，即土压力问题，如挡土墙、地下结构等的周刚土体，它的强度破坏将造成对墙体过大的侧向土压力，以至于可能导致这些工程构筑物产生倾覆或滑动等破坏事故[图6-1-1（b）]；三是土作为建筑物地基的承载力问题，如果建筑物下的地基土产生整体滑动或局部剪切破坏而导致较大的地基变形，都会造成上部结构的破坏或影响其正常使用[图6-1-1（c）]。因此，为了进行地基承载力计算、边坡稳定分析、挡土结构上土压力的估算、基坑支护设计、地基稳定性评价等，都需要认真研究土的抗剪强度。

土中任一点的应力状态

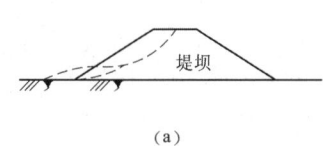
(a)

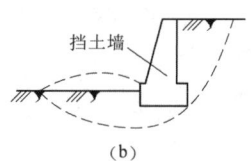
(b)

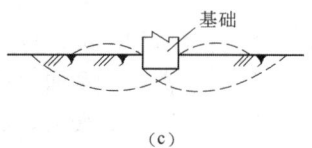
(c)

图6-1-1 土体的剪切破坏现象

❖ 任务目标
1. 掌握库仑定律和土的极限平衡理论,熟悉抗剪强度的影响因素。
2. 能熟练利用土的极限平衡条件判别土体状态

一、库仑定律
(一) 抗剪强度的库仑定律

早期的土力学研究及解决与土有关的工程问题是将土的强度问题和变形问题分开考虑,相应的试验仪器是直剪仪和侧限压缩仪。

直剪仪是土力学中最古老的仪器之一,200多年前,法国学者库仑就用它进行土的强度试验,建立了土强度的库仑公式。其示意图如图6-1-2所示。其试验设备和原理十分简单:试样放在剪切盒中,它在一水平面上被分为上、下盒,一半固定,另一半或推或拉以产生水平位移。上部通过刚性加载帽施加正的竖向荷载 P。试验过程中竖向荷载一般不变,可量测水平向剪切荷载、水平位移和试样垂直变形。根据剪切面的面积 A,可计算出剪切面上的正应力 $\sigma=P/A$,当水平力增至 T 时,土样发生剪切破坏,此时极限剪应力 $\tau=T/A$,即为土样在垂直压应力 σ 作用下的抗剪强度 τ_f。

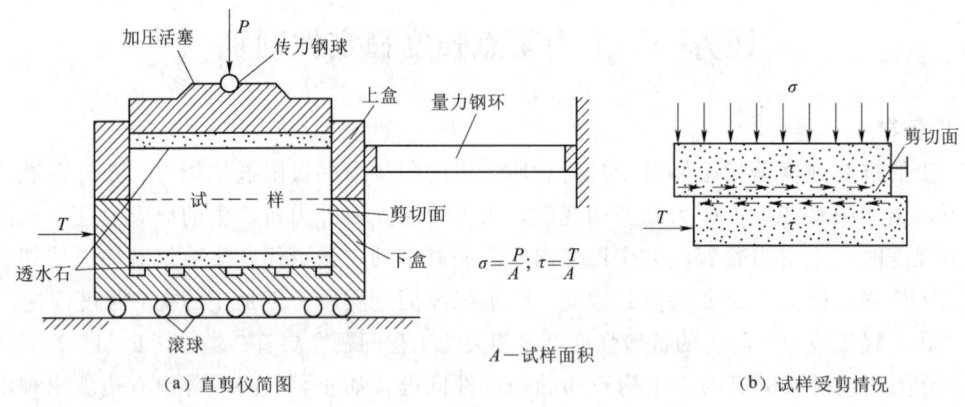

图 6-1-2 直接剪切仪示意图

为了解土的抗剪强度随垂直压应力的变化规律,试验时可取 4 个相同试样,在不同的垂直压应力下剪切,这样,对应于不同的垂直压应力 σ_1、σ_2、σ_3、σ_4,可以得到相应的抗剪强度 τ_{f1}、τ_{f2}、τ_{f3}、τ_{f4}。将试验结果绘制成 τ_f-σ 关系曲线,该曲线即为抗剪强度线,如图 6-1-3 所示。

τ_f-σ 关系曲线称抗剪强度线,其表达式为

砂土 $\qquad\qquad\qquad\qquad \tau_f = \sigma \tan\varphi \qquad\qquad\qquad (6-1-1)$

黏性土 $\qquad\qquad\qquad \tau_f = \sigma \tan\varphi + c \qquad\qquad\qquad (6-1-2)$

式中 τ_f——土的抗剪强度,kPa;
$\qquad \sigma$——剪切滑动面上的法向应力,kPa;
$\qquad c$——土的黏聚力,kPa;
$\qquad \varphi$——土的内摩擦角,(°)。

上式由库仑提出,故称为库仑定律。它表明在一般应力水平下,土的抗剪强度与

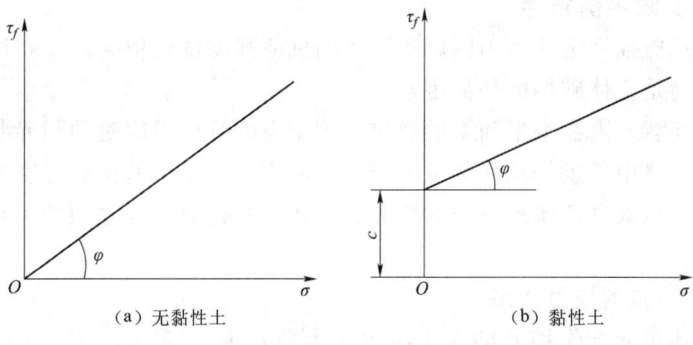

图 6-1-3 抗剪强度与垂直压应力的关系曲线

滑动面上的法向应力之间呈直线关系。这一基本关系式能满足一般工程的精度要求，是目前研究土的抗剪强度的基本定律。

上述土的抗剪强度表达式中采用的法向应力为总应力 σ，称为总应力表达式。根据有效应力原理，土中某点的总应力 σ 等于有效应力 σ' 和孔隙水压力 u 之和，即 $\sigma = \sigma' + u$。

若法向应力采用有效应力 σ'，则可以得到如下抗剪强度的有效应力表达式：

$$\tau_f = c' + \sigma' \tan\varphi' \tag{6-1-3}$$

或

$$\tau_f = c' + (\sigma - u) \tan\varphi' \tag{6-1-4}$$

式中 c'、φ'——有效黏聚力和有效内摩擦角，统称为有效应力抗剪强度指标。

(二) 土的抗剪强度的构成及抗剪强度指标

由土的抗剪强度可以看出，土的抗剪强度由土的内摩擦力 $\sigma\tan\varphi$ 和黏聚力 c 两部分组成，φ 和 c 是土的抗剪强度指标。砂土一般无黏聚力，只有内摩擦力，砂土的颗粒较粗，砂粒之间的摩擦和咬合作用构成砂土的摩擦力，因此砂土的内摩擦角 φ 与它的颗粒级配、密实度及含水率等因素有关。黏性土的黏聚力主要来源是土粒间的分子引力和土粒间化合物胶结。其中土粒间的分子引力称为原始黏聚力，土粒间化合物胶结称为固化黏聚力。原始黏聚力随土的压密、土粒间距离减小而增大；土粒间固化黏聚力随胶结物的结晶和硬化而增强，当土的结构破坏，固化黏聚力即消失，且不能恢复，故在地基施工开挖时，应尽可能不要扰动地基土的天然结构。

6-1-3
土的抗剪强度
理论——科学
精神

抗剪强度指标 φ、c 不仅与土的性质有关，而且与测定方法有关。同一种土体在不同条件下测出的强度指标也有所不同，但同一种土用同一种方法测定的强度指标基本相同，因此，谈到强度指标 φ 和 c 时，应注明它的试验条件。

砂土的内摩擦角 φ 变化范围不是很大，中砂、粗砂、砾砂一般为 $\varphi = 32° \sim 40°$；粉砂、细砂一般为 $\varphi = 28° \sim 36°$。孔隙比越小，φ 越大，但含水饱和的粉砂、细砂很容易失去稳定，因此对其内摩擦角的取值宜慎重，有时规定取 $\varphi = 20°$ 左右。黏性土的抗剪强度指标的变化范围很大，它与土的种类有关，并且与土的天然结构是否破坏、试样在法向压力下的排水固结程度及试验方法等因素有关。内摩擦角的变化范围大致为 $\varphi = 0° \sim 30°$；黏聚力则可从小于 10kPa 变化到 200kPa 以上。

二、土的极限平衡条件

如果说,抗剪强度定律从内因解决了土的抗剪强度变化情况,土在所受荷载作用下的应力状态则是土体破坏的外部因素。

土的极限平衡条件

当土体中任意一点在某平面上的剪应力等于土的抗剪强度时的临界状态称为极限平衡状态,当土体中任意一点在某一平面上的剪应力大于土的抗剪强度时的状态称为剪切破坏状态。极限平衡状态下土的应力状态和土的抗剪强度之间的关系,则称为土的极限平衡条件。

(一) 土中一点的应力状态

设某一土体单元上作用着的大、小主应力分别为 σ_1 和 σ_3,根据材料力学理论,此土体单元内与大主应力 σ_1 作用平面成 α 角的平面上的正应力 σ 和切应力 τ 可分别表示为

$$\begin{cases} \sigma = \frac{1}{2}(\sigma_1 + \sigma_3) + \frac{1}{2}(\sigma_1 - \sigma_3)\cos2\alpha \\ \tau = \frac{1}{2}(\sigma_1 - \sigma_3)\sin2\alpha \end{cases} \quad (6-1-5)$$

上述关系也可用直角坐标系中直径为 $(\sigma_1 - \sigma_3)$、圆心坐标为 $\left(\dfrac{\sigma_1 + \sigma_3}{2}, 0\right)$ 的摩尔应力圆上一点的坐标大小来表示,如图 6-1-4 中 A 点。

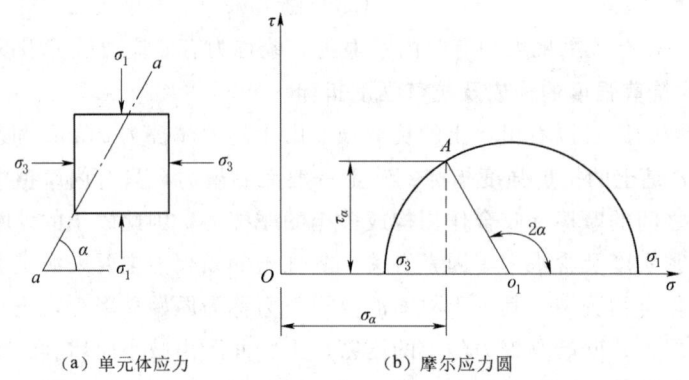

(a) 单元体应力   (b) 摩尔应力圆

图 6-1-4 土中应力状态

(二) 土中应力与土的平衡状态

将抗剪强度包线与摩尔应力圆画在同一个坐标图上,观察应力圆与抗剪强度包线之间的位置关系,如图 6-1-5 所示。随着土中应力状态的改变,应力圆与强度包线之间的位置关系将发生 3 种变化,土中也将出现相应的 3 种平衡状态。

(1) 当整个摩尔应力圆位于抗剪强度包线的下方时,表明通过该点的任意平面上的切应

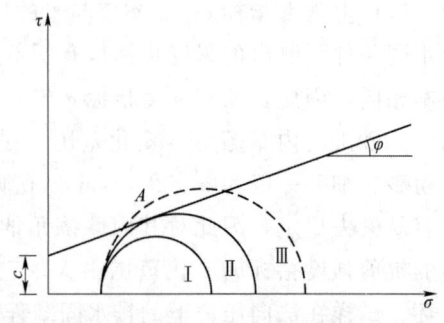

图 6-1-5 土中应力与土的平衡状态

力都小于土的抗剪强度，此时该点处于稳定平衡状态，不发生剪切破坏。

（2）当摩尔应力圆与抗剪强度包线相切时（切点如图 6-5 中的 A 点），表明在相切点所代表的平面上，切应力正好等于土的抗剪强度，此时该点处于极限平衡状态，相应的应力圆称为极限应力圆。

（3）当摩尔应力圆与抗剪强度包线相割时，表明该点某些平面上的切应力已超过了土的抗剪强度，此时该点已发生剪切破坏（由于此时地基应力将发生重分布，事实上该应力圆所代表的应力状态并不存在）。

（三）土的极限平衡条件

根据应力圆与抗剪强度线相切时的几何关系，可建立土的极限平衡条件如下。

$$\sin\varphi = \frac{\sigma_1 - \sigma_3}{2c\cot\varphi + \sigma_1 + \sigma_3} \qquad (6-1-6)$$

经三角函数变换得

$$\sigma_1 = \sigma_3 \tan^2\left(45° + \frac{\varphi}{2}\right) + 2c\tan\left(45° + \frac{\varphi}{2}\right) \qquad (6-1-7)$$

或

$$\sigma_3 = \sigma_1 \tan^2\left(45° - \frac{\varphi}{2}\right) - 2c\tan\left(45° - \frac{\varphi}{2}\right) \qquad (6-1-8)$$

土的极限平衡条件同时表明，土体剪切破坏时的破裂面不是发生在最大剪应力 τ_{max} 的作用面上，而是发生在与最大主应力的作用面成 $\left(45° + \frac{\varphi}{2}\right)$ 的平面上。

（四）土的极限平衡条件的应用

土的极限平衡条件常用来评判土中某点的平衡状态，具体方法是根据实际最小主应力 σ_3 及土的极限平衡条件式 [式（6-1-7）]，可推求土体处于极限平衡状态时所能承受的最大主应力 σ_{1f}，或根据实际最大主应力 σ_1 及土的极限平衡条件式 [式（6-1-8）]，推求出土体处于极限平衡状态时所能承受的最小主应力 σ_{3f}，再通过比较计算值与实际值即可评判该点的平衡状态：

（1）当 $\sigma_1 < \sigma_{1f}$ 或 $\sigma_3 > \sigma_{3f}$ 时，土体中该点处于稳定平衡状态；

（2）当 $\sigma_1 = \sigma_{1f}$ 或 $\sigma_3 = \sigma_{3f}$ 时，土体中该点处于极限平衡状态；

（3）当 $\sigma_1 > \sigma_{1f}$ 或 $\sigma_3 < \sigma_{3f}$ 时，土体中该点处于破坏状态。

【例 6-1-1】 土样内摩擦角为 $\varphi = 23°$，黏聚力为 $c = 18\text{kPa}$，土中大主应力和小主应力分别为 $\sigma_1 = 300\text{kPa}$，$\sigma_3 = 120\text{kPa}$，试判断该土样是否达到极限平衡状态？

【解】 应用土的极限平衡条件，可得土体处于极限平衡状态时，当大主应力 $\sigma_1 = 300\text{kPa}$ 时所对应的小主应力计算值 σ_{3f} 为

$$\begin{aligned}\sigma_{3f} &= \sigma_1 \tan^2\left(45° - \frac{\varphi}{2}\right) - 2c\tan\left(45° - \frac{\varphi}{2}\right) \\ &= 300 \times \tan^2\left(45° - \frac{23°}{2}\right) - 2 \times 18 \times \tan\left(45° - \frac{23°}{2}\right) \\ &= 107.6 \text{ (kPa)}\end{aligned}$$

计算结果表明 $\sigma_3 > \sigma_{3f}$，可判定该土样处于稳定平衡状态。上述计算也可以根据

实际最小主应力 σ_3 计算 σ_{1f} 的方法进行。采用应力圆与抗剪强度包络线相互位置关系来评判的图解法也可以得到相同的结果。

❖ 小结

土的抗剪强度理论是研究与计算地基承载力和分析地基承载稳定性的基础。土的抗剪强度可以采用库仑公式表达，基于摩尔-库仑强度理论导出的土的极限平衡条件是判定土中一点平衡状态的基准。

任务二　地基土强度稳定性分析

❖ 任务导入

课程思政

加拿大特朗斯康谷仓平面呈矩形，长 59.44m，宽 23.47m，高 31.0m。容积 36368m³。谷仓为圆筒仓，每排 13 个圆筒仓，共 5 排 65 个圆筒仓组成。谷仓的基础为钢筋混凝土筏基，厚 61cm，基础埋深 3.66m。谷仓于 1911 年开始施工，1913 年秋完工。谷仓自重 20000t，相当于装满谷物后满载总重量的 425%。1913 年 9 月起往谷仓装谷物，仔细地装载，使谷物均匀分布、10 月当谷仓装了 31822m³ 谷物时，发现 1h 内垂直沉降达 30.5cm。结构物向西倾斜，并在 24h 间谷仓倾倒，倾斜度离垂线达 26°53′，谷仓西端下沉 7.32m，东端上抬端下沉 7.32m，东端上抬 1.52m。事故发生后，经调查总结，加拿大特朗斯康谷仓发生地基滑动强度破坏的主要原因：对谷仓地基土层事先未作勘察、试验与研究，而是根据临近结构物基槽开挖实验结果，计算得到地基承载力 352kPa，应用到此谷仓。地基实际承载力为 194~277kPa，远小于谷仓破坏时的压力 3294kPa，地基因超载发生强度破坏而整体失稳。

可见，地基承载力是沿途工程勘察设计中的重要参数，正确确定地基土承载力值，是确保建筑物安全稳定的关键。

❖ 任务目标

1. 掌握土的直剪试验和三轴剪切试验方法，了解土的无侧限抗压强度试验及原位十字板剪切试验方法。
2. 能叙述地基容许承载力的含义，了解地基的主要破坏模式。
3. 能应用规范公式确定地基承载力容许值。

一、土的抗剪强度指标的测定

测定土的抗剪强度指标的试验方法主要有室内剪切试验和现场剪切试验两大类，室内剪切试验常用的方法有直接剪切试验、三轴剪切试验等，现场剪切试验常用的方法主要有十字板剪切试验。

土的直剪试验

（一）直接剪切试验

直剪试验使用的仪器称直剪仪，按加荷方式分为应变式和应力式两类。前者是以等速推动剪切盒使土样受剪，后者则是分级施加水平剪力于剪力盒使土样受剪。目前我国普遍应用的是应变式直剪仪，如图 6-2-1 所示。

试验开始前将金属上盒和下盒的内圆腔对正，把试样置于上下盒之间。通过传压

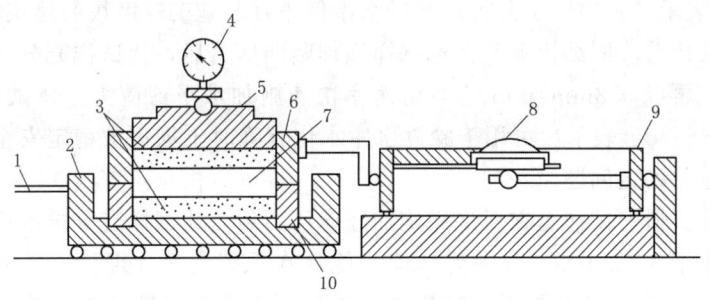

图 6-2-1 应变控制式直剪仪构造示意图
1—轮轴;2—底座;3—透水石;4—垂直变形量表;5—活塞;6—上盒;7—土样;
8—水平位移量表;9—量力环;10—下盒

板和滚珠对土样先施加垂直法向应力 $\sigma=p/F$（F 为土样的横截面积），然后再以规定的速率等速转动手轮对下盒施加水平推力 T，使土样沿上下盒水平接触面发生剪切位移直至破坏。在剪切过程中，每隔一定的时间间隔，测记相应的剪切变形，求出施加于试样截面的剪应力值。根据结果，即可绘制在一定法向应力条件下的土样剪切位移 Δl 与剪应力 τ_f 的对应关系 [图 6-2-2（a）]。

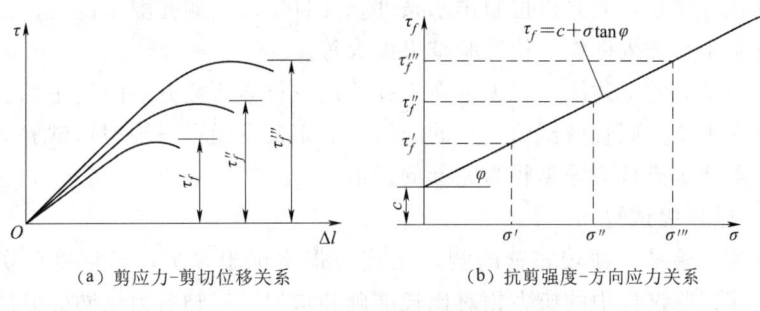

（a）剪应力-剪切位移关系　　（b）抗剪强度-方向应力关系

图 6-2-2 直剪试验成果曲线

整理剪切试验的资料，当剪应力-剪切位移曲线出现峰值时 [图 6-2-2（a）]，取峰值剪应力为破坏时的剪应力 τ_f（即抗剪强度）；当无峰值时可取对应于剪切位移 $\Delta l=4mm$ 时的剪应力作为 τ_f。同一种土的几个不同土样分别施加不同的垂直法向应力 σ 做直剪试验都可得到相应的剪应力-剪切位移曲线 [图 6-2-2（a）]，根据这些曲线求出相应于不同的法向应力 σ 试样剪坏时剪切面上的剪应力 τ_f。在直角坐标 $\sigma-\tau$ 关系图中可以作出破坏剪应力的连线 [图 6-2-2（b）]。在一般情况下，这个连线是线性的，称为抗剪强度线。该线与纵坐标轴的截距 c，就是土的黏聚力，该线与横坐标轴的夹角 φ，就是土的内摩擦角。

在直接剪切试验中，不能量测孔隙水压力，也不能控制排水，所以只能以总应力法来表示土的抗剪强度。但是为了考虑固结程度和排水条件对抗剪强度的影响，根据加荷速率的快慢将直剪试验划分为快剪、固结快剪和慢剪 3 种试验类型。

（1）快剪。快剪试验是在对试样施加垂直压力后，立即以 0.8mm/min 的剪切速率快速施加剪应力，使试样剪切破坏，一般从加荷到土样剪坏只用 3～5min，强度指

标用 c_q、φ_q 表示。主要用于分析地基排水条件不好、施工速度快的建筑物地基。

（2）固结快剪。固结快剪是在对试样施加竖向压力后，让试样充分排水固结，待沉降稳定后，再以 0.8mm/min 的剪切速率快速施加水平剪应力，使试样剪切破坏，强度指标用 c_{cq}、φ_{cq} 表示。可用于验算水库水位骤降时土坝边坡稳定安全系数或使用期建筑物地基的稳定问题。

（3）慢剪。慢剪试样是在对试样施加竖向压力后，让试样充分排水固结，待沉降稳定后，以小于 0.02mm/min 的剪切速率施加水平剪应力，直至试样剪切破坏，强度指标用 c_s、φ_s 表示。通常用于分析透水性较好、施工速度较慢的建筑物地基的稳定性。

由上述试验方法可知，即使在同一垂直压力作用下，由于试验时的排水条件不同，故作用在受剪面积上的有效应力也不同，所以测得的抗剪强度指标也不同。在一般情况下，$\varphi_s > \varphi_{cq} > \varphi_q$。

直剪试验具有设备简单、土样制备及试验操作方便等优点，因而至今仍为国内一般工程所广泛使用。但也存在不少缺点，主要有：剪切面人为地限定在上下盒之间的平面，而不是沿土样最薄弱的面剪切破坏；剪切面上剪应力分布不均匀，且竖向荷载会发生偏心；在剪切过程中，土样剪切面积逐渐缩小，而在计算抗剪强度时仍按土样的原截面面积计算；不能严格控制排水条件，并且不能量测孔隙水压力；试验时上下盒之间的缝隙中易嵌入砂粒，使试验结果偏大等。

由于直剪试验的上述缺点，无论在工程适用或科学研究方面的使用都受到很大的限制。因此，为了克服直剪试验存在的问题，后来又发展了三轴剪切试验方法，三轴剪切仪是目前测定土抗剪强度较为完善的仪器。

（二）三轴压缩试验

三轴压缩试验是一种较完善的测定土抗剪强度试验方法，与直接剪切试验相比较，三轴压缩试验试样中的应力相对比较准确和均匀。三轴剪力仪同样分应变控制式和应力控制式两种。应变式三轴剪切仪由压力室、轴向加压系统、周围压力系统和孔隙水压力量测系等构成。目前，较先进的三轴剪切仪还配备有自动化控制、电测和数据自动采集系统等。

应变式三轴剪切仪的构造简图如图 6-2-3 所示。其核心部分是压力室，它是由一个金属活塞、底座和透明有机玻璃圆筒组成的封闭容器；轴向加压系统用以对试样施加轴向附加压力，并可控制轴向应变的速率；周围压力系统则通过液体（通常是水）对试样施加周围压力；试样为圆柱形，并用橡皮膜包裹起来，以使试样中的孔隙水与膜外压力水完全隔开。试样中的孔隙水通过其底部的透水面与孔隙水压力量测系统连通，并由孔隙水压力阀门控制。

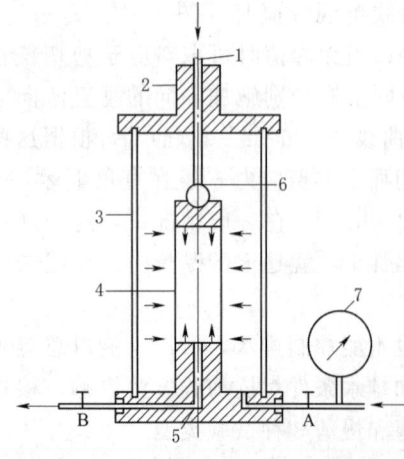

图 6-2-3　三轴剪切仪压力室示意图
1—竖向加荷活塞；2—顶盖；3—有机玻璃圆筒

试验时，先打开周围压力系统阀门，使试样各向受周围压力 σ_3，并维持不变，然后由轴压系统通过活塞对试样施加轴向附加压力（称为偏应力）。试验过程中，不断增大而 σ_3 维持不变，试样的轴向应力（大主应力）也不断增大，其莫尔圆应力亦逐渐扩大至极限应力圆，试样最终被剪破。极限应力圆可由试样剪破时的和作出。

在给定的周围压力作用下，一个试样的试验只能得到一个极限应力圆。一种土样至少需要 3 个以上试样在不同的作用下进行试验，方能得到一组极限应力圆，绘极限应力圆的公切线，即为该土样的抗剪强度包线。它通常呈直线状，与横坐标的夹角即为土的内摩擦角 φ，与纵坐标的截距即为土的黏聚力 c，如图 6-2-4 所示。

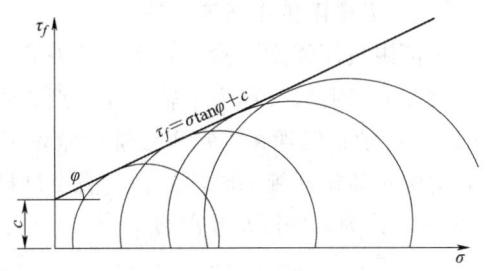

图 6-2-4 三轴剪切试验

三轴压缩试验可根据工程目的的不同，采用不同的排水条件进行试验。在试验中，既能使试样沿轴向压缩，也能令其沿轴向伸长。通过试验，还可测定试样的应力、应变、体积应变、孔隙水压力变化和静止侧压力系数等。如试样的轴向应变可根据其轴向位移量和试样高度算得；试样的侧向应变可根据其体积变化量和轴向应变间接算得；对饱和试样而言，试样在试验过程中的排水量即为其体积变化量。排水量可通过打开排水阀门，让试样中的水排入量水管，并由量水管中水位的变化算出。在不排水条件下，如要测定试样中的孔隙水压力，可关闭排水阀，打开孔隙水压力阀门，待试样施加轴向压力后，调整零位指示器的水银面始终保持原来的位置，从孔隙水压力表中即可读出孔隙水压力值，有的可直接从孔压传感器中显示。

三轴剪切仪由于土样和压力室均可分别形成各自的封闭系统（通过相关的管路和阀门），根据土样固结排水条件的不同，相应于直剪试验，三轴试验也可分为下列 3 种基本方法。

(1) 不固结不排水剪（UU 试验）。试样在施加周围压力和随后施加偏应力，直至剪坏的整个试验过程中都不允许排水，即从开始加压直至试样剪坏，土中的含水量始终保持不变，孔隙水压力也不会消散。UU 试验得到的抗剪强度指标用 c_u、φ_u 表示，这种试验方法所对应的实际工程条件，相当于饱和软黏土中快速加荷时的应力状况。

(2) 固结不排水剪（CU 试验）。在施加周围压力 σ_3 时，将排水阀门打开，允许试样充分排水，待固结稳定后关闭排水阀门，然后再施加偏应力，使试样在不排水的条件下剪切破坏。在剪切过程中，试样没有任何体积变形。若要在受剪过程中量测孔隙水压力，则要打开试样与孔隙水压力量测系统间的管路阀门。CU 试验得到的抗剪强度指标用 c_{cu}、φ_{cu} 表示，其适用的实际工程条件为一般正常固结土层在工程竣工或在使用阶段受到大量、快速的活荷载或新增荷载的作用下所对应的受力情况，在实际工程中经常采用这种试验方法。

(3) 固结排水剪（CD 试验）。在施加周围压力及随后施加偏应力直至剪坏的整个试验过程中都将排水阀门打开,并给予充分的时间让试样中的孔隙水压力能够完全消散。CD 试验得到的抗剪强度指标用 c_d、φ_d 表示。

因三轴剪切试验的诸多优点,《建筑地基基础设计规范》(GB 50007—2017) 推荐采用本方法,特别是对于一级建筑物地基土应予采用。

(三) 无侧限抗压强度试验

无侧限抗压强度试验实际上是三轴剪切试验的一种特殊情况,即周围压力 $\sigma_3=0$ 的三轴试验,所以又称为单轴试验。无侧限抗压强度试验所使用的无侧限压力仪如图 6-2-5 所示,但现在也常用三轴仪做该试验,试验时,在不加任何侧向压力的情况下,对圆柱体试样施加轴向压力,直至试样剪切破坏为止。试样破坏时的轴向压力以 q_u 表示,称为无侧限抗压强度。

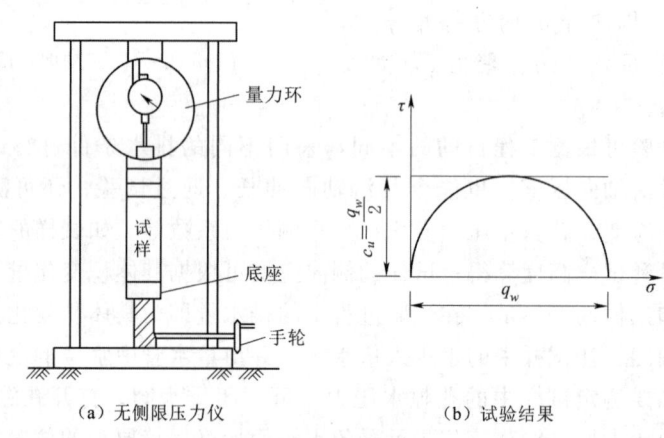

(a) 无侧限压力仪　　　　　(b) 试验结果

图 6-2-5 无侧限抗压强度试验

由于不能变动周围压力,因而根据试验结果,只能作一个极限应力圆,难以得到破坏包线,如图 6-2-5 (b) 所示。饱和黏性土的三轴不固结不排水试验结果表明,其破坏包线为一水平线,即 $\varphi_u=0$,因此,对于饱和黏性土的不排水剪切强度就可以利用无侧限抗压强度 q_u 来得到,即

$$\tau_f = c_u = q_u/2 \tag{6-2-1}$$

式中　τ_f——土的不排水抗剪强度,kPa;

　　　c_u——土的不排水黏聚力,kPa;

　　　q_u——无侧限抗压强度,kPa。

利用无侧限抗压强度试验可以测定饱和黏性土的灵敏度 S_t。土的灵敏度是以原状土的强度与同一土经重塑后(完全扰动但含水率不变)的强度之比来表示的,即

$$S_t = \frac{q_u}{q_u'} \tag{6-2-2}$$

式中　S_t——饱和黏性土的灵敏度;

　　　q_u——原状试样的无侧限抗压强度,kPa;

　　　q_u'——重塑试样的无侧限抗压强度,kPa。

土的灵敏度越高,其结构性越强,受扰动后土的强度降低就越多。黏性土受扰动而强度降低的性质，一般来说对工程建设是不利的，如在基坑开挖过程中，因施工可能造成土的扰动而使地基强度降低。

（四）十字板剪切试验

前面所介绍的 3 种试验方法都是室内测定土的抗剪强度的方法，这些试验方法都要求事先取得原状土样，但由于试样在采取、运送、保存和制备等过程中不可避免地会受到扰动，土的含水率也难以保持天然状态，特别是对于高灵敏度的黏性土，因此，室内试验结果对土的实际情况的反映就会受到不同程度的影响。十字板剪切试验是一种土的抗剪强度的原位测试方法，这种试验方法适合于现场测定饱和黏性土的原位不排水抗剪强度，特别适用于均匀饱和软黏土。

十字板剪切试验采用的试验设备主要是十字板剪力仪，构造如图 6-2-6 所示。十字板剪力仪通常由十字板头、扭力装置和量测装置三部分组成。试验时，先把套管打到要求测试深度以下 75cm，将套管内的土清除，再通过套管将安装在钻杆下的十字板压入土中至测试的深度。加荷是由地面上的扭力装置对钻杆施加扭矩，使埋在土中的十字板扭转，直至土体剪切破坏（破坏面为十字板旋转所形成的圆柱面）。

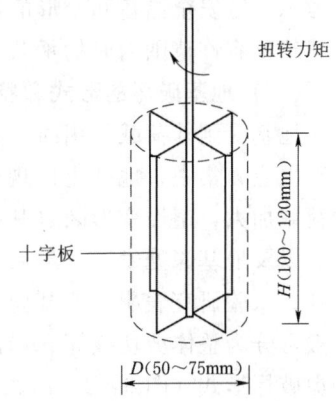

图 6-2-6 十字板剪切试验原理

设土体剪切破坏时所施加的扭矩为 M，则它应该与剪切破坏圆柱面（包括侧面和上下面）上土的抗剪强度所产生的抵抗力矩相等，即

$$M = \frac{1}{2}\pi D^2 H \tau_v + \frac{1}{6}\pi D^3 \tau_H \qquad (6-2-3)$$

式中 M——剪切破坏时的扭矩，kN·m；

τ_v，τ_H——剪切破坏时圆柱体侧面和上下面土的抗剪强度，kPa；

H——十字板的高度，m；

D——十字板的直径，m。

天然状态的土体是各向异性的，但实用上为了简化计算，假定土体为各向同性体，即 $\tau_v = \tau_H$，并记作 τ_+，则式（6-2-3）可写为

$$\tau_+ = \frac{2M}{\pi D^2 \left(H + \dfrac{D}{3}\right)} \qquad (6-2-4)$$

式中 τ_+——十字板测定的土的抗剪强度，kPa。

十字板剪切试验由于是直接在原位进行试验，不必取土样，故土体所受的扰动较小，被认为是比较能反映土体原位强度的测试方法，但如果在软土层中夹有薄层粉砂，则十字板试验结果就可能会偏大。

二、地基承载力

地基承受建筑物荷载的作用后，内部应力发生变化。一方面，附加应力引起地基土的变形，造成建筑物的沉降；另一方面，附加应力引起地基内土体的剪应力增加，

6-2-3
地基破坏形式及承载力概述

当某一点的剪应力达到土的抗剪强度时，这一点的土就处于极限平衡状态。若土体中某一区域内各点都达到极限平衡状态，就形成极限平衡区，或称为塑性区。如荷载继续增大，地基内极限平衡区的发展范围随之不断扩大，局部的塑性区发展成为连续贯穿到地面的整体滑动面。这时，基础下一部分土体将沿滑动面产生整体的滑动，称为地基失稳。如果这种情况发生，建筑物将发生严重的塌陷、倾斜等灾害性破坏。

地基承载力是指地基土单位面积所能承受荷载的能力，以 kPa 计。通常分为两种承载力：一种称为极限承载力，它是指地基不致失稳时地基土单位面积所能承受的最大荷载，也就是地基即将丧失稳定性时的承载力；另一种称为地基容许承载力，它是指考虑一定安全储备和变形的地基承载力，也就是地基稳定有足够的安全度并且变形在建筑物容许范围内时的承载力。

（一）地基破坏的形式和特点

地基受到外荷载作用时，首先在基础边缘产生应力集中，地基土出现塑性变形。随着荷载加大，塑性变形区自基础边缘向基底中心以及地基深处发展，最后造成地基失稳破坏。试验研究表明，地基剪切破坏的形式一般可分为整体剪切破坏、局部剪切破坏和冲剪破坏形式（图 6-2-7）。

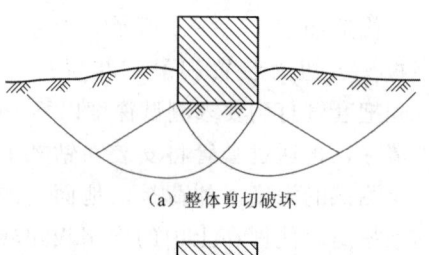
（a）整体剪切破坏

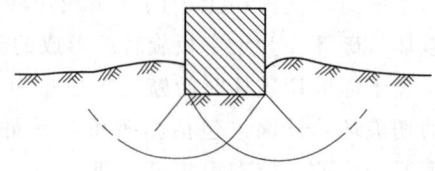
（b）局部剪切破坏

地基的破坏形式主要与土的压缩性有关，一般地说，对于密实砂土和坚硬黏土将出现整体剪切破坏，而对于压缩性比较大的松砂和软黏土，将可能出现局部剪切或冲剪破坏。此外，破坏形式还与基础埋深、加荷速率等因素有关。

（二）地基土整体剪切破坏的 3 个阶段

通过地基土现场载荷试验可得到其荷载 p 与沉降 s 的关系曲线即 p-s 曲线，从 p-s 曲线形态来看，地基整体剪切破坏的过程一般将经历如下 3 个阶段。

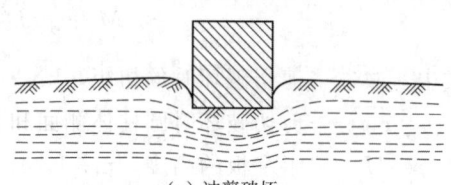
（c）冲剪破坏

图 6-2-7 地基的破坏形式

1. 压密阶段（或称线弹性变形阶段）

在这一阶段，p-s 曲线接近于直线，土中各点的剪应力均小于土的抗剪强度，土体处于弹性平衡状态。在这一阶段，荷载板的沉降主要是由于土的压密变形引起的，如图 6-2-8 中 p-s 曲线上的 Oa 段。通常将 p-s 曲线上相应于 a 点的荷载称为临塑荷载 p_{cr}（或比例界限荷载）。

2. 剪切阶段（或称弹塑性变形阶段）

在这一阶段 p-s 曲线已不再保持线性关系，沉降的增长率随荷载的增大而增加。在这个阶段，地基土中局部范围内（首先在基础边缘处）的剪应力达到土的抗剪强度，土体发生剪切破坏，这些区域也称塑性区。随着荷载的继续增加，土中塑性区的范围也逐步扩大，直到土中形成连续的滑动面。因此，剪切阶段也是地基中塑性区的发生与发展阶段。剪切阶段相当于图 6-2-8 中 $p-s$ 曲线上的 ab 段，而 b 点对应的荷载称为极限荷载 p_u（或地基极限承载力）。

3. 破坏阶段

当荷载超过极限荷载后，荷载板急剧下沉，即使不增加荷载，沉降也不能稳定，这表明地基进入了破坏阶段。在这一阶段，由于土中塑性区范围的不断扩展，最后在土中形成连续滑动面，土从载荷板四周挤出隆起，基础急剧下沉或向一侧倾斜，地基发生整体剪切破坏。破坏阶段相当于图 6-2-8 中 $p-s$ 曲线上的 bc 段。

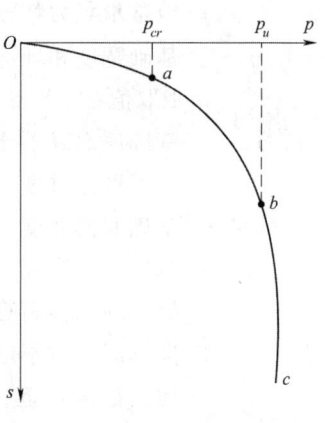

图 6-2-8 地基土 $p-s$ 曲线

（三）确定地基承载力的方法

地基承载力特征值，是指由载荷试验测定的地基土压力变形曲线线性变形内规定的变形所对应的压力值，其最大值为比例界限值。

地基承载力特征值，可由载荷试验或其他原位测试、公式计算，并结合工程实践经验等方法综合确定。

1. 按现场载荷试验确定地基承载力

确定地基承载力最直接的方法是现场载荷试验方法。载荷试验是一种基础受荷的模拟试验，是在现场试坑中设计基底标高处的天然土层放置一块刚性载荷板（面积 $0.25 \sim 0.50 m^2$），然后在其上逐级施加荷载，同时测定在各级荷载下载荷板的沉降量，并观察周围土位移情况，直到地基土破坏失稳为止。根据试验结果可绘出载荷试验的 $p-s$ 曲线（图 6-2-8）。可以按下列方法确定试验点的地基承载力特征值 f_{ak}。

6-2-4
地基土的强度稳定验算

(1) 当 $p-s$ 曲线上能够明显地区分其承载过程的 3 个阶段，则可以较方便地定出该地基的比例界限荷载 p_{cr} 和极限承载力 p_u。此时，取该比例界限荷载 p_{cr} 为地基承载力特征值。

(2) 当极限荷载小于对应比例界限的荷载值的两倍时，取极限荷载值的一半为地基承载力特征值。

(3) 当 $p-s$ 曲线上没有明显的 3 个阶段，根据《建筑地基基础设计规范》（GB 50007—2017），按载荷板沉降与载荷板宽度或直径之比即 s/b 的值确定，可取 $s/b=0.01 \sim 0.015$ 所对应的压力为地基承载力特征值，但其值不应大于最大加载量的一半。

同一土层参加统计的试验点不应少于 3 点，当试验实测值的极差不超过其平均值的 30% 时，取此平均值作为该土层的地基承载力特征值 f_{ak}。

2. 承载力特征值的修正

当基础宽度大于 3m 或埋置深度大于 0.5m 时，从载荷试验或其他原位测试、经验值等方法确定的地基承载力特征值，尚应按下式修正：

$$f_a = f_{ak} + \eta_b \gamma (b-3) + \eta_d \gamma_m (d-0.5) \quad (6-2-5)$$

式中 f_a——修正后的地基承载力特征值；

f_{ak}——地基承载力特征值；

η_b、η_d——基础宽度和埋深的地基承载力修正系数，按基底下土的类别查表6-2-1取值；

γ、γ_m——基础底面以下土的重度、基础底面以上土的加权平均重度，地下水位以下取浮重度；

b——基础底面宽度，m，当基宽小于3m按3m取值，大于6m按6m取值；

d——基础埋置深度，m，一般自室外地面标高算起。在填方整平地区，可自填土地面标高算起，但填土在上部结构施工后完成时，应从天然地面标高算起。对于地下室，如采用箱形基础或筏基时，基础埋置深度自室外地面标高算起；当采用独立基础或条形基础时，应从室内地面标高算起。

表6-2-1　　　　　　　　承载力修正系数表

土 的 类 别		η_b	η_d
淤泥和淤泥质土		0	1.0
人工填土、e 或 I_L 大于等于0.85的黏性土		0	1.0
红黏土	含水比 $a_w>0.8$	0	1.2
	含水比 $a_w\leqslant0.8$	0.15	1.4
大面积压实填土	压实系数大于0.95，黏粒含量 $\rho_c\geqslant10\%$ 的粉土	0	1.5
	最大干密度大于 $2.1t/m^3$ 的级配砂石	0	2.0
粉土	黏粒含量 $\rho_c\geqslant10\%$ 的粉土	0.3	1.5
	黏粒含量 $\rho_c<10\%$ 的粉土	0.5	2.0
e 及 I_L 均小于0.85的黏性土		0.3	1.6
粉砂、细砂（不包括很湿与饱和时的稍密状态）		2.0	3.0
中砂、粗砂、砾砂和碎石土		3.0	4.4

注　强风化和全风化的岩石，可参照所风化成的相应土类取值；其他状态下的岩石不修正。

【例6-2-1】　某建筑物的箱形基础宽8.5m，长20m，埋深4m，土层情况见表6-2-2，由载荷试验确定的黏土持力层承载力特征值 $f_{ak}=189kPa$，已知地下水位线位于地表下2m处，试修正该地基的承载力特征值。

表6-2-2　　　　　　　　土工试验成果表

层次	土类	层底埋深	土工试验结果
1	填土	1.80	$\gamma=17.8kN/m^3$
2	黏土	2.00	$\omega=32.0\%$，$\omega_L=37.5\%$，$\omega_P=17.3\%$，$G_s=2.72$
		7.80	水位以上：$\gamma=18.9kN/m^3$；水位以下：$\gamma_{sat}=19.2kN/m^3$

【解】　(1) 先确定计算参数：

因箱基宽度 $b=8.5m>6.0m$，故按6m考虑；箱基埋深 $d=4m$。

由于持力层为黏性土，根据《建筑地基基础设计规范》，确定修正系数 η_b、η_d 的

指标为孔隙比 e 和液性指数 I_L，它们可以根据土层条件分别求得

$$e = \frac{G_s(1+\omega_0)\gamma_w}{\gamma} - 1 = \frac{2.72 \times (1+0.32) \times 9.8}{19.2} - 1 = 0.83$$

$$I_L = \frac{\omega - \omega_P}{\omega_L - \omega_P} = \frac{32.0 - 17.3}{37.5 - 17.3} = 0.73$$

由于 $I_L = 0.73 < 0.85$，$e = 0.83 < 0.85$，从表 6-1 查得 $\eta_b = 0.3$，$\eta_d = 1.6$。
因基础埋在地下水位以下，故持力层的取浮重度为

$$\gamma' = 19.2 - 9.8 = 9.4 \text{ (kN/m}^3\text{)}$$

而基底以上土层的加权平均重度为

$$\gamma_m = \frac{\sum_{i=1}^{3} \gamma_i h_i}{\sum_{i=1}^{3} h_i} = \frac{17.8 \times 1.8 + 18.9 \times 0.2 + (19.2 - 9.8) \times 2.0}{1.8 + 0.2 + 2.0}$$

$$= \frac{54.62}{4} = 13.66 \text{ (kN/m}^3\text{)}$$

(2) 修正后的地基承载力特征值：

$$\begin{aligned}
f_a &= f_{ak} + \eta_b \gamma'(b-3) + \eta_d \gamma_m (d-0.5) \\
&= 189 + 0.3 \times 9.4 \times (6-3) + 1.6 \times 13.66 \times (4-0.5) \\
&= 189 + 8.46 + 76.50 \\
&= 273.96 \text{ (kPa)}
\end{aligned}$$

3. 用理论公式计算地基承载力

根据《建筑地基基础设计规范》(GB 50007—2017)，对轴心荷载作用或荷载作用偏心距 $e \leq 0.033b$（b 为基础底面宽度）的基础，根据土的抗剪强度指标确定地基承载力特征值的公式如下：

$$f_a = M_b \gamma b + M_d \gamma_m d + M_c c_k \tag{6-2-6}$$

式中　　f_a——由土的抗剪强度指标确定的地基承载力特征值，kPa；

M_b，M_d，M_c——承载力系数，根据基底下一倍短边宽深度内土的内摩擦角标准值 φ_k 按表 6-2-3 确定；

γ——持力层土的重度；

γ_m——基底以上土层的加权平均重度；

b——基础底面宽度，m，当基础宽度大于 6m 时按 6m 取值，对于砂土，小于 3m 时按 3m 取值；

d——基础埋置深度，m，一般自室外地面标高算起，特殊情况将根据规范确定；

c_k——基底下一倍短边宽深度内土的黏聚力标准值，kPa。

表 6-2-3　　　　　　　　承载力系数 M_b，M_d，M_c

土的内摩擦角标准值 $\varphi_k/(°)$	M_b	M_d	M_c	土的内摩擦角标准值 $\varphi_k/(°)$	M_b	M_d	M_c
0	0	1.00	3.14	22	0.61	3.44	6.04
2	0.03	1.12	3.32	24	0.80	3.87	6.45
4	0.06	1.25	3.51	26	1.10	4.37	6.90
6	0.10	1.39	3.71	28	1.40	4.93	7.40
8	0.14	1.55	3.93	30	1.90	5.59	7.95
10	0.18	1.73	4.17	32	2.60	6.35	8.55
12	0.23	1.94	4.42	34	3.40	7.21	9.22
14	0.29	2.17	4.69	36	4.20	8.25	9.97
16	0.36	2.43	5.00	38	5.00	9.44	10.80
18	0.43	2.72	5.31	40	5.80	10.84	11.73
20	0.51	3.06	5.66				

适用本公式计算地基承载力的要点如下。

(1) 公式计算的地基承载力已考虑了基础的深度与宽度效应，在用于地基承载力验算时无须再做深、宽修正。

(2) 采用本理论公式确定地基承载力时，在验算地基承载力的同时必须进行地基的变形计算。

(3) 本公式中的抗剪强度指标 c_k、φ_k，一般应采用不固结不排水三轴压缩试验的结果，当考虑实际工程中有可能是地基产生一定的固结度时，也可以采用固结不排水试验指标。

(4) 在位于地下水以下的土层，γ、γ_m 应取浮重度 γ'。

【例 6-2-2】　某基础基底宽度为 1.5m，埋深 1.5m。地下水位在地面下 1.0m。地基为粉土，地下水位以上土的重度 $\gamma=17.5$kN/m³，水位以下土的重度 $\gamma_{sat}=18.5$kN/m³，土样内摩擦角 $\varphi_k=22°$，黏聚力为 $c_k=12$kPa，试确定该地基的承载力特征值。

【解】　由 $\varphi_k=22°$ 查表 6-3 得：$M_b=0.61$，$M_d=3.44$，$M_c=6.04$，则

$$f_a = M_b\gamma b + M_d\gamma_m d + M_c c_k$$
$$= 0.61\times(18.5-9.8)\times1.5+3.44\times$$
$$\frac{17.5\times1.0+(18.5-9.8)\times0.5}{1.5}\times1.5+6.04\times12$$
$$=155.6(\text{kPa})$$

❖ 小结

本项目通过认知抗剪强度指标的测定、地基承载力含义及确定方法，介绍了土的直剪试验和三轴剪切试验的基本方法，并熟悉了土的无侧限抗压强度试验及原位十字

板剪切试验，为继续学习地基承载力、土压力和土坡稳定性等知识打基础。土的抗剪强度指标 c，φ 值一般通过试验确定，试验条件尤其是排水条件对强度指标将带来很大的影响，故在选择抗剪强度指标时应尽可能符合工程实际的受力条件和排水条件。

❖ 知识训练

一、选择题

1. 土体剪切破坏面与最大主应力作用面的夹角为（　　）。

   A. $45°$　　　　　　B. $45°+\dfrac{\varphi}{2}$　　　　　　C. $45°-\dfrac{\varphi}{2}$

2. 已知土体中某点所受的最大主应力为500kPa，最小主应力为200kPa，则与最大主应力作用面成30°角的平面上的正应力为（　　）kPa。

   A. 130　　　　　　B. 425　　　　　　C. 700

3. 土中某点最大主应力为450kPa，最小主应力为140kPa，土的内摩擦角为26°，黏聚力为20kPa，试判断该点处于（　　）。

   A. 稳定状态　　　　B. 极限平衡状态　　　　C. 破坏状态

4. 十字板剪切试验常用于测定（　　）的原位不排水抗剪强度。

   A. 砂土　　　　　　B. 粉土　　　　　　C. 饱和软黏土

5. 当施工周期较长，地基土的透水性较好，土的抗剪强度宜选择三轴压缩试验的（　　）。

   A. 不固结不排水剪　　B. 固结排水剪　　C. 固结不排水剪

6. 当施工周期长，建筑物使用时加荷较快时，土的抗剪强度宜选择直接剪切试验的（　　）。

   A. 直接快剪　　　　B. 固结快剪　　　　C. 不固结不排水剪

7. 当分析透水性较好、施工速度较慢的建筑地基稳定性时，抗剪强度指标可选择直剪试验中的（　　）。

   A. 快剪　　　　　　B. 固结快剪　　　　C. 慢剪

8. 当分析正常固结土层在使用期间大量快速增载建筑物地基的稳定问题时，为获得其抗剪强度指标，可选择三轴压缩试验中的（　　）。

   A. 快剪　　　　　　B. 固结排水剪　　　　C. 固结不排水剪

9. 实际工程中，若地基土为黏性土，透水性小，排水条件差，施工速度快的情况，采用土的抗剪强度试验情况为（　　）。

   A. 固结不排水剪　　　　　　　　　　B. 不固结不排水剪
   C. 固结排水剪　　　　　　　　　　　D. 不固结排水剪

10. 以下（　　）项是直剪法的优点。

    A. 有效控制排水条件　　　　　　　B. 试验过程中剪切面固定
    C. 剪切面上应力分布均匀　　　　　D. 仪器构造简单，操作方便

❖ 技能训练

1. 请根据本项目学习内容，回答以下问题。

(1) 土的抗剪强度是不是一个定值？

(2) 土中达到极限平衡状态是否地基已经破坏？

(3) 直剪试验与三轴试验的实际使用情况如何？

(4) 什么是极限平衡条件？

(5) 地基变形的 3 个阶段各有什么特点？地基的破坏型式中分别在什么情况下容易发生？

(6) 确定地基承载力常用的方法有哪些？

2. 某天然地基，取原状土样，用直剪仪进行快剪试验，试验结果见下表，试求土样的内摩擦角 φ 和黏聚力 c。

剪切试验 σ-τ_f 结果

法向应力 σ/kPa	抗剪强度 τ_f/kPa	法向应力 σ/kPa	抗剪强度 τ_f/kPa
100	105	300	207
200	151	400	260

3. 某土样的 $\varphi=30°$，$c=20$kPa，承受的大主应力 $\sigma_1=450$kPa，小主应力 $\sigma_3=100$kPa。试判别该点的应力状态。

4. 某建筑物采用独立基础，基础底面尺寸 3m×4m，基础埋深 1.5m，拟建场地地下水位距地表 1.0m，地基土分层分布及主要物理力学指标见下表。按《建筑地基基础设计规范》(GB 50007—2002) 的理论公式计算基础持力层地基承载力特征值 f_a。

5. 某地基上的条形基础，埋深为 1.80m，基础宽度 2.5m，基础埋深范围内土的重度 $\gamma_m=17.0$kN/m³，基础底面下为较厚的黏土层，其重度 $\gamma=18.2$kN/m³，内摩擦角 $\varphi=22°$，黏聚力 $c=25$kPa，试求地基土承载力特征值。

地基土分层分布及主要物理力学指标

层序	土 名	层底深度/m	含水率 ω/%	天然重度 γ/(kN/m³)	孔隙比 e	液性指数 I_L	黏聚力 c/kPa	内摩擦角 φ/(°)	压缩模量 E_s/MPa
①	填土	1.00		18.0					
②	粉质黏土	3.00	30.5	18.7	0.80	0.70	18	20	7.5
③	淤泥质黏土	7.50	48.0	17.0	1.38	1.20	10	11	2.5
④	砂质粉土	16.00	20.5	18.7	0.78	—	5	35	15.8

6. 某柱基底面为正方形，边长 3.6m，埋深 2.0m，地质资料为：第一层为人工填土，厚度 1.8m，$\gamma=18.0$kN/m³，第二层为粉砂 $\gamma=18.2$kN/m³，$f_{ak}=250$kPa，试对承载力特征值进行修正。

项目七 挡土墙设计

【项目知识目标】
1. 了解3种土压力的概念及挡土墙的几种形式。
2. 理解朗肯土压力理论和库仑土压力理论的基本假设和计算原理。
3. 掌握两种理论的计算方法。
4. 重力式挡土墙的设计过程。

【项目技能目标】
能根据地基、基础等条件进行挡土墙设计及稳定性验算。

任务一 挡土墙土压力计算

❖ **任务导入**

在土木、交通、水利、港口航道等工程中,为了阻挡土体的下滑或截断土坡的延伸,常设置各种形式的挡土结构物,即挡土墙。例如,平整场地时填方区使用的挡墙、房屋的侧墙、水闸的岸墙、桥梁的桥台及支撑基坑或边坡的板桩墙、隧洞的侧墙等。另外,散粒的储仓、筒仓等也按挡土墙理论进行分析计算。很多挡土墙,由于没有进行土压力的计算以及稳定验算而发生倒塌现象,既造成了一定的经济损失,又给人们带来了很多安全隐患。挡土墙主要承受来自于后方填土的压力,即土压力,所以我们要掌握土压力的计算,并按要求进行挡土墙的设计,使之符合要求。

❖ **任务目标**
1. 掌握两种理论的计算方法。
2. 理解朗肯土压力理论和库仑土压力理论的基本假设和计算原理。
3. 掌握两种理论的计算方法。

一、土压力概述

挡土墙是防止土体坍塌的构筑物,在房屋建筑、水利工程、铁路工程以及桥梁中得到广泛应用,如图7-1-1所示。在这些构筑物与土体的接触面处均存在侧向压力的作用,这种侧向压力就是土压力。土压力即是指挡土墙后的填土因自重或外荷载作用对墙背产生的侧向压力。由于土压力是挡土墙的主要外荷载。因此,设计挡土墙时首先要确定土压力的性质、大小、方向和作用点。

(一) 土压力类型

作用在挡土结构上的土压力,按挡土结构的位移方向、大小及土体所处的3种极

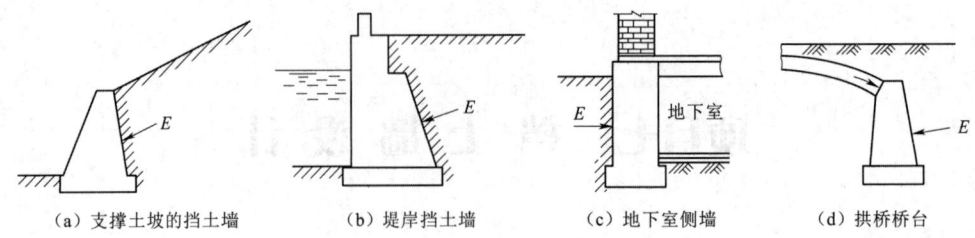

(a) 支撑土坡的挡土墙　　(b) 堤岸挡土墙　　(c) 地下室侧墙　　(d) 拱桥桥台

图 7-1-1　工程中的挡土墙

限平衡状态，可分为 3 种，即静止土压力、主动土压力和被动土压力。

1. 静止土压力

如果挡土结构在土压力的作用下，其本身不发生变形和任何位移（移动或转动），土体处于弹性平衡状态，则这时作用在挡土结构上的土压力称为静止土压力，用 E_0 表示，如图 7-1-2（a）所示。如船闸的边墙、地下室的侧墙、涵洞的侧墙及其他不产生位移的挡土结构物，通常可视为受静止土压力作用。

2. 主动土压力

挡土结构在土压力作用下向离开土体的方向位移，随着这种位移的增大，作用在挡土结构上的土压力将从静止土压力逐渐减小。当土体达到主动极限平衡状态时，作用在挡土结构上的土压力称为主动土压力，用 E_a 表示，如图 7-1-2（b）所示。多数挡土墙按主动土压力计算。

3. 被动土压力

挡土结构在荷载作用下向土体方向位移，使土体达到被动极限平衡状态时的土压力称为被动土压力，用 E_p 表示，如图 7-1-2（c）所示。如桥台受到桥上荷载的推力作用，作用在台背上的土压力可按被动土压力计算。

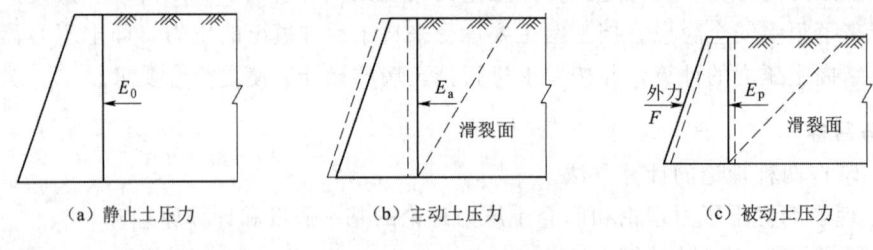

(a) 静止土压力　　(b) 主动土压力　　(c) 被动土压力

图 7-1-2　土压力分类

试验研究表明：①在实际工程中，土压力并非只有上述 3 种特点的状态，大部分情况下的土压力值均介于上述两种极限状态下的土压力值之间。②土压力的大小及分布与作用在挡土结构上的土体性质、挡土结构本身的材料及挡土结构的位移有关，其中挡土结构的位移情况是影响土压力性质的关键因素。图 7-1-3 所示为土压力与挡土结构相对位移之间的关系，通常，达到主动土压所需的相对位移 δ/H 为 0.1%～0.5%；而达到被动土压所需的相对位移 δ/H 为 1%～5%，这是一个较大的值，在实际工程中是不容许发生的，因此设计时常按被动土压力的 30%～50% 来设计挡土结构。③被动土压力＞静止土压力＞主动土压力。

在实际工程中，一般按 3 种特定状态的土压力进行挡土墙设计，此时应该弄清实际工程与哪些状态较为接近，以便选择相应的计算公式。

(二) 静止土压力计算

1. 土压力计算

静止土压力可根据半无限弹性体的应力状态进行计算。在土体表面下任意深度 z 处取一微小单元体，其上作用着竖向自重应力和侧压力（图 7-1-4），这个侧压力的反作用力就是静止土压力。根据半无限弹性体在无侧移的条件下侧压力与竖向应力之间的关系，该处的静止土压力强度 p_0 可按下式计算：

$$p_0 = K_0 \gamma z \tag{7-1-1}$$

式中 K_0——静止土压力系数，其值可用室内或原位试验确定；
　　　γ——土体重度，kN/m^3。

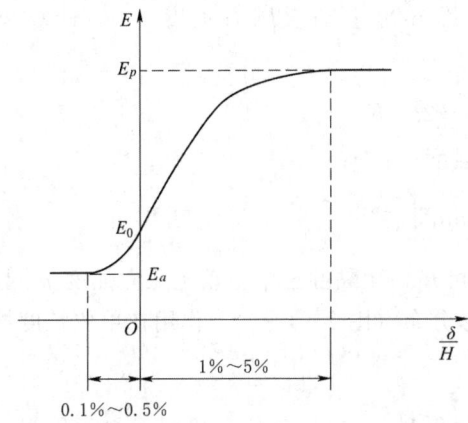

图 7-1-3　土压力与挡土结构相对位移 δ 的关系　　图 7-1-4　墙背竖直时的静止土压力

土的静止土压力系数 K_0 值可室内用三轴仪测得；在原位则可用自钻式旁压仪测试得到。在缺乏试验资料时，可用下述经验公式估算：

砂土　　　　　　　　　$K_0 = 1 - \sin\varphi'$

黏性土　　　　　　　　$K_0 = 0.95 - \sin\varphi'$

超固结黏土　　　　　　$K_0 = OCR^{0.5}(1 - \sin\varphi')$

式中　φ'——土的有效内摩擦角，(°)；
　　　OCR——土的超固结比。

2. 土压力分布

由式（7-1-1）可知，静止土压力沿挡土结构竖向为三角形分布，如图 7-1-4 所示。如果取单位挡土结构长度，则作用在挡土结构上的静止土压力 E_0 为

$$E_0 = \frac{1}{2}\gamma h^2 K_0 \tag{7-1-2}$$

式中　h——挡土结构高度，m。

E_0 的作用点距墙底 $h/3$。

二、朗肯土压力理论

（一）基本假设与适用条件

朗肯土压力理论是朗肯于 1857 年提出的。他假定挡土墙背垂直、光滑，其后土体表面水平并无限延伸，这时土体内的任意水平面和墙的背面均为主平面（在这两个平面上的剪应力为 0），作用在该平面上的法向应力即为主应力。朗肯根据墙后土体处于极限平衡状态，应用极限平衡条件，推导出了主动土压力和被动土压力计算公式。

7-1-3
朗肯土压力计算

（二）朗肯主动土压力计算

考察挡土墙后土体表面下深度 z 处的微小单元体的应力状态变化过程。当挡土墙在土压力的作用下向远离土体的方向位移时，作用在微元体上的竖向应力 σ_{cz} 保持不变，而水平向应力 σ_x 逐渐减小，直至达到土体处于极限平衡状态。土体处于极限平衡状态时的最大主应力为 $\sigma_1=\sigma_{cz}=\gamma z$，而最小主应力 $\sigma_3=\sigma_x$ 即为主动土压力强度 p_a。根据土的极限平衡条件，可推导出主动土压力强度 p_a 的计算公式如下：

$$p_a = \sigma_{cz} K_a - 2c\sqrt{K_a} \qquad (7-1-3)$$

式中　p_a——墙背任一点处的主动土压力强度，kPa；

K_a——朗肯主动土压力系数，$K_a = \tan^2\left(45° - \dfrac{\varphi}{2}\right)$。

由朗肯主动土压力计算式（7-1-3）可知，无黏性土中主动土压力强度 p_a 与深度 z 成正比，沿墙高的土压力强度呈三角形分布（图 7-1-5）。作用在单位长度挡墙上的土压力为三角形分布面积，即

$$E_a = \frac{1}{2}\gamma h^2 K_a \qquad (7-1-4)$$

土压力作用点距墙底 $h/3$。

黏性土中的土压力强度由两部分组成：一部分是由土体自重引起的土压力 $\gamma z K_a$，另一部分是黏聚力 c 引起的负侧压力 $2c\sqrt{K_a}$，两部分的叠加结果如图 7-1-6 所示，其中 aed 部分是负侧压力，对墙背是拉应力，但实际上土与墙背在很小的拉应力作用下即会分离，故在计算土压力时，这部分的压力应设为零，因此黏性土的土压力分布仅是 abc 部分。令式（7-1-3）为 0 即可求得临界深度 z_0：

$$p_a\big|_{z=z_0} = \gamma z_0 K_a - 2c\sqrt{K_a} = 0$$

得

$$z_0 = \frac{2c}{\gamma\sqrt{K_a}} \qquad (7-1-5)$$

单位长度挡墙上的主动土压力可由土压力实际分布面积计算（图 7-1-6 中 abc 部分的面积）。

$$E_a = \frac{1}{2}(\gamma h K_a - 2c\sqrt{K_a})(h - z_0) \qquad (7-1-6)$$

主动土压力 E_0 的作用点通过三角形的形心，即作用在离墙底 $\dfrac{h-z_0}{3}$ 高度处。

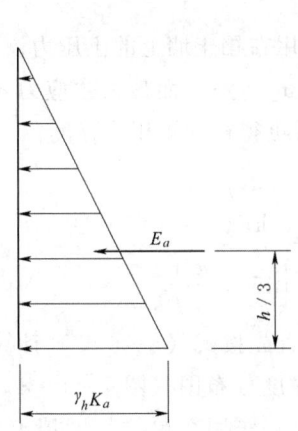

图 7-1-5　无黏性土的 p_a 分布　　图 7-1-6　黏性土的 p_a 分布

【例 7-1-1】 有一挡土墙高 6m，墙背竖直、光滑，墙后填土面水平，填土的物理力学指标为：$c=15\text{kPa}$，$\varphi=15°$，$\gamma=18\text{kN/m}^3$。求主动土压力及其作用点并绘出主动土压力分布图。

【解】（1）计算墙顶处的主动土压力强度 p_{a1}。

$$p_{a1}=\gamma z\tan^2\left(45°-\dfrac{\varphi}{2}\right)-2c\tan\left(45°-\dfrac{\varphi}{2}\right)$$
$$=18\times 0\times\tan^2\left(45°-\dfrac{15°}{2}\right)-2\times 15\times\tan\left(45°-\dfrac{15°}{2}\right)$$
$$=-23.0(\text{kPa})<0$$

（2）计算临界深度 z_0。

$$z_0=\dfrac{2c}{\gamma\sqrt{K_a}}=\dfrac{2\times 15}{18\times\tan\left(45°-\dfrac{15°}{2}\right)}=2.17\ (\text{m})$$

（3）计算墙底处的主动土压力强度 p_{a2}。

$$p_{a2}=\gamma z\tan^2\left(45°-\dfrac{\varphi}{2}\right)-2c\tan\left(45°-\dfrac{\varphi}{2}\right)$$
$$=18\times 6\times\tan^2\left(45°-\dfrac{15°}{2}\right)-2\times 15\times\tan\left(45°-\dfrac{15°}{2}\right)$$
$$=40.6\ (\text{kPa})$$

（4）绘出主动土压力的分布图如图 7-1-7 所示。

（5）计算主动土压力值。

主动土压力值按分布面积计算如图 7-1-7 所示，得

$$E_a=\dfrac{1}{2}\times 40.6\times(6-2.17)=77.8\ (\text{kN/m})$$

主动土压力 E_a 的作用点离墙底的距离为：$\dfrac{h-z_0}{3}=\dfrac{6-2.17}{3}=1.28$（m）

（三）朗肯被动土压力

被动土压力是填土处于被动极限平衡时作用在挡土墙上的土压力。由朗肯土压力原理可知，被动极限平衡时最小主应力为 $\sigma_3=\sigma_z=\gamma z$，而最大主应力 $\sigma_1=\sigma_x$ 即为被动土压力强度 p_p。代入极限平衡条件，整理后可得被动土压力强度：

$$p_p=\sigma_{cz}K_p+2c\sqrt{K_p} \qquad (7-1-7)$$

式中　p_p——墙背任一点处的被动土压力强度，kPa；

　　　K_p——朗肯被动土压力系数，$K_p=\tan^2\left(45°+\dfrac{\varphi}{2}\right)$。

计算朗肯被动土压力时，无论何种情况，首先按式（7-1-7）计算出各土层上、下层面处的土压力强度 p_p，绘出被动土压力强度分布图（图 7-1-8），填土为无黏性土时呈三角形分布，黏性填土时呈梯形分布。作用在单位长度挡土墙上的土压力 E_p 同样可由土压力实际分布面积计算，E_p 的作用线通过土压力强度分布图的形心。

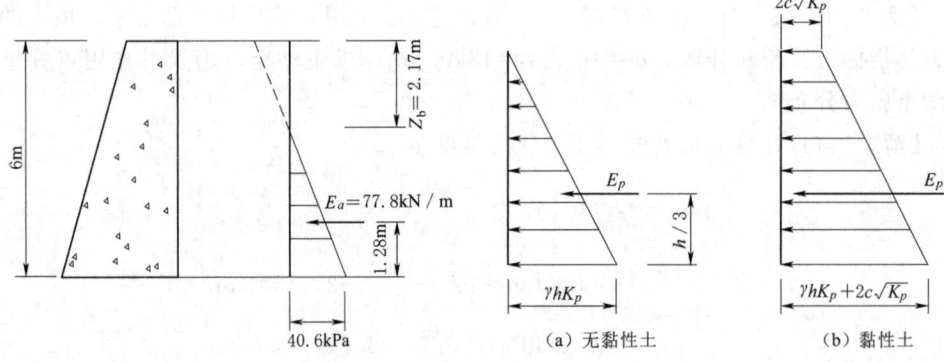

图 7-1-7　土压力分布图　　　　图 7-1-8　被动土压力强度分布图

（四）几种情况朗肯土压力的计算

1. 成层土体中的土压力计算

一般情况下墙后土体均由几层不同性质的水平土层组成。在计算各点的土压力时，可先计算其相应的自重应力，在土压力公式中 $\sigma_{cz}=\sum\gamma_i h_i$，需注意的是土压力系数应采用各点对应土层的土压力系数值。

【**例 7-1-2**】挡土墙高 5m，墙背直立、光滑，墙后土体表面水平，共分二层，各层土的物理力学指标如图 7-1-9 所示，求主动土压力并绘出土压力分布图。

【**解**】第一层的土压力强度

层顶面处：$p_{a0}=0$

层底面处：

$$p_{a1}=\gamma_1 h_1\tan^2\left(45°-\dfrac{\varphi_1}{2}\right)=18\times2\times\tan^2\left(45°-\dfrac{30°}{2}\right)=12\ (\text{kPa})$$

第二层的土压力强度

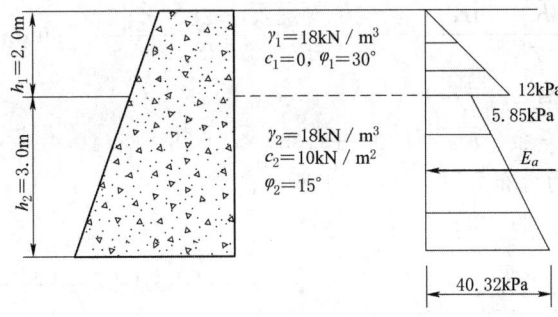

图 7-1-9 [例 7-1-2] 图

层顶面处：

$$p_{a2} = \gamma_1 h_1 \tan^2\left(45° - \frac{\varphi_2}{2}\right) - 2c\tan\left(45° - \frac{\varphi_2}{2}\right)$$

$$= 18 \times 2 \times \tan^2\left(45° - \frac{15°}{2}\right) - 2 \times 10 \times \tan\left(45° - \frac{15°}{2}\right)$$

$$= 5.85 \text{ (kPa)}$$

层底面处：

$$p_{a3} = (\gamma_1 h_1 + \gamma_2 h_2)\tan^2\left(45° - \frac{\varphi_2}{2}\right) - 2c\tan\left(45° - \frac{\varphi_2}{2}\right)$$

$$= (18 \times 2 + 19.5 \times 3) \times \tan^2\left(45° - \frac{15°}{2}\right) - 2 \times 10 \times \tan\left(45° - \frac{15°}{2}\right)$$

$$= 40.32 \text{ (kPa)}$$

主动土压力合力为

$$E_a = \frac{1}{2}p_{a1}h_1 + \frac{1}{2}(p_{a2} + p_{a3})h_2$$

$$= \frac{1}{2} \times 12 \times 2 + \frac{1}{2}(5.85 + 40.32) \times 3$$

$$= 81.26 \text{ (kPa)}$$

主动土压力分布图如图 7-1-9 所示。

2. 土体表面有均布荷载 q 作用

当墙后土体表面有连续均布荷载 q 作用时，均布荷载 q 在土中产生的上覆压力沿墙体方向矩形分布，主动土压力分布强度为 qK_a，如图 7-1-10 所示。土压力的计算方法是将上覆压力项 σ_{cz} 换以 $\gamma z + q$ 计算即可，如黏土的主动土压力强度 p_a 为

$$p_a = (\gamma z + q)K_a - 2c\sqrt{K_a} \tag{7-1-8}$$

【例 7-1-3】 有一挡土墙，高 5m，墙背直立、光滑，填土面水平，填土的指标为：$c = 20\text{kPa}$，$\varphi = 18°$，$\gamma = 18\text{kN/m}^3$。地面作用着均布荷载 $q = 20\text{kPa}$。求主动土压力合力的大小和作用点，并画出主动土压力分布图。

【解】 本题符合朗肯条件，先求主动土压力系数：

$$K_a = \tan^2\left(45° - \frac{18°}{2}\right) = 0.528$$

当 $z=z_0=\dfrac{2c\sqrt{K_a}-qK_a}{\gamma K_a}=\dfrac{2\times 20\sqrt{0.528}-20\times 0.52}{18\times 0.528}=1.95\mathrm{m}$ 时，$p_a=0$

当 $z=5\mathrm{m}$ 时，有

$$p_a=(q+\gamma z)K_a-2c\sqrt{K_a}=(20+18\times 5)\times 0.528-2\times 20\times \sqrt{0.528}=29\ (\mathrm{kPa})$$

墙背主动土压力分布如图 7-1-11 所示。

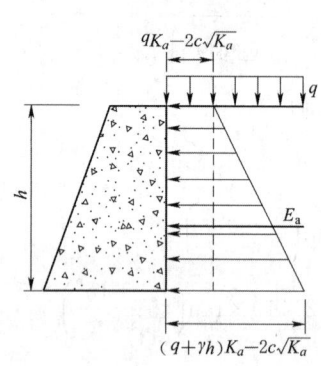
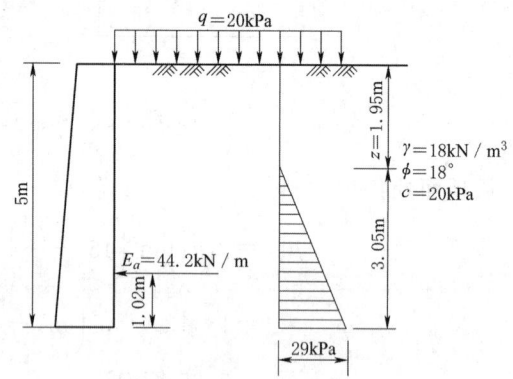

图 7-1-10　墙后土体表面荷载 q 作用下的土压力计算

图 7-1-11　[例 7-1-3] 图

求合力 E_a 的大小和作用点

$$E_a=\dfrac{1}{2}\times 29\times (5-1.95)=44.4\ (\mathrm{kN/m})$$

方向垂直于墙背，作用点在距墙脚 $\dfrac{5-1.95}{3}=1.02\mathrm{m}$ 处。

3. 墙后土体有地下水的土压力计算

当墙后土体中有地下水存在时，墙体除受到土压力的作用外，还将受到水压力的作用。通常所说的土压力是指土粒有效应力形成的压力，其计算方法是地下水位以下部分采用土的浮重度 γ' 计算，水压力按静水压力计算。但在实际工程中计算墙体上的侧压力时，考虑到土质条件的影响，可分别采用"水土分算"或"水土合算"的计算方法。所谓"水土分算"法是将土压力和水压力分别计算后再叠加的方法，这种方法比较适合渗透性大的砂土层情况；"水土合算"法在计算土压力时则将地下水位以下的土体重度取为饱和重度，水压力不再单独计算叠加，这种方法比较适合渗透性小的黏性土层情况。

三、库仑土压力理论

（一）基本假设

库仑 1773 年建立了库仑土压力理论，其基本假定如下。

（1）挡土墙后土体为均匀各向同性无黏性土（$c=0$）。

（2）挡土墙后产生主动或被动土压力时墙后土体形成滑动土楔，其滑裂面为通过墙踵的平面。

（3）滑动土楔可视为刚体。

7-1-4
库仑土压力计算——标准意识

库仑土压力理论根据滑动土楔处于极限平衡状态时的静力平衡条件来求解主动土压力和被动土压力。

(二) 库仑主动土压力

1. 库仑主动土压力计算

如图 7-1-12 (a) 所示，设挡土墙高为 h，墙背俯斜，与垂线的夹角为 α，墙后土体为无黏性土 ($c=0$)，土体表面与水平线夹角为 β，墙背与土体的摩擦角为 δ。挡土墙在土压力作用下将向远离主体的方向位移（平移或转动），最后土体处于极限平衡状态，墙后土体将形成一滑动土楔，其滑裂面为平面 BC，滑裂面与水平面成 θ 角。

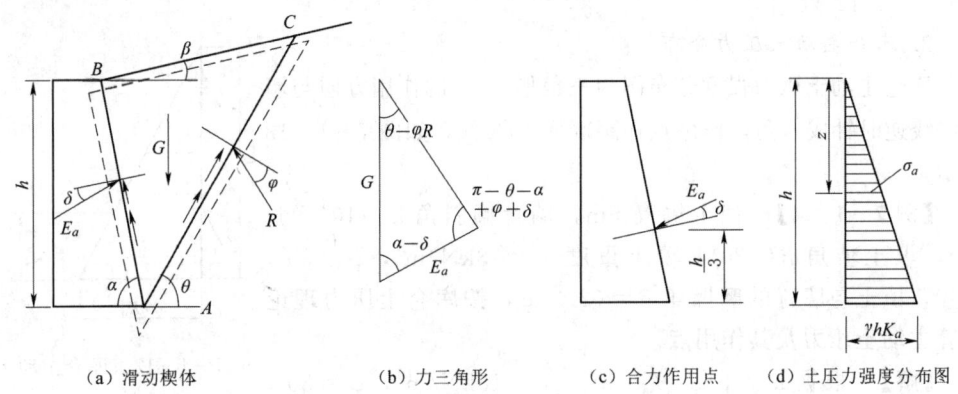

(a) 滑动楔体　　(b) 力三角形　　(c) 合力作用点　　(d) 土压力强度分布图

图 7-1-12　库仑主动土压力计算图

沿挡土墙长度方向取 1m 进行分析，并取滑动土楔 ABC 为隔离体，作用在滑动土楔上的力有土楔体的自重 W，滑裂面 BC 上的反力 R 和墙背面对土楔的反力 E（土体作用在墙背上的土压力与 E 大小相等方向相反）。滑动土楔在 W、R、E 的作用下处于平衡状态，因此三力必形成一个封闭的力矢三角形，如图 7-1-12 (b) 所示。根据正弦定理并求出 E 的最大值即为墙背的库仑主动土压力：

$$E_a = \frac{1}{2}\gamma h^2 K_a \tag{7-1-9}$$

式中　K_a——库仑主动土压力系数，

$$K_a = \frac{\cos^2(\varphi-\alpha)}{\cos^2\alpha\cos(\alpha+\delta)\left[1+\sqrt{\frac{\sin(\varphi+\delta)\sin(\varphi-\beta)}{\cos(\alpha+\delta)\cos(\alpha-\beta)}}\right]^2}$$

K_a 由上式计算，也可以查相应规范表；

δ——填土对挡土墙的摩擦角，可查表 7-1-1 确定；

表 7-1-1　　　　　　　　　填土挡土墙的摩擦角

挡土墙情况	摩擦角 δ	挡土墙情况	摩擦角 δ
墙背平滑、排水不良	$(0\sim0.33)\varphi$	墙背很粗糙、排水良好	$(0.5\sim0.67)\varphi$
墙背粗糙、排水良好	$(0.33\sim0.5)\varphi$	墙背与填土间不可能滑动	$(0.67\sim1.0)\varphi$

当墙背竖直（$\alpha=90°$）、光滑（$\delta=0$）、填土面水平 $\beta=0$ 时，式（7-1-9）变为 $E_a=\frac{1}{2}\gamma h^2\tan^2\left(45°-\frac{\varphi}{2}\right)$。可见，在上式条件下库仑公式和朗肯公式相同。

由式可知，主动土压力 E_a 与墙高的平方成正比，为求得离墙顶为任意深度 z 处的主动土压力强度 p_a，可将 E_a 对 z 取导数，即

$$p_a=\frac{dE_a}{dz}=\frac{d}{dz}\left(\frac{1}{2}\gamma z^2 K_a\right)=\gamma z K_a \tag{7-1-10}$$

由上式可见，主动土压力强度沿墙高呈三角形分布[图7-1-12（d）]。主动土压力的作用点在三角形的形心处（即距墙底 $h/3$），方向与墙背法线逆时针成 δ 角[图7-1-12（c）]。

2. 库仑主动土压力分布

库仑主动土压力强度分布图为三角形，E_a 的作用方向与墙背法线逆时针成 δ 角，作用点在距墙底 $h/3$ 处，如图7-1-13所示。

【例7-1-4】 挡土墙高 5m，墙背倾斜角 $\alpha=10°$（俯角），填土坡角 $\beta=20°$，填土重度 $\gamma=18kN/m^3$，$\varphi=30°$，$c=0$，填土与墙背的摩擦角 $\delta=(2/3)\varphi$，按库仑土压力理论计算主动土压力及其作用点。

【解】 根据 $\alpha=10°$，$\beta=20°$，$\gamma=18kN/m^3$，$\varphi=30°$，$c=0$ 和 $\delta=(2/3)\varphi$ 的条件，可求得主动土压力系数 $K_a=0.540$。

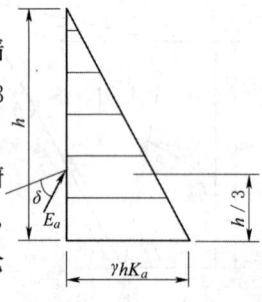

图7-1-13 库仑主动土压力分布

由于主动土压力沿墙背垂直面为三角形分布，故主动土压力的合力为

$$E_a=\frac{1}{2}\gamma h^2 K_a=\frac{1}{2}\times 18\times 5^2\times 0.540=121.5\ (kN/m)$$

主动土压力作用点在离墙底 $h/3=5.0/3=1.67m$ 处。

（三）**库仑被动土压力**

库仑被动土压力计算公式的推导与库仑主动土压力的方法相似，计算简图如图7-1-14所示，计算公式为

$$E_p=\frac{1}{2}\gamma h^2 K_p \tag{7-1-11}$$

式中 K_p——库仑被动土压力系数，

$$K_p=\frac{\cos^2(\varphi+\alpha)}{\cos^2\alpha\cos(\alpha-\delta)\left[1-\sqrt{\frac{\sin(\varphi+\delta)\sin(\varphi+\beta)}{\cos(\alpha-\delta)\cos(\alpha-\beta)}}\right]^2}$$

库仑被动土压力强度分布图也为三角形，E_p 的作用方向与墙背法线顺时针成 δ 角，作用点在距墙底 $h/3$ 处。

当墙背垂直（$\varepsilon=0$）、光滑（$\delta=0$）、土体表面水平（$\beta=0$）时，库仑土压力计算公式与朗肯土压力公式一致。

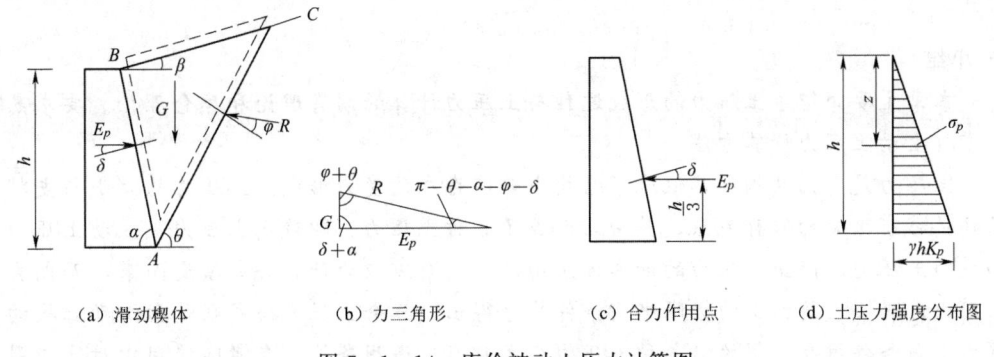

(a) 滑动楔体　　(b) 力三角形　　(c) 合力作用点　　(d) 土压力强度分布图

图 7-1-14　库伦被动土压力计算图

库仑土压力理论是从无黏性土出发推导得到的，故不能直接用于计算黏性土中的土压力。

（四）黏性土与成层土中的库仑土压力计算

1. 黏性土中的库仑土压力计算

在实际工程中，为了利用库仑公式计算黏性土中的土压力，通常采用等代内摩擦角 φ_d 来综合考虑 c，φ_d 值对土压力的影响，即适当增大内摩擦角来反映内聚力的影响，然后按砂性土的计算公式计算土压力。等代内摩擦角 φ_d 一般根据经验确定，地下水位以上的黏性土可取 $\varphi_d = 30°\sim 35°$，地下水位以下的黏性土可取 $\varphi_d = 25°\sim 30°$。也有如下的经验公式：

$$\varphi_d = \arctan\left(\tan\varphi + \frac{c}{\gamma h}\right)$$

$$\varphi_d = 45° - 2\arctan\left[\tan\left(45° - \frac{\varphi}{2}\right) - \frac{2c}{\gamma h}\right]$$

上述经验公式计算出的等代内摩擦角 φ_d 并非定值，而与挡土墙的高度有关，这可能导致土压力计算值出现较大的误差，具体计算中应结合原位土层和挡土墙的具体情况，确定一个比较合理的 φ_d 值。

2. 成层土中的库仑土压力计算

对实际工程中的成层土地基，设挡土墙后各土层的重度、内摩擦角和土层厚度分别为 γ_i、φ_i 和 h_i，通常可将各土层的重度、内摩擦角按土层厚度进行加权平均，即

$$\gamma_m = \frac{\sum \gamma_i h_i}{\sum h_i}$$

$$\varphi_m = \frac{\sum \varphi_i h_i}{\sum h_i}$$

然后按均值土情况采用 γ_m、φ_m 值近似计算其库仑土压力值。

工程实践表明，墙后土体破坏时的滑动面只有主动状态下在墙背斜度不大且墙背与土体之间的摩擦角很小时才接近于平面，库仑公式的平面假设引起的误差在计算主动土压力时比较小，约为 2%～10%；而在计算被动土压力时的误差较大，且误差随 δ 角的增大而增大，有时可达 2～3 倍，故工程中计算被动土压力一般不使用库仑

公式。

❖ 小结

本章主要介绍了土压力的形成过程与土压力计算的朗肯理论和库仑理论。要求熟练掌握主动土压力计算方法。

土压力是支挡结构和其他地下结构中普遍存在的受力形式。土压力的大小与支挡结构位移有很大的依存关系,并由此形成了3种土压力,即静止土压力、主动土压力和被动土压力。静止土压力的计算方法由水平向自重应力计算公式演变而来,而朗肯土压力计算公式是由土的极限平衡条件推导得出,库仑土压力公式则是由滑动土楔的静力平衡条件推导获得的。各种土压力公式都有其适用条件,在实际使用中对此应引起注意。

任务二 重力式挡土墙设计

❖ 任务导入

某挡墙设计资料与技术要求如下：

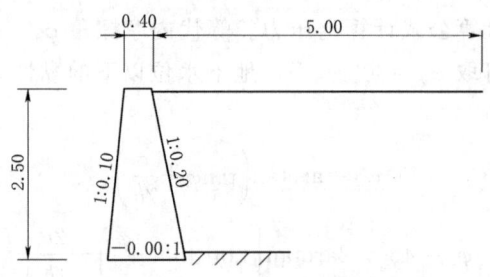

7-2-1
课程思政

墙身尺寸：		物理参数：
墙身高：2.500（m） 墙顶宽：0.400（m） 面坡倾斜坡度：1∶0.100 背坡倾斜坡度：1∶0.200 墙底倾斜坡率：0.000∶1	圬工砌体容重：23.000（kN/m³） 圬工之间摩擦因数：0.400 地基土摩擦因数：0.500 墙身砌体容许压应力：2100（kPa） 墙身砌体容许剪应力：110（kPa） 墙身砌体容许拉应力：150（kPa） 墙身砌体容许弯曲拉应力：280（kPa）	墙后填土内摩擦角：35（°） 墙后填土黏聚力：0（kPa） 墙后填土容重：19（kN/m³） 墙背与墙后填土摩擦角：17.5（°） 地基土容重：18（kN/m³） 修正后地基土容许承载力：500（kPa） 地基土容许承载力提高系数： 墙趾值提高系数：1.200 墙踵值提高系数：1.300 平均值提高系数：1.000 墙底摩擦系数：0.500 地基土类型：土质地基 地基土内摩擦角：30（°） 土压力计算方法：库仑

❖ 任务目标

1. 会设计挡土墙的结构尺寸。

2. 对设计挡土墙进行稳定性验算。

3. 提出提高挡土墙稳定性的具体措施。

一、常见挡土墙结构类型

1. 重力式挡土墙

这种挡土墙一般由块石或素混凝土砌筑而成。靠自身重力来维持墙体稳定，墙体的抗拉、抗剪强度都较低。墙身截面尺寸较大，一般用于低挡土墙。它具有结构简单、施工方便、取材较易等优点，是工程中应用较广的一种挡土墙 [图 7-2-1 (a)]。

2. 悬臂式挡土墙

7-2-2
挡土墙的类型

悬臂式挡土墙一般用钢筋混凝土建造，它由 3 个悬臂板组成，即立臂、墙趾悬臂和墙踵悬臂。墙体的稳定性主要靠墙踵悬臂上的土重维持，墙体内的拉应力由钢筋承担。这类挡土墙的优点是能充分利用钢筋混凝土的受力特性，故这类挡土墙截面尺寸较小，在市政工程以及厂矿贮库中较常采用 [图 7-2-1 (b)]。

3. 扶臂式挡土墙

当墙高较大，悬臂式挡土墙的立臂受推力作用产生的弯矩与挠度均较大时，为了增加立臂的抗弯性能和减少钢筋用量，可在悬臂式挡土墙的墙长方向每隔一定间距 ($0.8h \sim 1.08h$，h 为挡土墙高) 设一道扶臂，挡土墙稳定性由扶壁间填土重维持 [图 7-2-1 (c)]。

4. 锚定板与锚杆式挡土墙

锚定板挡土墙是由预制的钢筋混凝土面板立柱，钢拉杆和埋入土中的锚定板组成，挡土墙板的稳定性由拉杆和锚定板来保证。锚杆式挡土墙则是利用伸入岩层的灌浆锚杆承受土压力的挡土结构 [图 7-2-1 (d)]。这两种结构一般单独采用，有时也联合使用。

5. 板桩墙

板桩墙是深基坑开挖的一种临时性支护结构，由统长的钢板桩或预制钢筋混凝土板桩组成。也可在板桩上加设支撑，以改善其受力性能 [图 7-2-1 (e)]。

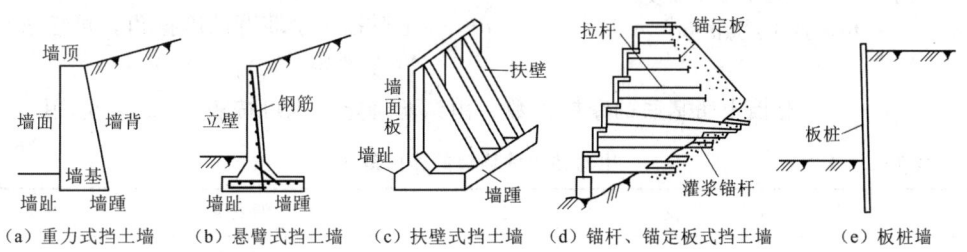

图 7-2-1 挡土墙主要类型图

二、重力式挡土墙的设计

1. 重力式挡土墙的设计内容

设计挡土墙时，一般是先根据荷载大小、地基土工程地质条件、填土的性质、建筑材料等条件凭经验按试算法初步拟定截面尺寸，然后逐项进行验算。若不满足，则修改截面尺寸或采取其他措施。

2. 挡土墙的稳定性验算

作用在挡土墙上的荷载有土压力 E_a 和挡土墙自重 G，墙面埋入土中部分承受被动土压力，但一般可忽略不计，其他结果偏于安全。

验算挡土墙的稳定性时，仍采用《建筑地基基础设计规范》（GB 50007—2011）的安全系数法，所以计算土压力及挡土墙所受到的重力时，其荷载分项系数采用1.0。

挡土墙的验算一般包括下列内容。

（a）稳定性验算，包括抗滑移和抗倾覆验算两大内容。必要时应进行地基的深层稳定性验算（可采用圆弧滑动面法）。

（b）地基承载力验算。

（c）墙身强度验算（参见《混凝土结构设计规范》）。

（1）抗滑移稳定性验算。如图7-2-2所示，在土压力作用下，挡土墙有可能沿基础底面发生滑动。验算时，将土压力 E_a 及墙重力 G 各分解为垂直和平行于基底的分力（E_{at}、E_{an} 及 G_t、G_n）。分力 E_{at} 和 G_t 的合力使墙沿基底平面滑移，E_{an} 及 G_n 产生摩擦力抵抗滑移，抗滑移稳定性应按下式验算：

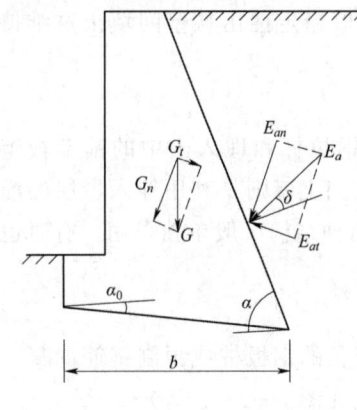

图7-2-2 挡土墙抗滑移稳定验算示意图

$$\frac{(G_n+E_{an})\mu}{E_{at}-G_t} \geqslant 1.3 \quad (7-2-1)$$

$$G_n = G\cos\alpha_0$$

$$G_t = G\sin\alpha_0$$

$$E_{at} = E_a \sin(\alpha-\alpha_0-\delta)$$

$$E_{an} = E_a \cos(\alpha-\alpha_0-\delta)$$

式中　G——挡土墙每延米自重，kN/m；

α_0——挡土墙基底的倾角，(°)；

α——挡土墙墙背的倾角，(°)；

δ——土对挡土墙墙背的摩擦角，可按表7-2-1选用，(°)；

μ——土对挡土墙基底的摩擦因数，由试验确定，也可按表7-2-2选用。

表7-2-1　　　　　　　　　土对挡土墙墙背的摩擦角 δ

挡 土 墙 情 况	摩擦角 δ
墙背平滑，排水不良	$(0\sim0.33)\varphi_k$
墙背粗糙，排水良好	$(0.33\sim0.50)\varphi_k$
墙背很粗糙，排水良好	$(0.50\sim0.67)\varphi_k$
墙背与填土间不可能滑动	$(0.67\sim1.00)\varphi_k$

注　φ_k 为墙背填土的内摩擦角标准值。

表 7-2-2　　　　　　　　土对挡土墙基底的摩擦因数 μ

土 的 类 别		摩擦因数 μ
黏性土	可塑	0.25～0.30
	硬塑	0.30～0.35
	坚硬	0.35～0.45
粉土		0.30～0.40
中砂、粗砂、砾砂		0.40～0.50
碎石土		0.40～0.60
软质岩		0.40～0.60
表面粗糙的硬质岩		0.65～0.75

注　1. 对易风化的软质岩和塑性指数 I_p 大于22的黏性土，基底摩擦因数应通过试验确定。
　　2. 对碎石土，可根据其密实程度、填充物状况、风化程度等确定。

(2) 抗倾覆稳定性验算。如图 7-2-3 所示，挡土墙在土压力作用下可能绕墙趾 O 点向外转动而倾覆，将 E_a 分解成水平及垂直两个分力。水平分力 E_{ax} 使墙发生倾覆；垂直分力 E_{az} 及墙重力 G 抵抗倾覆。抗倾覆稳定性应按下式验算：

$$\frac{Gx_0 + E_{az}x_f}{E_{ax}z_f} \geqslant 1.6 \quad (7-2-2)$$

$$E_{ax} = E_a \sin(\alpha - \delta)$$

$$E_{az} = E_a \cos(\alpha - \delta)$$

$$x_f = b - z\cot\alpha$$

$$z_f = z - b\tan\alpha_0$$

式中　G——挡土墙每延米自重，kN/m；
　　　α_0——挡土墙基底的倾角，(°)；
　　　α——挡土墙墙背的倾角，(°)；
　　　z——土压力作用点离墙踵的高度，m；
　　　x_0——挡土墙重心离墙趾的水平距离，m；
　　　b——基底的水平投影宽度，m。

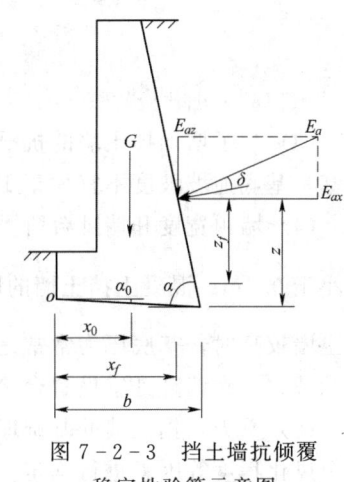

图 7-2-3　挡土墙抗倾覆稳定性验算示意图

3. 增加挡土墙稳定性的常用措施

若验算不符合要求时，则应采取以下措施加以解决。

(1) 修改挡土墙的截面尺寸，以加大重力 G。

(2) 挡土墙底面做成砂、石垫层，以提高 μ 值。

(3) 挡土墙底做成逆坡，以利用滑动面上的部分反力来抗滑。

(4) 在软土地基上，其他方法无效或不经济时，可在墙踵后加拖板，利用拖板上的土来抗滑，拖板与挡土墙之间应用钢筋连接。

(5) 加大被动土压力（抛石、加荷等）。

4. 重力式挡土墙的构造

(1) 重力式挡土墙适用于高度小于 6m、地层稳定、开挖土石方时不会危及相邻建筑物安全的地段。

(2) 重力式挡土墙根据墙背的倾角不同可分为仰斜式（α＞90°）、垂直式（α=90°）、俯斜式（α＜90°）（图7-2-4）。墙背的倾斜型式应根据使用要求、地形和施工条件等综合考虑决定。如用相同的计算方法和计算指标，其主动土压力以仰斜式为最小，垂直式居中，俯斜式最大。一般挖坡建墙宜用仰斜，其土压力小，且墙背可与边坡紧密贴合。墙背仰斜时坡度不宜缓于1∶0.25（宽高比），且坡面应尽量与墙背平行。如果在填方地区筑墙，可采用直立式或俯斜式，便于施工，易使墙后填土夯实，俯斜墙背的坡度不大于1∶0.36。而在山坡上建墙，宜采用直立式，因为俯斜墙土压力较大，而用仰斜墙时，其墙身较高，使砌筑的工程量增加。

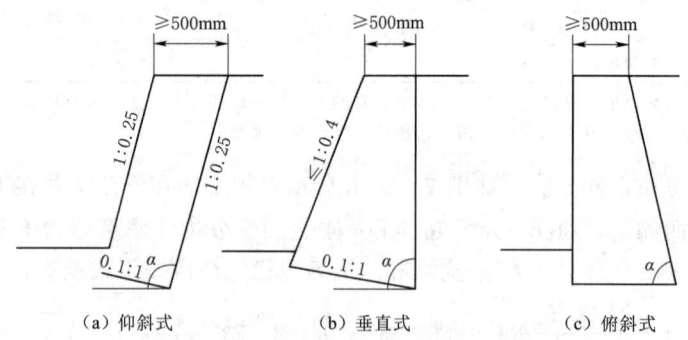

图7-2-4 重力式挡土墙类型

(3) 为了增加挡土墙的抗滑稳定性，重力式挡土墙可在基底设置逆坡。对于土质地基，基底逆坡坡度不宜大于1∶10；对于岩质地基，基底逆坡坡度不宜大于1∶5。

(4) 墙顶宽度和墙趾台阶。挡土墙的顶宽如无特殊要求，对于一般块石挡土墙不宜小于0.4m；混凝土挡土墙的墙顶宽度不宜小于0.2m；基底宽约为墙高的$\frac{1}{2} \sim \frac{1}{3}$。挡土墙较高时，基底压力常常是控制截面的重要因素。为了使基底压力不超过地基土的承载力，在墙趾处宜设置台阶。

(5) 重力式挡土墙的基础埋置深度，应根据地基承载力、水流冲刷、岩石裂隙发育及风化程度等因素进行确定。在特强冻胀、强冻胀地区应考虑冻胀的影响。在土质地基中，基础埋置深度不宜小于0.5m；在软质岩地基中，基础埋置深度不宜小于0.3m。

(6) 重力式挡土墙应每隔10～20m设置一道伸缩缝。当地基有变化时宜加设沉降缝。在挡土结构的拐角处，应采取加强的构造措施。

(7) 挡土墙常因雨水下渗而又排水不良，地表水渗入墙后填土，使填土的抗剪强度降低，土压力增大，这对挡土墙的稳定不利。如果墙后积水，则要产生水压力。积水自墙面渗出，还有产生渗流压力。水位较高时，静、动水压力对挡土墙的稳定更有较大威胁。因此挡土墙必须有良好的排水设施，以免墙后填土因积水而造成地基松软，从而导致承载力不足。若填土冻胀，则会使挡土墙开裂或倒塌。故常沿墙长设置间距为2～3m，直径不小于100mm的泄水孔。墙后做好滤水层和必要的排水盲沟，在墙顶地面铺设防水层。当墙后有山坡时，还应在坡下设置截水沟（图7-2-5）。

(8) 墙后填土宜选择透水性较强的填料，如砂土、砾石、碎石等，因为这类土的抗剪强度较稳定，易于排水。当采用黏性土作为填料时，宜掺入适量的块石。在季节性冻土地区，墙后填土应选用非冻胀性填料（如矿渣、碎石、粗砂等）。不应采用淤泥、耕植土、膨胀性黏土等作为填料，填土料中还不应杂有大的冻结土块、木块或其他杂物。填土应分层夯实。

【例 7-2-1】 如图 7-2-6 所示，某挡土墙高 5m，墙背竖直光滑，填土面水平。采用 MU30 毛石和 M5 混合砂浆砌筑。已知砌体重度 $\gamma_0 = 22 \text{kN/m}^3$，填土重度 $\gamma = 16 \text{kN/m}^3$，内摩擦角 $\varphi = 30°$，黏聚力 $c = 0$，地面荷载 $q = 2 \text{kN/m}^2$，基底摩擦因数 $\mu = 0.5$，验算挡土墙的稳定性。

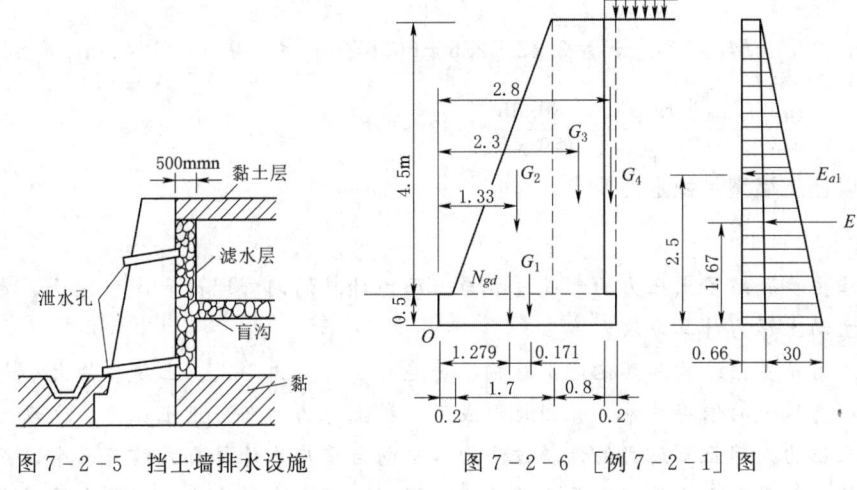

图 7-2-5 挡土墙排水设施　　图 7-2-6 [例 7-2-1] 图

【解】（1）确定挡土墙的截面尺寸。

因为该挡土墙是块石砌筑而成，根据构造要求，墙顶宽度为 $0.8\text{m} > 0.4\text{m}$，墙底宽度为 $2.9\text{m} \approx \left(\frac{1}{2} \sim \frac{1}{3}\right)h$。

（2）计算挡土墙自重和土重。

$$G_1 = 0.5 \times 2.9 \times 22 = 31.9 \text{ (kN/m)}$$
$$G_2 = 0.5 \times 1.7 \times 4.5 \times 22 = 84.15 \text{ (kN/m)}$$
$$G_3 = 0.8 \times 4.5 \times 22 = 79.2 \text{ (kN/m)}$$
$$G_4 = 0.2 \times 4.5 \times 16 = 14.4 \text{ (kN/m)}$$
$$G = G_1 + G_2 + G_3 + G_4 = 209.65 \text{ (kN/m)}$$

（3）计算挡土墙受到的主动土压力。

$$K_a = \tan^2\left(45° - \frac{\varphi}{2}\right) = \tan^2\left(45° - \frac{30°}{2}\right) = \frac{1}{3}$$

墙顶处 $\sigma_a = (q + \gamma z)K_a = (2 + 0) \times \frac{1}{3} = 0.67$ （kPa）

墙底处 $\sigma_a = (q + \gamma z)K_a = (2 + 16 \times 5) \times \frac{1}{3} = 27.33$ （kPa）

主动土压力 $E_{a1}=0.67\times5=3.35$ (kN/m)

$$E_{a2}=\frac{1}{2}\times(27.33-0.67)\times5=66.65 \text{ (kN/m)}$$

(4) 抗滑移验算。

$$\frac{(G_n+E_{an})\mu}{E_{at}-G_t}=\frac{(209.65+0)\times0.5}{3.35+66.65}=1.50>1.3$$

(5) 抗倾覆验算。

$$\begin{aligned}M_{抗倾覆}&=Gx_0+E_{az}x_f\\&=31.9\times1.45+84.15\times1.33+79.2\times2.3+14.4\times2.8\\&=380.65(\text{kN}\cdot\text{m})\end{aligned}$$

$$M_{倾覆}=E_{ax}z_f=3.35\times2.5+66.65\times\frac{5}{3}=119.46 \text{ (kN}\cdot\text{m)}$$

$$\frac{Gx_0+E_{az}x_f}{E_{ax}z_f}=\frac{380.65}{119.46}=3.2>1.6$$

所以挡土墙满足稳定性要求。

❖ 小结

本章主要介绍了土压力的形成过程与土压力计算的朗肯理论和库仑理论。要求熟练掌握主动土压力计算方法。

土压力是支挡结构和其他地下结构中普遍存在的受力形式。土压力的大小与支挡结构位移有很大的依存关系,并由此形成了3种土压力,即静止土压力、主动土压力和被动土压力。静止土压力的计算方法由水平向自重应力计算公式演变而来,而朗肯土压力计算公式是由土的极限平衡条件推导得出,库仑土压力公式则是由滑动土楔的静力平衡条件推导获得的。各种土压力公式都有其适用条件,在实际使用中对此应引起注意。

一般根据荷载大小、地基土工程地质条件、填土的性质、建筑材料等条件凭经验按试算法初步拟定截面尺寸,然后采用《建筑地基基础设计规范》(GB 50007—2011)的安全系数法逐项进行验算,若不满足,则修改截面尺寸或采取其他构造措施。

❖ 知识训练

一、选择题

1. 黏性土的朗肯主动土压力分布图为( )。

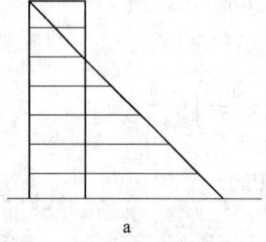
a

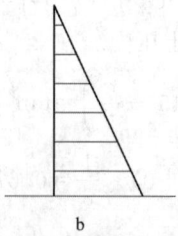
b

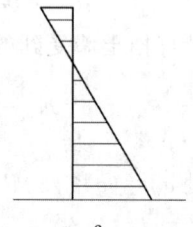
c

题1图

2. 一般基岩上的土墙和拱座、地下室的外墙等，可按（　　）计算。
   A. 静止土压力　　　　　B. 主动土压力　　　　　C. 被动土压力
3. 墙后填土中有地下水时，墙背上作用的（　　）。
   A. 主动土压力减少，总压力减少
   B. 主动土压力增大，总压力增大
   C. 主动土压力减少，总压力增大
4. 区分3种土压力的是根据（　　）。
   A. 挡土墙的刚度　　　　B. 挡土墙的高度　　　　C. 挡土墙的位移
5. 当墙后填土中的地下水位上升时，作用在墙背上的总压力（　　）。
   A. 减小　　　　　　　　B. 增大　　　　　　　　C. 不变
6. 主动土压力以（　　）最小。
   A. 仰斜式　　　　　　　B. 直立式　　　　　　　C. 俯斜式
7. 一般挖坡建墙时宜选用（　　）挡土墙。
   A. 仰斜式　　　　　　　B. 直立式　　　　　　　C. 俯斜式
8. 设计挡土墙时，顶宽若无特殊要求，一般混凝土挡土墙不宜小于（　　）m。
   A. 0.4　　　　　B. 0.6　　　　　C. 0.2　　　　　D. 0.5
9. 为了使基底压力不超过地基承载力，设计挡土墙时常在墙趾处设（　　）。
   A. 逆坡　　　　　　　　B. 增加基础重力　　　　C. 台阶
10. 挡土墙基底埋置深度，在土质地基中，一般不宜小于（　　）m；在软质岩地基中，基础埋置深度不宜小于0.3m。
    A. 0.3　　　　　　　　B. 0.2　　　　　　　　C. 0.5

> ❖ **技能训练**

1. 高为5m，墙背直立、光滑的挡土墙，填土表面水平，重度 $\gamma=18\text{kN/m}^3$，$c=0$，$\varphi=30°$，试分别求静止、主动、被动土压力。（$K=0.4$）

2. 某挡土墙墙高4m，墙背直立、光滑，填土面水平，内摩擦角 $\varphi=30°$，黏聚力 $c=10\text{kPa}$，填土重度 $\gamma=18.4\text{kN/m}^3$，试求主动土压力，并画出土压力分布图。

3. 一俯斜式挡土墙高7m，墙背与垂直面成100°，填土面与水平面成10°。填土重度 $\gamma=18.4\text{kN/m}^3$，$\varphi=30°$，黏聚力 $c=0$，墙与填土之间的摩擦角 $\delta=20°$，试用库仑理论求墙背主动土压力。

4. 某挡土墙墙高6m，墙背直立、光滑，填土面水平，填土面上作用均布荷载 $q=20\text{kPa}$。墙后填土上层为中砂，$\gamma_1=17.27\text{kN/m}^3$，$\varphi_1=30°$，厚度2m，下层为粗砂，$\gamma_2=19.63\text{kN/m}^3$，$\varphi_2=32°$。地下水在离墙顶2m位置。试按朗肯理论计算墙所受的总土压力，并绘制压力分布图。

5. 某挡土墙高度 $H=5\text{m}$，墙顶宽度 $b=1.5\text{m}$，墙底宽度 $B=2.5\text{m}$。墙面竖直，墙背倾斜，墙背与填土间的摩擦角 $\delta=20°$，填土表面倾斜 $\beta=12°$。墙后填土为中砂，重度 $\gamma=17\text{kN/m}^3$，内摩擦角 $\varphi=30°$。挡土墙地基为砂土，墙底摩擦因数 $\mu=0.4$，墙体材料重度 $\gamma=22\text{kN/m}^3$。试计算此挡土墙的抗滑和抗倾覆稳定性是否满足要求。

项目八　工程地质勘察与地基处理

导学：项目八

【项目知识目标】
1. 了解工程地质勘察的基本方法和技术要点。
2. 掌握工程地质资料的阅读与分析方法。
3. 了解土工合成材料的分类及作用。
4. 掌握土工合成材料的检测方法。
5. 掌握地基处理的目的及适用范围。
6. 掌握常见地基处理的方法的原理、施工工艺及技术要点。

【项目技能目标】
能根据工程地质勘察报告分析建筑场地相关地质条件，能依据规范进行土工合成材料检测；能根据条件选用适当的地基处理方法。

任务一　工程地质勘察

课程思政

❖ **任务导入**

任何工程建筑物在建造前都必须进行详细的工程地质勘察，以查明、分析、评价建设场地的地质地理环境和工程地质条件，保证工程建筑物安全、可靠、经济、合理。那么，工程勘察在工程建设中到底起什么作用？工程勘察主要采取什么方法？勘察报告主要包括什么内容？通过本项目的学习，你将会一一找到答案。

❖ **任务目标**

1. 了解工程地质勘察的基本方法和技术要点。
2. 能阅读地质勘察报告。

一、工程地质勘察方法

工程地质勘察是为查明工程建筑场区的工程地质条件而进行的综合性地质调查勘探工作，主要是通过各种勘察手段，查明场地的工程地质条件，在此基础上，根据场地的工程地质条件并结合工程的具体特点和要求，进行岩土工程分析评价，为基础工程、整治工程、土方工程提出设计方案。

工程地质勘察的方法，主要包括工程地质测绘、工程地质勘探、原位测试、试验和长期地质观测等。勘察方法的选取应符合勘察的目的和岩土的特性。

（一）工程地质测绘

工程地质测绘，就是通过野外路线观察和定点描述，将岩层分界线、断层、滑坡、崩塌、溶洞、地下暗河、井、泉等各种地质条件和现象，按一定比例尺填绘在适当的地形图上，并作出初步评价，为布置勘探、试验和长期观测工作指出方向。

地质测绘贯穿于整个勘察工作的始终，只是随着勘察设计阶段的不同，要求测绘的范围、比例尺，研究的内容、深度也不同。

一般测绘开始时，应在踏勘基础上，选作几条有代表性的地层实测剖面，以便了解测区内岩层的岩性、厚度、接触关系及地质时代，建立正常层序，为测绘填图工作提供标准和依据。工程地质测绘一般采用路线测绘法、地质点测绘法、野外实测地质剖面法等。除此之外，近年来遥感技术在工程地质测绘中也得到了普遍的应用。

1. 路线测绘法

(1) 路线穿越法。路线穿越法即沿着与岩层走向垂直的方向，每隔一定距离布置一条路线，沿路线和地质观察点（简称地质点）进行地质观测和描述，然后把各路线上标测的地质界线相连，即编制出地质平面图（图 8-1-1）。这种方法适用于地质条件不太复杂或小比例尺测图地区。

(2) 界线追索法。界限追索法即沿地层界线或断层延伸方向进行追索测绘。界线追索法工作量大，但成果较准确，通常在地层沿走向变化大、断裂构造比较发育的地区采用。

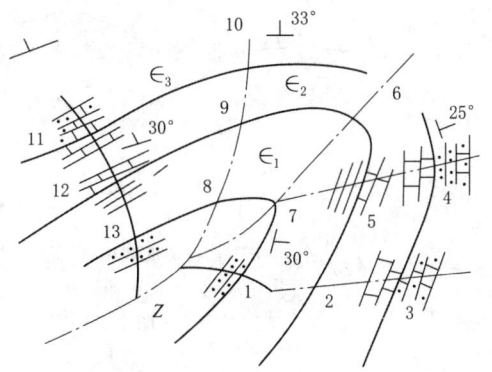

图 8-1-1　路线穿越法布置示意图
1～13—不同地层

2. 地质点测绘法

地质测绘时的观察点称为地质点。即在测区内按方格网布置地质观察点，依次逐点进行观测描述，然后通过分析实测资料联结各地质界线，构成地质草图。此法工作量大，但精度高，一般适用于地质界线复杂，或大比例尺地质测绘时采用。

观察点应布置在地质界线或地质现象上，因测绘的目的不同而异，有基岩、构造、第四纪地貌、水文地质点等。在地质观察点上应把所有地质现象认真仔细描述。描述内容包括地层岩性、地质构造、第四纪地貌、物理地质现象、水文地质条件等。另外，对那些与工程建筑有关的地质问题，要突出重点地详细描述。

地质观察点实际位置，用罗盘仪或用经纬仪测量，并标定在地形图上。

3. 野外实测地质剖面法

在地质测绘工作的初期，为了认识与确定测区内岩层性质、层序、分层标志和界线，以提供测绘填图作为划分岩层的依据和标准，往往在测绘范围内，选择岩层露头良好、层序清晰、构造简单的路线作实测地质剖面（图 8-1-2）。

具体做法如下。

(1) 布置剖面线通常沿垂直岩层走向或垂直于主要构造线的方向，选定剖面线方向。

(2) 布置测点剖面线位置确定后，沿剖面线布置测点。测点应选择在地形地质条

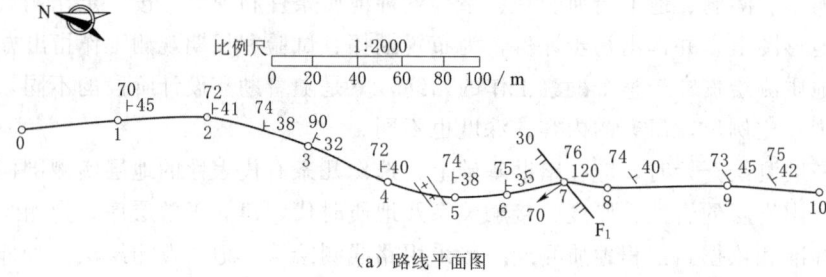

(a) 路线平面图

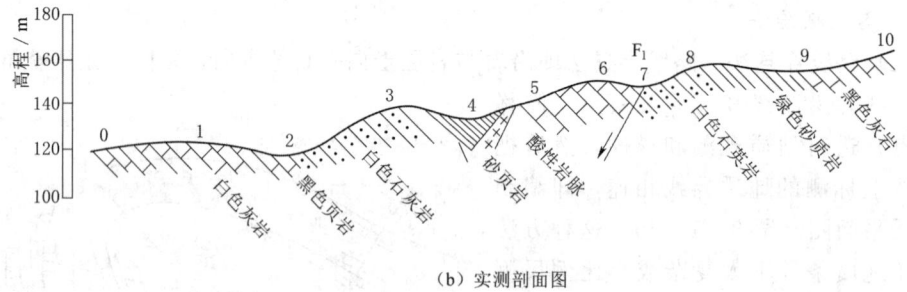

(b) 实测剖面图

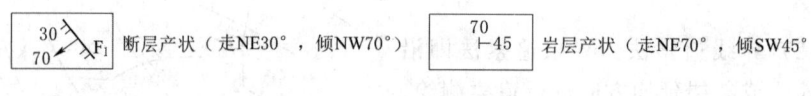

图 8-1-2 实测地质剖面图

1，2，3，……——观测点

件有变化的地方，其间距随测绘比例尺，即精度要求而定。如作 1∶500 的测绘时，间距应小于 5m；作 1∶1000 的测绘时，间距不超过 10m；若地形起伏大，或地质条件复杂，点距要求适当减小。每一测点都要打木桩（或作标记），并统一编号。

(3) 剖面地形测量用经纬仪测出各点的位置和高程，根据测量结果，绘制地形剖面图。若作草测剖面，可用地质罗盘仪和皮尺沿剖面施测。即先用皮尺测出剖面起点 0 和测点 1 的间距，用地质罗盘测出导线 0-1（起点 0-测点 1）的方位和地形坡角。再依次测量测点 1-测点 2 (1-2)、测点 2-测点 3 (2-3)，…。

(4) 地质条件的观测记录在进行剖面地形测量的同时，还应进行地质资料的收集。其观测记录内容主要有地层分层层位，岩石名称、岩性特征、风化情况，断裂构造，各类结构面的产状，第四纪堆积层的组成及厚度，地下水露头情况及物理地质现象等（表 8-1-1），并采集必要的岩样、水样标本送试验室化验鉴定。

(5) 绘制剖面图。在对实测地形地质资料进行认真的复核，并确认无误后，按地质剖面图式要求，编制实测地质剖面图。具体步骤：先绘导线平面图。根据导线方位和水平距，按比例尺将导线自基点（起点）至终点逐点绘出，并将岩层分界线、岩层产状、其他观测点等一一标出。连接基点（起点）和终点，即为剖面线（或选岩层倾向一致的方向为剖面方向）。然后在导线平面图的下方，平行于剖面线作一与之等长的基线，在基线两端树高程尺标（若未知基点高程，则按相对高程计），并于左端定出基点，再将各导线点按累积高差投影在基线上方，连接各点，即得地形剖面。继而投绘剖面中的地质内容：将导线上各岩层的分界点、各种地质构造及地质现象投影到地形剖面图上，按产状用图例符号表示出各岩层（剖面方向与岩层倾向一致时，按真倾角表示，否则按视倾角表示）和地质条件。

在测绘过程中，野外资料必须每日进行初步整理，包括野外记录、绘制地质剖面图、编制地层柱状图、绘制平面草图、整理标本和试样等工作。

表 8-1-1　　　　　　　　　　实测地质剖面图记录

编号	剖面线方向	地面坡度	测点间距离		高差/m		岩层产状			岩性描述	地层出露厚度/m	其他
			斜距/m	水平距/m	相邻点	累计	走向	倾向	倾角			

4．工程地质测绘比例尺及精度应符合的要求

（1）测绘用图比例尺宜选用比最终成图比例大一级的地形图作底图，并根据不同勘察阶段选用相应比例尺。在可行性研究阶段选用 1∶2000～1∶50000，初步勘察阶段可选用 1∶500～1∶2000；详细勘察阶段可选用 1∶500～1∶1000；当地质条件复杂时，比例尺宜适当放大。

（2）地质界限和地质观测点的测绘精度，在图上不宜低于 2mm。

（3）地质单元体在地形图上的宽度大于等于 2mm 时，均应在图上表示。对工程有重要影响的地质单元体，可放大表示。

（二）工程地质勘探

为进一步查明、验证地表以下的工程地质问题，并获得有关地质资料，需要在地质测绘的基础上进行必要的勘探工作。勘探工作主要有山地工作、钻探和物探 3 种类型。

8-1-2
工程地质勘察概述——法制意识

1．山地工作

山地工作是指对山地的开挖工作。常利用坑、槽、竖井、斜井及平洞等工程来查明地下地质条件的一种勘探方法，其用途和特点见表 8-1-2 及图 8-1-3。

表 8-1-2　　　　　　　　　　山地工作的类型及用途

类型	特　点	用　途
坑探	深度小于 3m 的小坑，形状不定	局部剥除地表覆土，揭露基岩
浅井	从地表向下垂直，断面呈圆形或方形，深度 5～10m	确定覆盖层及风化层的岩性及厚度，取原样进行荷载试验、渗水试验
探槽	在地表垂直岩层或构造线挖掘成深度不大的（深度 5～10m）长条形槽子	追索构造线、断层，探查残积坡积层、风化岩石的厚度和岩性，了解坝接头处的地质情况
竖井	形状与浅井同，但深度超过 10m，一般在平缓山坡、漫滩、阶地等岩层较平缓的地方，有时需支护	了解覆盖层厚度及性质、构造线、岩石破碎情况、岩溶、滑坡等，岩层倾角较缓时效果较好
平洞	在地面有出口的水平坑道，深度较大，适用于较陡的基岩边坡	调查斜坡地质构造，对查明地层岩性、软弱夹层、破碎带、卸荷裂隙、风化岩层时效果较好，还可取样或做原位测试

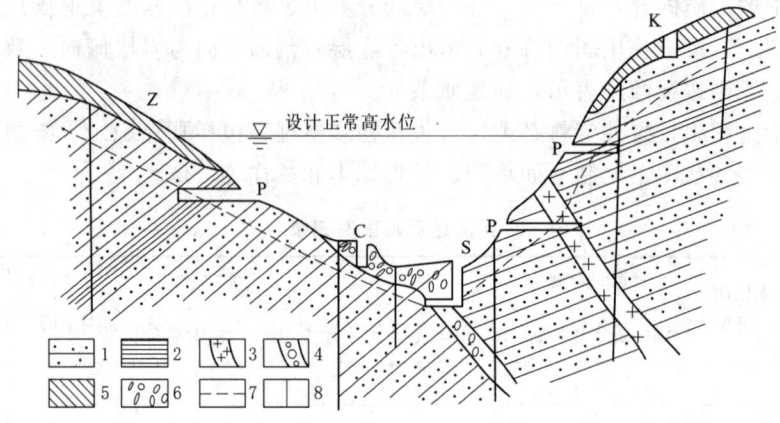

图 8-1-3 某坝址区山地工作（勘探布置）示意图

1—砂岩；2—页岩；3—花岗岩脉；4—断层带；5—坡积层；6—冲积层；7—风化层界线；8—钻孔。
P—平洞；S—竖井；K—探井；Z—探槽；C—浅井

8-1-3
工程地质
勘察方法

2. 钻探

钻探是用人力或动力机械带动钻机，以旋转或冲击方式切割或凿碎岩土体，形成一个直径较小而深度较大的圆形钻孔（图 8-1-4）。它是目前应用最广泛的一种勘探手段，它可以揭露地下深处的地质现象，查明建筑物地基的地层岩性、地质构造；采取岩芯、水样；在钻孔内进行工程地质、水文地质、灌浆等试验工作。因岩土体的坚硬完整程度、钻孔深度和钻探的目的不同，需要选用不同类型的钻机和钻探方法。在工程地质勘探中常用的钻进方法主要有以下 4 种：冲击钻进、回转钻探、综合式钻进和振动钻进。钻探方法可根据岩土类别和勘探要求按表 8-1-3 选用。

表 8-1-3　　　　　　　　钻探方法的适用范围

钻探方法		钻 进 地 层					勘 察 要 求	
		黏性土	粉土	砂土	碎石土	岩石	直观鉴别，采取不扰动试样	直观鉴别，采取扰动试样
回转	螺旋钻探	++	+	+	−	−	−	++
	无岩芯钻探	++	++	++	+	++	−	−
	岩芯钻探	++	++	++	+	++	++	++
冲击	冲击钻探	−	+	++	++	−	−	−
	锤击钻探	++	++	++	++	−	++	++

注　++：适用；+：部分适用；−：不适用。

钻探过程中有以下 3 个基本程序。

（1）破碎岩土：使小部分岩土脱离整体而形成粉末、岩土块或岩芯，通常借助冲击力、剪切力、研磨和压力来实现。

（2）采取岩土：用冲洗液（或压缩空气）将孔底破碎的碎屑冲到孔外，或者用钻具靠人力或机械将孔底的碎屑或岩芯取出地面。

（3）保全孔壁：为了顺利地进行钻探工作，必须保护好孔壁，不使孔壁坍塌，一一般采用套管或者泥浆护壁。

勘探浅部土层可采用下列钻探方法。

(1) 小口径麻花钻（或提土钻）钻进，一般适用于 5m 以内。

(2) 小口径勺型钻钻进，一般适用于杂填土、含砾土层内。

(3) 洛阳铲钻进（图 8-1-5），一般适用于地下水位以上土层内。

在钻进过程中，要及时作好观测、取样和编录工作。通过观测地下水的初见水位、稳定水位及钻进中的漏水量等，了解含水层、隔水层的位置和厚度。通过对取出岩芯的观察描述和岩芯采取率的统计，记录井壁掉块、卡钻（说明岩石破碎情况）和掉钻（说明遇到溶洞或大裂隙）情况，确定岩石风化程度、完整程度。

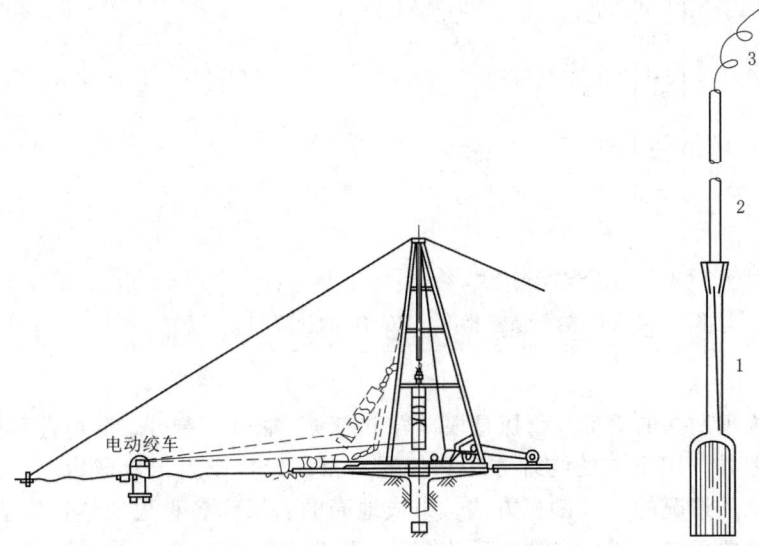

图 8-1-4 大口径钻孔钻进示意图　　图 8-1-5 洛阳铲

1—铲头；2—木杆；3—绳索

钻探是靠提取岩芯来了解深部地质条件的，因而要保证有一定的岩芯采取率。所谓岩芯采取率，是指本回次所取上来的岩芯总长度与进尺的百分比，该值主要反映了钻进技术的水平。为了解孔下岩体的完整情况，有时还要统计岩芯获得率及计算岩石的质量指标 RQD 值。岩芯获得率是指比较完整岩芯的长度与进尺的百分比，那些不能拼成岩芯柱的碎屑物质不计在内。岩石质量指标 RQD 值，最早是由美国的伊利诺斯大学迪尔（Deere，1964）提出来的，目前在世界各国已得到了广泛地应用。RQD（Rock Quality Designation）是根据修正的岩芯采取率决定的，即只计算长度大于 10cm 的岩芯，其表达式为

$$RQD(\%) = L_p/L \times 100 \qquad (8-1-1)$$

式中　L_p——长度大于 10cm 的岩芯总长，m；

　　　L——钻孔进尺长度，m。

工程实践证明，RQD 是一种比岩芯采取率更灵敏、更能反映岩体特性的指标，

可按RQD值的大小判别岩体的质量（图8-1-6）。最后根据编录资料和试验成果，编制成钻孔柱状图（图8-1-7）。

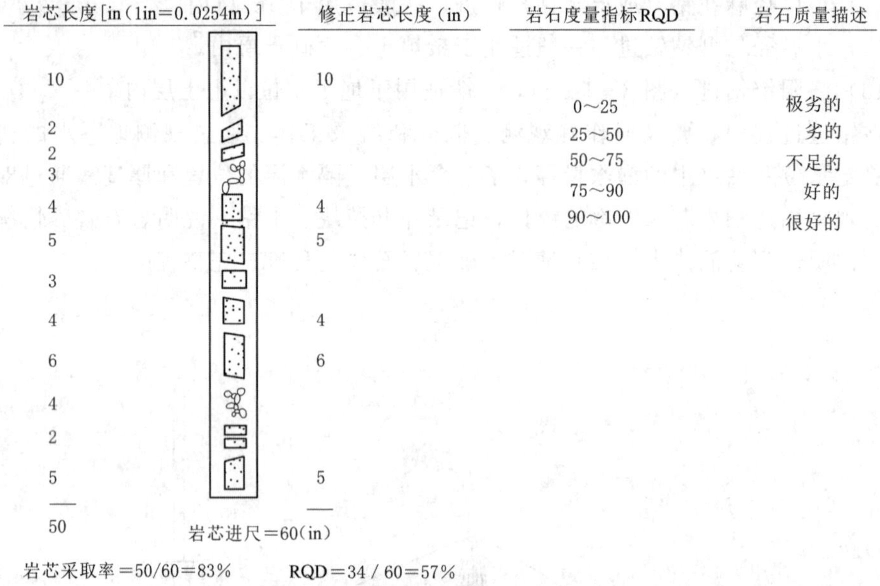

岩芯长度[in(1in=0.0254m)]		修正岩芯长度（in）	岩石度量指标RQD	岩石质量描述
10		10	0～25	极劣的
2			25～50	劣的
3			50～75	不足的
4		4	75～90	好的
5		5	90～100	很好的
3				
4		4		
6		6		
2				
5		5		
50				
岩芯进尺=60(in)				
岩芯采取率=50/60=83%		RQD=34/60=57%		

图8-1-6　岩石质量指标（RQD）的计算和分级

3. 物探

物探即地球物理勘探的简称。物探是根据岩土密度、磁性、弹性、导电性和放射性等物理性质的差异，用不同的物理方法和仪器，测量天然或人工地球物理场的变化，以探查地下地质情况的一种勘探方法。组成地壳的岩层和各种地质体，如基岩、喀斯特、含水层、覆盖层、风化层等，其导电率、弹性波传播速度、磁性等物理性质是有差异的，这样，就可以利用专门的仪器设备，来探测不同地质体的位置、分布、成分和构造。

地球物理勘探有电法、地震、声波、重力、磁力和放射性等多种方法。在工程地质勘察中多采用电法勘探中的电阻率法。由于自然界中各种岩石的矿物成分、结构和含水量等因素的不同，故有不同的电阻率。此法是人工向地下所查的地质体中供电，以形成人工电场，通过仪器测定地下岩体的视电阻率大小及变化规律，再经过分析解释，便可判断所查地质体的分布范围和性质。如判断覆盖层厚度、基岩和地下水的埋深、滑坡体的厚度与边界、冻土层的分布及厚度、溶蚀洞穴的位置及探测产状平缓的地层剖面等。

弹性波探测技术包括地震勘探、声波及超声波探测。它是根据弹性波在不同的岩土体中传播的速度不同，用人工激发产生弹性波，使用仪器测量弹性波在岩体中的传播速度、波幅规律，按弹性理论计算，即可求得岩体的弹性模量、泊松比、弹性抗力系数等计算参数。

物探方法具有速度快、成本低的优点，用它可以减少山地工程和钻探的工作量，所以得到了广泛的应用。但是，物探是一种间接测试方法，具有条件性、多解性，特

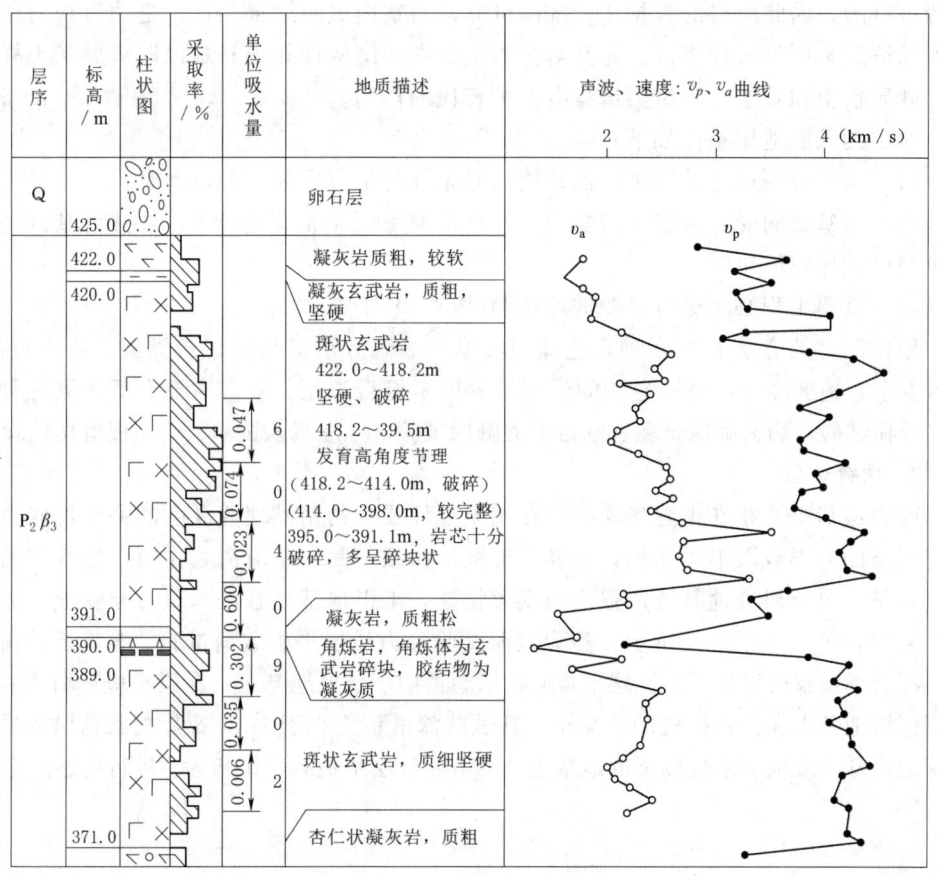

图 8-1-7 ××工程 48 号钻孔综合柱状图

别是当地质体的物理性质差别不大时,其成果往往较粗略。所以,应与其他勘探手段配合使用,才能效率较高,效果更好。

(三) 工程地质试验

工程地质试验是为了评价工程地质条件和问题,以及为工程设计、施工提供岩土技术参数而进行的试验的总称。工程地质试验是了解岩土体的物理力学特性和建筑荷载引起的力学效应,对岩土物理性质、水理性质、力学性质、变形特性等进行的试验工作。在工程地质勘察中,通过工程地质试验可对岩土体进行分类、探讨岩土体在外部荷载与内部应力重分布条件下的变形过程和破坏机制,论证地基、边坡和地下工程围岩等的稳定性,并为设计提供计算参数。这些成果既影响工程布置、工程安全和工程量,又关系到建设造价、工期和最优方案的选择。鉴于岩土体具有各向异性的特点,工程地质试验通常需进行室内试验与现场试验、原位测试与模型试验、静力法与动力法等相互验证,还必须与现场地质情况相结合,力求真实反映岩土体的工程地质特性。本节主要介绍工程中常用的原位测试方法。

原位测试是在岩土体原来所处的位置上,在基本保持岩土体的天然结构、天然含水量以及天然应力状态下,测定其工程力学性质指标。由于原位测试是在原来所处的位置进行的,因此所得的数据比较准确可靠,与室内试验结果相比,更加符合岩土体的实际情况,更具有代表性。尤其对灵敏度较高的结构性软土和难以取得原状土样的饱和砂质粉土和砂土,原位测试具有不可替代的作用。

原位测试的适用条件如下。

(1) 当原位测试比较简单,而室内试验条件与工程实际相差较大时。

(2) 当基础的受力状态比较复杂,计算不准确而又无成熟经验,或整体基础的原位真型试验比较简单时。

(3) 重要工程必须进行必要的原位测试。

原位测试的方法有很多种,选择现场原位测试方法应根据建筑类型、岩土条件、设计要求、地区经验和测试方法的适用性等因素综合选用。本节主要介绍下列几种方法:载荷试验、静力触探试验、圆锥动力触探试验、标准贯入试验、十字板剪切试验。

1. 载荷试验

静力载荷试验指在拟建场地上,在挖至设计要求的基础埋置深度的平整坑底放置一定规格的方形或圆形承压板,在其上逐级加荷载,测定相应荷载作用下地基土的稳定沉降量,分析研究地基土的强度与变形特性,求得地基土容许承载力与变形模量等力学数据,如图8-1-8所示。静力载荷试验分为浅层平板载荷试验、螺旋板载荷试验、深层平板载荷试验等。浅层平板载荷试验适用于浅层地基土;深层平板载荷试验适用于深层地基土和大直径桩的桩端土,其试验深度不应小于5m;螺旋板载荷试验适用于深层地基土或地下水位以下的地基土。本节就浅层平板载荷试验为主进行论述。

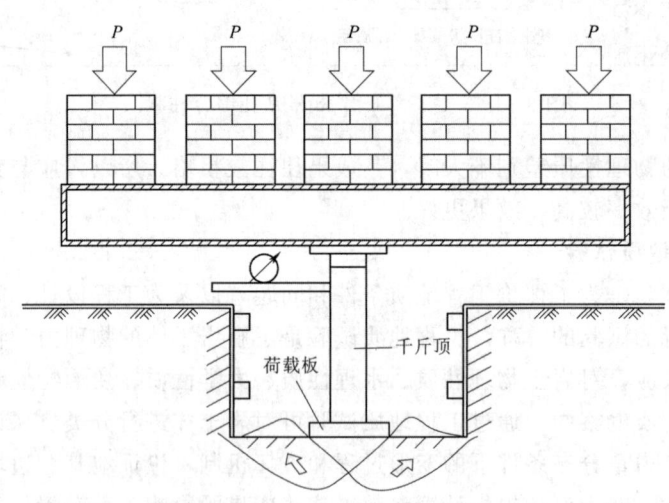

图8-1-8 浅层平板荷载试验示意图

浅层平板载荷试验实际上是模拟建筑物地基基础在受荷条件下工程性能的一种现场模拟试验。在现场挖一试坑,在试坑底部放置一个刚性承压板,在承压板上逐级施加垂直荷载p,直到预估的地基极限荷载或满足其他终止试验条件,同时测量各级荷载下地基随时间而发展的沉降量s。绘制出$p-s$关系曲线,如图8-1-9所示。

典型的平板载荷试验得到的$p-s$曲线如图8-1-9所示,可分为3个阶段。

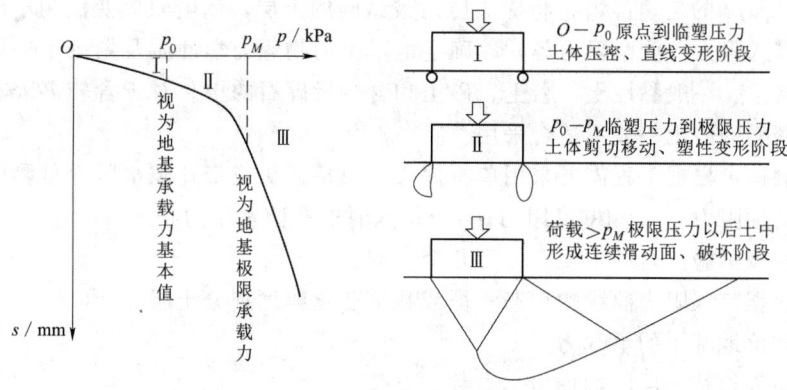

图 8-1-9 根据 $p-s$ 曲线确定地基承载力示意图

第Ⅰ段，直线段，$p-s$ 呈线性关系，反映随着荷载（压力）加大，土体稳定压密的应力状态。一般把该直线段的终点所对应的压力 p_0 称为临塑压力（比例界限压力）。

第Ⅱ段，曲线段，$p-s$ 呈非线性关系，曲线斜率 ds/dp 随着压力增加而增大，反映土体在压密的过程中附加有剪切移动或塑性变形的应力状态。

第Ⅲ段，陡降段，荷载 p 增加很小，但沉降量 s 却急剧增大，反映土体应力已达到极限状态，土体已剪切破坏。一般把该陡降段的起点所对应的压力 p_u 称为极限压力。

显然，当建筑物基底附加压力 $p \leqslant p_0$ 时，地基土的强度是完全有保证的，且沉降也较小；而当建筑物基底附加压力 $p_0 < p < p_u$ 时，地基土体不会发生整体破坏，但建筑物的沉降量很大；如果建筑物基底附加压力 $p \geqslant p_u$ 时，地基土体就会发生剪切破坏。

不是所有地基土的 $p-s$ 曲线都按以上 3 个阶段变化。不同软硬程度的岩土 $p-s$ 曲线不同，如图 8-1-10 所示。

曲线 1 表示的是土质坚实土的 $p-s$ 曲线，会呈现明显的三阶段变化，也就是典型的 $p-s$ 曲线。

曲线 2 表示的是较为软弱土的 $p-s$ 曲线，曲线开始就是非线性，没有明显的骤降段。

曲线 3 表示的软弱土的 $p-s$ 曲线，荷载板几乎是垂直下切，沉降随压力的增加变化十分明显。

对于黏性土、粉土地基，当 $p-s$ 曲线上有明显的直线段时，可直接取临塑压力 p_0 作为地基承载力基本值 f_0，即 $p_0 = f_0$，取极限压力 p_u 作为地基极限承载力 f_u。

因此，根据 $p-s$ 曲线所反映的地基变形性状，可以确定地基承载力基本值，如图 8-1-10 所示。

2. 静力触探试验

静力触探技术是工程地质勘察特别在软土勘察中较为常用的一种原位测试技术。静力触探试验是用压入装

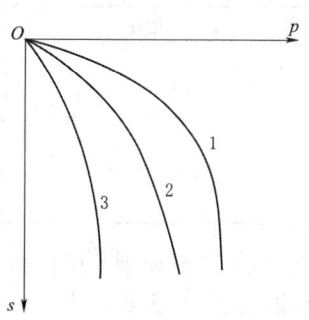

图 8-1-10 不同软硬程度的岩土 $p-s$ 曲线

置，以 20mm/s 的匀速静力，将探头压入被试验的土层，用电阻应变仪测量出不同深度土层的贯入阻力、侧摩阻力等，以确定地基土的物理力学性质及划分土类。静力触探适用于软土、一般黏性土、粉土、砂土和含少量碎石的土。对于含较多碎石、砾石的土和很密实的砂土一般不适合采用。

静力触探可根据工程需要采用单桥探头、双桥探头或带孔隙水压力量测的三桥探头，测定锥尖阻力 q_c、侧壁摩阻力 f_s 及贯入时的孔隙水压力 u。

静力触探试验的目的主要有以下几个方面。

（1）根据贯入阻力曲线的形态特征或数值变化幅度划分土层。

（2）评价地基土的承载力。

（3）估算地基土层的物理力学参数。

（4）选择桩基持力层、估算单桩承载力，判定沉桩的可能性。

（5）判定场地土层的液化趋势。

3. 圆锥动力触探试验

圆锥动力触探是利用锤击动能，将一定规格的圆锥探头打入土中，根据打入的难易程度来评价土的物理力学性质的一种原位测试方法。圆锥动力触探以落锤冲击力提供贯入能量，不像静力触探那样需要专门的反力设备，因此设备比较简单，操作也很方便，应用范围广，对于静力触探难以贯入的碎石土层及密实砂层甚至较软的岩石也可应用。

（1）试验设备。动力触探设备较为简单，主要由三部分组成：一是探头部分；二是穿心落锤；三是穿心锤导向的触探杆。根据设备尺寸、规格及锤击能量的不同，圆锥动力触探又分为轻型（N_{10}）、重型（$N_{63.5}$）及超重型（N_{120}）3 种，表 8-1-4 所示为圆锥动力触探类型和适用范围。图 8-1-11 所示为重型和超重型圆锥动力触探简图。

表 8-1-4　　　　　　　　圆锥动力触探类型和适用范围

圆锥动力触探类型		轻型	重型	超重型
落锤	锤的质量/kg	10	63.5	120
	落距/cm	50	76	100
探头	直径/mm	40	74	74
	锥角/(°)	60	60	60
探杆直径/mm		25	42	50~60
指标		贯入 30cm 的读数 N_{10}	贯入 10cm 的读数 $N_{63.5}$	贯入 10cm 的读数 N_{120}
主要适用岩土		浅部（埋深小于 5m）的填土、砂土、粉土、黏性土	砂土、中密以下的碎石土、极软岩	密实碎石土、软岩、极软岩

（2）试验原理。圆锥动力触探试验中，一般用打入土中一定距离（贯入度）所需落锤次数（锤击数）来表示探头在土层中贯入的难易程度。同样的贯入度条件下，锤击数越多，表明土层阻力越大，土的力学性质越好；反之，锤击数越少，表明土层阻力越小，土的力学性质越差。通过锤击数的大小就很容易定性评价土的力学性质，再

结合大量的对比试验，进行统计分析就可以对土体的物理力学性质作出定量化的评估。

(3) 试验目的。静力触探试验的试验目的如下。

1) 定性评价：评定场地土层的均匀性；查明土洞、滑动面和软硬土层界面；确定软弱土层或坚硬土层的分布；检验评估地基土加固与改良的效果。

2) 定量评价：确定砂土的孔隙比、相对密实度、粉土和黏性土的状态、土的强度和变形参数、评定地基土的承载力或单桩承载力。

4. 标准贯入试验

标准贯入试验是圆锥动力触探试验类型中的一种，它是利用63.5kg的穿心重锤，以76cm的落距反复提起和自动脱钩落下，锤击一定尺寸的圆筒形贯入器，将其贯入土中，测定每贯入30cm厚土层所需的锤击数（$N_{63.5}$值），以此确定该深度土层性质和承载力的一种动力触探方法。

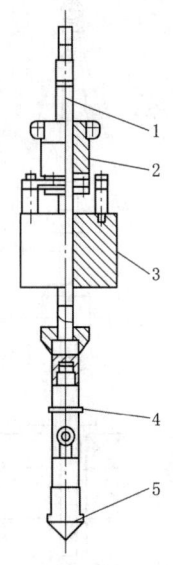

图8-1-11 重型和超重型圆锥动力触探简图
1—打杆；2—落锤器；
3—重锤；4—探杆；
5—探头

标准贯入试验常在钻孔中进行，既可在钻孔全深度范围内等间距进行，也可仅在砂土、粉土等土层范围内等间距进行。试验时，先用钻具钻至试验点以上15cm处，清除孔内残土，将贯入器竖直贯入土中15cm后，开始记录每打入10cm的击数，累计贯入土中30cm的锤击数，即为标贯击数 N 或 $N_{63.5}$ 值。如遇硬土层，累计击数已达50击，而贯入深度未达30cm时，应终止试验，记录50击的实际贯入厘米 Δs 与累计锤击数。按公式 $N=30n/\Delta s$，即 $N=30\times50/\Delta s$ 换算成贯入30cm的锤击数 N。然后旋转钻杆提起贯入器，取出贯入器中的土样进行鉴定、描述、记录并测量其长度，有需要时还应包样进行室内土工试验。常见的标贯试验成果有标贯击数 N 与深度 H 的关系曲线和标贯孔工程地质柱状图，如图8-1-12所示。

标准贯入试验锤击数 N 值，可对砂土、粉土、黏性土的物理状态，土的强度、变形参数、地基承载力、单桩承载力，砂土和粉土的液化，成桩的可能性等做出评价。

例如，根据标贯击数 N 可将砂土划分为密实（$N>30$）、中密（$15<N\leqslant30$）、稍密（$10<N\leqslant15$）和松散（$N\leqslant10$）4类。

砂土液化是指饱和疏松砂土受到振动时因孔隙水压力骤增而发生液化的现象。对于饱和的砂土和粉土，当初判为可能液化或需要考虑液化影响时，可采用标准贯入试验锤击数 N 进一步确定其地震液化的可能性及液化等级。当饱和砂土或粉土实测标准贯入锤击数 N 值小于由式（8-1-2）确定的临界值 N_{cr} 时，应判为液化土。

$$N_{cr}=N_0\beta[\ln(0.6d_s+1.5)-0.1d_w]\sqrt{\frac{3}{\rho_c}}(d_s\leqslant20) \qquad (8-1-2)$$

式中　N_{cr}——液化判别标准贯入锤击数临界值；

N_0——液化判别标准贯入锤击数基准值，按表8-1-5取用；

d_s——饱和土标准贯入点深度，m；

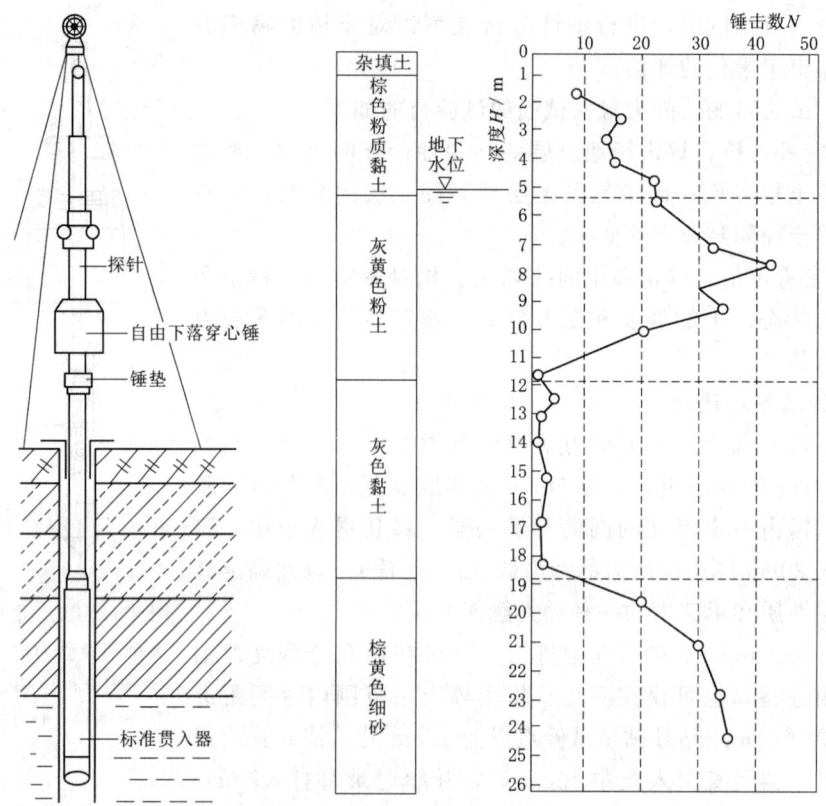

图 8-1-12 标准贯入试验及锤击数对岩性和深度曲线示意图

d_w——地下水位深度，取液化土层所在含水层近 3~5 内年最高地下水位；

ρ_c——黏粒含量百分率，当小于 3 时或为砂土时，均应采用 3；

β——调整系数，设计地震第一组取 0.80，第二组取 0.95，第三组取 1.05。

对存在液化砂土层、粉土层的地基，应探明各液化土层的深度和厚度，按下式计算每个钻孔的液化指数：

表 8-1-5　　　　　　液化判别基准标贯锤击数 N_0 值

设计基本地震加速度/g	0.10	0.15	0.20	0.30	0.40
N_0	7	10	12	16	19

注　设计基本地震加速度可由《建筑抗震设计规范》(GB/T 50011—2010) 附录 A 查取。

$$I_{le} = \sum_{i=1}^{n}\left(1 - \frac{N_i}{N_{cri}}\right)d_i w_i \qquad (8-1-3)$$

式中　I_{le}——液化指数；

n——在判别深度范围内每一个钻孔标准贯入试验点的总数；

N_i，N_{cri}——i 点标准贯入锤击数的实测值和临界值；

d_i——i 点所代表的土层厚度，m，可采用与该标准贯入试验点相邻的上、下两标准贯入试验点深度差的一半，但上界不高于地下水位深度，下界不深于液化深度（当遇变层时，相应的上界或下界取变层界线埋深）；

w_i——i 土层单位土层厚度的层位影响权函数值，m^{-1}，当该层中点深度不大于 5m 时应采用 10，等于 20m 时应采用零值，5～20m 时应按线性内插法取值。

完成各钻孔液化指数的计算后，按表 8-1-6 划分各钻孔的液化等级。

表 8-1-6　　　　　　　液化等级与液化指数的对应关系

液化等级	轻微	中等	严重
液化指数 I_{le}	$0 < I_{le} \leqslant 6$	$6 < I_{le} \leqslant 18$	$I_{le} > 18$

5. 十字板剪切试验

十字板剪切试验是采用十字板剪切仪，在现场测定饱和软黏土的抗剪强度的一种原位测试方法。其基本原理是施加一定的扭转力矩，将土体剪切破坏，测定土体对抵抗扭剪的最大力矩，并假定土体的内摩擦角等于零（$\varphi = 0$），通过换算计算得到土体的抗剪强度值。机械式十字板剪切仪主要由十字板头、加荷传力装置（轴杆、转盘、导轮等）和测力装置（钢环、百分表等）三部分组成。其中十字板头是由厚度为 3mm 的长方形钢板以横截面呈十字形焊接在轴杆上构成。

试验时，将十字板头压入被测试的土层中，或将十字板头装在钻杆前端压入打好的钻孔底以下 0.75m 左右的被测试土层中（图 8-1-13），然后缓慢匀速摇动手柄旋转（大约以每度 10s 的速度转动），每转 1 转（1 度）记录钢环变形的百分表读数一次，直到读数不再增加或开始减小（即土体已经被剪切破坏）为止。试验一般要求在 3～10min 内把土体剪切破坏，以免在剪切过程中产生的孔隙压力消散。

设十字板的高度为 H（m），宽度为 D（m），则当转动插入土层中的十字板头时，在土层中产生的破坏状态接近一个高度为 H（m）、转动直径为 D（m）的圆柱体。假定该圆柱体四周上下两个端面上的各点强度相等，则土体破坏时所产生的抵抗

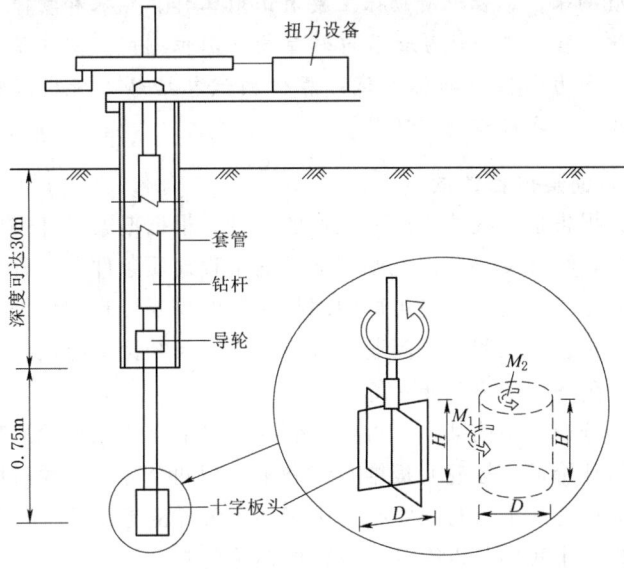

图 8-1-13　十字板剪切试验示意图

力矩 M 为

$$M = M_1 + M_2 \quad (8-1-4)$$

$$M_1 = \frac{D}{2} c_u \pi H D \quad (8-1-5)$$

$$M_2 = 2 c_u \times \frac{1}{4} \pi D^2 \times \frac{2}{3} \times \frac{1}{2} D \quad (8-1-6)$$

式中　M——土体破坏时的抵抗力矩，kN·m；

M_1——圆柱体的圆柱面所产生的抵抗力矩，kN·m；

M_2——圆柱体上、下两个端面所产生的抵抗力矩，kN·m；

c_u——饱和黏土的不排水抗剪强度，kPa；

D——圆柱体的直径，对于软黏土，相当于十字板的宽度，m；

H——圆柱体的高度，对于软黏土，相当于十字板的高度，m。

因此，抗剪强度计算公式为

$$c_u = \frac{2M}{\pi D^2 H (1 + D/3H)} \quad (8-1-7)$$

十字板剪切试验的目的主要有两个方面。

(1) 测定原位应力条件下软黏土的不排水抗剪强度。

(2) 估算软黏土的灵敏度。

❖ 小结

本节主要介绍了工程地质勘察的基本方法。工程地质勘察的方法，主要有工程地质测绘、工程地质勘探、工程地质试验（室内和原位测试）等。

(1) 工程地质测绘。工程地质测绘主要包括路线测绘法、地质点测绘法、野外实测地质剖面法和 3S 技术等。

(2) 工程地质勘探。工程地质勘探主要有山地工作、钻探和物探 3 种类型。

(3) 工程地质试验。工程地质试验包括室内和原位测试。室内试验主要包括岩土物理性质指标测试和力学性质指标测试；原位测试包括静力荷载试验、静力触探试验、动力触探试验、十字板剪切试验等。

二、工程地质勘察报告阅读

工程地质勘察报告是工程地质勘察工作的总结。根据勘察设计书的要求，考虑工程特点即勘察阶段，综合反映和论证勘察地区的工程地质条件和工程地质问题，作出工程地质评价。它是提供设计、施工部门间接使用的重要资料和依据。报告书一般包括工程地质条件的论述、工程地质问题的分析评价以及结论和建议。报告除文字部分外，还包括插图、附图、附表和照片等。

8-1-4
工程地质勘察报告的阅读

典型工程案例分析：阅读某水库可行性研究阶段上坝址工程地质勘察报告，通过上坝址地质勘察与评价，比较砼面板堆石坝和重力坝两个方案。通过阅读，你知道工程地质勘察报告应该怎样去编写吗？报告中阐述了怎样的地质条件，会产生什么样的地质问题呢？从报告中我们可以得到什么样的结论呢？

【案例】某水库可行性研究阶段上坝址工程地质勘察简介。某水库可行性研究阶段工程地质勘察的主要工作有上、下两个坝址方案进行比较，坝型有砼面板堆石坝和重力坝两个方案进行比较，由于篇幅所限，在此仅介绍上坝址工程地质勘察与评价。

(一) 工程概况

该工程是一座以供水、防洪为主，结合下游灌溉和发电的综合利用的水利工程，坝址以上集水面积 $316km^2$，水库校核洪水位 105.10m，水库总库容 2.44 亿 m^3，水库正常蓄水位 98.00m，正常蓄水位以下库容 1.766 亿 m^3，防洪库容 6205 万 m^3，电站装机容量 1.6MW。工程规模属大（2）型水库，电站为小（2）型电站。

8-1-5
工程地质勘察报告的编写——"三匠"精神

(二) 上坝址工程地质条件

1. 地形地貌

坝址位于黄泽江中游段，上游河流扭曲，下游河流相对顺直，河流方向 342°，宽约 140～150m，河床段地面高程 50～55m。

左岸山坡平缓，坡角约 25°，顶部平坦，由玄武岩组成。右岸为霏细岩，坡角 48°～36°，总体山坡陡峻，基岩大多裸露。

2. 地层岩性

(1) 侏罗系上统 (J_3)。大爽组 (J_3d) 灰白～浅灰绿色霏细岩，岩石具斑状结构，斑晶主要为斜长石和石英，少量长石具绢云母化，基质具包含霏细结构，岩石结构致密，为该水库坝址的主要岩性。

(2) 白垩系下统 (K_1)。馆头组 (K_1g) 灰白～浅灰绿色含砾凝灰岩，层凝灰岩等，分布于 F_5 以左及下坝址，地表于 F_{102} 上游出露。

(3) 上第三系上新统嵊县组 (N_2sh)。上部为灰黑色玄武岩，新鲜岩块坚硬，岩体柱状节理发育，局部夹风化黏土层。与下伏 alN_2 含泥砂砾层面的产状：350°，NW∠10°，倾向山里。alN_2 含泥砂砾层与侏罗系、白垩系地层多呈角度不整合接触。

(4) 第四系全新统冲洪积 ($al-plQ_4$) 砂卵砾石层。分布于河床，厚度 5～10m，粒径一般 5～20cm。圆锥重力触探试验 $N_{63.5}=22\sim38$ 击，密实。渗透系数下部 $k=9\times10^{-5}\sim9\times10^{-4}cm/s$，为中等～弱透水性。上部局部受人为影响，$k=0.05\sim0.1cm/s$，呈强透水性。

图 8-1-14 所示为 ZK1 号钻孔柱状图。

3. 地质构造

坝址主要断层见表 8-1-7。

坝址主要节理如下。

左岸①320°～350°，NE∠40°～85°；②280°～300°，SW/NE∠20°～30°；③35°～70°，NW∠10°～30°。节理面主要有铁锰质浸染、风化岩石碎屑充填，面起伏，长度一般为 3～5m，连贯性一般较差。

右岸①290°～310°，SW∠60°～80°；②30°～50°，SE∠40°～60°。铁锰质、岩石碎屑充填，面起伏，长度一般为 3～5m。

坝址左岸受断层 F_5、F_6、F_8 等断裂构造的影响，320°～350°，NE∠40°～85°裂隙相对发育，主要分布于坝址上游地段。左岸因陡倾角和缓倾角裂隙的切割，岩体呈次块状结构，岩体为 A_{III2} 类。

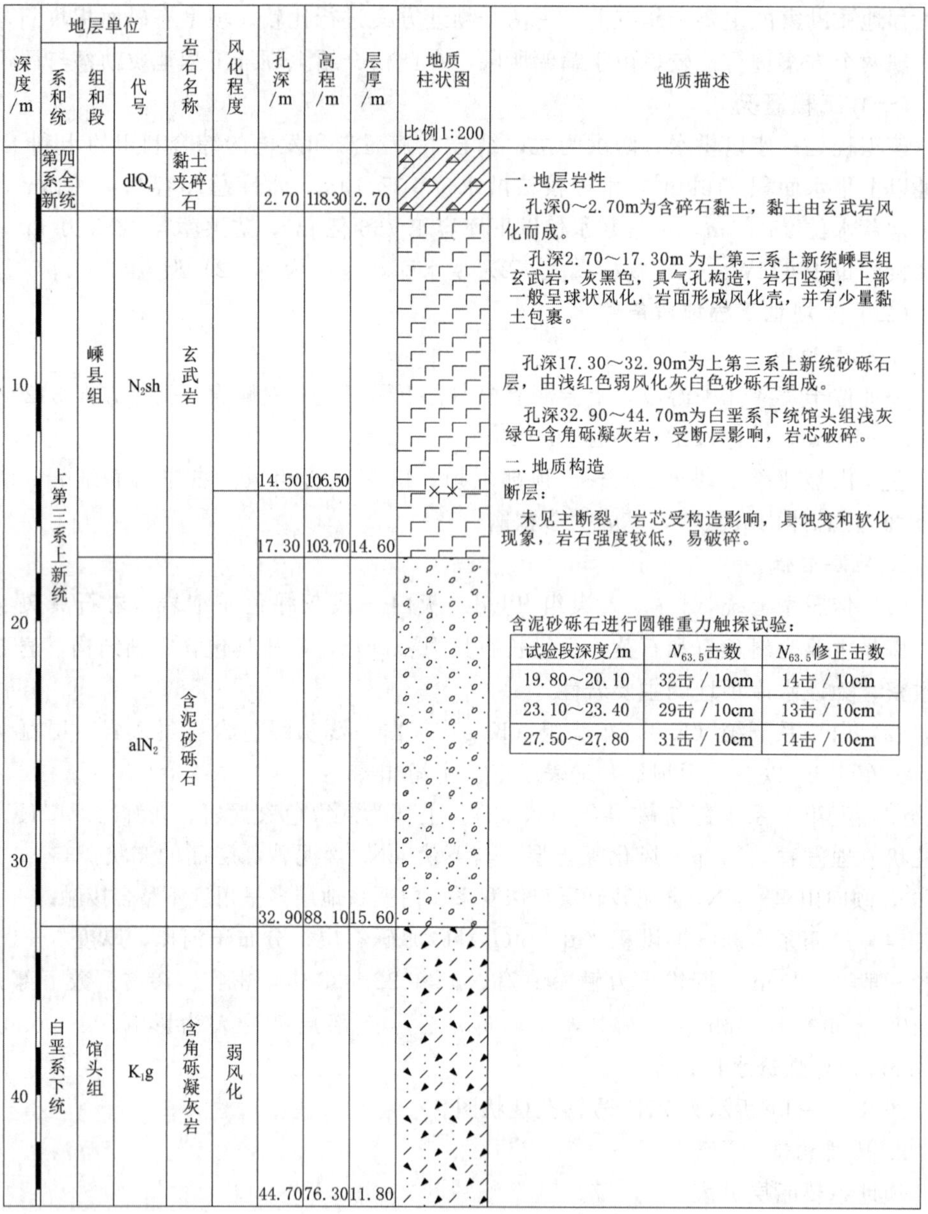

图 8-1-14 ZK1 号钻孔柱状图

深度/m	地层单位 系和统	地层单位 组和段	地层单位 代号	岩石名称	风化程度	孔深/m	高程/m	层厚/m	地质柱状图 比例 1:200	地质描述
	第四系全新统		dlQ_4	黏土夹碎石		2.70	118.30	2.70		**一. 地层岩性** 孔深 0~2.70m 为含碎石黏土，黏土由玄武岩风化而成。 孔深 2.70~17.30m 为上第三系上新统嵊县组玄武岩，灰黑色，具气孔构造，岩石坚硬，上部一般呈球状风化，岩面形成风化壳，并有少量黏土包裹。 孔深 17.30~32.90m 为上第三系上新统砂砾石层，由浅红色弱风化灰白色砂砾石组成。 孔深 32.90~44.70m 为白垩系下统馆头组浅灰绿色含角砾凝灰岩，受断层影响，岩芯破碎。 **二. 地质构造** 断层： 未见主断裂，岩芯受构造影响，具蚀变和软化现象，岩石强度较低，易破碎。
10	上第三系上新统	嵊县组	N_2sh	玄武岩		14.50 17.30	106.50 103.70	14.60		
20 30			alN_2	含泥砂砾石		32.90	88.10	15.60		含泥砂砾石进行圆锥重力触探试验：
40	白垩系下统	馆头组	K_1g	含角砾凝灰岩	弱风化	44.70	76.30	11.80		

含泥砂砾石进行圆锥重力触探试验：

试验段深度/m	$N_{63.5}$ 击数	$N_{63.5}$ 修正击数
19.80~20.10	32击/10cm	14击/10cm
23.10~23.40	29击/10cm	13击/10cm
27.50~27.80	31击/10cm	14击/10cm

表 8-1-7   坝址主要断层表

断层编号	产　状	断层及影响带宽度/cm	断层性质	位　　置
F_{101}	300°~345°，SW∠65°~75°	200~500	由断层泥，厚2cm，糜棱岩、碎裂岩、铁锰质等组成，并由3~5条挤压破碎带组成，单条宽20~50cm	右岸 PD3、TC2 内
F_2	340°，NE∠75°	60~80	次生泥厚2~5cm，由碎裂岩、糜棱岩等组成	右岸 PD4 洞口

续表

断层编号	产 状	断层及影响带宽度/cm	断层性质	位 置
F_3	0°~20°, E~SE∠60°~75°	200~350	断层泥厚 2cm，由碎裂岩、铁锰质等组成，由 F_{3-1}、F_{3-2} 破碎带组成，单条宽 10~20cm	右岸 PD4 内
F_5	340°, SW∠85°~90°	>200	由糜棱岩等组成	左岸路边及 ZK16 等
F_6	340°, NE∠75°	200~500	糜棱岩、碎裂岩等组成	左岸路边
F_7	30°~35°, NW∠60°~85°	200~600	糜棱岩、断层角岩、铁锰质等组成。由 F_{7-1}、F_{7-2}、F_{7-3} 破碎带组成，单条宽 10~20cm	左岸 PD1 内
F_8	300°~330°, NE∠55°~85°	200~350	糜棱岩、断层角岩、铁锰质等组成。由 F_{8-1}、F_{8-2}、F_{8-3} 破碎带组成，单条宽 10~50cm	左岸 PD1 内
F_9	340°, SW∠60°		由断层角砾岩、糜棱岩及断层泥组成	河床钻孔揭露
F_{10}	55°, SE∠80°	100~150	由碎裂岩组成，铁锰质充填	右岸导流洞口

坝址右岸受 F_{101}、F_3 等断层影响，主要裂隙有①290°~310°，SW∠60°~80°为顺河向断层带，平硐揭露，一般分布于平距 0~10m 范围，岩体呈镶嵌碎裂结构或次块状结构，岩体为 $A_{Ⅲ1}$ 类；②30°~50°，SE40°~60°为一组与河床交角较大的裂隙，PD3、PD4 平硐揭露，延伸长度一般 3m~5m，断续，裂隙面为微张，面上有铁锰质浸染。

河床段主要由钻孔进行勘探，顺河床中间纵向剖面揭露，河床钻孔中有断层 F_9 顺河床通过，产状约：340°，SW∠60°，断层带由断层角砾岩、糜棱岩及断层泥组成，宽度约 1~2m。其余地段岩体以块状结构为主，岩体为 $A_Ⅱ$ 类。

4. 岩石风化分带

坝址左岸上部为玄武岩，呈球状风化。玄武岩下为含泥砂卵砾石，其下部以 F_5 分界，左侧为 K_1g 的角砾凝灰岩，右侧为 J_3d 的霏细岩，岩体完整性差，岩性蚀变。河床和右岸为 J_3d 的霏细岩，岩性相对较完整，岩体为块状结构，岩质坚硬。上坝址岩石风化带划分表见表 8-1-8。

表 8-1-8　　　　　　上坝址岩石风化带划分表

位 置	风化程度	风化带厚度/m		
		左岸	河床	右岸
重力坝	强风化	4~6	—	2~3
	弱风化	3~36	2~4	2~3
堆石坝	强风化	2~3	—	0~4
	弱风化	4~14	2~3	6~8

5. 岩石物理力学性质

上坝址平硐地震波测试成果见表 8-1-9。

表 8-1-9　　　　　　　　　平硐连续波速测试成果表

平硐编号	PD1		PD3		PD4	
平距/m	0~6	6~24	0~8	8~20	0~12	12~30
纵波波速 V_p/(km/s)	2.4	3.2	1.78	3.13	2.6	3.37
横波波速 V_s/(km/s)	1.03	1.65	0.73	1.72	1.41	1.86
泊松比 μ	0.39	0.32	0.4	0.28	0.3	0.28
动弹性模量 E_d/GPa	7.3	18	4	19	12	22

测试表明，地表浅部弱风化带岩石受风化影响和断层节理的影响，纵波 1800~2500m/s，波速较低。微风化带岩石波速中等，PD3 硐内 F_{101} 断层宽度较大，波速较低，平硐深部岩体渐完整，波速大于 3000m/s。

坝基岩石抗压强度试验成果见表 8-1-10。

表 8-1-10　　　　　　　　坝基岩石单轴抗压强度试验值表

试样编号	取样位置及深度/m	饱　和		天　然		软化系数
		试验值/MPa	平均值/MPa	试验值/MPa	平均值/MPa	
Zk2-2	Zk2 钻孔：25m	68.4	65.7	150	143.75	0.45
Zk11	Zk11 钻孔：9~9.5m	72.5		140		
Zk4	Zk4 钻孔：11~12m	54.2		132		
Zk8	Zk8 钻孔：5.5~6.0m	67.8		153		
Zk2-1	Zk2 钻孔：12.5m	119	123	188	158.75	0.77
Zk2-4	Zk2 钻孔：36m	101		137		
Zk4-2	Zk4 钻孔：24m	136		156		
Zk8	Zk8 钻孔：27m	136		154		
平均值			94.36		151.25	0.62

6. 水文地质条件

（1）透水性。相对隔水层（$q \leqslant 3Lu$）埋深：左岸 10~35m，河床段基岩下 3~5m，右岸 10~20m。地下水位埋深：左岸 10~24m，右岸 10~20m。

河床段上部局部 $k=4.5\times10^{-2}$cm/s，为强透水层，一般分布在 0~3m，并与原有河床采挖砂砾有关。下部河床砂卵砾石层渗透系数 $k=9\times10^{-4}$cm/s，为中等透水层。

左岸 alN_2 含泥砂砾卵石渗透系数 $k=3.4\times10^{-5}$~1.4×10^{-4}cm/s，为弱~中等透水层，地表层现场渗透试验 $k=1.0\times10^{-2}$cm/s 为强透水性。

（2）水质。本区河床水类型为重碳酸-镁-钠-钙水（HCO_3-Mg-Na-Ca），pH=6.9，无酸性腐蚀，HCO_3^- 含量为 0.77mmol/L，对混凝土具弱溶出性侵蚀。

左岸玄武岩及其砂砾层中地下水类型为重碳酸-镁-钙水（HCO_3-Mg-Ca），pH=7.0，HCO_3^- 含量为 2.69mmol/L，对混凝土无侵蚀性。

（三）上坝址工程地质评价

坝址区左右岸地形不对称，左岸山坡较平缓，右岸山坡较陡。左岸上部为玄武岩，下部基岩以 F_5 为界，左侧为含角砾凝灰岩（K_1g），F_5 以右为霏细岩（J_3d），均为坚硬岩类。坝址左岸有 F_5、F_7、F_8 等断层通过左坝肩，通过对 PD1 平硐的勘察，可见 J_6 等不连续的平缓节理较发育，与 F_7、F_8 组合的结构面，相互切割，对坝肩稳定不利。右岸有 F_{101}、F_2、F_3 断层通过坝肩，断层通过处，有 3～5m 的破碎影响带，从平硐和地表未见明显的平缓结构面组合。

坝址浅层弱风化岩石（深度 5～12m 范围内岩石）的软化系数为 0.45，中下层（深度 12～36m 范围内岩石）的软化系数为 0.77。浅部岩石中微细裂隙较发育，钻孔中岩芯 RQD 值偏低，岩性呈脆性，易碎的特性，左岸因 F_5 断层影响，岩石蚀变，强度较低。

总之，坝址区基岩为坚硬岩类，但岩石强度受构造控制，坝址左岸岩石以 A_{III_2} 类和 A_{III_1} 类岩体为主，河床及右岸岩石以 A_{II} 类岩体为主。

1. 重力坝方案工程地质评价

坝址区两岸山体坡度适中，由坚硬岩类组成，河床覆盖层及基岩风化深度均不是太深，虽有不同规模的断裂构造发育，但控制坝基稳定的缓倾角结构面不甚发育，多断续延伸或延展性较差。主要缺陷为左岸存在玄武岩下含泥砂砾卵石层，经适当工程处理，坝址具备建造混凝土重力坝的工程地质条件。

左岸岸坡基岩为霏细岩，基岩面分布高程 85～90m，下部玄武岩和含泥砂砾层，不宜作为坝基持力层。建议坝基置于弱风化中部基岩上，并加强固结灌浆处理。坝肩含泥砂砾层和玄武岩存在绕坝渗漏问题，需进行垂直防渗处理。

河床段砂砾层厚度 5～10m，弱风化带 2～4m。河床段有 F_9 断层通过，未见有控制坝基稳定的缓倾角结构面通过，岩体较完整，建议坝基置于微风化基岩上。

右岸弱风化带分布较浅，右坝肩有顺河向的 F_{101}、F_2、F_3 断层通过，从山坡裂隙多与河流呈斜交，节理较发育。坝基岩体主要物理力学参数见表 8-1-11。

表 8-1-11　　　　　上坝址重力坝坝基岩体物理力学参数建议表

项　目		单　位	左　岸	河　床	右　岸
混凝土/微风化霏细岩抗剪断强度	f'	—	0.9～1.0	1.0～1.1	
	C'	MPa	0.8～0.9	0.8～0.9	
微风化霏细岩变形模量	E_0	GPa	8	8～10	
混凝土/弱风化霏细岩抗剪断强度	f'	—	0.7～0.8	0.8～0.9	
	C'	MPa	0.5～0.6	0.7～0.8	
弱风化霏细岩变形模量	E_0	GPa	6	6～8	
断层带抗剪强度	f	—	0.35		
	E_0	GPa	0.3		
微风化岩石承载力标准值	f_k	MPa	2.0	2.5	
弱风化岩石承载力标准值	f_k	MPa	1.5	2.0	
微风化岩石冲刷系数	k	—	1.2		

左岸弱风化带厚度较大，建议坝基置于弱风化带中部岩体上；河床和右岸风化浅，岩体较完整，坝基可置于微风化基岩上，右岸高程 90m 以上坝基置于弱风化中

部基岩上。建议开挖深度：左岸玄武岩段10～26m，山坡7～12m，河床基岩面下3～5m，右岸7～12m。

对规模较大的F_5、F_9、F_{101}等断层，上游面建议设置截水井处理，对断层带应作1.5倍断层宽度加深开挖，并回填混凝土处理，断层带加强帷幕灌浆处理。

PD1平硐中的J_6等平缓裂隙，以铁锰质充填为主，面略起伏，断续延伸，对坝基稳定不利，但其位于F_7、F_8之间，该段岩体较破碎，坝基开挖已作挖除处理，深部虽岩体完整性差，但未见较大的平缓结构面，不存在深层不利结构面组合。

建议对坝基进行固结灌浆，深度5～8m。帷幕灌浆深度进入相对隔水层（$q\leqslant 3Lu$）以下8～15m，遇断层及其破碎岩体应加强固结和防渗处理，防渗帷幕应深入相对隔水层（$q\leqslant 3Lu$）以下8～15m。

左岸玄武岩下存在厚17～20m的含泥砂卵砾石层，建议对含泥砂卵砾石层进行渗流稳定验算。左坝肩下游存在冲沟，相对渗径短，建议左岸沿山脊方向设置垂直防渗体进行防渗处理，防渗体应深入至角砾凝灰岩和霏细岩中5～8m。

建议开挖边坡：左岸边坡由玄武岩、含泥砂砾层，霏细岩组成。玄武岩较风化破碎，边坡为1:0.75～1:1；含泥砂砾层临时边坡为1:0.75，开挖后对边坡进行喷砼保护；下部霏细岩1:0.3。其余地段覆盖层开挖边坡：1:1～1:1.5；强风化岩石1:0.75；弱风化岩石1:0.5；微风化岩石1:0.3。

2. 混凝土面板堆石坝工程地质评价

坝址区左右岸地形不对称，左岸山坡较平缓，右岸山坡较陡。河谷底宽约150m，两岸趾板线上覆盖层浅，均有基岩出露，河床段砂砾层厚度2～10m，两侧较浅，中间较深。左岸有F_7、F_8等断层通过，右岸有F_{101}、F_2、F_3断层通过。河床有F_9顺河断层，两岸节理裂隙较发育。岩体受构造和蚀变控制，左岸岩体以$A_{Ⅲ1}$类岩体为主，河床及右岸以$A_Ⅱ$类为主。坝址具备建造中高混凝土面板堆石坝的工程地质条件。

（1）趾板。左岸高程90m以上分布玄武岩，其下部存在厚17～20m的含泥砂卵砾石层，分布于左岸坝轴线延伸方向。左岸趾板线可置于霏细岩上，左岸弱风化带为$A_{Ⅲ2}$类岩体，可作趾板地基。右岸山体雄厚，岩体较完整，岩石基本裸露，以$A_{Ⅲ1}$类岩体为主可作趾板地基。河床段砂砾层厚度3～7m，以下为弱风化霏细岩，岩体较完整，以$A_Ⅱ$类岩体为主。其中河床有F_9断层顺河向在河床中间通过，局部岩石较破碎。

河床段趾板应挖除砂砾卵石层，并进入弱风化基岩1～2m。左右岸应清除地表覆盖层和强风化岩石，趾板置于弱风化基岩上。

坝基岩体物理力学参数表见表8-1-12。

表8-1-12　　　　上坝址堆石坝坝基岩石物理力学参数表

项　目		单　位	左岸	河床	右岸
混凝土/弱风化霏细岩抗剪断强度	f'	—	0.7～0.8		0.8～0.9
	C'	MPa	0.5～0.6		0.7～0.8
弱风化霏细岩变形模量	E_0	GPa	4～6		5～7
断层带抗剪强度	f	—		0.3～0.35	

续表

项　　目		单位	左岸	河床	右岸
断层带变形模量	E_0	GPa		0.3	
弱风化岩石承载力标准值	f_k	MPa	1~1.5	1.5	1.5
河床砂卵砾石层	f_k	MPa	—	0.3~0.4	—
	φ	°		31~33	
	$J_允$	—	—	0.1~0.15	—

建议趾板进行固结灌浆深度5~8m，帷幕灌浆深入相对隔水层以下5~8m，并沿两岸山脊方向延伸，河床下部砂砾石层为弱透水性，但上部结构松散，为强透水性，施工时应加强堵漏和基坑排水，并注意边坡的稳定性。

左岸玄武岩下存在厚17~20m的含泥砂卵砾石层，建议对含泥砂卵砾石层进行渗流稳定验算。左岸坝肩下游存在冲沟，相对渗径短，建议左岸沿山脊方向设置垂直防渗体进行防渗处理，防渗体应深入至角砾凝灰岩和霏细岩中5~8m。

建议开挖深度：左岸玄武岩分布段开挖8~13m，山坡霏细岩段开挖深度3~5m；河床段清除砂砾卵石层，并深入弱风化基岩1~2m；右岸局部覆盖层及强风化带较厚，开挖深度3~7m。F_9、F_{101}断层带的上游面应设置截水井防渗，断层带按1.5倍断层宽度加深开挖，回填砼并加强帷幕灌浆处理。

建议开挖边坡：覆盖层1:1~1:1.5，强风化1:0.75；弱风化1:0.5；微风化1:0.3。

（2）坝基。坝基位置，左岸山坡坡积层厚3~10m，坡脚处较厚。河床砂砾层厚6~10m。右岸除局部存在坡身段层外，大都为基岩。坝基左右岸和河床基岩为霏细岩，左岸强风化带厚度2~3m，弱风化带厚度4~5m，局部10~14m。河床段弱风化带厚2~3m。右岸强风化带厚0~4m，弱风化带厚6~8m。

河床有F_9断层顺河通过，右岸有F_{101}、F_2、F_3断层通过坝肩。

建议两岸坝基应清除坡积堆积层，河床砂砾层可作为坝基的持力层，建议河床段趾板下游1/6坝宽范围内坝基应挖至基岩，1/6坝宽范围下游砂砾石层可作为坝基持力层，表部砂砾卵层应进行碾压处理。弱风化带岩石承载力标准值$f_k=1$~1.5MPa，河床砂砾卵层承载力标准值$f_k=0.3$~0.4MPa，内摩擦角$\varphi=31°$~33°。

建议开挖边坡：覆盖层1:1~1:1.5。

3. 结论—重力坝与混凝土面板堆石坝地质条件比较

坝址区工程地质条件一般，除左岸玄武岩下砂砾层处理较复杂外，两种坝型均能成立。重力坝方案对地质的要求较高，左岸开挖量较大，所需砂砾料的用量较大，但库内优质的天然砂砾料储量不能满足设计需要，需外购或进行人工轧制。堆石坝方案则砂砾料的需量较少。堆石坝方案溢洪道工程地质条件一般，能满足设计要求。鉴于砂砾料储量对本工程投资影响较大，堆石坝方案具有一定的优越性，建议进行技术经济综合比较。

坝址工程地质图如图8-1-15、图8-1-16所示。

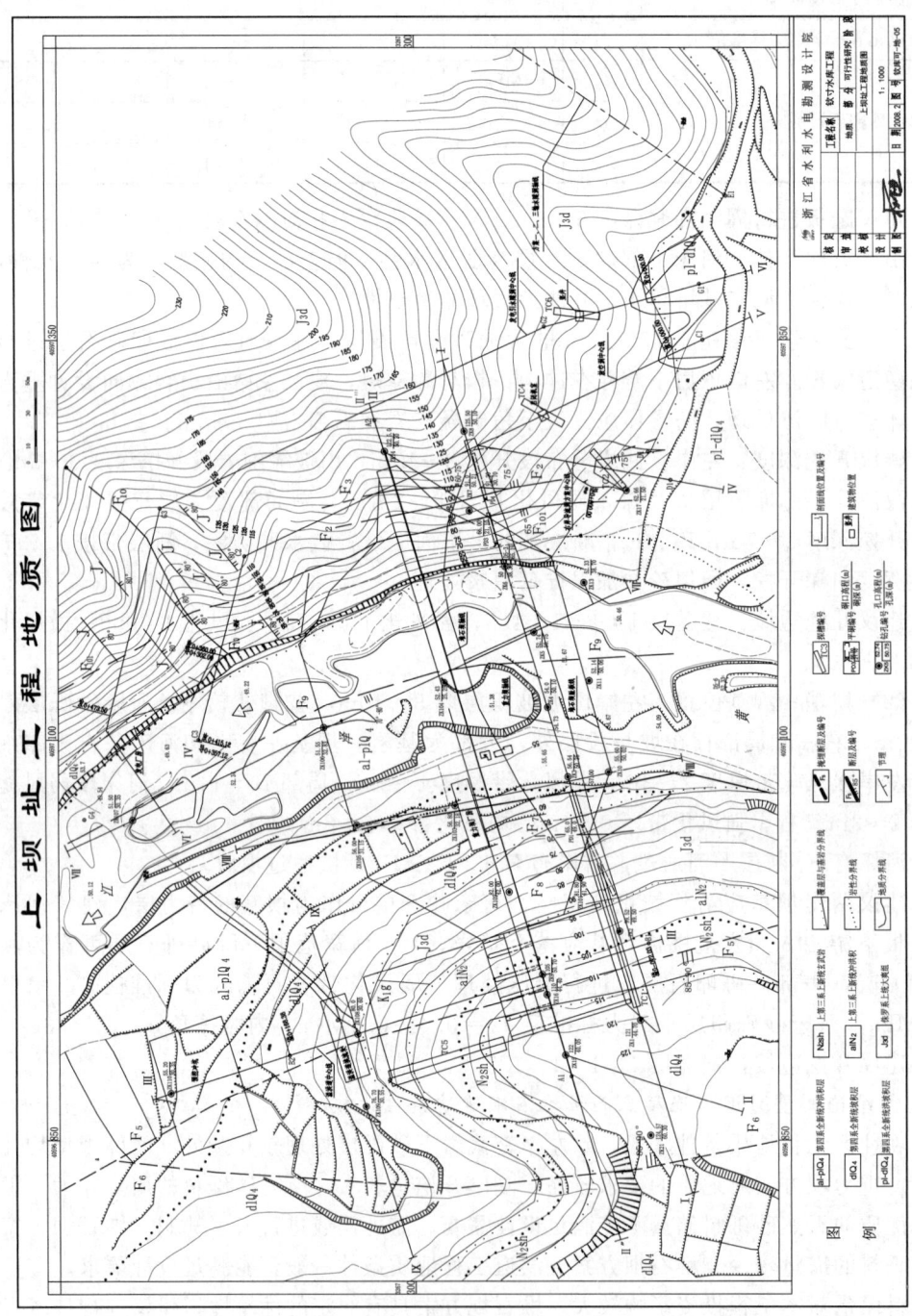

图 8-1-15 上坝址工程地质图

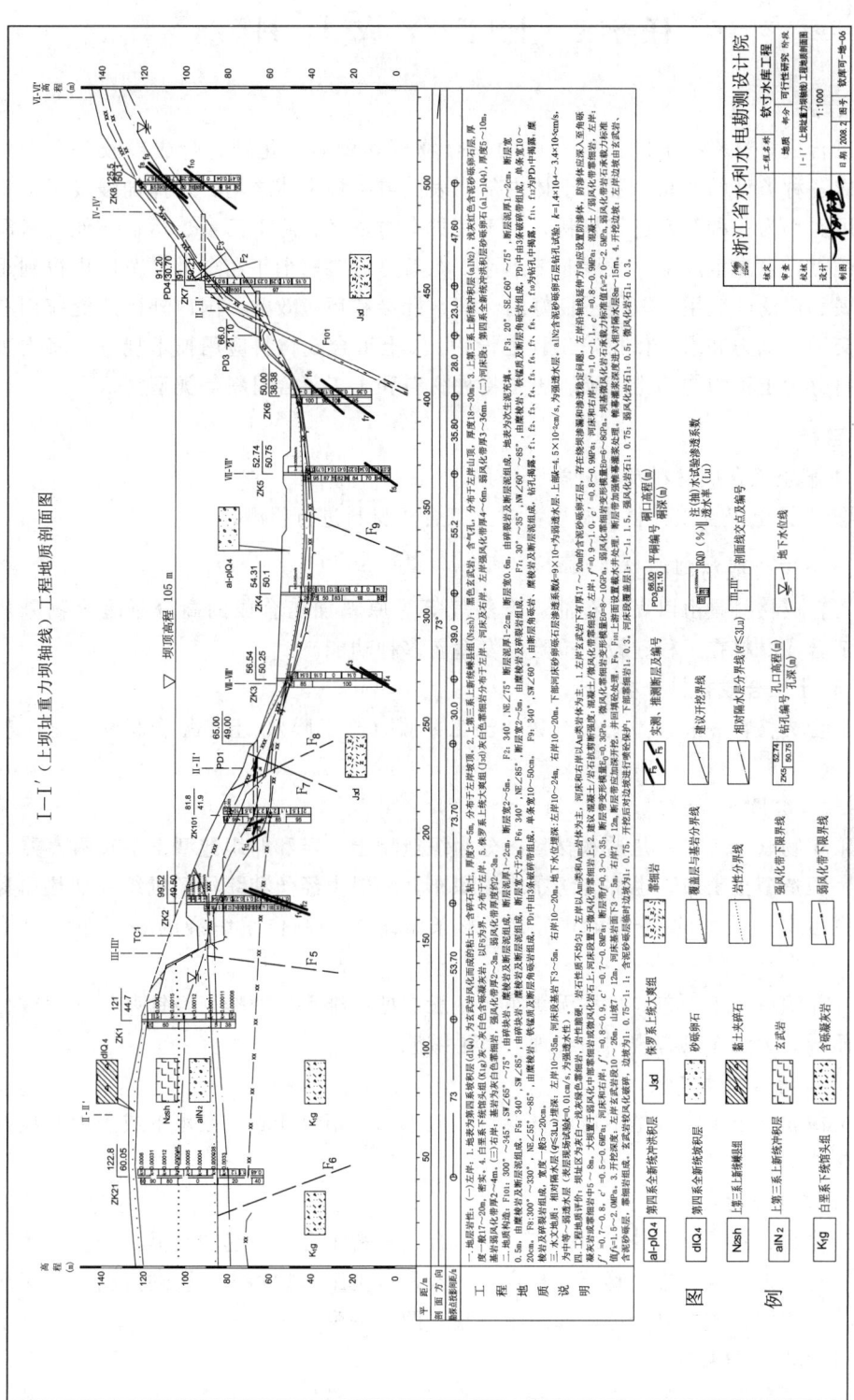

图 8-1-16 上坝址重力坝轴线工程地质剖面图

任务二　土工合成材料

❖ **任务导入**

土工合成材料是指由以人工合成的聚合物（如塑料、化纤、合成橡胶等）为原料，制成各种类型的产品，置于土体内部、表面或各种土体之间，发挥加强或保护土体的作用。作为一种新型建筑材料，由于其具有质量轻、施工简易、运输方便、料源丰富等优点，自问世以来，发展非常迅速，尤其是近二三十年在全世界范围内得到迅速的发展和广泛的应用，取得了良好的经济、社会和环境效益，国内外已广泛应用在水利、交通、电力和水土保持等工程建设中。《土工合成材料应用技术规范》将土工合成材料分为土工织物、土工膜、土工特种材料和土工复合材料等类型。

❖ **任务目标**

1. 了解土工合成材料及其分类、作用。
2. 能根据土工合成材料测试规程对土工合成材料进行检测。

一、土工合成材料概述

土工合成材料是由以煤、石油、天然气等为原料加工合成的高分子聚合物制成的，土工合成材料在工程建设和抢险中发挥着多种功能。

8-2-1
了解土工材料

（一）土工合成材料分类

土工合成材料一般分为土工织物、土工薄膜（土工膜）、土工复合材料、土工特种材料。

1. 土工织物

土工织物（土工布）是透水材料，分为织造型土工布和非织造型土工布两大类。

8-2-2
土工合成材料的功能与应用

（1）织造型土工布。也称有纺布或编织布，一般由经丝和纬丝经机织或加热压黏而成，也可由一系列的单丝编织而成。彩条编织布和制作编织袋的编织布都是有纺布。

（2）非织造型土工布。也称无纺布，一般是把纤维无规则排列经针刺、热力或化学黏合而成。无纺布没有规则的纹理，有毛绒感。

2. 土工薄膜（土工膜）

土工薄膜（土工膜）是不透水材料，类似于加厚塑料薄膜，在水下或土中有良好的耐老化能力。

3. 土工复合材料

土工复合材料是由两种或两种以上土工合成材料组合在一起的制品，如复合土工膜、塑料排水带、软式排水管等。复合土工膜是将土工织物和土工膜通过挤压、滚压或喷涂等加工而合成的复合体，如一布一膜、两布一膜。

4. 土工特种材料

土工特种材料主要包括土工格栅、土工网、土工膜袋、土工管、土工格室、黏土垫层等。土工格栅是有长方形或方形孔的板材，将其埋在土石中能增加材料间的摩擦力；土工网是具有较大孔径的平面结构材料，具有较高的延伸率，常用于坡面防护、植草、软基加固垫层或受力不大的加筋；土工模袋是由土工织物制成的大面积袋状土工材料，可代替模板在袋内充填混凝土或水泥砂浆，凝固后形成整体混凝土板，常用于护坡工程；土工管是用高强土工织物制成大型管袋，管袋内可充填料物，主要用于护岸和崩岸抢险，或用其堆筑临时堤堰；土工格室是将强化的高密度聚乙烯宽带每隔一定间距进行焊接，从而形成网格室结构，通过对格室内填土可用于处理软弱地基、固沙或护坡；黏土垫层，是在两层土工织物（或土工膜）中间夹一层膨润土粉末（或其他低渗透性材料）并经针刺、缝合或黏结而成的复合材料，具有体积小、质量轻、柔性好、密封性好、防渗效果好等优点，主要用于水利或土建工程中的防渗。

（二）土工合成材料的应用

土工合成材料在工程建设和抢险中主要用于反滤、排水、隔离、防渗、防护、加筋、减载等，实际应用中往往同时发挥着多种功能，如反滤排水、隔离防渗及防冲等。

(1) 反滤作用。利用土工织物代替传统的沙石或柴草反滤材料，发挥其透水滤土作用。

(2) 排水作用。利用有良好透水性能的土工织物或土工席垫作为排水材料，如坝身及坝基排水、土坡排水、挡土墙后排水、软土地基固结排水等。

(3) 隔离作用。在两种不同材料之间放置土工合成材料，以防止不同材料或粗细材料混杂，防止材料流失（如粗粒材料陷入软弱基础土层）。

(4) 防渗作用。土工膜和复合土工膜防渗性能良好，可用于土石坝、堤防、水闸等工程的防渗结构，渠道和蓄水池的防渗衬砌，碾压混凝土坝及浆砌石坝的防渗层等。

(5) 防护作用。直接利用土工织物覆盖被保护对象，或利用土工合成材料做成编织袋、土工模袋、土枕、石笼、软体排，再实施保护（如护岸、护坡、护脚等）等。

(6) 加筋作用。将土工织物、土工拉筋带、土工网、土工格栅作为筋材埋入土石中，通过筋材与周围界面间的啮合、摩阻力传递，以约束土体侧向位移，从而提高土体的承载力或结构的稳定性，加筋多用于软弱地基处理、陡坡的稳定加固。

(7) 减载作用。用泡沫塑料取代常规的填充料或用作包装材料，可起减载和保护作用。

在防汛抢险中，无纺布可代替沙石料应用于反滤排水、隔离不同材料、护坡垫层等；土工薄膜（土工膜）可用于堤防截渗、建筑物止水等；土工复合材料可用于堵漏截渗或防冲防护等。

二、土工合成材料检测

（一）相关术语

(1) 等效孔径。表观最大孔径。以土工合成材料为筛布对标准颗粒料进行筛析，当过筛率（通过土工合成材料的颗粒料质量与颗粒料总量之比）为5%时，则该颗粒粒径尺寸定为土工合成材料的等效孔径 O_s。

(2) 透水率。水流垂直于土工合成材料平面，单位水位差、单位面积、单位时间内透过的水量。

（3）直渗透系数。水流垂直于土工合成材料平面，水力梯度等于1时的渗透流速。

（4）水平渗透系数。水流沿土工合成材料平面，水力梯度等于1时的渗透流速。

（5）导水率。水流沿土工合成材料平面，单位水位差、单位宽度、单位时间内输导的水量。

（6）拉伸强度。试样拉伸时能承受的最大拉力。

（7）伸长率。试样拉伸时对应最大拉力的应变。

（8）断裂强度。试样拉伸至断裂时的强度。

（9）断裂伸长率。试样拉伸至断裂时的应变。

（10）屈服强度。试样拉伸至屈服时的强度。

（11）屈服伸长率。试样拉伸至屈服时的应变。

（12）握持强力。在试样宽度范围内试样局部被夹持的条件下进行拉伸过程中出现的最大拉力。

（13）梯形撕裂强力。试样沿规定的切缝逐渐扩展裂口至整个试样的过程中出现的最大撕裂力。

（14）胀破强度。在试样迎液体面衬以高弹性不透水薄膜后对试样施加液压扩张直至破坏过程中试样所能承受的最大液压。

（15）圆柱（CBR）顶破强力。直径50mm的平头圆柱顶杆垂直顶压试样过程中的最大顶压力。

（16）圆球顶破强力。球径25mm的球面顶杆垂直顶压试样过程中的最大顶压力。

（17）刺破强力。直径8mm的平头顶杆垂直顶刺试样过程中的最大刺破力。

（18）落锥穿透孔径。落锥从试样面之上500mm高度处自由落下穿透试样的孔洞大小。

（19）土工膜耐静水压力。对试样施加液压扩张直至破坏过程中的最大液压。

（20）排水带（板）通水量。在一定侧向压力作用下，最后稳定的单位水力梯度单位时间排水带（板）纵向通水能力。

（21）压屈强度。排水带（板）的芯带在外力作用下抵抗压裂、倾倒破坏的能力。

（22）扁平耐压力。软式透水管径向压缩某应变时所能产生的抵抗力。

（23）梯度比。淤堵试验中，土工织物及其上相邻25mm土样的复合水力梯度与其上25~75mm范围的土样的水力梯度之比。

（24）老化。材料在储存和使用过程中受内外因素的综合作用，其性能逐渐变坏直至最后丧失使用价值的过程。

8-2-3
制备试样方法

（二）测试基本规定

1. 目的和适用范围

（1）本节规定了土工合成材料的制样方法、试样状态调节与仪器仪表的基本规定、测试值的计算及测试记录内容。

（2）本节规定是后面各项测试均应遵守的共同规定。

2. 制样方法

(1) 土工织物、土工膜和片状土工复合材料的制样原则

1) 试样剪取距样品边缘应不小于 100mm。

2) 试样应该有代表性，不同试样应避免位于同一纵向和横向位置上，即采用梯形取样法，如果不可避免（如卷装、幅宽较窄），应在测试报告中注明情况。

3) 剪取试样时应满足准确度要求。

4) 剪取试样，应先有剪裁计划，然后再剪裁。

5) 对每项测试所用全部试样，应予以编号。

(2) 土工格栅、土工格室等材料制样

符合 GB/T 17689—2008、GB/T 19274—2003 等相关规定。

（三）试样状态调节与仪器仪表

(1) 试样应置于温度为（20±2）℃，相对湿度为（60±10）%的环境中状态调节 24h。

(2) 如果确认试样不受环境影响，则可省去状态调节处理，但应在记录中注明测试时的温度和湿度。

(3) 各项指标测试中，试验室环境温度与湿度的要求同上述（1）、（2）两条。

(4) 仪器仪表使用时应检查是否工作正常、进行零点调整、量程范围选择。量程选择宜使试样最大测试值在满量程的 10%～90% 范围内。

（四）土工织物厚度测定

1. 目的和适用范围

(1) 本节介绍了一定压力下土工合成材料厚度的测定方法。

(2) 本节内容适用于各类土工织物和柔软片状土工复合材料。

8-2-4
土工膜厚度试验

2. 试验设备

(1) 基准板：面积应大于 2 倍的压块面积。

(2) 压块：圆形，表面光滑平整，底面积为 $25cm^2$。

(3) 荷重：使压块上产生 2kPa、20kPa、200kPa 等压力的荷载。

(4) 厚度计量表：最小分度值 0.01mm。

(5) 计时器：准确至秒（s）。

3. 试样制备

(1) 应按上述（三）的规定进行裁剪试样和状态调节。

(2) 每组试样数量应不少于 10 个。

(3) 试样尺寸应不小于基准板。

4. 操作步骤

测定 2kPa 压力下厚度应按以下操作方法进行。

(1) 压块及其上的荷载调整为 5N。

(2) 擦净基准板和压块，压块放在基准板上，调整厚度计量表零点。

(3) 提起压块，将试样自然平放在基准板与压块之间，轻轻放下压块，压力加上后开始计时，达 30s 时记录厚度计量表读数。提起压块，取出试样。

(4) 重复上述步骤，完成其余试样试验。

测定20kPa及200kPa压力下厚度应按以下操作方法进行。

(1) 根据需要选用不同的荷载，使压力为20kPa，按上述方法测定20kPa压力下的试样厚度。

(2) 根据需要选用不同的荷载，使压力为200kPa，按上述方法测定200kPa压力下的试样厚度。

(五) 等效孔径试验 (干筛法)

1. 目的和适用范围

(1) 本节介绍了用干筛法测试土工合成材料等效孔径和孔径分布曲线的方法。

(2) 本节内容适用于有孔隙的各类土工织物和片状土工复合材料。

2. 试验设备

(1) 试验筛：直径200mm。

(2) 振筛机：应符合SL 411—2007中的规定。

(3) 天平：量称可200g，感量应0.01g。

(4) 振筛用颗粒材料：通常可选用玻璃珠或球形砂粒。将洗净烘干的颗粒材料用筛析法进行分级制备，按标准试验筛孔径分级宜为：0.063~0.075mm，0.075~0.090mm，0.090~0.106mm，0.106~0.125mm，0.125~0.150mm，0.150~0.180mm，0.180~0.250mm，0.250~0.350mm等。

(5) 其他：计时器，细软刷子等。

3. 试样制备

(1) 应按上述（三）中的规定进行裁剪试样和状态调节。

(2) 试样直径应大于试验筛。

(3) 每组试样数量应不少于5个。如果试样为针刺土工织物振筛后，若嵌入织物的颗粒不易清出时，织物试样不应重复使用，这时，试样数为$5n$（n为选取的粒径级数）。

(4) 试样应进行去静电处理，可采用湿毛巾轻擦试样，并且晾干。

4. 操作步骤

(1) 将试样放在筛网上，并固定好。

(2) 称量颗粒材料50g，均匀撒布在试样表面。

(3) 将装好试样的试验筛、接收盘与筛盖夹紧装入振筛机上，开启机器，振筛10min。

(4) 停机后，称量通过试样的颗粒材料质量。

(5) 用另一级颗粒材料在同一块试样上重复2~4条。测定孔径分布曲线，应取得不少于3~4级连续分级颗粒的过筛率，并要求试验点均匀分布。若仅测试等效孔径O_{95}，则有两组的筛余率可在95%左右。

(六) 垂直渗透试验

1. 目的和适用范围

(1) 本节介绍了在无负载状态、常水头与符合层流条件下土工合成材料垂直渗透系和透水率的试验方法。

(2) 本节内容适用于具有透水性能的各类土工织物和片状土工复合材料。

2. 试验设备

(1) 垂直渗透试验仪：包括安装试样装置、供水装置、恒水位装置与水位测量装置。

(2) 安装试样装置：试样有效过水面积应不小于20cm^2，应能装单片和多片土工织物试样；试样密封应良好，不应有渗漏。

(3) 供水装置：管路宜短而粗，减小水头损失。

(4) 恒水位装置：容器应有溢流装置，在试验过程中保持常水头；并且容器应能调节水位，水头变化范围为1～150mm。

(5) 水位测量装置：水位测量应准确至1mm。

(6) 其他：计时器、量筒、水桶、温度计等。计时器准确至0.1s，量筒准确至1%，温度计准确至0.5℃。

(7) 对新安装的系统应做空态（无试样）率定，以确定设备自身的水头损失，在进行试样渗透系数计算时予以修正。

(七) 圆柱 (CBR) 顶破试验

1. 目的和适用范围

(1) 本节介绍了土工合成材料圆柱（CBR）顶破强力的试验方法。

(2) 本节内容适用于各类土工织物、土工膜及片状土工复合材料。

8-2-7
圆柱 (CBR)
顶破试验

2. 试验设备

(1) 试验机：荷载指示值或记录值准确至1%；顶压杆位移准确至1mm；应具有等速加荷功能，并应能记录加荷过程中的应力-应变曲线；行程应大于150mm。

(2) 环形夹具：内径为150mm，其中心应在顶压杆的轴线上。底座高度大于顶杆长度，应有足够的支撑力和稳定性。

(3) 顶压杆：直径为50mm，高度为100mm左右的光滑柱体，顶端边缘倒成2.5mm半径的圆弧。

3. 试样制备

(1) 应按上述（三）中的规定进行裁剪试样和状态调节。

(2) 每组试样数量应不少于5个。

(3) 试样尺寸应为ϕ210～300mm，根据夹具而定。

4. 操作步骤

(1) 将试样放入环形夹具内，使试样在自然状态下拧紧夹具。

(2) 将夹具放在试验机上，调整高度，使试样与顶压杆刚好接触。

(3) 试验机量程选择应符合（三）中的规定，设定试验机顶压速率为50mm/min，开启试验机，记录顶压过程中顶压力-变形曲线，直至试样完全顶破，记录最大顶压力。对于土工复合材料，在可能出现多峰值的情况下，均应以第一峰值作为试验的顶破强力。

(4) 停机，取出已破坏试样，观察和记录顶破情况。

(5) 重复（1）～（4）条对其余试样进行试验。

(八) 土工膜拉伸试验

1. 目的和适用范围

(1) 本节介绍了土工膜拉伸强度的试验方法。

(2) 本节内容适用于除复合土工膜外的各类土工膜。

8-2-8
土工膜拉伸试验

2. 试验设备

(1) 试验机应具有等速拉伸功能。

(2) 试验夹具的夹持面应平行,应能防止试样滑动。

(3) 测量设备:应符合规范相关规定。

(4) 试样刀具:试样专用刀具为哑铃形。

3. 试样制备

(1) 应按上述(三)中的规定进行裁剪试样和状态调节。

(2) 每组试样数量应不少于5个。

(3) 试样为哑铃形。

4. 操作步骤

(1) 测读每块试样的厚度。

(2) 将试验机夹具的初始距离调整到80mm,试验机量程选择应符合2.2.3条的规定。设定拉伸速率为100mm/min。

(3) 将试样放入夹具内,试样不应歪扭。

(4) 开启试验机,读取最大拉力 F;读取标距 C 和断裂时最大长度 L_f。

(5) 当试样打滑或被钳口夹坏,则应对夹具进行适当的调整或在试样和夹具之间衬入保护层。

(6) 重复(1)~(5)条对其余试样进行试验。

(7) 若单个试验数据与平均值偏差太大,偏差太大的界定及试样处理应按规范相关规定处理。

任务三 地 基 处 理

任务导入

澄海市324国道旁有两幢八层现浇框架结构的住宅楼,每幢总建筑面积近4000m²,房屋总高度为26.5m,基础为条形基础。该楼在竣工验收时发现整幢楼向西侧倾斜,倾斜最大值为250mm,大大超过了国家规范允许的范围,被评定为不合格工程,处理方法是需要先纠偏,然后再对地基进行加固处理。根据该楼的地质情况和沉降量大小,纠偏采用钻孔取土的方案。挖土深度从室内地面到基础梁下3.5m深左右,使此楼纠正到符合国家规范允许的范围。纠正后地基处理采取了化学灌浆加固方法加固地基,整个工程纠偏加固总工期为6个月,使该楼验收为合格工程。

2009年7月中旬一场大雨后,成都市校园春天小区6号楼和7号楼两栋斜靠在一起,楼越向上贴得越近,经测量,两栋楼相邻的墙壁已经呈20°夹角。后经鉴定机构鉴定，楼房倾斜的主要原因是没有按照设计和规范设置排水沟，暴雨引起地面积水而使地基土软化，最后导致建筑物基础不均匀沉降。

上面两个案例表明，在工程建设中，会不可避免地遇到地质条件不良或软弱地基，在这类地基上修筑建筑物，则不能满足其设计和正常使用的要求，往往要对这类地基进行处理。通过地基处理能够改善地基土的不良工程性质，防止工程事故的发生。

❖ 任务目标

1. 掌握常用的软土地基处理方法及适用条件。
2. 掌握常用软土地基处理施工工艺、监测要点及质量控制要点。
3. 了解特殊土地基处理方法。

我国土地广袤，幅员辽阔，自然地理环境不同，土质各异，地基条件区域性较强，在水利建设或其他工程建设中，经常会遇到各种各样的地质条件，有的工程可以选择地质条件良好的场地进行建设，有的工程则不得不在地质条件较差的地方修建。当地基强度不足或土的压缩性较大，不能满足上部结构对地基的要求时，就需针对不同情况对地基进行加固或处理。

此外，我国许多地区还存在某些特殊物理力学性质的土类，它们在一定的外界条件影响下，将会给建筑物带来不利影响和危害。对这类土构成的地基，也需要进行处理，以改变或控制其对工程的不利影响，满足建筑物的设计要求。本任务就软弱地基处理的一般方法和原理、特殊土地基的工程性质和处理方法作简要介绍。

一、软弱土地基处理

在工程建设中，有时会不可避免地遇到地质条件不良或软弱土地基，在这类地基上修筑建筑物，则不能满足其设计和正常使用的要求，往往要对这类地基进行处理。

所谓软弱土地基指主要由淤泥、淤泥质土、冲填土、杂填土或其他高压缩性土构成的地基，也称软弱地基。该地基土的特点是强度低、压缩性高、透水性小，通常无法满足建筑物对地基强度和变形条件的要求，因此工程中常需对此类地基进行加固处理。

通过地基处理，可以提高地基土的抗剪强度，即提高地基承载力；改善地基土的压缩特性，增加其密实度，减小基础的沉降和不均匀沉降；改善其透水性，消除其他不利因素的影响，达到满足建筑物对地基强度与变形要求的目的。

依据我国表层岩土的特性，目前主要采用的地基处理方法有强夯法、换土垫层法、挤密桩法、预压法、化学加固法等。

（一）机械压实法

1. 碾压法

碾压法是用压路机、推土机、平碾、羊足碾或其他碾压机械在地基表面来回开动，利用机械自重把松散土地基压实加固。这种方法常用于地下水位以上大面积填土的压实以及一般非饱和黏性土和杂填土地基的浅层处理。碾压机械如图 8-3-1、图

8-3-1
强夯法

8-3-2 所示。

图 8-3-1 拖式羊足碾

图 8-3-2 压路机

原位分层填土压密一般不需要其他建筑材料，但需较好的土料和土源场地。有时也可适量添加石灰、水泥、碎砖、碎石等，以提高地基强度。

碾压法施工时应根据压实机械的压实能量、控制碾压土的含水量符合最优百分比；选择适当的碾压分层厚度和碾压遍数。对于一般黏性土，通常用 8~10t 的平碾或 12t 的羊足碾，每层铺土厚度 30cm 左右，碾压 8~12 遍。对饱和黏性土进行表面压实，要考虑适当的排水措施以加快土体的固结。对于淤泥及淤泥质黏土，一般应予挖除或者结合碾压进行挤淤充填，先在土面上堆土、块石、片石等，然后用机械压入以置换和挤出淤泥，堆积碾压分层进行，直到把淤泥全部挤出、置换完毕为止。

8-3-2
堤防数字碾压技术实操

碾压法对表层地基加固的深度一般可达 2~3cm。

碾压的质量标准，以分层压实土的干密度和含水量来控制，如控制干密度为 ρ_d，最大干密度为 $\rho_{d\max}$（由试验确定），则 ρ_d 和 $\rho_{d\max}$ 的比值 λ_c 称为压实系数，压实系数和现场含水量的控制值应符合表 8-3-1 的规定。一般黏性土经表层压实处理，其地基承载力可达 80~100kN/m²。

表 8-3-1　　　　　　　　　填土地基质量控制值

结构类型	填土部位	压实系数 λ_c	控制含水率
砌体承重结构和框架结构	在地基主要受力层范围内	≥0.97	$\omega_y \pm 2\%$
	在地基主要受力层范围以下	≥0.95	
排架结构	在地基主要受力层范围内	≥0.96	
	在地基主要受力层范围以下	≥0.94	

注　1. ω_y 为最优含水量；
　　2. 地坪垫层以下及基础底面标高以上的压实填土，压实系数不应小于 0.94。

杂填土的碾压，可先将建筑范围内的设计加固深度内的杂填土挖出，开挖表面从基础纵向放出 3m 左右，横向放出 1.5m 左右，然后将槽底碾压 2~3 遍，再将原土分层回填碾压，每层土虚铺厚度 30cm 左右。由于杂填土的性质比较复杂，碾压后的地基承载力差别较大，根据一些地区的经验，用 8~12t 压路机碾压后的杂填土地基，承载力为 100~120kN/m²。

2. 振动压实法

振动压实法是用振动压实机械在地基表面施加振动力以振实浅层松散土的地基处

理方法。地基土的颗粒受振动而发生相对运动，移动至稳固位置，减小土的空隙而压实。实践证明：用振动压实法处理砂土地基以及碎石、炉渣等渗透性较好无黏性土为主的松散填土地基效果良好。振密后的地基是有较强的抗震能力。振动压实机械如图8-3-3、图8-3-4所示。

图8-3-3 振动式双钢轮压路机

图8-3-4 超重型振动压实机械

振动压实的效果与填土成分、机械功率及振动时间等因素有关。

振实范围应从基础边缘放出0.6m左右，先振基槽两边，再振中间，振实标准是以振动机原地振实不再继续下沉为合格，一般杂填土地基经过振实处理后，地基承载力可达$100\sim150kN/m^2$。

地下水位过高会影响振实效果，当地下水位距振实面小于60cm时，应降低地下水位。另外，施振前应对工程场地周围环境进行调查。一般情况下，振源与邻近建筑物，地下管线或其他设施的距离应大于3m。如有危房和重要地下管线，应事先进行加固处理。

3. 强夯法

强夯法是通过$8\sim40t$的重锤（最重可达200t），以$6\sim40m$的落距（最高可达40m）自由落下，对地基土反复施加冲击和振动能量，将地基土夯实的地基处理方法（图8-3-5）。强夯法在地基土中所产生的冲击波和动应力，可提高地基土的强度、降低土的压缩性、改善砂土的抗液化条件、消除湿陷性黄土的湿陷性等。同时，夯击能还可提高土层的均匀程度，减少可能出现的差异沉降。

强夯法适用于处理碎石土、砂土、低饱和度的粉土与黏性土、湿陷性黄土、素填土和杂填土等地基。同时，该种方法适用于塑性指数$I_P\leqslant10$的土。强夯法不得用于不允许对工程周围建筑物和设备有振动

图8-3-5 强夯法施工

影响的场地地基加固，必需时，应采取防振、隔振措施。

强夯法具有施工简单、加固效果好、工期短、使用经济等优点，因而被世界各国工程界广泛应用于各类土的地基处理中。我国于 20 世纪 70 年代末首次在天津新港三号公路进行了强夯试验，随后在各地进行了多次实践和应用。到目前为止，国内已有多项工程使用了强夯法，并取得了良好的加固效果。

（二）换土垫层法

1. 换土垫层法的处理原理及适用范围

当建筑物基础下持力土层比较软弱，不能满足设计荷载或变形的要求时，而软弱土厚度又不是很大时，可将基础底面下处理范围内的软弱土层部分或全部挖去，然后分层换填强度较大的砂、碎石、素土、灰土、高炉干渣、粉煤灰或其他性能稳定、无侵蚀性的材料，并夯实或振实至要求的密实度为止，这种地基处理方法称为换土垫层法。按回填材料可分为砂垫层、碎石垫层、素土垫层、灰土垫层等。

换土垫层法适用于淤泥、淤泥质土、湿陷性黄土、素填土、杂填土地基及暗沟、暗塘等不良地基的浅层处理。通常开挖后，利用分层回填压实，也可处理较深的软弱土层，但经常由于地下水位高而需要采取降水措施，同时由于施工土方量大、弃土多等因素，使处理费用增加、工期拖长，因此全部置换法的处理深度通常宜控制在 3m 以内，且呈局部分布的软土。

换土垫层法是一种处理软基的物理方法，其原理简单、明晰，施工技术难度小，是浅层软基处理首选的方法之一。

2. 垫层的主要作用

（1）提高地基承载力。地基中的剪切破坏是从地基底面开始，随着基底压力的增大，逐渐向纵深发展。故强度较大的砂石等材料代替可能产生剪切破坏的软弱土，就可避免地基的破坏。

（2）减少地基沉降量。一般基础下浅层部分的沉降量在总沉降量中所占的比例较大，若以密实的砂石替换上部软弱土层，就可减少这部分沉降量。此外，砂石垫层对基底压力的扩散作用，使作用在软弱下卧层上的压力减小，也相应地减少了软弱下卧层的沉降量。

（3）垫层用透水材料可加速软弱土层的排水固结。透水材料做垫层，为基底下软土提供了良好的排水面，不仅可使基础下面的孔隙水迅速消散，避免地基土的塑性破坏，还可加速垫层下软土层的固结及强度提高。但固结效果仅限于表层，对深部的影响并不显著。

（4）防止冻胀。砂、石本身为不冻胀土，垫层切断了下卧软土层中地下水的毛细管上升，因此可以防止冬季结冰造成的冻胀。

（5）消除膨胀土的涨缩作用在膨胀土地基中采用换土垫层法，应将基础底面与两侧的膨胀土挖出一定的范围，换填非膨胀材料，则可消除涨缩作用。

3. 设计要点

垫层设计的主要内容是确定断面的合理宽度和厚度。设计的垫层不但要求满足建筑物对地基变形及稳定的要求，而且应符合经济合理的原则。

(1) 垫层厚度的确定。从上述垫层的作用原理出发，垫层的厚度必须满足如下要求：当上部荷载通过垫层按一定的扩散角传至下卧软弱土层时，该下卧软弱土层顶面所受的自重压力与附加应力之和不大于该处软弱土层经深度修正后的地基承载力特征值。

其表达式为

$$p_z + p_{cz} \leqslant f_{az} \qquad (8-3-1)$$

式中　p_z——垫层底面处的附加应力，kPa；

p_{cz}——垫层底面处土的自重应力，kPa；

f_{az}——垫层底面处软弱土层经深度修正后的地基承载力特征值，kPa。

垫层底面处的附加应力值 p_z，除了可用弹性理论土中应力的计算公式求得外，也可按应力扩散角 θ 进行简化计算：

条形基础

$$p_z = \frac{b(p_k - p_c)}{b + 2z\tan\theta} \qquad (8-3-2)$$

矩形基础

$$p_z = \frac{bl(p_k - p_c)}{(b + 2z\tan\theta)(l + 2z\tan\theta)} \qquad (8-3-3)$$

式中　b——矩形基础或条形基础底面的宽度，m；

l——矩形基础底面的长度，m；

p_k——相应于荷载效应标准组合时基础底面平均压力，kPa；

p_c——基础底面处土的自重应力，kPa；

z——基础底面下垫层的厚度，m；

θ——垫层的压力扩散角，(°)，见表 8-3-2。

表 8-3-2　　　　　　　　压力扩散角 θ (°)

z/b	中砂、粗砂、砾砂、圆砾、角砾、卵石、碎石	黏性土和粉土 ($8 \leqslant I_P \leqslant 14$)	灰土
0.25	20	6	28
$\geqslant 0.25$	30	23	28

注　1. 表中当 $z/b < 0.25$ 时，除灰土仍取 $\theta = 28°$ 外，其余材料均取 $\theta = 0°$。

　　2. 当 $0.25 \leqslant z/b \leqslant 0.5$ 时，θ 值可用内插求得。

一般计算时，先根据初步拟定的垫层厚度，再用式 (8-3-2)、式 (8-3-3) 进行复核。如不符合要求，则需加大或减小厚度，重新验算，直至满足为止。垫层厚度一般为 1～2m，不宜大于 3m，太厚施工困难；也不宜小于 0.5m，太薄则换土垫层的作用不显著。

(2) 砂垫层底面尺寸的确定。垫层底面尺寸的确定，应从两方面考虑：一方面要满足应力扩散的要求；另一方面要防止基础受力时，因垫层两侧土质较软弱出现砂垫层向两侧土挤出，使基础沉降增大。关于垫层宽度的计算，目前还缺乏可行的理论方法，在实践中常常按照当地某些经验数据（考虑砂垫层两侧土的性质）或按经验方法确定。常用的经验方法是扩散角法。此时（图 8-3-6）矩形基础的垫层底面的长度 l' 及宽度 b' 为

$$l' \geqslant l + 2z\tan\theta \qquad (8-3-4)$$
$$b' \geqslant b + 2z\tan\theta \qquad (8-3-5)$$

式中 b'、l'——垫层底面宽度及长度；

θ——垫层的压力扩散角（°），见表 8-3-3。

条形基础则只按式（8-3-6）计算垫层底面宽度 b'。

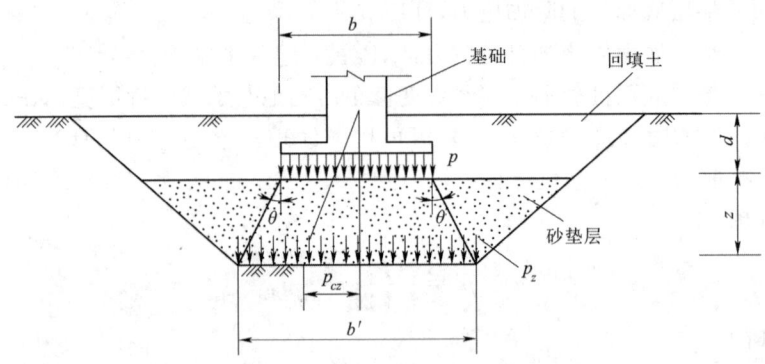

图 8-3-6 砂垫层压力分布图

垫层顶面每边最好比基础底面大 300mm，或从垫层底面两侧向上按当地开挖基坑经验的要求放坡延伸至地面。整片垫层的宽度可根据施工的要求适当加宽。当垫层的厚度、宽度和放坡线一经确定，即得垫层的设计断面。

至于垫层的承载力一般应通过现场试验确定，对一般工程，当无试验资料时，可按表 8-3-3 选用，并应验算下卧层的承载力。

表 8-3-3　　　　各种垫层的承载力表

施工方法	换填材料类别	压实系数 λ_c	承载力标准值 f_k/kPa
碾压或振密	碎石、卵石	0.94~0.97	200~300
	砂夹石（其中碎石、卵石占全重的 30%~50%）		200~250
	土夹石（其中碎石、卵石占全重的 30%~50%）		150~200
	中砂、粗砂、砾砂、石屑		150~200
	黏性土和粉土（$8 \leqslant I_P \leqslant 14$）		130~180
	灰土	0.93~0.95	200~250
重锤夯实	土或灰土	0.93~0.95	150~200

注　1. 压实系数小的垫层，承载力标准值取低值，反之取高值。
　　2. 重锤夯实土的承载力标准值取低值，灰土取高值。
　　3. 压实系数 λ_c 为土的控制干密度 ρ_d 与最大干密度 $\rho_{d\max}$ 的比值；土的最大干密度采用击实试验确定，碎石或卵石的最大干密度可取 $2.0 \times 10^3 \sim 2.2 \times 10^3$ kg/m³。

砂垫层剖面确定后，对于比较重要的建筑，还要求按分层总和法计算基础的沉降量，以便使建筑物基础的最终沉降量小于建筑物的容许沉降值。建筑物沉降由两部分组成：一部分是垫层的沉降，另一部分是垫层下压缩层范围内的软弱土层的沉降。验算时可不考虑垫层的压缩变形，仅计算下卧软土层引起的基础沉降。

(3) 垫层的材料选择。垫层材料的选择应符合以下要求。

1) 砂石：应为级配良好，不含植物残体、垃圾等杂质。当使用粉细砂时，应掺入30%的碎石或卵石，最大粒径不宜大于50mm。对湿陷性黄土地基，不得选用砂石等透水材料。

2) 粉质黏土：土料中有机质含量不得超过5%。不得含有冻土或膨胀土，当含有碎石时，其粒径不得大于50mm。用于湿陷性黄土或膨胀土地基的素土垫层，土料中不得夹有砖、瓦和石块。

3) 灰土：体积配合比宜为2:8或3:7。土料宜用粉质黏土，不宜使用块状黏土和砂质粉土，不得含有松软杂质，并应过筛，其粒径不得大于15mm。石灰宜用新鲜的消石灰，其颗粒不得大于5mm。

4) 工业废渣：应质地坚硬、性能稳定和无腐蚀性，其最大粒径及级配宜通过试验确定。易受酸、碱影响的基础或地下管网不得采用矿渣垫层；作为建筑物垫层的粉煤灰和矿渣应符合有关放射性安全标准的要求，大量填筑粉煤灰和矿渣时，应考虑到地下水或土壤的环境影响。

5) 所用土工合成材料的品种与性能及填料的土类应根据工程特性和地基土条件，按照现行国家标准《土工合成材料应用技术规范》（GB 50290—2014）的要求，通过设计并进行现场试验后确定。

(4) 施工要点。

1) 施工机械应根据不同的换填材料选择。粉质黏土、灰土宜采用平碾、振动碾或羊足碾；砂石等宜用振动碾。当有效压实深度内土的饱和度小于并接近60%时，可采用重锤夯实。

2) 施工方法、分层厚度、每层压实遍数等宜通过试验确定。一般情况下，分层铺厚度可取200~300mm。但接近下卧软土层的垫层底层应根据施工机械设备及下卧层土质条件的要求具有足够的厚度。严禁扰动垫层下的软土。

3) 素填土和灰土垫层土料的施工含水量宜控制在最优含水量±2.0%范围。灰土应拌合均匀并应当日铺填夯压，且压实后3天内不得受水浸泡。垫层竣工后，应及时进行基础施工和基坑回填。

4) 重锤夯实的夯锤宜采用圆台形，锤重易大于2t，锤底面单位静压力宜为15~20kPa。夯锤落距宜大于4m。重锤夯实宜一夯挨一夯顺序进行。在独立柱基坑内，宜先外后里顺序夯击；同一基坑底面标高不同时，应先深后浅逐层夯实。同一夯点夯击一次为一遍，夯击宜分2~3遍进行，累计夯击10~15次，最后两遍平均夯击下沉量应控制在：砂土不超过5~10mm；细颗粒土不超过10~20mm。

（三）挤密法

挤密法是以振动，冲击或带套管等方法成孔，然后向孔内填入砂、石、土（灰土，二灰，水泥土），石灰或其他材料，再振实而成为直径较大的密实桩体，并和桩周土组成复合地基，从而使土的压缩性减小、抗剪强度提高的地基处理方法。主要适用于处理地下水位以上的湿陷性黄土、素填土和杂填土地基。根据填入的材料和工艺的不同可分为砂石桩，土桩（灰土桩），石灰桩，水泥粉煤灰桩，夯实水泥桩。下面

挤密砂桩法

着重介绍砂石桩法和灰土挤密法。

1. 砂石桩法

砂石桩法是指利用振动、冲击或水冲等方式在地基中成孔后，再填入砂、砾石、卵石、碎石等材料并将其挤压已成的孔中，形成砂石所构成的密实桩体，并和原桩周土组成复合地基的地基处理方法。

（1）加固机理及适用范围。对松散的砂土层，砂石桩的主要目的是提高地基土承载力、减少变形和增强抗液化性，其加固机理主要有三方面的作用，即挤密作用、排水减压作用和抗液化作用；对于松软黏性土地基，黏性土结构为蜂窝状或絮状结构，颗粒之间的分子吸引力较强，渗透系数小，特别是对于饱和黏性土地基，砂石桩的主要作用有两个，即置换作用、排水固结作用。

砂石桩法适用于挤密松散砂土、粉土、黏性土、素填土、杂填土等地基。对于饱和黏性土地基上变形控制要求不严的工厂，也可采用砂石桩置换处理。砂石桩法也可用于处理可液化地基。

（2）砂石桩施工。砂石桩施工可采用振动式或锤击式成孔。振动式是靠振动机的垂直上下振动作用，把带桩靴或底盖的钢套管打入土中成孔，填入砂料振动密实成桩（一边振动一边拔出套管）如图8-3-7所示；锤击式是将钢套管打入土中，其他工艺与振动式基本相同，但灌砂成桩和扩大是用内管向下冲击而成，如图8-3-8所示。

对饱和松散的砂性土，一般选用振动成桩法；而对于软弱黏性土，则选用锤击成桩法，也可以采用振动成桩法。当砂石桩用于消除粉细砂及粉土液化时，宜采用振动

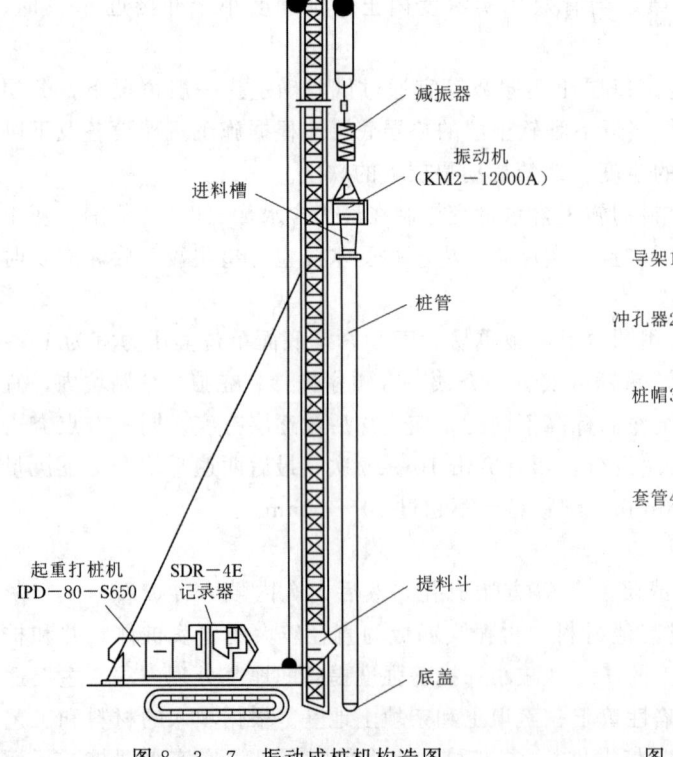

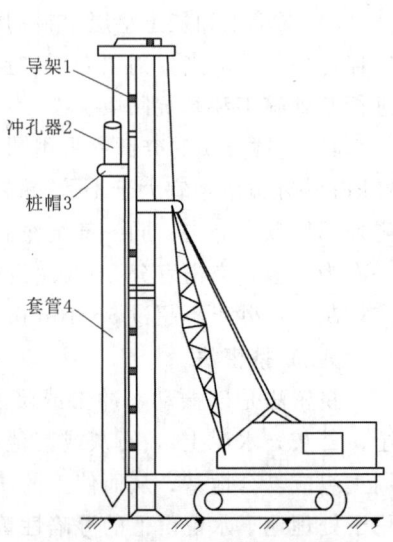

图8-3-7 振动成桩机构造图　　图8-3-8 锤击成桩机构造图

成桩法。

1）施工方法与要求。当采用振动成桩法时，用振动打桩机成桩的步骤如下。

a. 移动桩机及导向架，把桩管及桩尖对准桩位。

b. 开动桩管顶部的振动机，将套管打入土中设计深度。

c. 将砂石料从套管上部的送料斗投入套管中。

d. 向上拉拔桩管一定高度（1~2m），压缩空气将砂石从套管底端压出。

e. 降落桩管，振动桩管振密底端下部砂石并挤密周围土体。

重复上述步骤，直至地面，即成砂石桩。

施工质量要求：控制每次填入砂石量、套管提升的高度、速度、挤压次数及电机的工作电流等，以保证挤密均匀且保证砂石桩桩身的连续性。

锤击成桩法的成桩工艺与振动成桩法基本相同，用内管向下冲击代替振动器。

2）成桩挤密试验。在砂石桩正式施工前进行现场挤密试验，试验桩的数量应不小于7~9个。如发现问题，则应及时调整设计或改进施工。

3）施工顺序。对砂土地基，砂石桩主要以挤密为目的，施工时应间隔进行，并宜从外围或两侧向中间进行；对黏性土地基，砂石桩主要起到置换作用，为保证设计置换率，宜从中间向外围或隔排施工；在既有建（构）筑物邻近施工时，应背离建（构）筑物方向进行。砂石桩施工应控制成桩速度，必要时采取防挤土措施。

(3) 砂石桩质量检验。

1）检验间隔时间。施工后，应间隔一定时间方可进行质量检验。对粉质黏土地基不宜少于21天，对粉土地基不宜少于14天，对砂土和杂填土地基不宜少于7天。

2）质量检验方法。施工质量的检验，对桩体可采用重型动力触探试验，对桩间土可采用标准贯入、静力触探、动力触探或其他原位测试等方法；对消除液化的地基检验应采用标准贯入试验。桩间土质量的检测位置应在等边三角形或正方形的中心。检验深度不应小于处理地基深度，检测数量不应少于桩孔总数的2%。

竣工验收时，地基承载力检验应采用复合地基静载荷试验，试验数量不应少于总桩数的1%，且每个单体建筑不应少于3点。

2. 土桩或灰土桩挤密法

灰土挤密桩法和土挤密桩法是由机械成孔，将灰土或素土填入孔中，用机械压实形成。

(1) 加固机理及适用范围。灰土挤密桩法和土挤密桩是利用成孔过程中的横向挤压作用，桩孔内土被挤向周围，使桩间土挤密，然后将灰土或素土（黏性土）分层填入桩孔内，并分层夯填密实至设计标高。用灰土分层夯实的桩体，称为灰土挤密桩，用素土分层夯实的桩体，称为土挤密桩。二者分别与挤密的桩间土组成复合地基，共同承担上部荷载。

灰土挤密桩法和土挤密桩法适用于处理地下水位以上的湿陷性黄土、素填土、杂填土等地基。可处理地基的深度为5~15m。但当地基土的含水量大于24%、饱和度大于65%时，不宜选用灰土挤密桩法或土挤密桩法。当以消除地基土的湿陷性为主要目的时，宜选用土挤密桩法；当以提高地基承载力或增强水稳性为主要目的时，宜选用灰土挤密桩法。

（2）灰土挤密桩法和土挤密桩法施工。

1）成孔方法。成孔应按设计要求、成孔设备、现场土质和周围环境等情况，选用振动沉管、锤击沉管、冲击或钻孔等方法。

2）预留覆盖土层厚度。桩顶设计标高以上的预留覆盖土层厚度，宜符合下列规定：

a. 沉管成孔不宜小于 0.5m。

b. 冲击成孔或钻孔夯扩法成孔不宜小于 1.2m。

3）成孔时地基土宜接近最优（或塑限）含水量。当土的含水量低于 12% 时，宜对拟处理范围内的土层进行增湿，应在地基处理前 4~6 天，将需增湿的水通过一定数量和一定深度的渗水孔，均匀地浸入拟处理范围内的土层中。增湿土的加水量可按式（8-3-6）估算：

$$Q = v\bar{\rho}_d (\omega_{op} - \bar{\omega}) k \quad (8-3-6)$$

式中　Q——计算加水量，t；

　　　v——拟加固土的总体积，m^3；

　　　$\bar{\rho}_d$——地基处理前土的平均干密度，t/m^3；

　　　ω_{op}——土的最优含水率，%，通过室内击实试验求得；

　　　$\bar{\omega}$——地基处理前土的平均含水率，%；

　　　k——损耗系数，可取 1.05~1.10。

4）成孔和孔内回填夯实要求。

a. 成孔和孔内回填夯实的施工顺序，当整片处理地基时，宜从里（或中间）向外间隔 1~2 孔依次进行，对大型工程，可采取分段施工；当局部处理地基时，宜从外向里间隔 1~2 孔依次进行。

b. 向孔内填料前，孔底应夯实，并应检查桩孔的直径、深度和垂直度。

c. 桩孔的垂直度允许偏差应为 ±1%。

d. 孔中心距允许偏差应为桩距的 ±1.5%。

e. 经检验合格后，应按设计要求，向孔内分层填入筛好的素土、灰土或其他填料，并应分层夯实至设计标高。

（3）质量检验。桩孔质量检验应在成孔后及时进行，所有桩孔均需检验并作出记录，检验合格或经处理后方可进行夯填施工。

应随机抽样检测夯后桩长范围内灰土或土填料的平均压实系数，抽检的数量不应少于桩总数的 1%，且不得少于 9 根。对灰土桩桩身强度有怀疑时，尚应检验消石灰与土的体积配合比。应抽样检验处理深度内桩间土的平均挤密系数，检测探井数不应少于总桩数的 0.3%，且每项单体工程不得少于 3 个。

承载力检验应在成桩后 14~28 天后进行，检测数量不应少于总桩数的 1%，且每项单体工程复合地基静载荷试验不应少于 3 点。

竣工验收时，灰土挤密桩、土挤密桩复合地基的承载力检验应采用复合地基静载荷试验。

(四)振冲法

振冲法与挤密法的作用相同,只是成桩工艺存在差别。振冲法是利用振冲器边振动边水冲,使松砂地基密实,或在黏性土地基中成孔,填入碎石后形成复合地基。前者称振冲密实法,后者称振冲置换法,如图8-3-9所示。

8-3-5
振冲砂(碎石)桩法

振冲置换法适用于处理不排水剪强度≥20kPa黏性土、粉土、饱和黄土和人工填土等地基。振冲密实法适用于处理砂土和粉土地基。不加填料的振冲密实法仅适用于处理黏粒含量<10%的粗砂、中砂地基。

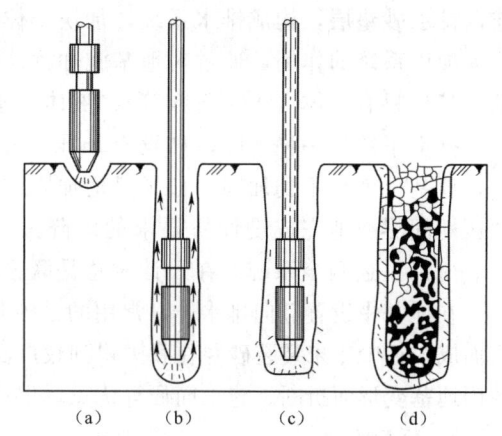

图8-3-9 振冲法施工顺序图

(五)预压法

我国东南沿海和内陆广泛分布着饱和软黏土,该地基土的特点是含水量大、孔隙比大、颗粒细,因而压缩性高、强度低、透水性差。在该地基上直接修建筑物或进行填方工程时,由于在荷载作用下会产生很大的固结沉降和沉降差,且地基土强度不够,其承载力和稳定性也往往不能满足工程要求,在工程实践中,常采用预压法对软黏土地基进行处理。

预压法是对天然地基,或先在地基中设置砂井(袋装砂井或塑料排水带)等竖向排水体,然后利用建筑物本身重量分级逐渐加载;或在建筑物建造前在场地上先行加载预压,使土中的孔隙水排出,逐渐固结,地基发生沉降,同时强度逐步提高的方法,故预压法又称为排水固结法。该法常用于解决软黏土地基的沉降和稳定问题,可使地基的沉降在加载预压期间基本完成或大部分完成,使建筑物在使用期间不致产生过大的沉降和沉降差。同时,可增加地基土的抗剪强度,从而提高地基的承载力和稳定性。

对沉降要求较高的建筑物,如机场跑道等,常采用预压法处理地基。待预压期间的沉降达到设计后,移去预压荷载再建造建筑物。对于主要应用排水固结法来加速地基土抗剪强度的增加、缩短工期的工程,如路堤、土坝等,则可利用其本身的重量分级逐渐施加,使地基土强度的提高适应上部荷载的增加,最后达到设计荷载。

预压法包括排水系统和加压系统,如图8-3-10所示。

排水系统的作用,主要在于改变地基原有的排水边界条件,增加孔隙水排出的途径,缩短排水距离。该系统是由水平排水垫层和竖向排水体构成。当软土层较薄,或土

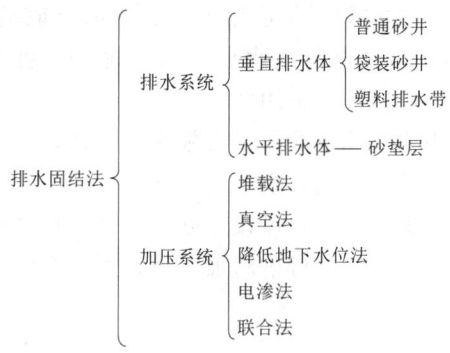

图8-3-10 预压法常用系统

的渗透性较好而施工期允许较长时，可仅在地面铺设一定厚度的砂垫层，然后加载。当工程上遇到透水性很差的深厚软土层时，可在地基中设置砂井等竖向排水体，地面连以排水砂垫层，构成排水系统，加快土体固结。

加压系统的作用，通过对地基施加预压荷载，使地基土的固结压力增加而产生固结。其材料有固体（土、石料等）、液体（水等）、真空负压力荷载等。

排水系统是一种手段，如没有加压系统，孔隙中的水没有压力差就不会自然流出，地基也就得不到加固。如果只增加固结压力，不缩短土层的排水距离，则不能在预压期间尽快地完成设计所要求的沉降量，强度不能及时提高，加载也不能顺利进行。所以上述两个系统，在设计时总是联系起来考虑的。

在地基中设置竖向排水体，常用的是砂井，它是先在地基中成孔，然后灌砂使之密实而成。近十年来袋装砂井在我国得到较广泛的应用，它具有用砂料省、连续性好、不致因地基变形而折断、施工简便等优点，但砂井阻力对袋装砂井的效应影响较为显著。

1. 预压方法

预压方法有堆载法、真空法、降低地下水位法等。在实际工程中，可单独使用一种方法，也可将几种方法联合使用。工程上广泛使用的、行之有效的增加固结压力的方法是堆载法；采用真空法、降低地下水位法和电渗法不会像堆载法那样可能会引起地基土的剪切破坏，所以较为安全，但操作技术比较复杂。

（1）堆载预压法。堆载预压法是工程上常用的有效方法，堆载一般用填土、砂石等散粒材料（图8-3-11），采用加载预压时必须控制加载速度，需制订出分级加载计划，以防地基在预压过程中丧失稳定性，因而所需工期较长。

堆载预压法

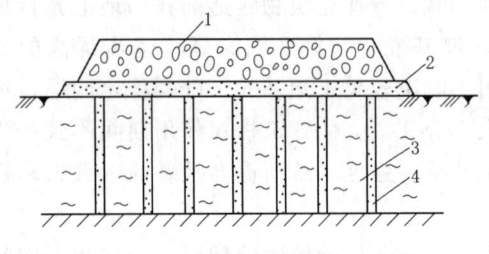

图8-3-11 堆载预压法示意图
1—堆料；2—砂垫层；
3—淤泥；4—砂井

（2）真空预压法。真空预压法是在需要加固的软黏土地基内设置砂井，然后在地面铺设砂垫层，其上覆盖不透气的密封膜，使与大气隔绝，通过埋设于砂垫层中的吸水管道，用真空装置进行抽气，将膜内空气排出，因而在膜内产生一个负压，促使孔隙水从砂井排出，达到固结的目的。

真空预压法适用于一般软黏土地基，但在黏土层与透水层相间的地基，抽真空时地下水会大量流入，不可能得到规定的负压，故不宜采用此法。

真空预压法

（3）降低地下水位法。地基土中地下水位下降，则土的自重有效应力增加，促使地基土体固结。降低地下水位法最适宜于砂或砂性土地基，也适用于软黏土层上存在砂或砂性土的情况。对于深厚的软黏土层，为加速其固结，可设置砂井，并采用井点降低地下水位。但降低地下水位，可能引起邻近建筑物基础的附加沉降，对此必须引起足够的重视。

2. 排水方法

排水方法是在地基中置入排水体，以缩短土层排水距离。竖向排水体可用砂井、袋装砂井、塑料排水板等做成，如图8-3-12、图8-3-13所示。水平排水体一般由地基表面的砂垫层组成。当软黏土层较薄，或土的渗透性较好而施工期又较长时，可仅在地表铺设一定厚度的砂垫层，当加载后，土层中的孔隙水竖向流入砂垫层而排出。对于厚度大、透水性又很差的软黏土，需同时用水平排水体和竖向排水体构成排水系统，使土层孔隙水由竖向排水体流入水平排水体。

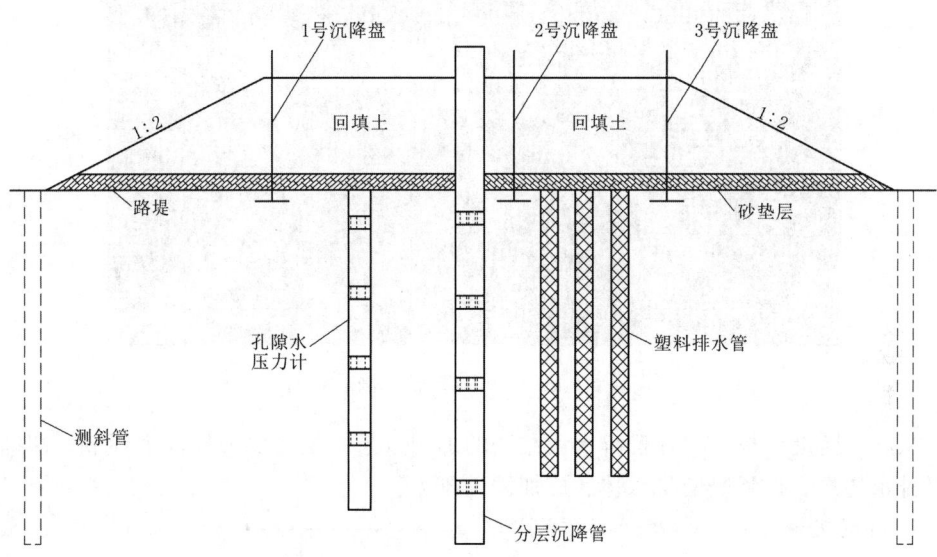

图8-3-12 塑料排水板与观测仪器断面布置示意图

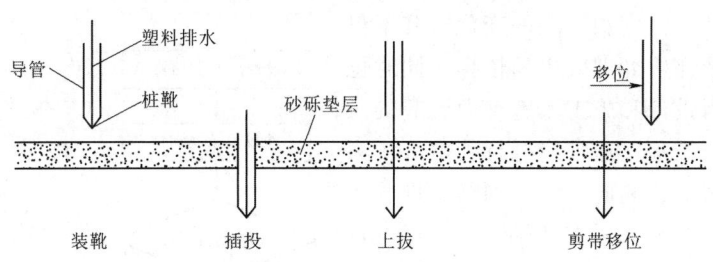

图8-3-13 塑料排水板插板作业流程图

一般工程应用总是综合考虑预压和排水两种措施，最常用的方法是砂井堆载预压固结法。

砂井堆载预压法（图8-3-14），其实质是合理安排排水系统与预压荷载之间的关系，使地基通过该排水系统在逐级加载过程中排水固结，地基强度逐渐增长，以满足每级加载条件下地基的稳定性要求，并加速地基固结沉降，在尽可能短的时间内，使地基承载力达到设计要求。

3. 预压法施工

应用预压法加固软黏土地基，其施工顺序如下：①铺设水平排水垫层；②设置竖向排水体；③埋设观测设备；④实施预压；⑤检查预压效果；若不满足设计要求，则更改设计至满足设计要求为止。

图 8-3-14 砂井堆载预压法示意图

从施工角度分析，要保证排水固结法的加固效果，主要要做好 3 个环节，即铺设水平排水垫层、设置竖向排水体、施加固结压力。

4. 现场观测

在采用排水固结法加固地基时，应根据现场观测资料分析地基在堆载预压过程中和竣工后的固结、强度和沉降的变化，其不仅是发展理论及评价处理效果的依据，同时也可及时防止因设计和施工不完善而引起的意外工程事故。工程上通常应进行孔隙水压力观测、沉降观测、侧向位移观测等。堆载预压施工工艺如图 8-3-15 所示。

（六）灌注桩法

灌注桩是先用机械或人工成孔，然后放入钢筋笼、灌注混凝土而成的桩。按其成孔方式的不同，可分为钻孔灌注桩、沉管灌注桩、爆扩成孔灌注桩、人工挖孔灌注桩等。钻孔灌注桩包括泥浆护壁成孔灌注桩、干作业成孔灌注桩和沉管灌注桩等。本节仅介绍泥浆护壁成孔灌注桩法。

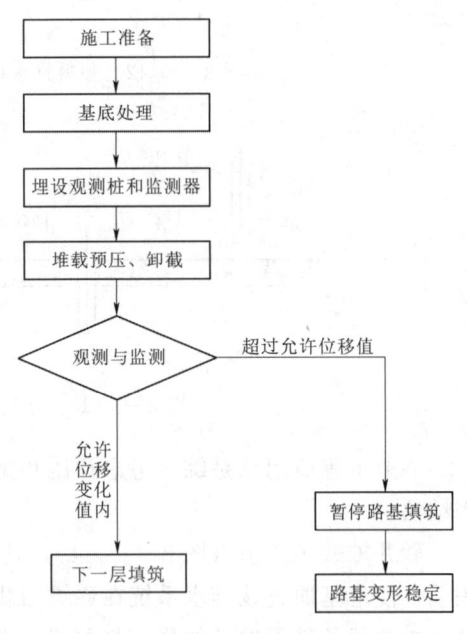

图 8-3-15 堆载预压施工工艺

泥浆护壁成孔灌注桩是指在进行成孔时，为防止塌孔，在孔内注入相对密度大于 1 的泥浆进行护壁。工艺流程图如图 8-3-16 所示。

1. 材料要求

材料要求如下：

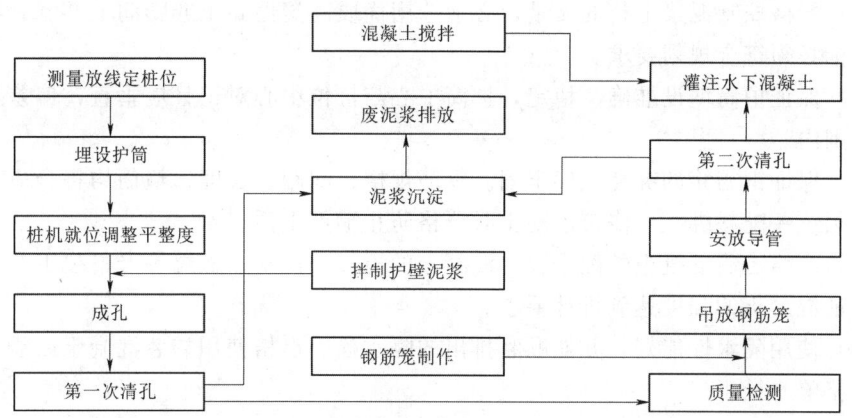

图 8-3-16 泥浆护壁成孔灌注桩施工工艺流程图

(1) 水泥：根据设计要求确定水泥品种、强度等级，不得使用不及格水泥。

(2) 砂、石：中砂或粗砂，含泥量不大于5%；粒径为5~32mm的卵石或碎石，含泥量不大于2%。

(3) 水：使用自来水或不含有害物质的洁净水。

(4) 黏土：可就地选择塑性指数 $I_P \geqslant 17$ 的黏土。

(5) 外加剂：通过试验确定。

(6) 钢筋：钢筋的品种、级别或规格必须符合设计要求，有产品合格证、出厂检验报告和进场复检报告。

2. 施工设备

泥浆护壁成孔灌注桩使用的钻孔机械有潜水钻机、回旋钻机、冲击钻机、冲抓钻机等。常用潜水钻机（图8-3-17），适用于地下水位较高的软硬土层，不得用于漂石层。潜水钻机由潜水电机、齿轮减速器及钻头、钻杆等组成，它将动力、变速机构加以密封并与钻头连在一起，潜入水中工作，具有体积小、重量轻的特点。钻孔直径 450~1500mm，钻孔深 20~30m，最深可达 50m。

其他施工机具有钻孔机、翻斗车、混凝土导管、套管、水泵、水箱、泥浆池、混凝土搅拌机、振捣棒等。

3. 施工要点

(1) 桩孔的定位放线必须准确，误差严格控制在规范的范围以内。

(2) 必须严格控制成孔质量，保证成孔后的平面布置、垂直度、有效直径、孔深符合设计和规范要求。

(3) 钢筋笼放入后必须进行二次清孔，降低孔底的泥浆比重，检查清孔后孔底的实际标高和泥浆指标是否满足规范要求。

图 8-3-17 潜水钻机工程图

(4) 严格控制泥浆土料的质量，必须选用优质高塑性黏土或膨润土拌制。泥浆的性能指标必须符合规划要求。

(5) 保证护筒埋设准确、稳定，护筒中心与桩位中心对正且应垂直，偏差控制在规范范围内。

(6) 保证钢筋笼的绑扎正确牢固。钢筋规格、间距、长度、箍筋均符合应设计要求，必须统一配料绑扎。浇筑混凝土时严格防止箍筋上浮。

(7) 严格控制混凝土的配合比。混凝土的搅拌、浇筑、振捣等严格按工艺标准操作。保证混凝土的强度达到设计要求。

(8) 使用隔水性能好，并能顺利排出的隔水栓。严格使用袋装混凝土或袋装砂子等不合格隔水栓。

4. 可能问题防治

(1) 护筒外壁冒浆。护筒外壁冒浆，会造成护筒倾斜、位移、桩孔偏斜等，甚至无法施工。其原因可能是埋设护筒时周围填土不密实，或是起落钻头时碰到护筒。若是钻进初始时发现冒浆，则应用黏土在护筒四周填实加固；若护筒严重下沉或位移，则应重新埋设。

(2) 孔壁坍塌。指成孔过程中孔壁土层不同程度地坍塌。在钻孔过程中，如果发现排出的泥浆中不断出气泡，护筒内的泥浆面突然下降，这都是塌孔的迹象。其原因主要是土质松散，护壁泥浆密度太小，护筒内泥浆面高度不够。处理措施：加大泥浆密度，保持护筒内泥浆面高度。若坍塌严重，应立即回填黏土到塌孔位置以上1~2m，待孔壁稳定后再进行钻孔。

(3) 钻孔偏斜。其原因主要是钻杆不垂直、钻头导向部分太短、导向性差、土质软硬不一或遇上孤石等。处理措施：调整钻杆的垂直度。钻进时减慢钻进速度，并提起钻头，上下反复扫钻若干次，以削去硬土，使钻土正常；若偏斜过大，应填入石子、黏土，重新成孔。

(4) 孔底虚土。虚土会影响桩的承载力，所以必须清除。虚土产生的原因主要是安放钢筋笼时碰撞孔壁造成孔壁塌落及孔口落入虚土。处理措施：采用孔底夯实机具对孔底虚土进行夯实。

(5) 断桩。水下灌注混凝土桩的质量除混凝土本身质量外，是否断桩是鉴定其质量的关键。预防断桩的方法是正确计算第一罐混凝土下料量，严格控制混凝土的混合比；在流塑地层浇灌混凝土容易引起缩颈，预防缩颈的方法是避免灌浆停时过长；避免灌浆过程中离析的方法是浇灌混凝土时不得使混凝土自由落体。

(6) 孤石。钻进过程中遇到孤石的征兆为钻速明显变低，当判断有可能钻到孤石后，应该提钻，接着用凿子或冲击。

（七）化学加固法

上述各种地基加固处理方法，不论强夯法、预压法或振冲法，都是运用各类机具将土加密，但并未改变原地基土的化学成分，都属于物理加固法。下面阐述的方法与前不同，是各种机具将化学浆液灌入地基土中，并与地基土发生化学变化，胶结成新的坚硬的物质，从而提高地基强度，消除液化，减少沉降量。

1. 帷幕灌浆

帷幕灌浆是在受灌体内建造防渗帷幕的灌浆，是防止坝基渗漏的重要措施。帷幕灌浆通常布置在靠近坝基面的上游，是应用最普遍、工艺要求较高的灌浆工程。其使用的材料绝大多数是水泥浆，但当裂缝宽度小于 0.15mm 时，水泥浆不易灌进；而地下水流速超过 120m/d 时，则水泥浆易被冲走，以及地下水对水泥有侵蚀性时，均不宜用水泥浆灌注，可采用丙凝等其他化学材料灌浆，但价格昂贵。

基岩帷幕灌浆通常应当在具备了以下条件后实施。

(1) 灌浆地段上覆混凝土已经浇筑了足够厚度，或灌浆隧洞已经衬砌完成。上覆混凝土的具体厚度，各工程规定不一，具体情况应视灌浆压力的大小而定。

(2) 同一地段的固结灌浆已经完成。

(3) 基岩帷幕灌浆应当在水库开始蓄水以前，或蓄水位达到灌浆区孔口高程以前完成。

帷幕灌浆的施工工艺主要包括钻孔、钻孔冲洗、压水试验、灌浆和灌浆的质量检查等。

8-3-11
固结灌浆法

2. 固结灌浆

固结灌浆是对水工建筑物基础浅层破碎、多裂隙的岩石进行灌浆处理，改善其力学性能，提高岩石弹性模量和抗压强度。

在混凝土重力坝或拱坝的坝基、混凝土面板堆石坝趾板基岩以及土石坝防渗体坐落的基岩等通常都要进行固结灌浆。坝基固结灌浆的目的之一是用来提高基岩中软弱岩体的密实度，增加它的变形模量，从而减少大坝基础的变形和不均匀沉降；目的之二是弥补因爆破松动和应力松弛所造成的岩体损伤。固结灌浆还可以提高岩体的抗渗能力，因此有的工程将靠近防渗帷幕的固结灌浆适当加深作为辅助帷幕。

(1) 固结灌浆特点。与帷幕灌浆不同，固结灌浆有如下特点。

1) 固结灌浆要在整个或部分坝基面进行，常常与混凝土浇筑交叉作业，工程量大、工期紧、施工干扰大，特别需要做好多工种、多工序的统筹安排。

2) 固结灌浆主要用于加固大坝建基面浅表层的岩体，因而通常孔深较浅，灌浆压力较低。

固结灌浆孔通常采用方格形或梅花形布置，各孔按分序加密的原则分为二序或三序施工，如图 8-3-18 所示。

(2) 固结灌浆孔的钻进。固结灌浆孔的孔径不小于 38mm 即可，几乎可以使用各种钻机钻进，包括风动或液动凿岩机、潜孔锤和回转钻机。工程上可以根据固结灌浆孔的深度、工期要求和设备供应情况选用。

(3) 裂隙冲洗。一般情况下固结灌浆孔不需要采取特别的冲洗方法。但对不良地基地段灌浆时常常要求进行裂隙冲洗，有时要求强力冲洗。

(4) 灌浆方法和压力。《水工建筑物水泥灌浆施工技术规范》(SL/T 62—2020) 规定，孔深小于 6m 的固结灌浆孔可以采用全孔一次灌浆法，有的工程规定 8m 或 10m 孔深以内可以进行全孔一次灌浆。对于较深孔，自下而上纯压式灌浆和自上而下循环式灌浆都可采用。固结灌浆的压力应根据坝基岩石状况、工程要求而定。

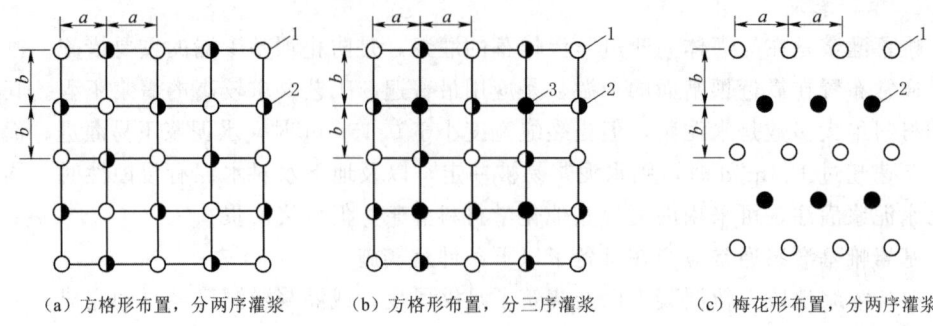

(a) 方格形布置，分两序灌浆　　(b) 方格形布置，分三序灌浆　　(c) 梅花形布置，分两序灌浆

图 8-3-18　固结灌浆孔常用布置形式

固结灌浆各灌浆段的结束条件为在该灌浆段最大设计压力下，当注入率不大于 1L/min 后，继续灌注 30min。

(5) 灌浆工程的质量检查。灌浆工程是隐蔽工程，灌浆施工过程是特殊过程，其工程质量不能进行直观的和完全的检查，质量缺陷常常要在运行中才能真正暴露出来。保证灌浆工程质量最好的办法就是保证施工过程质量，严格工艺流程，加强对工序质量的检查。

二、特殊土地基及其处理

特殊土是指具有特殊工程性质的土类。特殊土种类较多，主要有软黏土、湿陷性黄土、膨胀土、红黏土及冻土，这些土由于形成的自然地理环境、气候条件、地质成因等因素不同，具有很强的区域性，故亦称作区域性特殊土。下面仅作简要介绍。

（一）软黏土

1. 软黏土的分布及特征

软黏土主要指天然含水率很高、承载力很低、压缩性很大，由软塑到流塑饱和状态的软弱黏性土。

软黏土广泛分布在我国沿海地区、内陆平原及山区。沿海主要分布在河流的入海口，山区则在山间谷地、冲沟、河滩、洼地，平原在湖区较多。

该土颜色多为灰色或黑色，具有腐烂植物气味、含水率高、孔隙比大于 1，天然含水率大于液限，压缩系数大于 0.5MPa^{-1}，内摩擦角 φ 约为零，黏聚力 c 一般小于 30kPa。土的结构具有触变性和流变性，承载力低。

2. 一般处理措施

(1) 采用换土法或桩基，提高地基强度。

(2) 采用砂井、旋喷等排水法固结，提高地基承载力。

(3) 减少作用在地基上的压力或设置地下室形成补偿性基础。

（二）湿陷性黄土

1. 湿陷性黄土的分布及特征

黄土广泛分布于我国西北、华北和东北地区，属第四纪地质时期形成的黄色粉末状土，面积达 60 多万 km^2，其中湿陷性黄土约占 75%，主要分布地区为：①西部边缘地区；②冀鲁地区；③河南地区；④关中地区；⑤山西地区；⑥陇东地区；⑦陕北地区；⑧陇西地区。

湿陷性黄土中主要矿物成分为石英、长石、碳酸盐，硫酸盐、黏土矿物，具有肉眼可见的大孔隙，孔隙比 $e>1.0$，孔隙率 $n>45\%$，天然含水率小于或接近塑限。以粗粉粒构成骨架，石英与碳酸钙等细粉粒作为填充土料。由胶结物的凝聚和结晶作用被牢固黏结，天然状态下坚硬、密度高、强度高。但一旦受水浸湿，可溶性盐溶于水，土的结构被破坏，其强度便迅速降低，产生显著沉陷。这种性质称湿陷性。

2. 处理措施

对于湿陷性较小且地下水不会上浸的黄土地基，主要采取地面防渗与表面排水措施。

对于深度不大但有可能浸水的黄土层，可将基础下的湿陷性土层全部或部分挖出，再以黏性土料（或用灰土料）分层回填实。也可采用重锤夯实的方法，以消除或减小其湿陷性。对于较厚的湿陷性黄土层和较重要的建筑物，可在施工以前预先向建筑场地注水并保持一定水深，让水充分浸入土中，使土层产生自重湿陷，该方法称为预浸法。若土层很厚，可先在土层中钻孔，填以砂砾等作为透水料，然后向填砂砾料的孔中供水，直到湿陷变形稳定为止。预浸完毕后，应妥善封闭钻孔，并将场内软泥全部清除。

除上述处理措施外，必要时还需从上部结构采取适当的措施，以改善建筑物对地基不均匀沉降的适应能力。例如，筑坝土料的填筑含水率宜略高于最优含水率。

（三）膨胀土

1. 膨胀土的分布及特征

膨胀土是由亲水性强的黏土矿物成分组成的，具有吸水膨胀、失水收缩的性能，主要分布在我国中南、西南地区。

膨胀土的矿物成分主要为蒙脱土、伊利石、高岭石等。液限大于40%，塑限均为 $17\%\sim33\%$。$I_P>17$，$I_L<0$。呈硬塑或坚硬状态，颜色多呈黄、红、灰、白色及斑状。裂隙较为发育，有光滑面及擦痕。

2. 处理措施

在膨胀土地基上修建筑物，应从设计和地基处理两方面采取措施。水利工程上采用预湿法。工民建中采用设置沉降缝、换土垫层与排水、加大基础埋深、设钢筋混凝土圈梁等措施来消除或减少危害。

水利工程中一般避免用膨胀土作筑坝土料，若非使用不可，应将填筑标准（干容重 γ_d）定低些，含水率较最优含水率 ω_{op} 大一些。

（四）红黏土

1. 红黏土的分布及特征

红黏土一般为褐红、棕红、黄褐等颜色，多分布在我国云南、贵州、广西等地，以山区或丘陵较多，为石灰岩、白云岩等碳酸盐类岩石的风化产物，也可由玄武岩、页岩风化而成。红黏土矿物成分以石英、伊利石（或高岭土）为主，颗粒细而均。黏粒含量很高，一般为 50%～70%，天然含水率很大，$\omega=30\%\sim60\%$，$\omega_P=30\%\sim60\%$，$I_L=0.1\sim0.4$，$I_P=20\sim50$；饱和度 S_r 大于 85%，天然孔隙比 $e=1.1\sim1.7$，渗透系数小于 10^{-5} cm/s；抗剪强度 $\varphi=8°\sim18°$，黏聚力 $c=40\sim90$ kPa；压缩性低，$E_s=10\sim30$ MPa；是较好的地基土。但存在以下问题。

（1）底层尤其是基岩面低洼处，常因地下水聚集成软塑或流塑状，强度低，施工时应进行处理。

（2）红黏土浸水时膨胀、失水时干缩，并具有网状裂隙等特征，对建筑物有不利的影响。红黏土由于黏粒含量较高，故渗透性较低。可作为较好的防渗材料。

2. 地基处理

施工时对局部软弱土，应进行清除，对孔洞予以充填，并作好相应的防渗排水措施。

（五）冻土

1. 冻土的分布及特征

温度 0℃ 以下且含有冰的土叫冻土。冻土可分为多年冻土和季节性冻土（冬季冻结，夏季融化）。我国冻土分布极为广泛，若包括冻结深度大于 0.5m 的季节冻土在内，其面积约占国土面积的 68.6%。多年冻土主要分布在东北大、小兴安岭，青藏高原以及西部高山区（天山、阿尔泰山、祁连山等），占国土面积的 22.3%，冻深在 2m 以上，有的可达几十米。季节冻土主要分布于东北、华北和西北地区，其冻结深度随气候条件而不同，一般为 0.5～2.0m。

2. 防止冻害的措施

冻土地基会因冻胀及融化引起基础变形，导致上部建筑开裂、倾斜，道路翻浆、桥拔出、桥面隆起等。鉴于以上现象，应将建筑物基础设在最大冻融深度以下，地基工程中采用渣油等涂料，减少桩与周围土的联结力，从而减少桩周土冻胀时对桩产生的冻拔力。在渠系建筑物中采用抗冻性较强的材料，并采用相应的水工建筑物型式，尽量缩小冻胀范围，在挡土墙渠道的渠底及坡脚以上 1～2m 范围内搞好排水和切断水源。

❖ 小结

本模块主要介绍了工程地质勘察报告的编写方法，并以某水库可行性研究阶段工程地质勘察为实例，通过阅读具体的工程地质勘察报告，了解该工程的工程地质条件，能进行工程地质问题的分析、评价，从而掌握工程地质勘察报告的阅读方法。

当岩土体的物理力学性能不符合建筑要求时，就需要选用合适的地基处理方法进行处理加固。土工合成材料作为一种新型建筑材料，具有质量轻、施工简易、运输方便、料源丰富等优点，广泛应用在水利、交通、电力和水土保持等工程建设中。

通过本项目的学习，使大家能根据工程地质勘察报告对建筑场地地质条件和地质问题进行分析与评价，并提出相应的地基处理方法，能依规进行土工合成材料检测。

知识训练

一、单选题

1. 在建筑场地进行详细勘察阶段时,应采用以下哪种比例最为合理?( )
   A. 1:10万   B. 1:5万   C. 1:1万   D. 1:2000

2. 以下哪种土体可以用十字板剪力试验来测定其抗剪强度指标?( )。
   A. 饱和软土   B. 残积土类   C. 中砂   D. 砾砂

3. 以下哪些试验可以用来测定地基土体的承载力?( )
   A. 载荷试验   B. 十字板剪力试验
   C. 标准贯入试验   D. 静力触探试验

4. 工程地质勘察的手段主要包括( )。
   A. 钻探   B. 物探
   C. 工程地质测绘   D. 工程地质试验

5. ( )能反映某一勘探线地层沿竖直方向和水平方向的分布变化情况,能最有效地揭示场地的工程地质条件,是工程地质勘察最基本的图件。
   A. 勘探点平面布置图   B. 地形地貌图
   C. 工程地质剖面图   D. 普通地质图

6. 岩体与岩石的纵波速度之比的平方( )。
   A. RQD值   B. BQ值
   C. 岩体完整性系数   D. 泊松比

7. 岩石在单向受拉或受压时,横向正应变与轴向正应变的绝对值的比值称为( )。
   A. RQD值   B. BQ值   C. 泊松比   D. 软化系数

8. 岩石饱和极限抗压强度与干极限抗压强度之比,称为( )。反映了岩石耐风化、耐水浸的能力。
   A. RQD值   B. BQ值   C. 泊松比   D. 软化系数

9. 软土和一般黏性土比较,常具有以下特性( )。
   A. 天然含水率高,孔隙比大   B. 压缩性高
   C. 抗剪强度低   D. 具有触变性
   E. 流动性

技能训练

1. 工程地质勘察常用的方法有哪些?
2. 工程建设中,地基处理的目的是什么?
3. 软弱土地基包括哪些地基,具有什么特点?
4. 换土垫层法施工要点是什么?
5. 某砖混结构办公楼,承重墙下为条形基础,宽 1.2m,埋深 1m,承重墙传至基础荷载 $F=120$ kN/m,地表为 1m 厚的杂填土,$\gamma=17$ kN/m³,$\gamma_{sat}=18$ kN/m³,下面为淤泥层,$\gamma_{sat}=19$ kN/m³,地基承载力标准值 $f_{ak}=50$ kPa,地下水距地表深 1m,

试设计基础的垫层。

6. 试根据 ZK10 标贯试验数据，判别相应土层是否发生液化现象。

钻孔编号	地层编号	地下水位 d_w/m	试验深度 d_s/m	黏粒含量 ρ_c/%	计算临界值 N_{cr}/击	标贯实测值 N/击	是否液化
ZK10	①	2.5	3.6	9		5	
	①	2.5	5.1	6		8	
	②-2	2.5	6.6	4		11	
	②-2	2.5	8.1	5		8	
	②-3	2.5	9.6	7		15	
	②-3	2.5	11.1	6		14	
	③-夹	2.5	15.6	7		6	

参 考 文 献

[1] 刘俊民. 工程地质与水文地质 [M]. 北京：中国农业出版社，2004.
[2] 谢永亮. 刘苍，邢芳. 工程地质与土工技术 [M]. 北京：中国水利水电出版社，2016.
[3] 王启亮. 工程地质与土力学 [M]. 2版. 北京：中国水利水电出版社，2015.
[4] 陈南祥. 工程地质及水文地质 [M]. 北京：中国水利水电出版社，2012.
[5] 刘福臣，杨绍平. 工程地质与土力学 [M]. 郑州：黄河水利出版社，2009.
[6] 务新超. 土力学 [M]. 郑州：黄河水利出版社，2003.
[7] 张晓斌. 工程地质与水文地质 [M]. 郑州：黄河水利出版社，2016.
[8] 叶火炎，土力学与地基基础 [M]. 郑州：黄河水利出版社，2009.
[9] 张力霆，土力学与地基基础 [M]. 北京：高等教育出版社，2002.
[10] 龚晓南. 土力学 [M]. 北京：中国建筑工业出版社，2002.
[11] 张守民，张书俭. 土力学 [M]. 郑州：黄河水利出版社，2009.
[12] 陈仲颐，周景星，王洪瑾. 土力学 [M]. 北京：清华大学出版社，1994.
[13] 冯国栋. 土力学 [M]. 北京：中国水利水电出版社，1995.
[14] GB 50021—2001 岩土工程勘察规范（2009年版）[S].
[15] GB 50007—2017 建筑地基基础设计规范 [S].
[16] GB/T 50123—2019 土工试验方法标准 [S].
[17] GB 50010—2010 混凝土结构设计规范 [S].
[18] DL/T 5129—2013 碾压式土石坝施工规范 [S].
[19] 龚晓南. 地基处理手册 [M]. 3版. 北京：中国建筑工业出版社，2008.
[20] 郭继武. 房屋地基基础 [M]. 北京：中国建筑工业出版社，1982.
[21] GB 50202—2018 建筑地基基础工程施工质量验收规范 [S].
[22] JGJ 79—2012 建筑地基处理规范 [S].
[23] 杨太生. 地基与基础工程施工 [M]. 北京：中国建筑工业出版社，2005.
[24] 刘永红. 地基处理 [M]. 北京：科学出版社，2005.
[25] 全国水利水电施工技术信息网. 地基与基础工程 [M]. 北京：中国电力出版社，2012.
[26] SL/T 62—2020 水工建筑物水泥灌浆施工技术规范 [S].